沁陽市博物館藏墓誌

張紅軍　主編

科学出版社
北京

内容簡介

沁陽歷史悠久，人文薈萃。《沁陽市博物館藏墓誌》是“千年古縣”沁陽首部出土歷代墓誌資料的匯集和考釋的著作。收沁陽出土歷代墓誌七十九方，其中北朝一方，唐代十二方，明代三十九方，清代二十四方，民國三方。圖片清晰，釋文準確，考證精當。大多爲首次公佈，具有重要的歷史文獻價值，或出於當時文學、書法名家之手，亦頗具文學和藝術價值。

本書適合於從事中國歷史、文學及書法研究的專家學者，及相關專業的大專院校師生參考閱讀。

圖書在版編目（CIP）數據

沁陽市博物館藏墓誌 / 張紅軍主編. —北京：科學出版社，2018.9
ISBN 978-7-03-058612-4

Ⅰ.①沁… Ⅱ. ①張… Ⅲ. ①墓誌—匯編—中國—古代 Ⅳ.①K.2877.45

中國版本圖書館CIP數據核字（2018）第199319號

責任編輯：孫　莉　郝莎莎/責任校對：彭　濤
責任印製：肖　興/封面設計：美光设计

科 学 出 版 社 出版
北京東黄城根北街16號
郵政編碼：100717
http：//www.sciencep.com

中国科学院印刷厂 印刷
科學出版社發行　各地新華書店經銷
*
2018年9月第　一　版　開本：787×1092　1/8
2018年9月第一次印刷　印張：38
字數：560 000

定價：498.00元

《沁陽市博物館藏墓誌》編委會

主　任　鄧學軍
副主任　張二旗　蘇相禹
主　編　張紅軍
副主編　賈紅霞　任静雯
編委（按姓氏筆畫爲序）　左　莉　李志軍　宋　婷　陳新苗
張文明　楊麗霞　龐紅琳

序

沁陽歷史悠久，人文薈萃。略過先秦，在秦朝爲河内郡所轄的野王邑。漢置野王縣，晉將郡治由懷移至野王縣。隋改爲河内縣，唐延續，爲懷州治所。宋代的河内縣，屬河北西路懷州。金爲南懷州治，元屬懷慶路，明清屬懷慶府。民國二年（一九一三）廢府存縣，改爲沁陽縣。一九八九年撤縣立市，由焦作市代管。境内現有全國重點文物保護單位六處，河南省文物保護單位二十一處，市級文物保護單位九十九處，館藏珍貴文物兩千餘件，其中不乏歷代石刻造像、名家法帖和歷代墓誌等。

一

近二十年來，各地文物部門和文化學者整理當地墓誌拓本資料，或目録，或圖録，或圖録兼釋文，或論文集，蔚成風氣，各有專書供學界採擷。而《沁陽市博物館藏墓誌》在圖版和釋文之後聚合了單篇研究論文，成爲編纂墓誌類圖書新的發展趨勢。

《沁陽市博物館藏墓誌》是「千年古縣」沁陽首部出土歷代墓誌資料的匯集和考釋的著作。收沁陽出土歷代墓誌七十九方，年代最早是北朝，最晚是民國，其中以明、清兩朝墓誌爲大宗。具體説來，北朝一方，唐代十二方，明代三十九方，清代二十四方，民國三方。這批資料有的已經著録於《新中國出土墓誌·河南壹》（文物出版社，一九九四年），但大多係首次刊佈，具有重要的歷史文獻價值，或出於當時文學、書法名家之手，亦頗具文學和藝術價值。

二

就墓誌主人的身份看，各色人等中文武官宦和富裕平民居多，是當地的魁傑縉紳。

明清兩朝，河内縣的居民來歷、職業行當、民族構成、宗教信仰等，都值得關注。河内縣是河北重鎮，居民中有不少外地遠道而來落籍的住户。大凡移民，往往關注明初始自山西洪洞者。實際情況并不單一。《清宋友高墓誌》（康熙七年，一六六八），記其「先世洪洞人，元時遷河内，居沁南覆背村。」是早於明朝者。而《清候選布政司經歷郭奉欽墓誌》（道光七年，一八二七）記載：「公始祖春，於洪武初造，自洪洞遷河内。以丁蘭、郭巨同爲孝子，遂居於水北丁蘭巷。」是明初政府組織大移民時遷入者。《清待誥贈恩賜醫官馬可教墓誌》（康熙五年），叙其家三世儒醫，「其先世諱二十，始自洪洞遷居覃懷郡城之西鄭村城子，遂家焉。」係明後期遷來者。《民國範壽之墓誌》（民國二十三年），記載其家「初遷自洪洞，卜居沁陽城西大葛村，」已六世矣。大約在清前期移來。也有百姓自他鄉移居而來：《明封奉直大夫兵部武庫員外郎李孜墓誌》（弘治元年，一四八八），叙其先世山西沁水縣，祖李玉「徙居懷之河内，遂占籍焉。」《清候選儒學訓導鄒壬暨孺人馬太君合葬墓誌》（乾隆四十七年，一七八二），記載誌主鄒壬「先世江西袁州府萬載縣人。

始祖諱必清，自明洪武初隸籍河南懷慶衛，遂家焉。」《清直隸宣化府同知楊道國暨配高太君合葬墓誌》（嘉慶四年，一七九九），記誌主楊道國「族自汾隰，啓南陽，居懷之柏香鎮。」不少軍人戍守於此而成爲當地居民。《明武略將軍懷慶衛副千户陳興墓誌》（洪武八年，一三七五），叙誌主爲世居襄陽的富裕平民之家。元朝末年，襄陽兵起，陳興勇略過人，年輕有爲，聚義徒保衛閭里。後歸附朱元璋，北征各地，所至輒舉旗斬將，克捷有功。洪武六年，守鎮懷慶，脩葺城池。次年病卒，葬於河内萬善里之北原。《明廣安州判張霦孺人紀氏合葬墓誌》（嘉靖二十六年，一五四七），叙張霦「其先山東樂清縣人。曾祖諱林，洪武初以義從戎，後隸懷慶衛，遂爲懷慶人。」《明庠生賈應奎暨孺人許氏合葬墓誌》（嘉靖四十年），叙賈應奎之「先世揚之通州人。公高祖信，從征□懷慶衛，遂家焉。」《明邑庠生劉梅墓誌》（萬曆三十五年，一六〇七）云：「公之始祖，直隸靖江人。國初，從天兵北定，編伍我懷。迄今子姓蕃衍，稱巨族焉。」《清誥封驃騎將軍張正吾墓誌》（康熙三十二年），叙誌主原籍陝西平涼府崇信縣人，後官河南河北鎮標左營遊擊，「愛懷慶風土醇厚，遂家焉。」生四子二女，孫輩繁夥。明宣德四年（一四二九），仁宗庶第二子、第一代鄭國藩王朱瞻埈就藩鳳翔府，正統八年（一四四三）英宗下詔遷至懷慶府。追隨鄭藩王來河内而定居者衆。如《明鄭藩儀衛司儀衛正馮世昌配宜人蕭氏合葬墓誌》(萬曆九年)云：「馮氏山東鉅野人，永樂間始祖珫以武功歷陞南京豹韜衛水軍所正千户，二世祖勝襲。正統八年改授鄭藩儀衛司儀衛正，從王之懷，遂家焉。」在其家族的數方墓誌中均如是記載。《清修職郎河内田聯元墓誌》（道光十年），叙誌主田聯元的前十代先人「諱宗稷者，以指揮千户隨鄭藩遷懷慶。」這些外來精英的定居促進了河内縣的社會穩定和人口增殖。

在耕讀傳家的農業社會風尚的持續引領下，男兒入庠讀書、科考仕進是多數家庭的追求目標，然而應試往往累科不第，或「十試棘圍不偶」，中進士做官的比例極低。多數學生工舉子業無望之後，面對現實，務農教書行醫經商，百業興矣。河内世家和外來望族相互婚媾，結織官紳互惠的網絡。串聯冠冕之族墓誌的世系，分析派別，多子多福的觀念深入人心。子孫獨立門户後，促進當地的農業經濟發展。

百業農爲本，醫家不能少。清代墓誌中有三方醫家墓誌。前引《清待誥贈恩賜醫官馬可教墓誌》，爲儒醫世家。《清例贈奮武郎趙廷儀配段太孺人合葬墓誌》（道光二年），叙誌主之祖趙維翰，國子監太學生。父趙世臣，爲山東魚臺縣令、曹州府同知。趙廷儀援例爲太學生，學舉子文。「每赴省試，屢薦不售……後因食指浩繁，事務細碎，不欲以勞貽親，遂理家政焉。」廷儀「尤精於醫，望治者得其方，病立愈。迄今飲公之药而年臻耄耋健飯强步者，亦不少云。」《清太醫院御醫李家駿暨配李夫人許夫人孟夫人合葬墓誌》（光緒四年，一八七八），叙誌主李家駿，出身平民，生而穎異，科考屢敗，禄養無期。立志爲良醫以活人，不必科名。「於是潛心於靈素内經，參貫於漢唐宋金諸家，以醫病者，輒随劑□愈。」行醫各地，生者不可勝數。「晚乃遊京師，供奉太醫院，由醫士洊升御醫」。總理尚書愛新覺羅奕紀深知公，「奏請特開醫學館，派充教習。公於醫本精博，而又訓誨諄勤，數年之間，門徒深曉醫意者十餘人。」著有《醫學困勉録》《説醫晬語》《崇志堂醫課》等傳世。

在爲數不多的民國墓誌中，有一方誌主身份爲村長的墓誌，引人關注。《民國范壽之墓誌》，記載誌主但凡捐資修葺村公所之房屋，率衆建築村邊水渠之閘口，均熱心公益而身體力行：「其對鄉村也，重事實，少理論，尚工作，絶虚僞。按部就班，逐漸改進。」使用了民國墓誌少見的現代詞彙來描寫這位开明鄉紳。故於民國十三年公舉其爲村長，之後設學校，建橋梁，努力村政，誓志不懈。范壽之是鄉村建設運動初期村民民主選舉公推出來的村長，是梁漱溟倡導的鄉村建設運動的積極實踐者，一個可資研究的個案資料。

明清墓誌中有一定比例的商人，是城鄉具有一定文化程度的青年，爲改變家境窘迫主動從事商業活動而成功者，其中并無世商。他們具有勤儉起家，悉心經營，爲富而仁，造福鄉里的共同點。《明賈文洪室杜孺人墓誌》（嘉靖十二年），叙賈氏之先世爲揚州府通州人。太祖高皇帝朱元璋起義兵募壯士，賈文洪的曾祖輩親兄弟四人從軍，「洪武初，徙懷慶，故今爲懷慶衛人。」賈文洪兄弟三人，家道殷富，不私貨財，誓不異爨。天順二年（一四五八）遭遇大災，家道空寂冷落。賈文洪雖以儒學爲業而有餘裕的力量經營買賣於外，杜孺人綜理家務，紡績以夜繼日，由是家道復興。《明恩榮壽官西田劉冕暨配金氏合葬墓誌》（萬曆十八年），記誌主劉冕「先世直隸常州府靖江縣人。國初從征，編伍懷慶，遂家焉。」劉冕七歲爲孤兒，家道亦漸以零落。二十歲那年，立下志願。認爲我若不能官位高名聲大，難道平庸無能而爲優游閑暇之人？那就辜負自己，通財鬻貨經商吧。「於是逐什一術，躬親經營，寒暑罔憚，而且酌盈濟虚，量入爲出。居常大布之衣，蔬糲之食，不至侈半菽之費，糜一錢之用。叁拾餘年而寠者充，虚者實，廬宇焕然，田疇井然。恢先世之規而復之舊者，莫非勤且儉之所積也。」性好施予，捨粥給茶，修橋鋪路。至於禮神事佛之説，尤篤信之。《明恩詔壽官鄒齊魯墓誌》（崇禎元年，一六二八），叙誌主先世「直隸金陵人也，居於安慶之桐城。永樂年間，始祖榮因從征移金臺。迨宣德時入鄭府群牧所籍，遂家覃懷焉。」誌主三歲失怙，十五成童後，奮然自立，「即鋭意服賈，以逐十一之利，無怠朝亦無怠夕，不知費幾許焦勞而致有貲産，以爲後人憑藉也。雖權子母，實重禮義，每見字紙，殊爲愛惜。」以所得資産督就子孫習詩書。鄒齊魯「從來敬奉神明，修齋誦經，時時不乏。迨至晚年，益篤虔恪。赴天壇進香，見廟宇頹壞，即捐金錢修葺之。」《清候補州同梁王卿墓誌》（道光二年），叙誌主五歲時，伯父辭世，伯母侯氏才十九歲，誓志守寡，收其爲嗣，如己出。到了讀書的年齡，送鄉塾。因家計淡薄，用度不充，遂棄儒習商賈。經營於鄉村諸集鎮，往來販布，晨夜跋涉，冀得微利，以資奉母。「稍裕，乃於本鎮開錢店，坐權子母，少舒勞瘁矣。自時厥後，日生日盛，嚴成素封。」公既饒於財，而恥爲守錢虜。「故於諸猶子甥婿輩與親友諸年少，各審其才之高下，或即於本號辦事而優其分資焉，或另爲出本而使自經營焉。其無能爲者，即代爲之籌，而不吝其資。」以己之財與能培養一批商界接班人。此外，捐資修橋、助學、助工，修堵黄河决口，好爲善事。得高壽，多子孫。《清候選布政司經歷郭奉欽墓誌》，叙誌主的繼父郭訓棄文經商。郭訓「少遊太學，以煮字不能療饑，無以奉祭祀，竭供養，乃棄書習於貿遷。握算持籌，豐腴日用，」是位錙銖必較的精明商人。《李華棠暨配朱夫人墓誌》（民國二十二年），叙誌主李華棠：「同治中，家道稍衰。先生棄儒就商。」樂與人爲善，急公好義。墓誌云：「光緒二十一年，山水暴發，廬舍淹没無算，災黎漂泊，嗷嗷待哺。先生募蒸食，駕舟往救，徹夜無寧息。迄今感其生德而謳譽之者弗衰。」救民於洪，恩同再造。就全國範圍看，在重農抑末的封建社會，唐代出土商人墓誌極少，宋代出土商人墓誌很少。然而，明清時期一個河内縣就出土了六方商人墓誌（明清各三位，李華棠亡故於民國，實經商於清同治年間），可見這兩個朝代的商人社會地位較前大有提高。

明清時期的家庭，妻妾同居時，妻居正屋，妾居側室，故墓誌往往以側室代妾。生活於河内縣的官員和富户人家多置側室并多産子女，記載於墓誌。此以年代爲序縷述於後：《明封恭人山西按察司副使吴道寧之配金妙秀墓誌》（嘉靖八年），記叙墓誌女主人金妙秀家妻妾和睦，人丁興旺，譽爲世範。妙秀係南京水軍百户金旺次女，在娘家得到良好的婦德教育和女工訓練。過門之後，丈夫吴道寧補郡庠生，讀書多至夜半。成化十四年（一四七八）登進士第，授鹽山知縣，時尚未有子嗣。「恭人（金妙秀）勸之曰：君當壯年，人生青春不再，當以後嗣爲重，勿以我爲嫌。當廣娶賢淑，以求多子。既而娶職氏、黄氏、戚氏凡三人，始終和睦，無嫉妬意。後果子女蕃衍，恩愛撫育，皆同己出。恭人後生一子守經。愛衆子，恩無替焉。」官宦之家，財富充裕，一妻三妾，産五子五女，和睦相處，爲人稱道。妙秀訓子讀書求仕，教女閨門禮度。男孫五，女孫十，婚嫁得體。墓誌再三彰揚金氏不妬之婦德婦行，尤爲縉紳之所稱頌。《明廣安州判張霈孺人紀氏合葬墓誌》記載誌主張霈出身平民，家世耕讀，早游郡庠，馳聲場屋，累舉不第，識者惜之。後卒業成均，授四川廣安州撫民捕盗判官，平寇除地方之害，後辭疾致仕歸田里。張霈配孺人紀氏，生二子二女。繼娶郭氏，無出。側室關氏，生子一。《明故邑庠士劉漢配高氏合葬墓誌》（嘉靖四十二年）記載，誌主爲祖籍懷慶衛右所的平民，由督學選舉充河内縣學庠生，試補增廣生員，又試補廩膳生員。應試而累科不第。漸置田産，家業復興。妻高氏亡故後，繼娶賀氏，側室王氏。高氏生三子，王氏生二子一女，子孫繁衍。《明河内處士賈鳳暨孺人馬氏合葬墓誌》（萬曆三年），記誌主賈鳳世代務農，有田百畝。惜四十六歲辭世，撇下妻馬氏艱難度日：「與側室郝氏，孀居四十餘年，未嘗笑嬉於姊姒間。故鄉族推重，家以之立，子以之成也。」其子賈顯祖，娶處士馬堯鴻女，側室宋氏。是富裕農民父子娶妾的成例。《明河内逸士甯範墓誌》（萬曆十七年）和《明甯範厥配徐氏合葬墓誌》（明萬曆二十年），叙甯範年十七即遊邑庠，而不以仕進爲樂。中年以農畝自任，服田力穡。配徐氏，生二子二女。子承武、祖武，俱廩生。承武三娶，嫡室陳氏、孟氏、張氏，皆蚤逝，無遺育，四繼宋氏。奉父命納側室牛氏，生孫男一。祖武娶张氏，無出，納側室郭氏，生孫男一。則爲富農子弟爲求子嗣而娶妾。惜於萬曆十八年，懷郡瘟疫大行，長子祖武夫婦暨兩女和长女之子，僅兩越月相繼淪亡。《明邑庠生劉梅墓誌銘》（萬曆三十五年），叙誌主劉梅耕讀傳家，配李氏，側室史氏、賀氏。育二子，長子史氏出，次子賀氏出。有三女，長女次女俱李氏出。三女史氏出。農户娶一妻納兩妾繁育子嗣，養口頗衆，必是有經濟實力的富家。

《清丹陽縣儒學訓導楊之玠暨元配儒人何氏合葬墓誌》（順治二年，一六四五），記誌主元配何氏，側室張氏。生四子一女，俱張氏出。《清郡庠生史燦並元配張氏側室劉氏合葬墓誌銘》（康熙十九年），叙史燦染恙辭世，停柩八年。子女漸成，營辦葬事。啓元配張氏合葬，並祔葬側室劉氏。再配孔氏在世。史燦有三子二女，長子及次女，孔氏出。次子、三子及長女，劉氏出。至於合葬的夫妻妾的柩位和在世孔氏的預留柩位，在墓誌蓋上記叙明白：「史公夜室，立祖在中。元配張氏，合葬于左。留右一穴，備孔氏用。祔葬劉氏，又在張左。合石銘誌，悉厥生平。」即夫居中，兩側爲妻，妾居妻側，處於卑位，不得近夫。此墓是比較少見的丈夫與妻妾合葬於一穴的顯例。《清劉世篁母丁氏祔葬墓誌》（康熙三十八年），叙文學君劉子騰「育子稍遲，强仕以往，娶副室數人。」續絃丁氏皆愛之，「待衆子如己出。」妻與諸妾相處和睦，愛撫妾産子女，顯示正妻的大度。《清候選布政司經歷郭奉欽墓誌》，記誌主配郝氏，側室馬氏、王氏。一妻二妾，是常見的男主人標配。《清賞戴花翎即補海疆知府前淡水同知曹謹墓誌銘》（咸豐二年，一八五二），叙誌主配王淑人，側室田氏、李氏。有二子五女。《清誥封淑人徐母駱淑人安葬墓誌》（同治五年，一八六六），叙駱淑人是徐秀峰的繼配，事姑最孝，處弟姪以道。事夫相敬如賓，待前妻遺孤無異己出。奴婢之輩頌德感恩，待諸妾侍寬厚常昭，毫無妬忌。

《明會典》（四库全书本）卷一四一《妻妾失序》條載：「其民年四十以上無子者，方聽娶妾。違者，笞四十。」考察沁陽出土明代墓誌可知，縉紳和富農蓄妾并不爲上述法律條款所束縛。封建蓄妾制度保障了男性單方面的性權利。這批墓誌的作者都是男性，站在維護夫權的立場上，以容忍不妬作爲賢妻的美德，以支持和主動爲丈夫納妾爲賢妻模範，以墓誌女主人爲實例，刻意頌揚。清初余姚黄宗羲撰《金石要例》，以《妾不書例》爲題，舉唐宋兩朝墓誌例，説：「婢妾所生之子，書其子，不書其母。」然而古例至元朝而改變，開始書其母姓，亦以例解説。而且唐宋時期，只能夫婦合葬於一穴，妾單獨葬於側穴。沁陽出土明清墓誌直叙側室姓氏和側室與夫妻合葬，可見家庭關係中處於弱勢的妾的社會地位逐漸而緩慢地提高。

上面只是鋪排了些許皮毛。至於深入的研究，請看本書第三編的論文。

三

《沁陽市博物館藏墓誌》的成書，得益於館長、副研究館員張紅軍先生卓有成效的領導能力和率先垂範的敬業精神。他先期在沁陽市文物保護管理委員會辦公室工作，二〇一四年任沁陽市博物館館長至今。

張館長在沁陽市文物保護管理委員會辦公室工作期間，在《中國文化報》《中國文物報》《大河報》等媒體發表文博消息、通訊達二百多條（篇）。先後榮獲「中國文物報社優秀通訊員」「河南省優秀文博通訊員」「河南省文物信息宣傳先進個人」等榮譽稱號。同時積極探索文物宣傳在文物保護新體制中的作用、縣市級博物館藏品防盜、業餘文物保護人員在文物普查中的作用和新發現文物的保護方法等，這些探索文博工作新方法的思路和實踐在《中國文物報》刊出后，引起了地方政府和業内人士的關注。尤其是在文物工作的思考探索方面，先後在《中國文物報》《中國文物科學研究》《文物工作》發表了研究性文章十多篇。同時致力館藏文物研究，先後在《中國國家博物館館刊》《中原文物》《四川文物》《文物世界》等專業期刊發表墓誌碑刻方面的論文多篇。本書第三編「研究論文」十九篇文章，除了任昉女士和李志軍先生所撰四篇外，其餘十五篇均出自他的手筆。一個縣級市博物館的館長以脚踏實地的工作，刻苦鑽研的精神來成就事業，實現抱負，這種胸懷氣度，值得看齊。

趙振華

二〇一八年五月十八日

凡例

一、本書收録自一九八四年沁陽市博物館建館至二〇一五年年底所收藏的墓誌。收録墓誌的年代，上自南北朝，下迄民國初年。

二、本書收録墓誌來源包括以下三種情況：（一）經文物考古單位科學發掘出土者。（二）非經科學發掘，但出土時間、地點明確的徵集品。（三）原流散於民間，具體出土時間、地點不詳者。

三、本書分爲墓誌圖録、墓誌釋文和墓誌研究論文三編。均按墓誌鐫刻年代先後順序排列，年代不詳者排在該時代的最後。

四、墓誌圖録包括説明、圖版兩部分。説明包括墓誌名稱（首題）、年代、尺寸、形制、紋飾、書體、行數、字數及殘損情況、出土時間和地點、收藏單位等項。圖版包括墓誌蓋和誌石的拓本圖版。

五、墓誌釋文包括録文和標點。録文採用通行繁體字。其中俗别字徑改爲通行字，假借字及現在仍通行的簡體字照録原文。誌文字跡缺失不清者，均用□表示。誌文殘缺較甚，不詳幾字者，用▨表示。原表敬空格，不管空多少格，釋文均僅空一格。原文爲求并列整齊美觀而空格的，釋文一律不空。爲保存原蓋、誌文的行款，釋文每行後用」號加以提示。

六、墓誌研究論文包括文章録文及作者、發表時間和刊載刊物名稱。文章録文除排版由原横排改爲豎排、字體由原簡體字轉爲通行繁體字外，文中墓誌拓本及内容提要（摘要）和關鍵詞不録，其他内容原則上照録不變。

前言

地處河南省西北部的沁陽市，古稱覃懷、野王、河内，歷史悠久，文化燦爛，人傑地靈，曾爲郡、州、路、府治所所在地，豫西北政治、經濟、文化的中心，素有「覃懷古郡，河朔名邦；商隱故里，樂聖之鄉」之美譽。爲首批河南省歷史文化名城和聯合國教科文組織認定的「千年古縣」。歷史上不少顯赫家族和人物生息終老於此，更有無數文人學士、宦農工商，乃至庶民百姓葬身於此。作爲封建社會喪葬制度中重要祔葬品的墓誌銘，伴隨着它們的墓主佈滿了覃懷大地，遺存至今，并不時有所發現。

沁陽市博物館作爲地方綜合性博物館，自一九八四年建館至二〇一五年底，通過普查徵集、社會捐贈、考古移交等途徑，共收藏歷代墓誌七十九方。其中，北朝墓誌一方，唐代墓誌十二方，明代墓誌三十九方，清代墓誌二十四方，民國墓誌三方。内容豐富，形式多樣，蘊藏信息量大，涉及政治、經濟、文化等各個方面，具有重要的史料和研究價值。

如，在沁陽出土的唐代墓誌中，刻於唐景龍三年（七〇九）的《唐故冀州石廓戍主張君（爽）李夫人合葬墓誌銘》，以「海孽不賓，河孫未款」來説明大唐東北地方政權高句麗叛服無常，經常製造地區動盪。爲此，中原王朝討伐高句麗的戰爭從未間斷，直至唐高宗總章元年爲唐王朝和新羅聯軍所滅。誌主張爽繼承了先人的忠孝美德，在國家進行大規模戰争、需要戰士的關鍵時刻，「投筆從戎，搴旗申效」，血戰遼東，勇拔敵旗，大獲全勝。朝廷酬其功績，下頒制書，授其勳官「輕車都尉」。并實授「行冀州石廓戍主」，鎮守一方。刻於唐開元十年（七二二）的《唐故梓州通泉縣尉上柱國司馬公（慎微）墓誌》，以「捧檄陳謀，掃蜂渠於海右；提戈誓衆，摧蟻寇于遼陽」來説明誌主司馬慎微跟隨李謹行參與大唐王朝征討高句麗的情形。因其述「表奏箋記」有功，授勳官上柱國。刻於唐大曆九年（七七四）的《唐故洺州清漳縣尉隴西李公（衡）墓誌銘并序》載，誌主李衡曾祖父李孝義「皇朝平陽郡守，封膠西公。」糾正了《舊唐書》「孝義，膠西王」的記載之誤。同時，該墓誌還印證了史書關於李唐王朝宗室世系大鄭王房世系的記載，填補了新舊《唐書》等史書關於李衡之父李孟犨亦襲封膠西公、以及李衡長子靈鈞、次子君求等記載之缺。刻於唐開成三年（八三八）的《唐故左内率府兵曹參軍顔府君（元貞）墓誌銘》，以「羯胡逆亂，盜擾中原」來説明安史之亂給社會所造成的嚴重後果和影響。

又如，在沁陽出土的明代墓誌中，刻於明洪武八年（一三七五）的《明故武略將軍懷慶衛副千户陳公（興）墓誌銘》載，誌主陳興「從都督馮公征取山東、河北、浙江，又從平章李公征取北平、應昌、馬邑等處，所至輒舉旗斬將，克捷有功，□錫數四，比等輩功居多。洪武三年，授昭信校尉濠梁衛百户。四年，陞授武略將軍金吾左衛副千户。六年，從宣武將軍僉事紀公守鎮懷慶。」一方面説明誌主陳興跟隨都督馮勝、平章李文忠參加明朝統一戰争，戰功卓著；一方面反映了明朝最主要的軍事制度衛所制。同時還印證了《懷慶府志》等志書「明懷慶衛洪武六年建」的記載。刻於明成化二十二年（一四八六）的

《明故李（鑑）母宜人宋氏墓誌銘》載，成化二十年「懷慶地大凶，民多徙死。」成化二十一年「尤劇，至有家無孑遺者。」印證了《明史》《懷慶府志》等史志關於明成化年間河南大旱、大饑自然災害的記載。同時，該墓誌書丹者係被譽爲「一代書宗」的明代書法家姜立綱，他的墨蹟留傳下來的寥寥無幾。其書用筆莊重渾厚，字體清勁方正，點畫精到，勻稱工整，是不可多得的書法珍品，對研究姜立綱的書法彌足珍貴。刻於明弘治元年（一四八八）的《明故封奉直大夫兵部武庫員外郎李公（孜）墓誌銘》載，誌主李孜上任山西馬邑縣令不久，母親去世，李孜當日啓程回家奔喪。自縣丞以下官員都知道李孜平常少有積蓄，紛紛拿出錢財幫他辦理母親喪事，但均被李孜婉言謝絶。由於平時剛毅梗直，不會曲意阿時，遭人誹謗，在守喪期滿除服後，朝廷把他從七品知縣降到了八品公安縣縣丞。正當瞭解他的人爲他感到惋惜時，李孜卻慨然曰：「士君子出而守官，求其盡民事耳。階資之崇卑，不足計也。」李孜任公安縣丞期間，裁省百費，與民休息；修築堤壩，杜絶水災，從不把恩寵與利禄的得失作爲衡量自身價值的標準。充分體現了他清正廉潔、一心爲民、從不考慮個人得失的爲官理念。這種爲官理念，在當今社會仍具有積極意义。刻於嘉靖十二年（一五三三）的《明山西按察司副使進階亞中大夫吴公（道寧）墓誌銘》載，弘治十一年，誌主吴道寧陞山西按察司副使，「奉敕整飭雁門等三關兵備，創築寧武新城，設寧武所及沿邊堡寨。俱募軍充實，武備一新，邊人有賴。」明代，爲了抵禦蒙古族的進攻，在北方不斷設卡置關，修築防線，形成了外長城和內長城。寧武關爲內長城上的重要關隘，因其地處「三關」中路，素有「北屏大同，南扼太原，西應偏關，東援雁門」的戰略作用。墓誌記載反映了當時偏頭關、寧武關和雁門關三關、尤其是寧武關的防務建設，對研究明代的邊防具有重要的價值。刻於明萬曆三年（一五七五）的《明河內處士賈公（鳳）暨孺人馬氏合葬墓誌銘》，記載了回族賈氏由太原遷入河內的時間、緣由，以及誌主賈鳳及其子孫的婚喪嫁娶情況。因回族信仰伊斯蘭教，亡人葬禮須遵循「土葬、從速、從儉」三項基本要求，墳墓中不准有隨葬物品，包括墓誌等。故賈鳳墓誌的出土彌足珍貴，爲研究明代河南回族賈氏的姓氏、遷徙、婚姻、喪葬以及漢化等問題提供了最原始、最真實的資料。刻於明萬曆九年（一五八一）的《大明鄭藩武德將軍進階武節將軍驍騎尉儀衛司儀衛正清庵馮公（世昌）配宜人蕭氏合葬墓誌銘》，不僅詳細記載了軍户出身的馮世昌的家世和生平，同時還記載了鄭藩移懷、鄭恭王朱厚烷削爵復爵等鄭藩王國的一些重大歷史事件，對瞭解和研究明代宗藩制度以及沁陽地方社會史都有非常重要的幫助。

再如，在沁陽出土的清代墓誌中，刻於清順治十六年（一六五九）的《清故承德郎湖廣斷事楊公（之珮）元配安人張氏合葬墓誌》記載，誌主楊之珮爲官秉公執法，爲民伸冤，被曹州百姓喻爲「天日」。時有人命牽連者，恐罹法網，私賂五十金，他正色拒之，不受賄賂，與東漢楊震「暮夜卻金」如出一轍。可見楊之珮爲官清正廉潔，與楊震一樣，堪稱「慎獨」之典範，爲官之楷模。刻於清咸豐二年（一八五二）的《清誥授朝議大夫晉授中議大夫賞戴花翎即補海疆知府前淡水同知丁卯科解元懷檪曹公（謹）墓誌銘》，記載了清代河內縣曹謹一生爲官三十年，所到之處，興利除弊，除暴安良，「吏畏民懷，頌聲大起。」尤其是在臺灣八年，開渠圳，修水利，使鳳山「收穀倍增，民樂厥業」，被譽爲「寶島禹王」；興文教，崇實學，使淡水「文風日盛，人才驟增」；御外侮，抗英夷，三次打敗侵臺英軍，維護了祖國的主權和民族的尊嚴。充分體現了曹謹勤政爲民、保家衛國的高尚情操和崇高的愛國主義精神，是臺灣和大陸自古同屬一個中國的又一鐵證，對開展愛國主義教育，駁斥「兩國論」具有重要而深遠的意義。同時，誌文所載擊退英軍入侵等內容，可對《清史稿》《臺灣通史》等史籍補充和糾誤，亦具有重要的史料和研究價值。

基於沁陽市博物館所收藏墓誌的重要價值，爲加强對其保護、研究，并充分利用其開展宣傳和教育，特編輯出版《沁陽市博物館藏墓誌》。該書共分三編：第一編爲墓誌圖録。收録了七十九方墓誌一百二十七張拓片，并對每方墓誌作了簡要描述和説明。第二編爲墓誌釋文。第三編爲研究論文，收録已公開發表墓誌考釋文章十九篇，以期起到史料研究參考之作用，實現文物宣傳、教育之目的。

張紅軍

二〇一八年五月十八日

目録

第一编　墓誌圖録

第二編　墓誌釋文

第一編　墓誌圖録

一 魏故趙氏姜夫人墓誌銘

天平元年（五三四）十一月十七日

誌高四三厘米，寬四二厘米，厚六厘米。

誌文一八行，滿行一九字。楷書。蓋文二行，行五字。楷書。

誌和蓋均有一道裂痕，個別文字殘泐。

一九八四年沁陽縣文物普查時發現。現藏於沁陽市博物館。

二　唐故隋懷州河內郡司倉參軍趙君（儉）墓誌銘

乾封二年（六六七）十月二十二日

誌高五六厘米，寬五九厘米，厚一一厘米。

誌文二七行，滿行二四字。楷書。

誌面略有風化，個別文字殘泐。蓋不詳。

河南省沁陽市文物普查中發現，具體出土時間和地點不詳。現藏於沁陽市博物館。

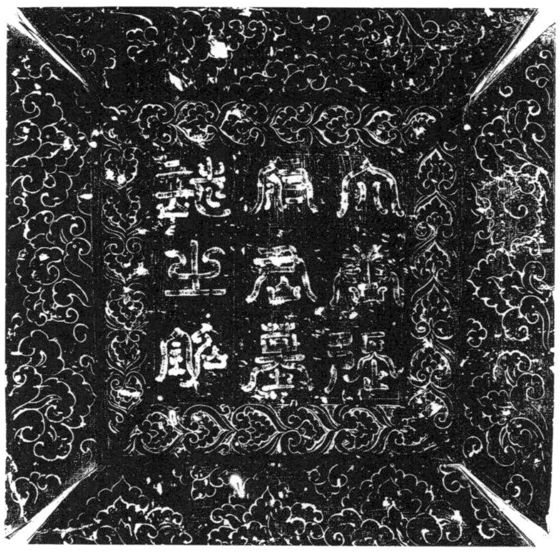

三　唐故翼州石廓戍主張君（爽）李夫人合葬墓誌銘

景龍三年（七〇九）八月二十五日

誌高五三厘米，寬五三厘米，厚九·五厘米。

誌文二〇行，滿行三〇字。楷書。四周刻花紋。蓋文三行，行三字。篆書。

誌、蓋完整。

二〇一一年，沁陽市區西北團結路中段路南司法局辦公樓工地出土。現藏於沁陽市博物館。

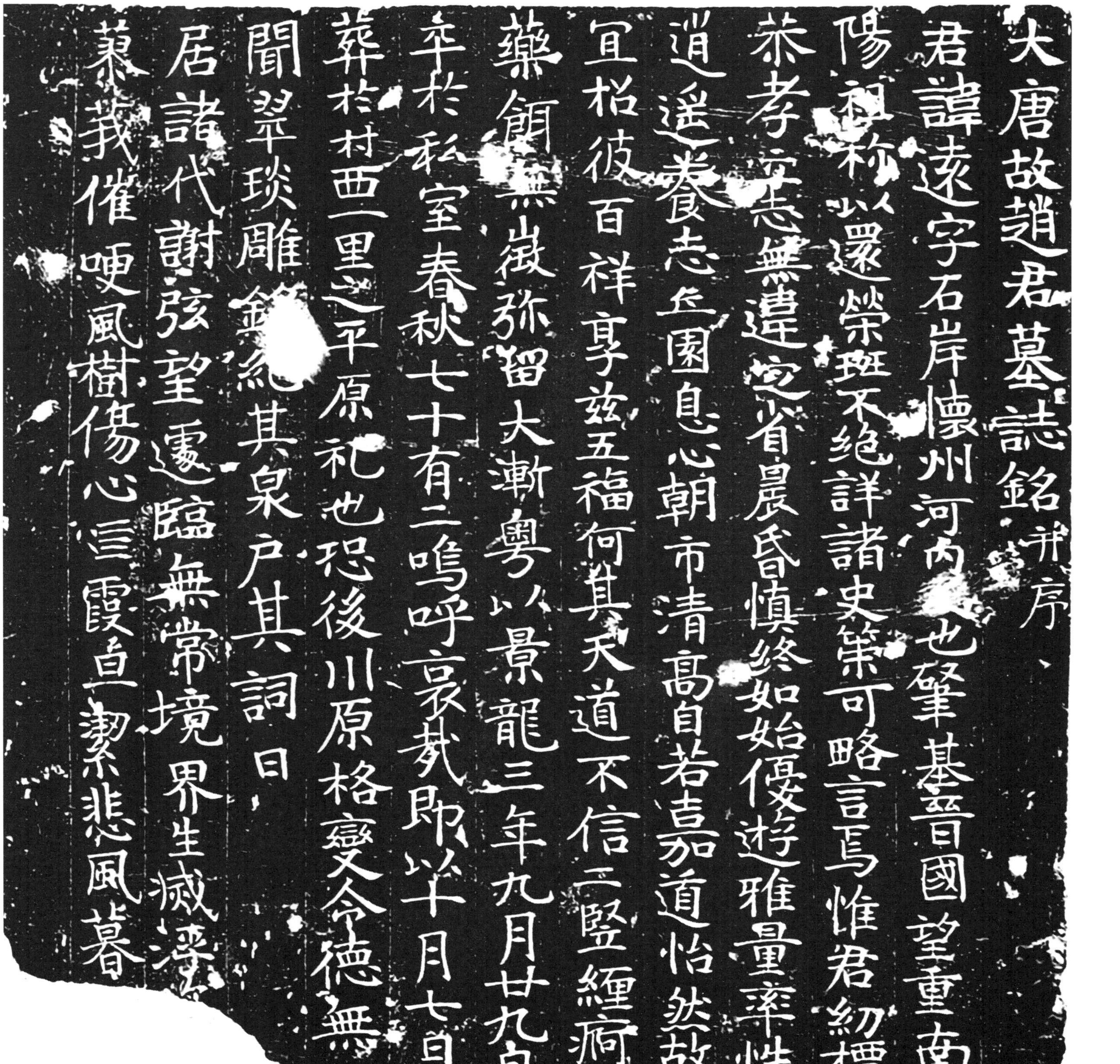

四　唐故趙君（遠）墓誌銘

景龍三年（七〇九）十月七日

誌高三五厘米，寬三五厘米，厚七厘米。

誌文一二行，滿行二一字。楷書。

誌左下角小部殘缺。蓋不詳。

河南省沁陽市出土，具體出土時間和地點不詳。現藏於沁陽市博物館。

五　唐故文林郎張府君（藏）墓誌銘

開元三年（七一五）八月十一日

誌高四八厘米，寬四八厘米，厚一一厘米。

誌文二三行，滿行二三字。楷書。蓋文三行，行三字。篆書。

誌、蓋基本完整。

一九九二年三月二十三日河南省沁陽市水南關騰飛製革廠基建工地張藏墓出土。現藏於沁陽市博物館。

六　唐故梓州通泉縣尉上柱國司馬公（慎微）墓誌

開元十年（七二二）二月十二日

誌高七三厘米，寬七三厘米，厚一〇・六厘米。

誌文三一行，滿行三一字。楷書。蓋文四行，行六字。篆書。

誌基本完整。蓋左上角略殘，右上角斷裂。

一九九八年河南省沁陽市山王莊鎮張坡村村民在挖紅薯窖時發現。現藏於沁陽市博物館。

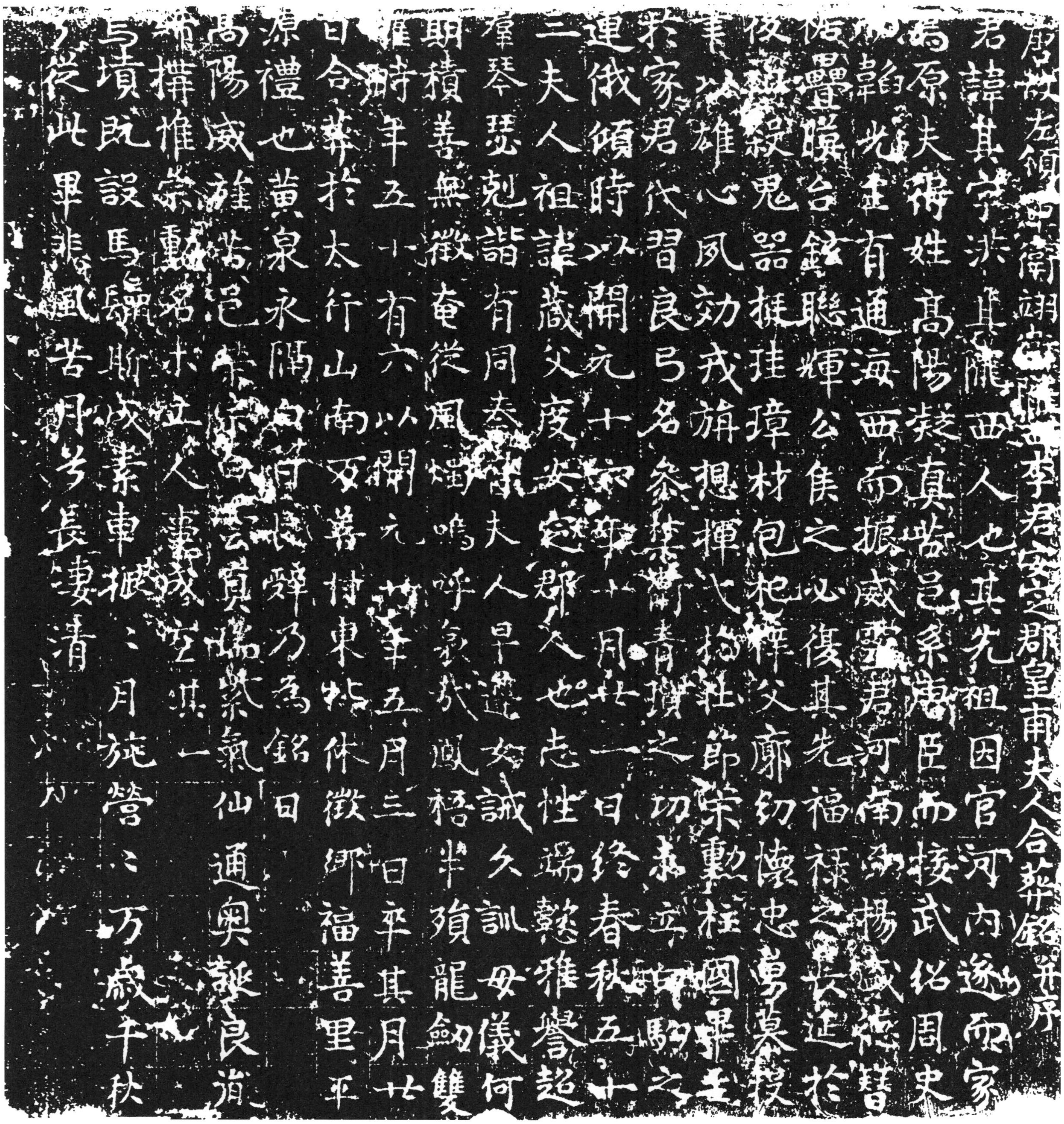

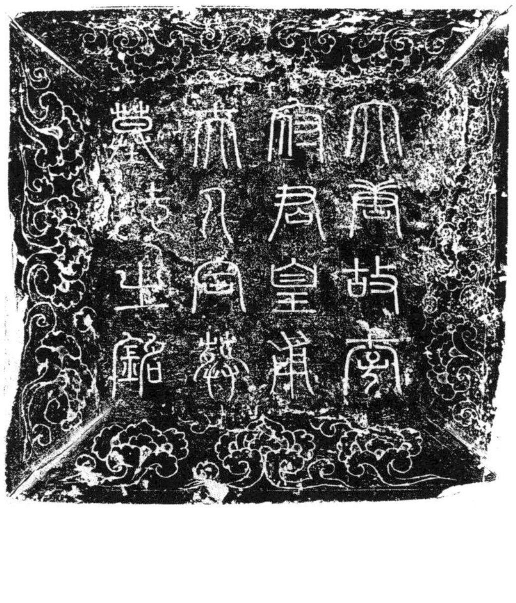

七　唐故左領軍衛翊衛隴西李君（其）安定郡皇甫夫人合葬銘

開元二十年（七三二）五月二十日

誌高四六・五厘米，寬四五・五厘米，厚七厘米。

誌文一九行，滿行二〇字。楷書。蓋文四行，行四字。篆書。

誌、蓋表面風化磨損，個別文字殘泐。

一九七三年在河南省沁陽縣山王莊鄉萬善村發現。現藏於沁陽市博物館。

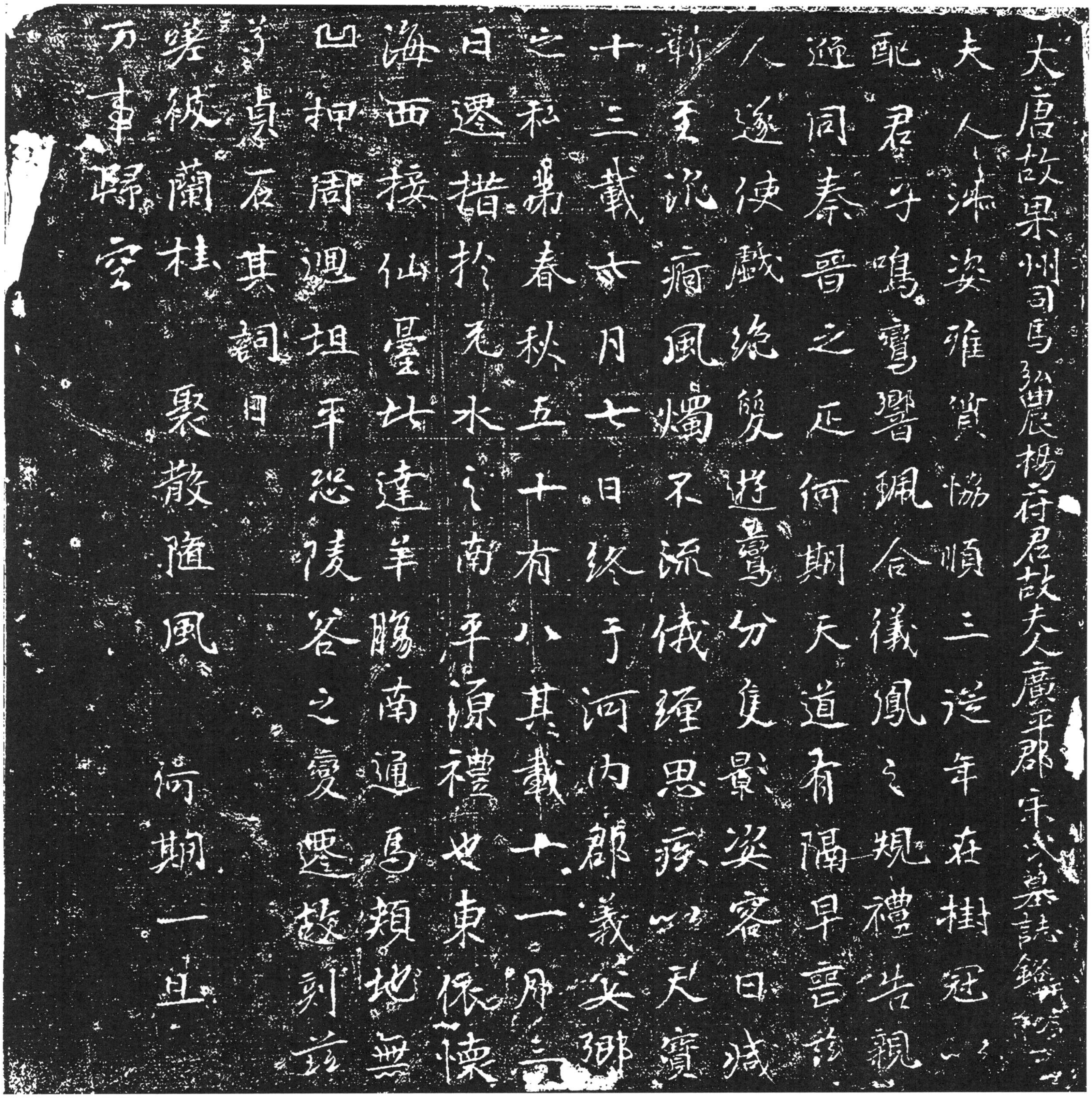

八 唐故果州司馬弘農楊府君故夫人廣平郡宋氏墓誌銘

天寶十三載（七五四）十一月三日

誌高三一·七厘米，寬三一·七厘米，厚四·七厘米。

誌文一四行，滿行一五字。楷書。蓋文三行，行三字。篆書。

誌、蓋基本完整。

一九九一年五月十六日在河南省沁陽市柏香鎮宋莊村磚瓦廠發現。現藏於沁陽市博物館。

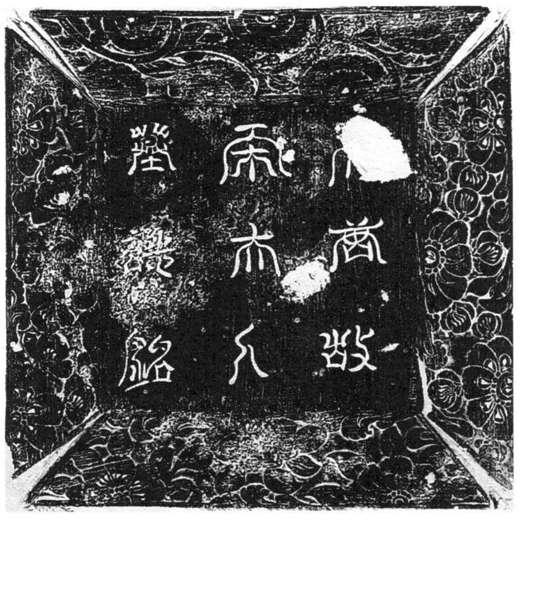

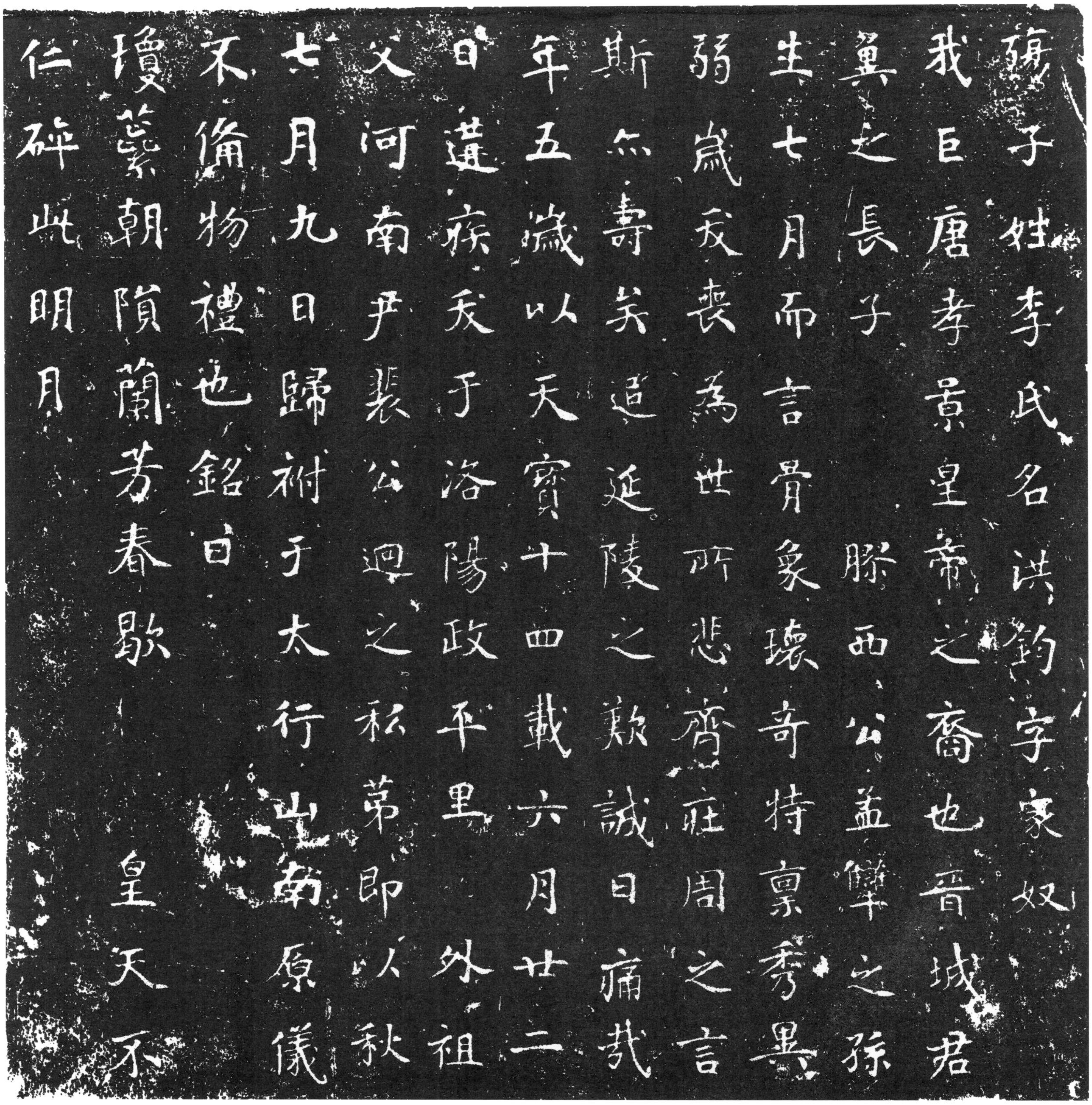

九 唐李殤子（洪鈞）墓誌之銘

天寶十四載（七五五）七月九日

誌高三二厘米，寬三二厘米，厚六·五厘米。

誌文一三行，滿行一三字。楷書。蓋文三行，行三字。篆書。

誌、蓋完整。

一九八七年七月河南省沁陽縣山王莊鄉張莊村農民在磚瓦窯起土時發現。現藏於沁陽市博物館。

一〇　唐故洺州清漳縣尉隴西李公（衡）墓誌銘

大曆九年（七七四）十二月十七日

誌高四二・五厘米，寬四二・五厘米，厚八厘米。

誌文二〇行，滿行二三字。楷書。蓋文三行，行三字。篆書。

誌斷裂爲三塊，個別文字殘泐。蓋完整。

河南省沁陽市出土，具體出土時間和地點不詳。現藏於沁陽市博物館。

一一　唐故左內率府兵曹參軍顏府君（元貞）墓誌銘

開成三年（八三八）九月五日

誌高三七・五厘米，寬三七・五厘米，厚七厘米。

誌文一九行，滿行二七字。楷書。

題跋四行，滿行三八字。楷書。

誌基本完整，個別文字殘泐。蓋不詳。

二十世紀八十年代河南省沁陽縣城關鎮合作街徵集。具體出土時間和地點不詳。現藏於沁陽市博物館。

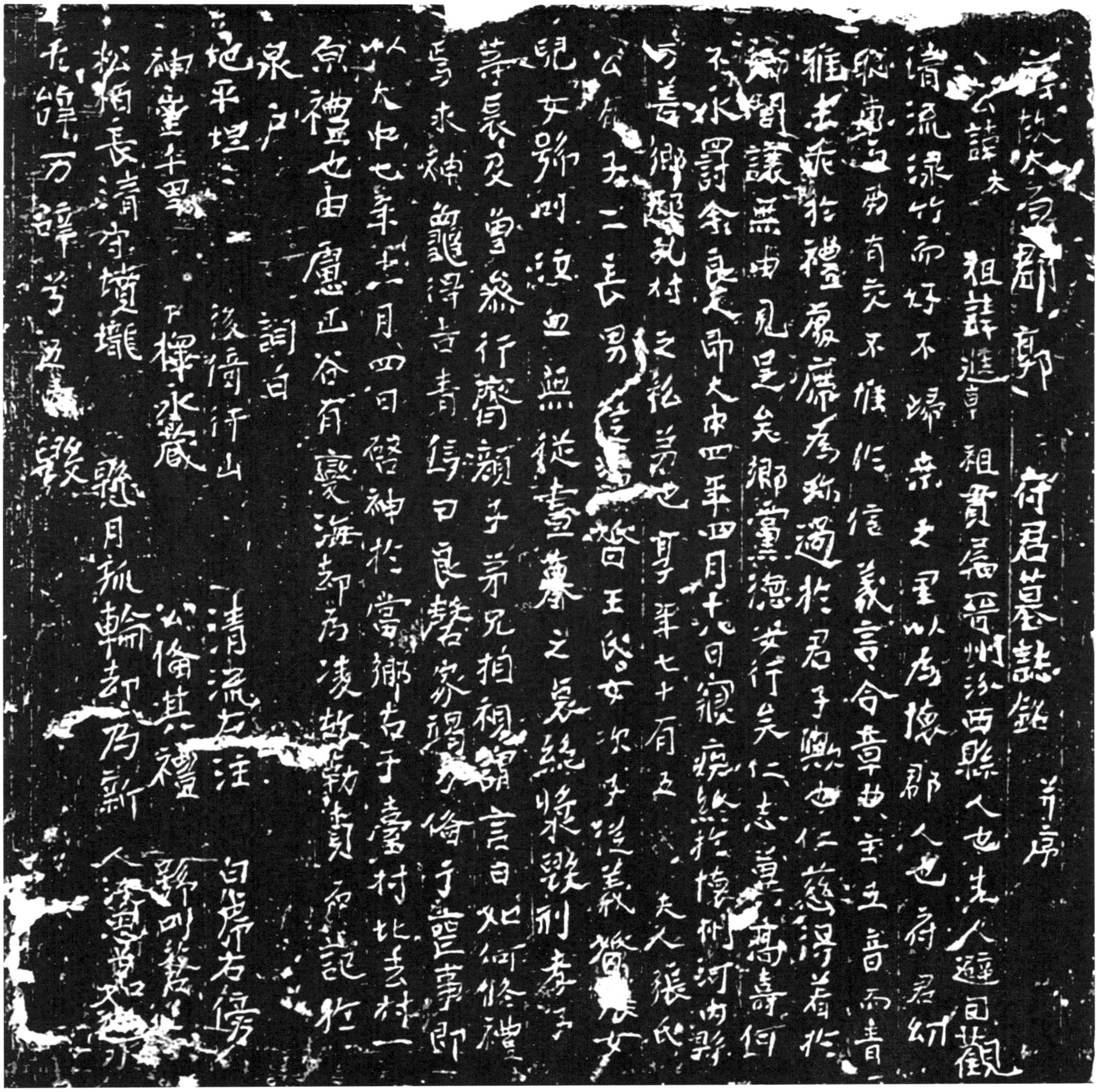

一二　唐故太原郡郭府君（太）墓誌銘

大中七年（八五三）十一月四日

誌高三五厘米，寬三五厘米，厚八厘米。

誌文一九行，滿行二五字。楷書。蓋文二行，滿行五字。楷書。

誌面略有磨損，個別文字殘泐。蓋完整。

河南省沁陽市出土，具體出土時間和地點不詳。現藏於沁陽市博物館。

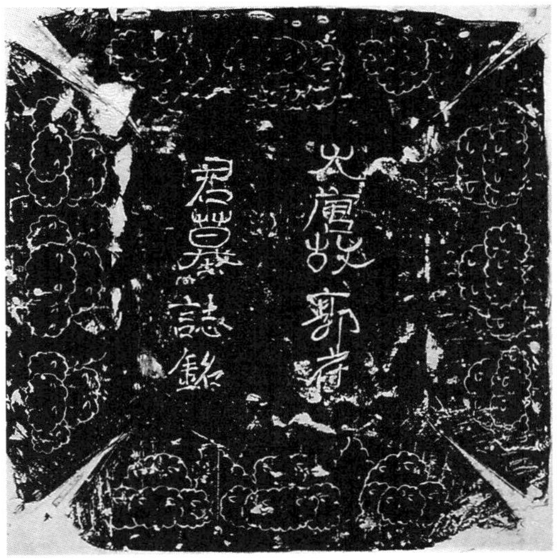

一三 唐故扶風郡馬府君（公亮）合附墓誌銘

中和二年（八八二）十月十五日

誌高三七厘米，寬三七・五厘米，厚七厘米。

誌文一五行，滿行三〇字。楷書。四周側面刻十二生肖圖案。

誌風化嚴重，部分文字殘泐。蓋不詳。

一九八四年七月河南省沁陽縣紫陵鄉趙寨村出土。現藏於沁陽市博物館。

一四　明故武略將軍懷慶衛副千户陳公（興）墓誌銘

洪武八年（一三七五）二月丁巳

誌碑形，圓首，通高二三三厘米，寬八九厘米，厚二六厘米。

誌文一六行，滿行四二字。楷書。額文五行，行二字。篆書。兩側刻纏枝紋。

誌表面風化，中間斷裂，部分文字殘泐。

一九九六年河南省沁陽市文物部門在該市山王莊鎮萬善村東北發現。現藏於沁陽市博物館。

一五　明宗室鎮國夫人張氏（采）墓誌

成化二十一年（一四八五）十月二十五日

誌爲小碑形，圓首。通高一〇九厘米，寬六六厘米，厚一五厘米。

誌文二一行，滿行二七字。楷書。額文三行，行四字。篆書。四周刻雲鳳紋。

誌完整。

一九九〇年河南省沁陽市山王莊村北出土。現藏於沁陽市博物館，陳展於朱載堉紀念館。

一六　明故李（鑑）母宜人宋氏墓誌銘

成化二十二年（一四八六）三月二十五日

誌高五四厘米，寬五四厘米，厚八厘米。

誌文二八行，滿行三三字。楷書。蓋文四行，滿行三字。篆書。

誌、蓋基本完整。

一九八三年河南省沁陽縣王召鄉李大人莊村出土。現藏於沁陽市博物館。

一七　明故封奉直大夫兵部武庫員外郎李公（孜）墓誌銘

弘治元年（一四八八）四月十六日

誌高五六厘米，寬五五厘米，厚一三厘米。

誌文三四行，滿行三五字。楷書。蓋文四行，行三字。篆書。

誌、蓋表面風化，部分文字殘泐。

一九八三年河南省沁陽縣王召鄉李大人莊村出土。現藏於沁陽市博物館。

一八　明涇陽王妃張氏壙誌

弘治元年（一四八八）十月十九日

誌爲小碑形，圓首。通高一〇〇厘米，寬六六厘米，厚一五厘米。

誌文一五行，滿行一九字。楷書。額文三行，滿行五字。篆書。四周刻雲鳳紋。

誌基本完整。

一九九一年河南省沁陽市校尉營村出土。現藏於沁陽市博物館，陳展於朱載堉紀念館。

一九　明御賜涇陽安靖王（朱祁銑）壙誌

弘治二年（一四八九）七月十七日

誌爲小碑形，圓首。通高七六厘米，寬四六厘米，厚一四厘米。

誌文一五行，滿行二四字。楷書。額文三行，行三字。篆書。四周刻雲龍紋。

誌右上部略殘。

一九九一年河南省沁陽市校尉營村出土。現藏於沁陽市博物館，陳展於朱載堉紀念館。

二〇 明封恭人憲副吴先生（道寧）之配金氏（妙秀）墓誌銘

嘉靖八年（一五二九）十一月十七日

誌高五四厘米，寬五五厘米，厚八厘米。

誌文三七行，滿行四〇字。楷書。蓋文四行，滿行四字。篆書。

誌、蓋基本完整。

一九八二年河南省沁陽縣西關汽車隊院内出土。現藏於沁陽市博物館。

二一　明山西按察司副使進階亞中大夫吴公（道寧）墓誌銘

嘉靖十二年（一五三三）二月二十九日

誌高五七厘米，寬五四厘米，厚九厘米。

誌文三五行，滿行四〇字。楷書。蓋文四行，行四字。篆書。

誌、蓋基本完整。

一九八二年河南省沁陽縣西關汽車隊院内出土。現藏於沁陽市博物館。

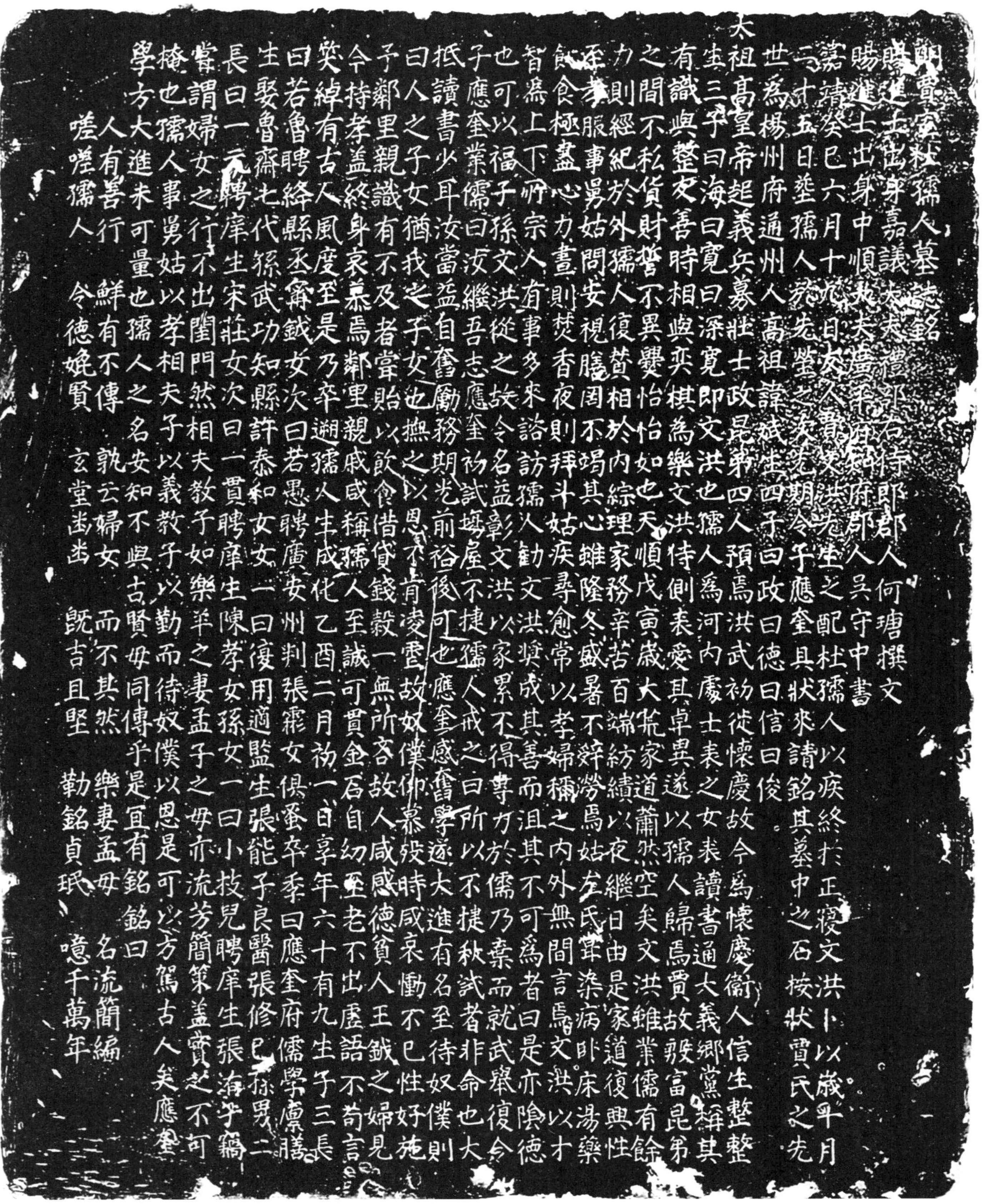

二二　明賈（文洪）室杜孺人墓誌銘

嘉靖十二年（一五三三）十月二十五日

誌高六一・五厘米，寬五一・五厘米，厚八・五厘米。

誌文二九行，滿行三五字。楷書。

誌基本完整。蓋不詳。

一九八四年在河南省沁陽縣城關鄉四府莊村發現。現藏於沁陽市博物館。

二三　明故徵仕郎廣安州判張公（霦）孺人紀氏合葬墓誌銘

嘉靖二十六年（一五四七）十一月二十日

誌高六四厘米，寬六六厘米，厚一一厘米。

誌文三四行，滿行四二字。楷書。蓋文五行，行四字。篆書。

誌斷裂爲兩塊。蓋完整。

二〇一五年六月二十九日在河南省沁陽市合作街徵集。現藏於沁陽市博物館。

二四　明故庠生拙菴賈公（應奎）暨孺人許氏合葬墓誌銘

嘉靖四十年（一五六一）五月二十日

誌高五八厘米，寬六一厘米，厚八厘米。

誌文二六行，滿行三〇字。楷書。蓋文四行，行四字。篆書。

誌、蓋表面風化，部分文字殘泐。

一九八四年在河南省沁陽縣城關鄉南官莊村發現。現藏於沁陽市博物館。

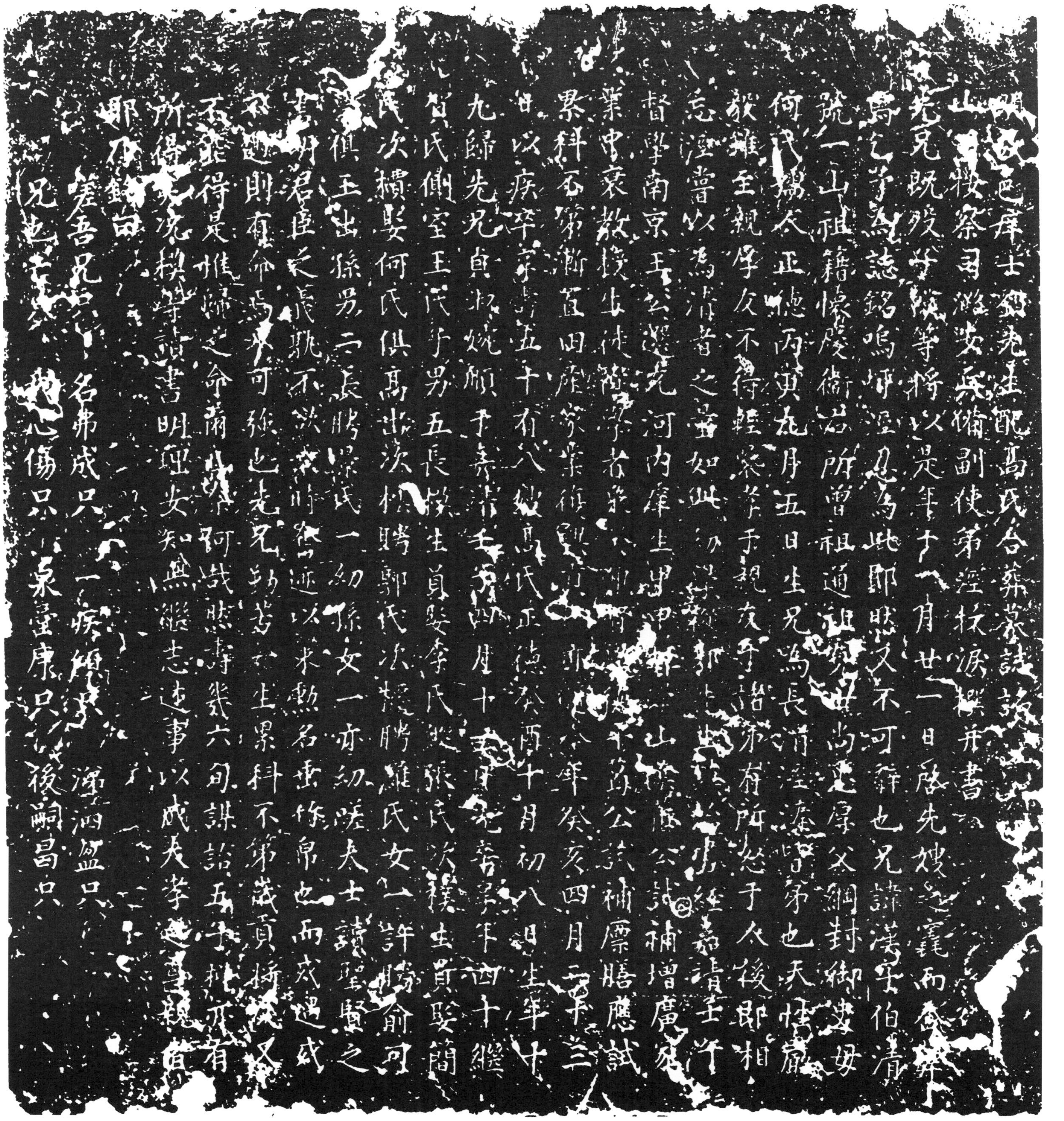

二五　明故邑庠士劉先生（漢）配高氏合葬墓誌銘

嘉靖四十二年（一五六三）十一月二十一日

誌高五八厘米，寬五七厘米，厚六厘米。

誌文二三行，滿行二五字。楷書。蓋文四行，行四字。篆書。

誌表面風化，部分文字殘泐。蓋斷裂爲五塊。

一九八四年七月河南省沁陽縣城關鄉東關村出土。現藏於沁陽市博物館。

二六　明處士沈公（安）配節婦李氏合葬墓誌銘

隆慶二年（一五六八）十一月九日

誌高六三厘米，寬六三厘米，厚一三厘米。

誌文三〇行，滿行二七至二八字不等。楷書。四周線刻纏枝花紋。

誌表面有劃痕，部分文字殘缺。蓋佚。

河南省沁陽市出土，具體出土時間和地點不詳。現藏於沁陽市博物館。

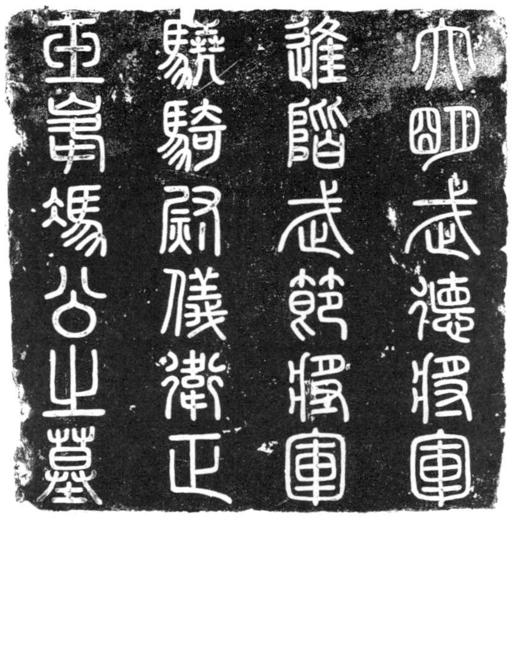

二七　明鄭藩儀衛司儀衛正玉峰馮公（汝遷）暨宜人張氏合葬墓誌銘

萬曆元年（一五七三）十一月二十日

誌高六〇厘米，寬六一厘米，厚一二厘米。

誌文四二行，滿行四〇字。楷書。蓋文四行，行六字。篆書。

誌、蓋完整。

二〇一五年十一月三日河南省沁陽市太行辦事處沁園路北段河南晉煤天慶煤化工有限責任公司生活區建設工地出土。現藏於沁陽市博物館。

二八　明河内處士賈公（鳳）暨孺人馬氏合葬墓誌銘

萬曆三年（一五七五）十二月二十一日

誌高五九・五厘米，寬六〇厘米，厚一〇厘米。

誌文三〇行，滿行三〇字。楷書。四周刻纏枝花紋。蓋文四行，行四字。篆書。

誌表面風化，個别文字殘泐。蓋基本完整。

一九八三年河南省沁陽縣山王莊鄉張莊村磚廠出土。現藏於沁陽市博物館。

二九　明鄭藩武德將軍儀衛正東池馮公（胤）墓誌

萬曆六年（一五七八）十一月七日

誌高六二厘米，寬六二厘米，厚一〇厘米。

誌文二九行，滿行三八字。楷書。蓋文四行，行四字。篆書。

誌表面有劃痕。蓋完整。

一九九二年在河南省沁陽市清平村西發現。現藏於沁陽市博物館，陳展於朱載堉紀念館。

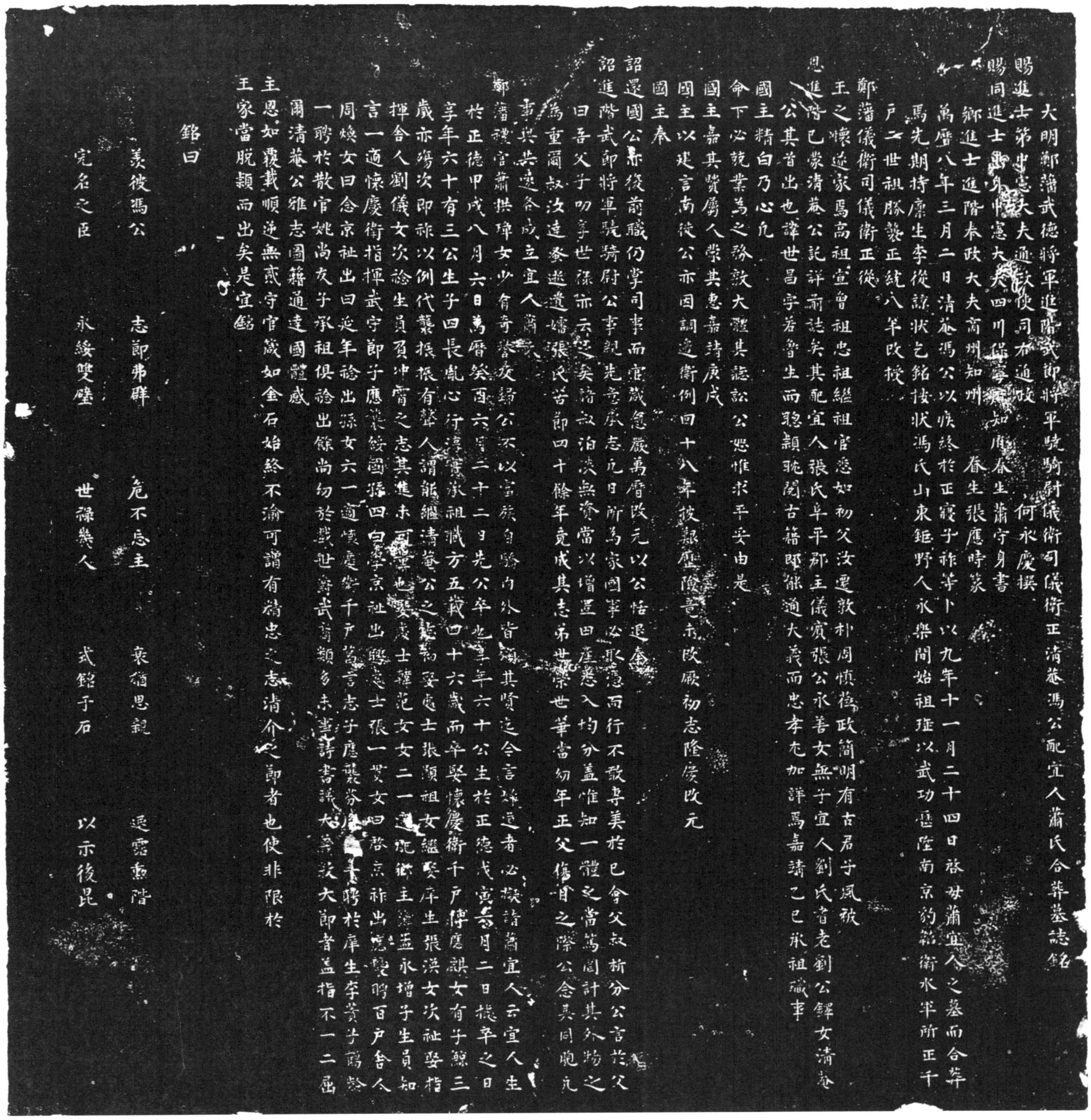

三〇　明鄭藩武德將軍進階武節將軍驍騎尉儀衛司儀衛正清菴馮公（世昌）配宜人蕭氏合葬墓誌銘

萬曆九年（一五八一）十一月二十四日

誌高六七厘米，寬六六厘米，厚一〇・五厘米。

誌文三五行，滿行四四字。楷書。蓋文四行，行六字。篆書。

誌、蓋完整。

二〇一五年十一月三日河南省沁陽市太行辦事處沁園路北段河南晉煤天慶煤化工有限責任公司生活區建設工地出土。現藏於沁陽市博物館。

三一　明敕封孺人劉（楷）母戈氏合葬墓誌銘

萬曆十一年（一五八三）三月二十七日

誌高七一厘米，寬六七厘米，厚一五厘米。

誌文二七行，滿行二九字。楷書。四周刻卷雲紋。蓋文四行，滿行四字。篆書。

誌、蓋表面風化嚴重，部分文字殘泐。

一九八四年河南省沁陽縣城關鄉東關村出土。現藏於沁陽市博物館。

三二　明河內逸士仲兄在谷甯公（範）墓誌

萬曆十七年（一五八九）十二月十七日

誌高六三·五厘米，寬六五·五厘米，厚一三厘米。

誌文三〇行，滿行四四字。楷書。

誌基本完整。蓋不詳。

二〇一五年七月二十三日河南省沁陽市博物館徵集。現藏於沁陽市博物館。

三三　明故恩榮壽官西田劉公（冕）暨配金氏合葬墓誌銘

萬曆十八年（一五九〇）十一月二十二日

誌高六四厘米，寬六四厘米，厚一三厘米。

誌文三〇行，滿行四四字。楷書。蓋文四行，行五字。篆書。

誌表面風化，部分文字殘泐。蓋完整。

一九八四年七月河南省沁陽縣城關鄉東關村出土。現藏於沁陽市博物館。

三四　明仲兄在谷甯公（範）厥配徐氏合葬墓誌

萬曆二十年（一五九二）三月二十六日

誌高六四・五厘米，寬六六厘米，厚一三厘米。

誌文二八行，滿行三〇字。楷書。

誌基本完整。蓋不詳。

二〇一五年七月二十三日河南省沁陽市博物館徵集。現藏於沁陽市博物館。

三五　明邑庠生胤吾劉公（梅）墓誌銘

萬曆三十五年（一六〇七）十一月十九日

誌高六二厘米，寬六四厘米，厚一三厘米。

誌文三一行，滿行四五字。楷書。蓋文三行，行四字。篆書。

誌、蓋表面風化，部分文字殘泐。

一九八四年河南省沁陽縣城關鄉東關村出土。現藏於沁陽市博物館。

三六　明故姪舉人（馮）文耀墓誌

萬曆四十年（一六一二）四月九日

誌高四〇厘米，寬四三・五厘米，厚一二厘米。

誌文二七行，滿行二五字。楷書。蓋文三行，行三字。篆書。

誌、蓋完整。

二〇一五年十一月三日河南省沁陽市太行辦事處沁園路北段河南晉煤天慶煤化工有限責任公司生活區建設工地出土。現藏於沁陽市博物館。

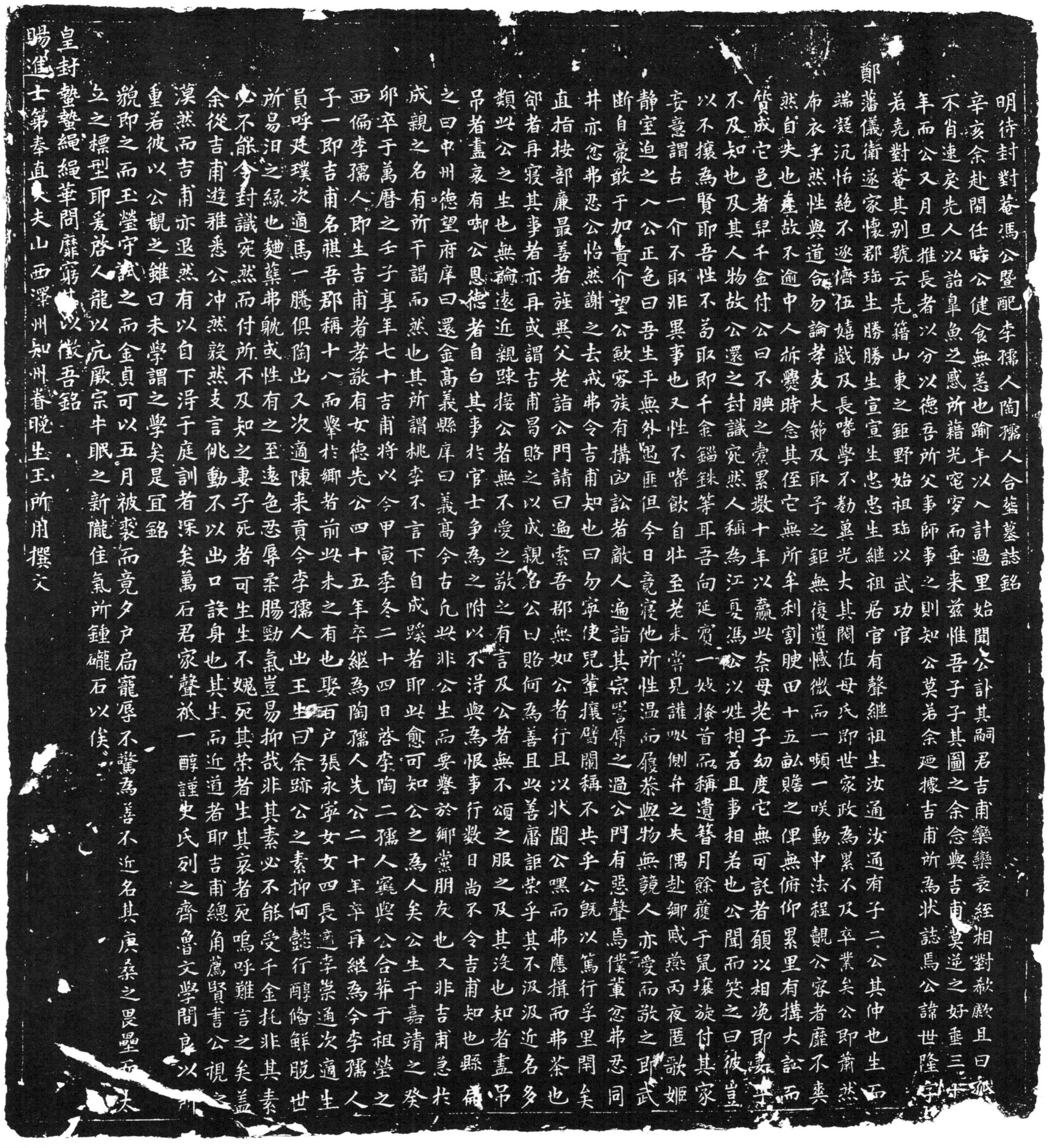

三七　明待封對菴馮公（世隆）暨配李孺人陶孺人合葬墓誌銘

萬曆四十二年（一六一四）十二月二十四日

誌蓋和誌銘一體，爲正、反面。高七二・五厘米，寬六六・五厘米，厚一三・五厘米。

誌文三五行，滿行四〇字。楷書。蓋文四行，行五字。楷書。

誌、蓋完整。

二〇一五年十一月三日河南省沁陽市太行辦事處沁園路北段河南晉煤天慶煤化工有限責任公司生活區建設工地出土。現藏於沁陽市博物館。

三八　明故待贈宜人史（應選）母李氏墓誌

萬曆四十五年（一六一七）九月十一日

誌高五八・五厘米，寬五六・八厘米，厚一二厘米。

誌文二六行，滿行二九字。楷書。蓋文三行，行四字。篆書。

誌、蓋完整。

二〇一五年河南省沁陽市博物館徵集。現藏於沁陽市博物館。

三九　明典儀升軒楊公（生東）暨孺人劉氏張氏宗氏合葬墓誌

泰昌元年（一六二〇）十一月二十四日

誌高六三・五厘米，寬七〇・五厘米，厚一二厘米。

誌文一八行，滿行二〇字。楷書。四周刻蔓草紋。

誌表面風化磨損嚴重，部分文字殘泐。蓋不詳。

河南省沁陽市出土，具體出土時間和地點不詳。現藏於沁陽市博物館。

四〇　明鄭王妃劉氏壙誌

天啓五年（一六二五）四月八日

誌爲小碑形，圓首。通高一二〇厘米，寬六四厘米，厚一六厘米。

誌文一〇行，滿行二一字。楷書。額文一行二字。篆書。四周陰刻雲龍紋。

誌基本完整。

一九八三年河南省沁陽縣西萬鄉校尉營村東朱載壐墓中出土。現藏於沁陽市博物館，陳展於朱載堉紀念館。

四一　明恩詔壽官鄒公（齊魯）墓誌銘

崇禎元年（一六二八）十二月四日

誌高六二厘米，寬六四厘米，厚一二厘米。

誌文二九行，滿行三八字。楷書。

誌左上角殘，缺失部分文字。蓋不詳。

二〇一五年七月一日在河南省沁陽市懷慶辦事處合作街史紅軍家徵集。現藏於沁陽市博物館。

四二　明孺人劉母李氏合葬墓誌銘

崇禎三年（一六三〇）十二月二十八日

誌高六四厘米，寬六七厘米，厚一〇厘米。

誌文三五行，滿行四〇字。楷書。

誌基本完整。蓋佚。

一九八四年七月河南省沁陽縣城關鄉東關村出土。現藏於沁陽市博物館。

四三　明元配何氏墓誌

崇禎八年（一六三五）十一月十四日

誌高六〇厘米，寬六〇厘米，厚一三厘米。

誌文二六行，滿行三〇至三二字不等。楷書。四周線刻連續三角紋。

誌表面風化，左下角小部殘缺。蓋不詳。

河南省沁陽市出土，具體出土時間和地點不詳。現藏於沁陽市博物館。

四四　明故祖考增廣生員馮公（稔）合葬墓誌

崇禎八年（一六三五）十一月二十六日

誌高五五・五厘米，寬五五・五厘米，厚一二厘米。

誌文三二行，滿行三二字。楷書。

誌完整。蓋不詳。

二〇一五年十一月三日河南省沁陽市太行辦事處沁園路北段河南晉煤天慶煤化工有限責任公司生活區建設工地出土。現藏於沁陽市博物館。

四五　明邑庠生荆石楊公（之璠）墓誌銘

崇禎九年（一六三六）十月十二日

誌高六五厘米，寬六五厘米，厚一二厘米。

誌文二二行，滿行三〇字。楷書。四周刻蔓草紋。蓋文三行，行三字。篆書。

誌、蓋完整。

二〇一五年七月一日在河南省沁陽市懷慶辦事處合作街史紅軍家徵集。現藏於沁陽市博物館。

四六　明孺人劉（之顯）母史氏合葬墓誌

崇禎九年（一六三六）十一月二十六日

誌高六五厘米，寬六五厘米，厚一二厘米。

誌文二九行，滿行三〇字。楷書。

誌表面風化磨損嚴重，左上部缺失，部分文字殘泐。蓋不詳。

一九八四年七月河南省沁陽縣城關鄉東關村出土。現藏於沁陽市博物館。

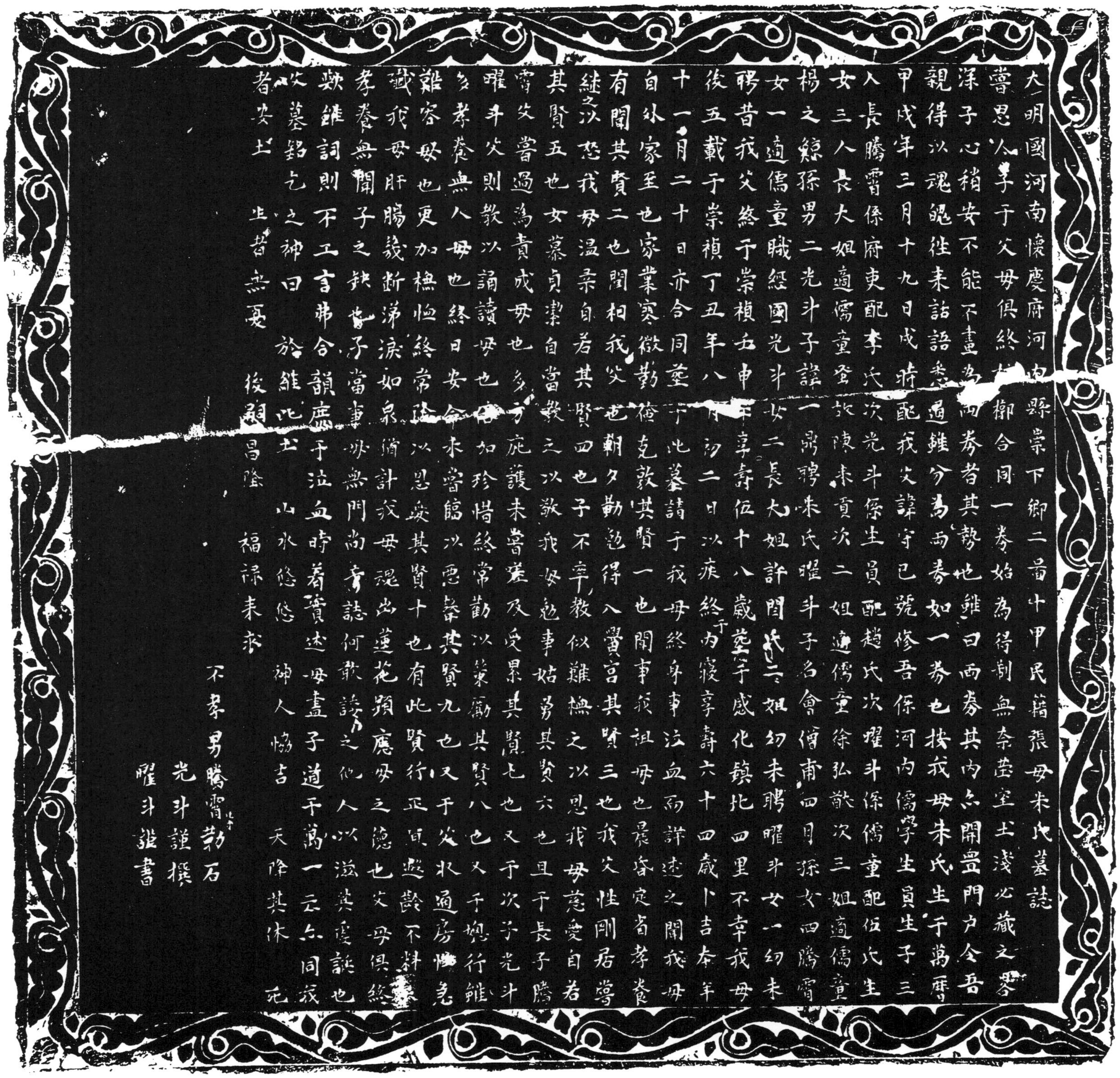

四七　明河南懷慶府河内縣崇下鄉二圖十甲民籍張母朱氏墓誌

崇禎十年（一六三七）十一月二十日

誌高五〇厘米，寬五二厘米，厚一〇厘米。

誌文二八行，滿行二九字。楷書。四周刻纏枝草葉紋。

誌斷裂爲兩塊，個別文字殘泐。蓋不詳。

河南省沁陽市出土，具體出土時間和地點不詳。現藏於沁陽市博物館。

四八　明故孝廉斗瞻馮公（文耀）暨配賈孺人合葬墓誌銘

崇禎十二年（一六三九）十二月八日

誌高五八厘米，寬五八厘米，厚一一厘米。

誌文三四行，滿行三四字。楷書。蓋文六行，行三字。篆書。

誌、蓋完整。

二〇一五年十一月三日河南省沁陽市太行辦事處沁園路北段河南晉煤天慶煤化工有限責任公司生活區建設工地出土。現藏於沁陽市博物館。

四九　明故儒官肖渠范公（時譽）墓誌

崇禎十四年（一六四一）十一月十二日

誌高五九厘米，寬五八厘米，厚一一厘米。

誌文二九行，滿行二七字。楷書。四周刻幾何紋。蓋文二行，行五字。篆書。

誌、蓋完整。

河南省沁陽市出土，具體出土時間和地點不詳。現藏於沁陽市博物館。

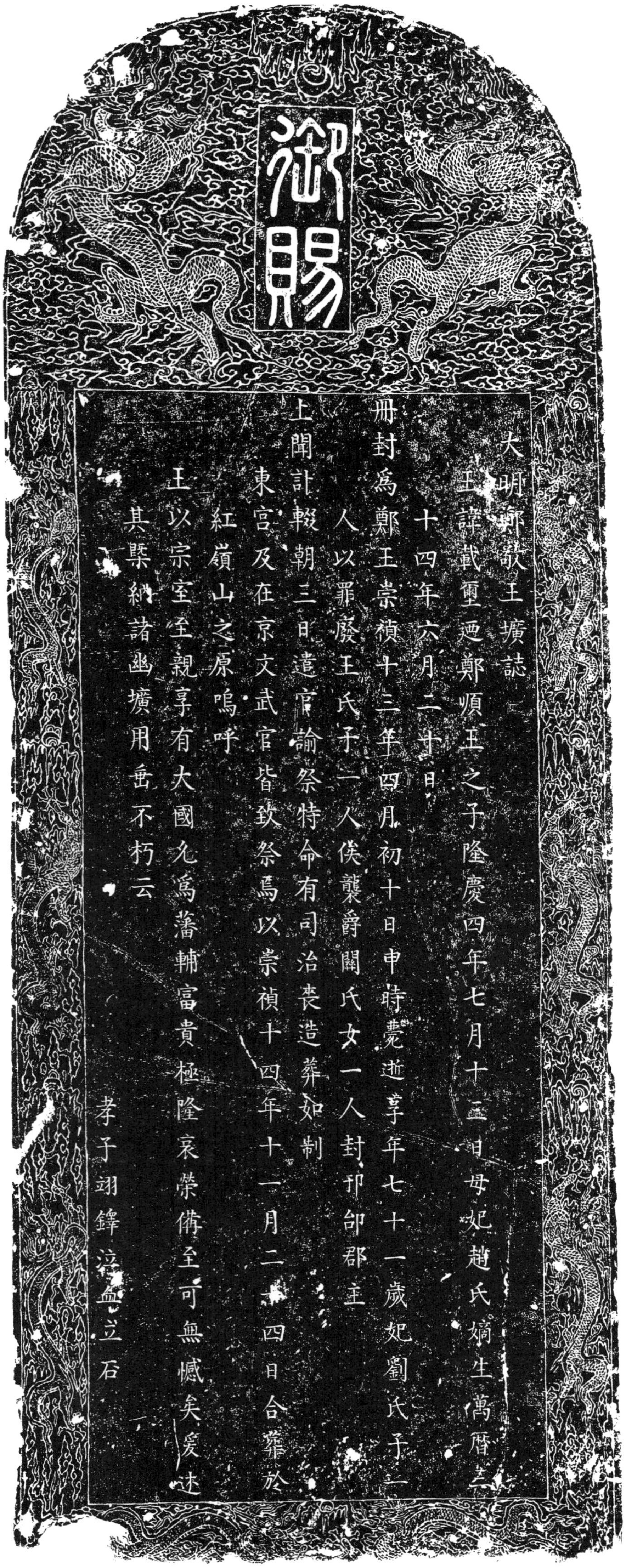

五〇　明鄭敬王（朱載壐）壙誌

崇禎十四年（一六四一）十一月二十四日

誌爲小碑形，圓首。通高一三〇厘米，寬五二厘米，厚一三厘米。誌文一一行，滿行三〇字。楷書。額文一行二字。篆書。四周陰刻雲龍紋。

誌基本完整。

一九八三年河南省沁陽縣西萬鄉校尉營村東朱載壐墓中出土。現藏於沁陽市博物館，陳展於朱載堉紀念館。

五一　明故待封王（三傑）母陳氏墓誌銘

崇禎十五年（一六四二）二月二十日

誌高六〇厘米，寬六〇厘米，厚一〇厘米。

誌文二六行，滿行三〇字。楷書。蓋文三行，行四字。篆書。

誌、蓋基本完整。

一九八四年河南省沁陽縣西萬鄉邘邰村出土。現藏於沁陽市博物館。

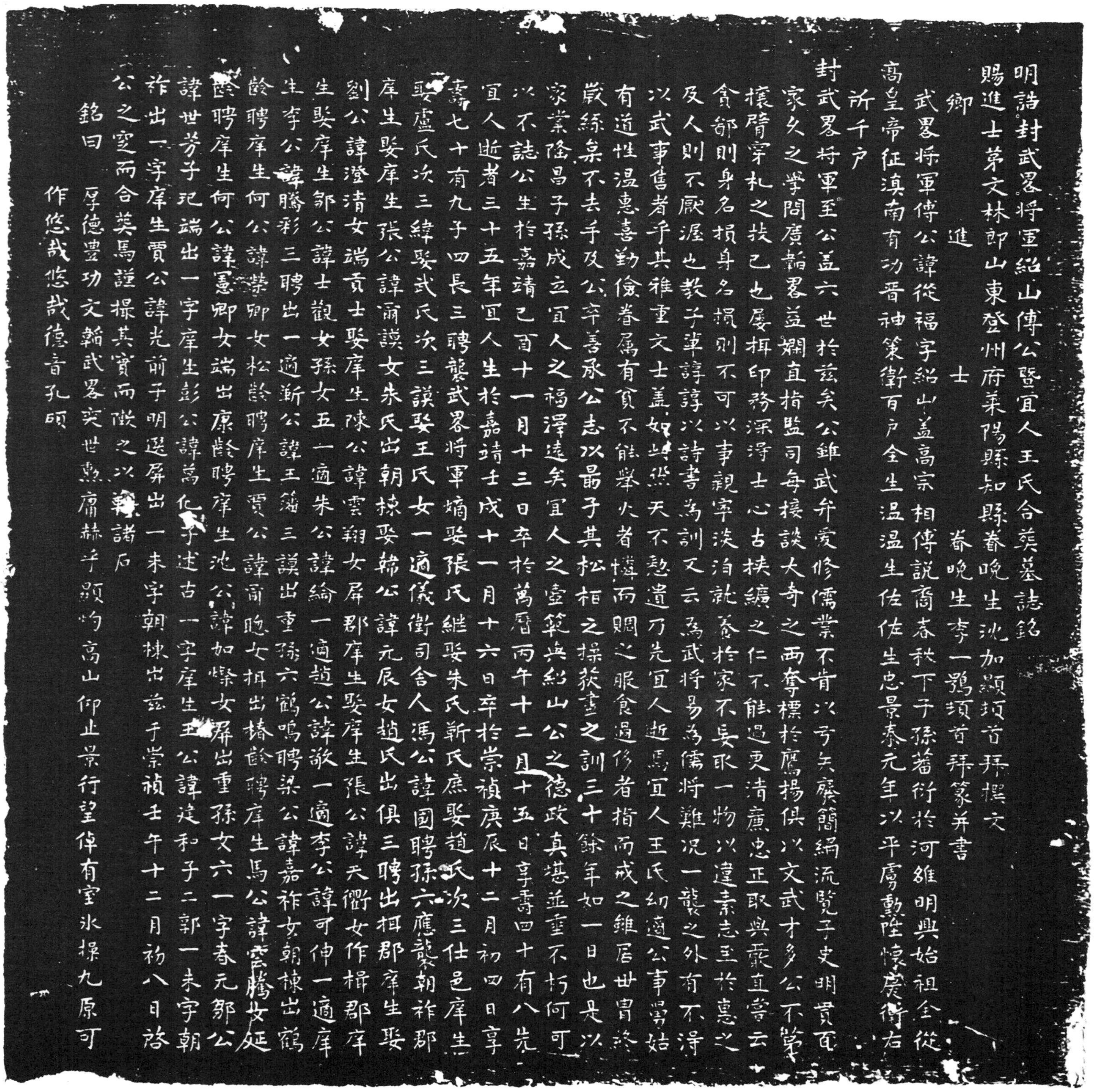

五二 明誥封武略將軍紹山傅公（從福）暨宜人王氏合葬墓誌銘

崇禎十五年（一六四二）十二月八日

誌高五六・五厘米，寬五七・五厘米，厚一二厘米。

誌文三〇行，滿行三六字。楷書。

誌完整。蓋佚。

河南省沁陽市出土，具體出土時間和地點不詳。現藏於沁陽市博物館。

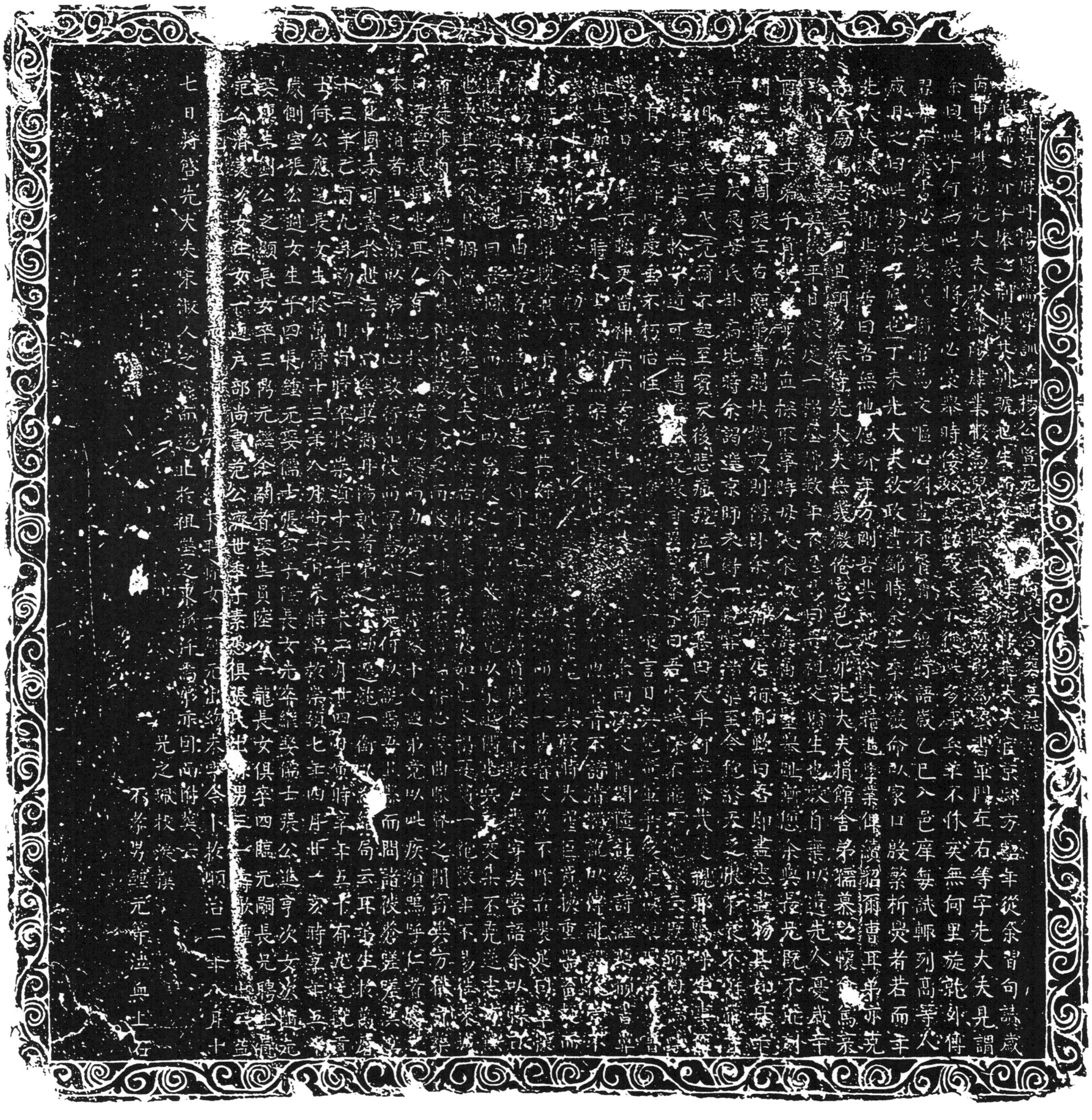

五三　清直隸鎮江府丹陽縣儒學訓導楊公（之玠）暨元配孺人何氏合葬墓誌

順治二年（一六四五）八月十七日

誌高六四厘米，寬六四厘米，厚一二厘米。

誌文三五行，滿行三七字。楷書。四周刻卷草紋。

誌表面風化，左边有一道裂痕，部分文字殘泐。蓋不詳。

河南省沁陽市出土，具體出土時間和地點不詳。現藏於沁陽市博物館。

五四　清故孺人元配王氏繼唐氏併葬墓誌

順治十三年（一六五六）二月十三日

誌高五八厘米，寬五八·五厘米，厚一一厘米。

誌文二八行，滿行三四字。楷書。

誌表面風化，個別文字殘泐。蓋不詳。

河南省沁陽市出土，具體出土時間和地點不詳。現藏於沁陽市博物館。

五五　清故承德郎湖廣斷事楊公（之珮）元配安人張氏合葬墓誌

順治十六年（一六五九）十月十六日

誌高六四厘米，寬六三厘米，厚一二厘米。

誌文二九行，滿行三九字。楷書。四周刻草葉紋。

誌基本完整。蓋不詳。

二〇一五年七月一日在河南省沁陽市懷慶辦事處合作街史紅軍家徵集。現藏於沁陽市博物館。

清故茂才宏光馮公暨元配孺人卞氏魏氏合葬墓誌

五六　清故茂才宏光馮公（國瑞）暨元配孺人卞氏繼配孺人魏氏合葬墓誌銘

康熙三年（一六六四）十一月十五日

誌高六五厘米，寬六三・五厘米，厚一二・五厘米。

誌文三一行，滿行四〇字。楷書。四周刻草葉紋。蓋文五行，行四字。篆書。

誌、蓋基本完整。

二〇一五年十一月三日河南省沁陽市太行辦事處沁園路北段河南晉煤天慶煤化工有限責任公司生活區建設工地出土。現藏於沁陽市博物館。

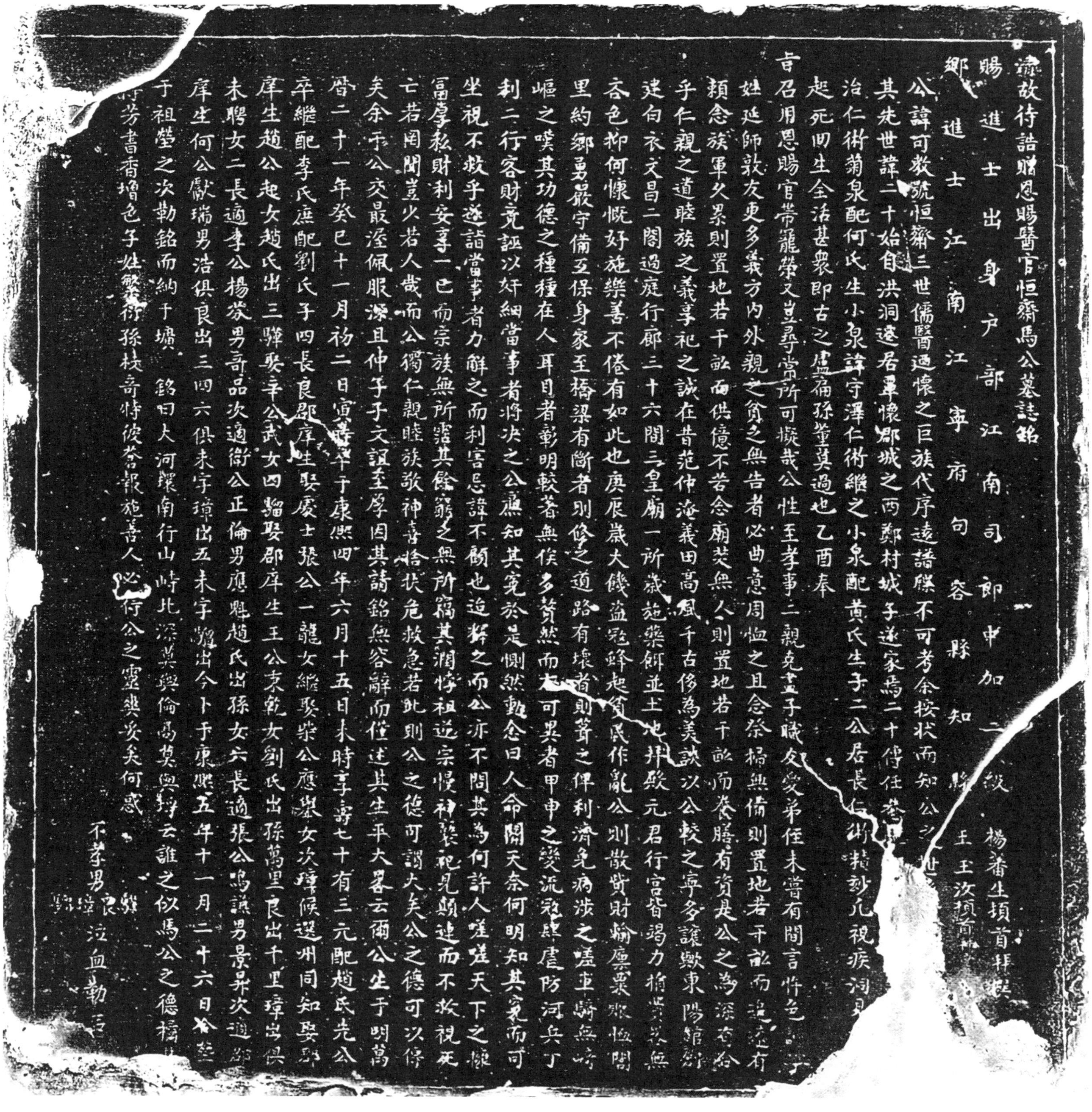

五七　清故待詔贈恩賜醫官恒齋馬公（可教）墓誌銘

康熙五年（一六六六）十一月二十六日

誌高五八厘米，寬五八厘米，厚一〇厘米。

誌文二八行，滿行四〇字。楷書。蓋文四行，行四字。篆書。

誌右下角殘，缺失部分文字。蓋基本完整。

河南省沁陽市出土，具體出土時間和地點不詳。現藏於沁陽市博物館。

五八　清故少庵宋公（友高）墓誌銘

康熙七年（一六六八）六月二十日

誌高六〇厘米，寬六〇厘米，厚一一厘米。

誌文二八行，滿行三五字。楷書。四周刻連續花葉紋。蓋文四行，行四字。篆書。

誌表面風化，右下角缺失，部分文字殘泐。蓋基本完整。

一九八三年河南省沁陽縣葛村鄉東鄉村出土。現藏於沁陽市博物館。

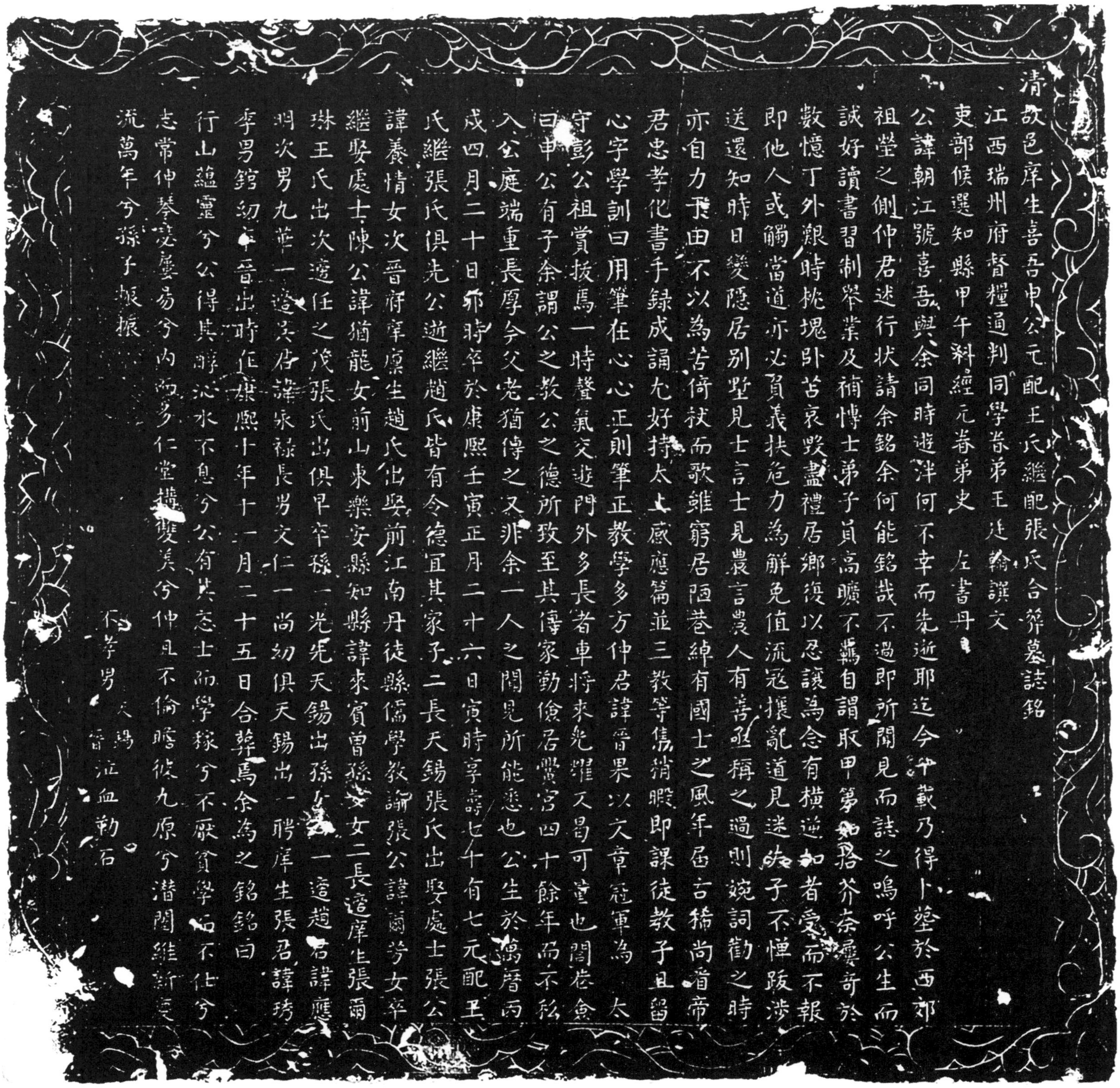
清故邑庠生喜吾申公元配王氏繼配張氏合葬墓誌銘
江西瑞州府督糧通判同學眷弟王廷翰譔文
吏部候選知縣甲午科經元眷弟史　左書丹
公諱朝江號喜吾與余同時遊泮何不幸而先逝耶迄今〔卅〕載乃得卜塋於西郊
祖塋之側仲君述行狀請余銘余何能銘哉不過即所聞見而誌之嗚呼公生而
誠好讀書習制舉業及補博士弟子員高曠不羈自謂取甲第如拾芥奈屢奇於
數憶丁外艱時枕塊卧苫哀毀盡禮居鄉復以忍讓為念有横逆加者受而不報
即他人或觸當道亦必負義扶危力為解免值流寇擾亂道見遺孩子不憚跋涉
送還知昨日變隱居別墅見士言士見農言農人有善亟稱之過則婉詞勸之時
亦自力耕田不以為苦倚杖而歌雖窮居陋巷綽有國士之風年屆古稀尚肴帝
君忠孝化書手録成誦尤好持太上感應篇並三教等集稍暇即課徒教子且留
心字學訓曰用筆在心心正則筆正教學多方仲君諱晋果以文章冠軍為太
守彭公祖賞拔焉一時聲氣交遊門外多長者車将来先耀又昌可望也閭巷僉
曰申公有子余謂公之教公之德所致至其傳家勤儉居黌宮四十餘年而不緇
入公庭端重長厚令父老猶傳之又非余一人之聞見所能悉也公生於萬曆丙
戌四月二十日卯時卒於康熙壬寅正月二十六日寅時享壽七十有七元配王
氏繼張氏俱先公逝繼趙氏皆有令德宜其家子二長天錫張氏出娶處士張公
諱養情女次晋府庠廩生趙氏出娶前江南丹徒縣儒學教諭張公諱爾芳女卒
繼娶處士陳公諱猶龍女前山東樂安縣知縣諱來賓曾孫女女二長適庠生張爾
琳王氏出次適任之茂張氏出俱早卒孫一光先天錫出孫女一適趙君諱應
翔次男九華一適吳君諱承禄長男文仁一尚幼俱天錫出一聘庠生張君諱琇
李男錧幼聘晋出時在康熙十年十一月二十五日合葬焉余為之銘銘曰
行山蘊靈兮公得其醇沁水不息兮公有其志士而學稼兮不厭貧學而不仕兮
志常伸琴瑟屢易兮內而多仁堂構變美兮仰且不倫瞻彼九原兮潛閟維新更
流萬年兮孫子振振
不孝男天錫
晋泣血勒石

五九　清故邑庠生喜吾申公（朝江）元配王氏繼配張氏合葬墓誌銘

康熙十年（一六七一）十一月二十五日

誌高五四厘米，寬五七厘米，厚一三厘米。

誌文二七行，滿行三一字。楷書。四周刻卷草紋。

誌基本完整。蓋不詳。

河南省沁陽市出土，具體出土時間和地點不詳。現藏於沁陽市博物館。

六〇 清故郡庠生子英弟（史燦）並元配張氏側室劉氏合葬墓誌銘

康熙十九年（一六八〇）十二月十二日

誌高六一厘米，寬六一厘米。

誌文二四行，滿行三六字。楷書。四周線刻卷雲紋。蓋文八行，行五字。篆書。

誌表面風化嚴重，部分文字殘泐。蓋基本完整。

一九八四年河南省沁陽縣城關鄉出土。現藏於沁陽市博物館。

六一　清誥封驃騎將軍張公字正吾夫人合葬墓誌

康熙三十二年（一六九三）一月十五日

誌高六五厘米，寬七〇厘米，厚一四・五厘米。

誌文二九行，滿行二九字。楷書。

誌表面風化嚴重，右下角缺失，部分文字殘泐。蓋不詳。

河南省沁陽市出土，具體出土時間和地點不詳。現藏於沁陽市博物館。

六二　清故儒士先考伯子府君暨旌表節孝先妣劉太君合葬墓誌

康熙三十五年（一六九六）三月四日

誌高六〇厘米，寬六一・五厘米，厚一一厘米。

誌文二六行，滿行三五字。楷書。四周刻荷花紋。

誌完整。蓋不詳。

河南省沁陽市出土，具體出土時間和地點不詳。現藏於沁陽市博物館。

六三　清待贈太安人劉（世篁）母丁氏祔葬墓誌銘

康熙三十八年（一六九九）十二月九日

誌高七二厘米，寬七二厘米，厚一四厘米。

誌文三七行，滿行四八字。楷書。蓋文四行，行四字。篆書。

誌表面風化嚴重，部分文字殘泐。蓋基本完整。

一九八五年在河南省沁陽縣城關鄉東關村發現。現藏於沁陽市博物館。

六四　清敕封登仕郎吏部司務廳司務衛如楊公（奮生）墓誌銘

雍正八年（一七三〇）十二月二十日

誌高六一厘米，寬六一厘米，厚一一厘米。

誌文三二行，滿行四六字。楷書。

誌表面風化嚴重，部分文字殘泐。蓋佚。

河南省沁陽市出土，具體出土時間和地點不詳。現藏於沁陽市博物館。

六五　清鄉進士候選儒學訓導顯考方北府君（鄒壬）暨孺人顯妣馬太君合葬墓誌

乾隆四十七年（一七八二）二月三日

誌高六四厘米，寬六四厘米，厚一四厘米。

誌文三七行，滿行三八字。楷書。四周刻幾何紋。蓋文四行，行四字。篆書。

誌、蓋基本完整。

河南省沁陽市出土，具體出土時間和地點不詳。現藏於沁陽市博物館。

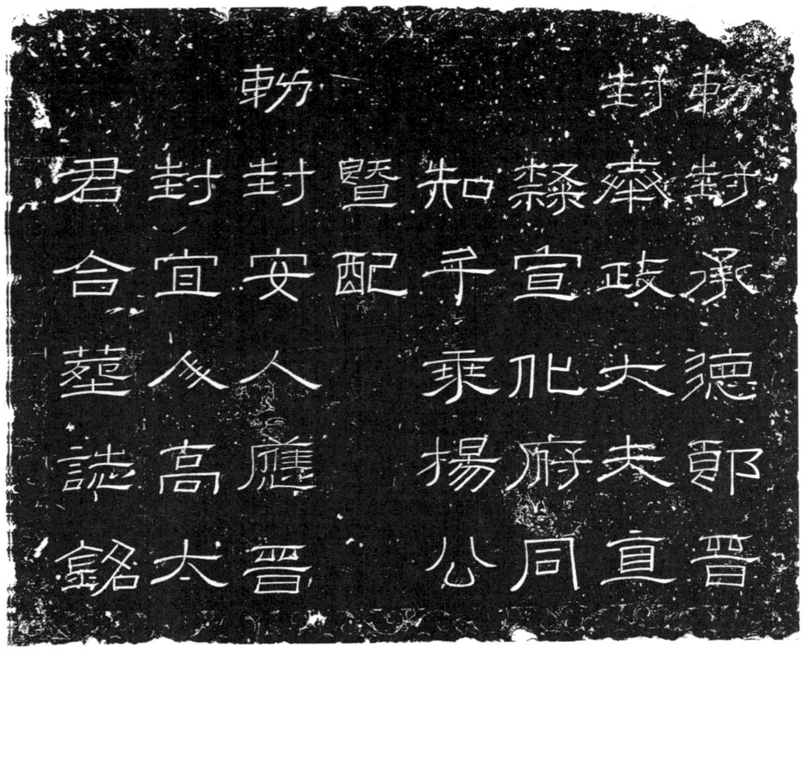

六六　清敕封承德郎四川保寧府分駐雷波撫夷通判晉奉政大夫直隸宣化府同知千乘楊公（道國）暨德配敕封安人應封宜人高太君合葬墓誌銘

嘉慶四年（一七九九）十一月

誌高六三厘米，寬七八厘米，厚一三厘米。誌文三四行，滿行三二字。楷書。四周刻幾何紋。蓋文八行，滿行六字。隸書。

誌表面風化，個別文字殘泐。蓋基本完整。

二〇一五年七月一日在河南省沁陽市懷慶辦事處合作街史紅軍家徵集。現藏於沁陽市博物館。

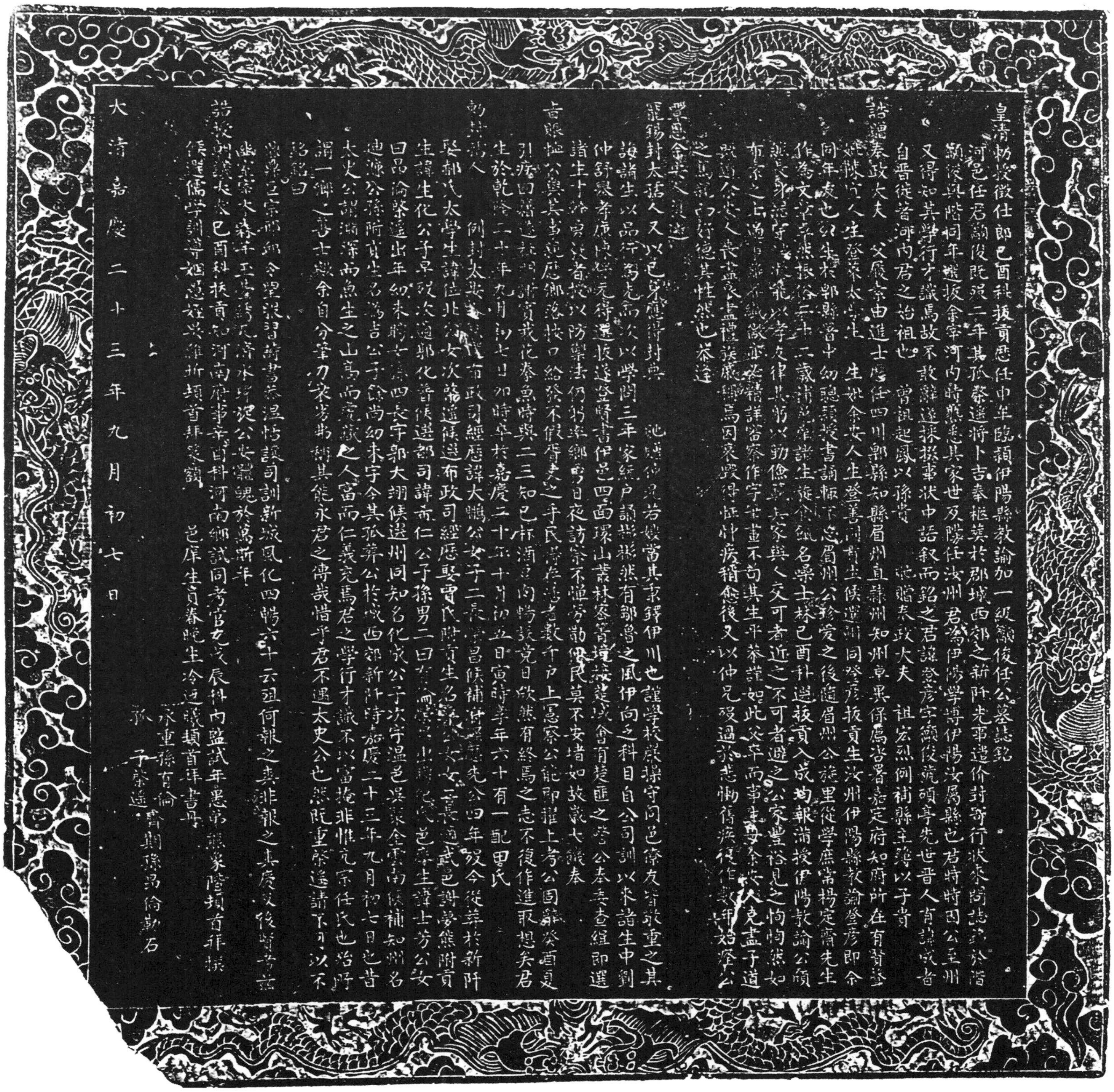

六七　清敕授徵仕郎己酉科拔貢歷任中牟臨潁伊陽縣教諭加一級籲俊任公（登彦）墓誌銘

嘉慶二十三年（一八一八）九月七日

誌高六四厘米，寬六四厘米，厚一二厘米。

誌文三六行，滿行四四字。楷書。四周刻雲龍紋。

誌基本完整。蓋佚。

河南省沁陽市出土，具體出土時間和地點不詳。現藏於沁陽市博物館。

六八　清例贈奮武郎岱友趙公（廷儀）德配段太孺人合葬墓誌銘

道光二年（一八二二）十月十三日

誌高六二厘米，寬六一厘米，厚一三厘米。

誌文三四行，滿行三八字。楷書。蓋文五行，滿行六字。篆書。

誌表面略有風化，個別文字殘泐。蓋完整。

一九八四年河南省沁陽縣城關鄉東關村出土。現藏於沁陽市博物館。

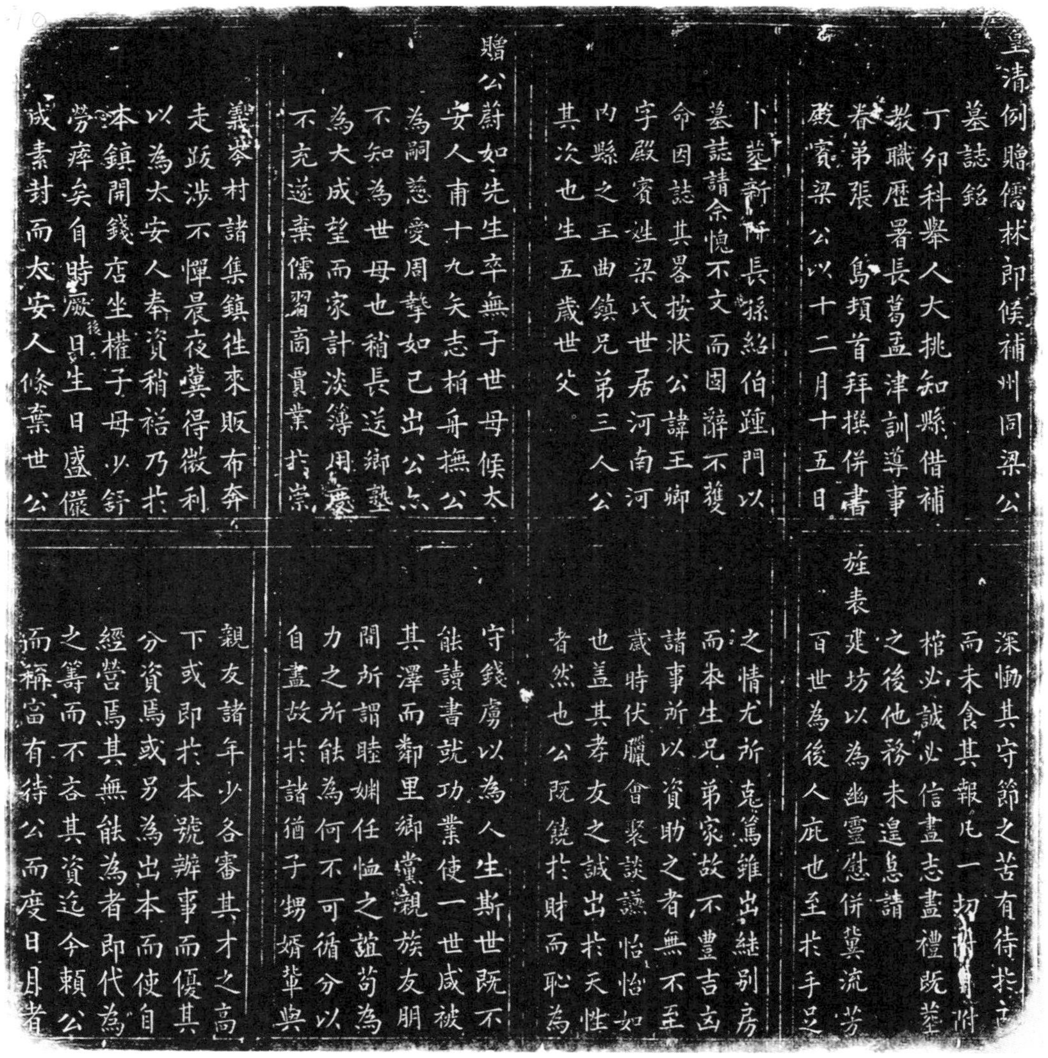

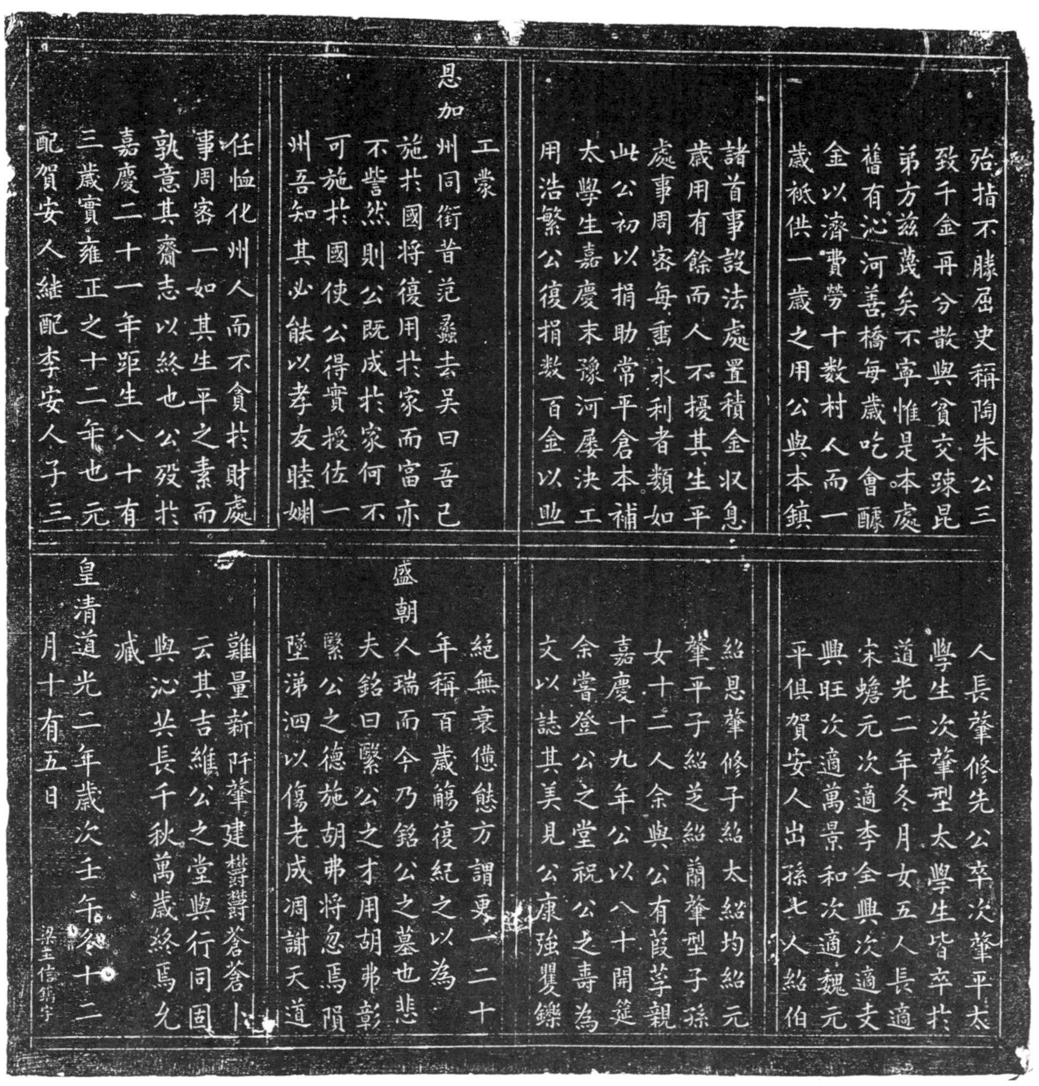

六九　清例贈儒林郎候補州同梁公（王卿）墓誌銘

道光二年（一八二二）十二月十五日

誌爲一盒二石，均高六二厘米，寬六二厘米，厚一四·五厘米。

誌文九六行，滿行一一字。楷書。

誌基本完整。

一九八七年九月三十日在河南省沁陽縣王曲鄉王曲村發現。現藏於沁陽市博物館。

七〇　清例授奉直大夫候選布政司經歷貤贈昭武都尉郭公逸園（奉欽）墓誌銘

道光七年（一八二七）十一月十九日

誌高七五厘米，寬八〇厘米，厚一二厘米。

誌文三四行，滿行三〇字。楷書。蓋文四行，滿行四字。篆書。

誌表面風化磨損，部分文字殘泐。蓋斷裂爲兩塊。

一九七九年在河南省沁陽縣燈塔街居民家中發現。現藏於沁陽市博物館。

七一　清故修職郎河内田君（聯元）墓誌銘

道光十年（一八三〇）十二月二十五日

誌高六四厘米，寬六二厘米，厚一二厘米。

誌文四六行，滿行一四字。楷書。誌題一行一二字。篆書。

誌右下角斷裂，部分文字殘缺。無蓋。

一九八六年在河南省沁陽縣城南發現。現藏於沁陽市博物館。

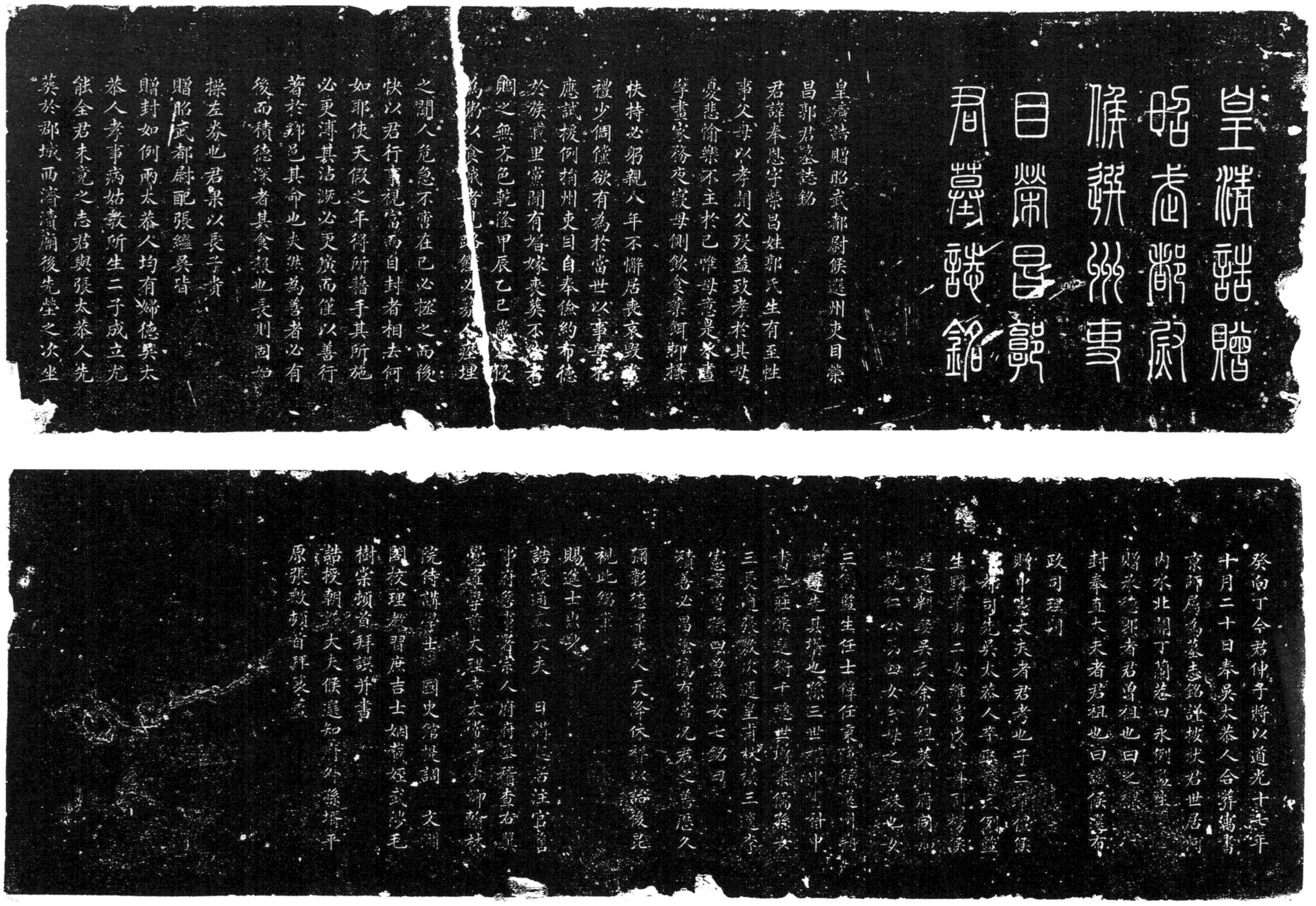

七二　清誥贈昭武都尉候選州吏目榮昌郭君（奉恩）墓誌銘

道光十七年（一八三七）十月二十日

誌爲一盒二石，均高三三厘米，寬九八厘米，厚七・五厘米。

誌文五三行，滿行一四字。楷書。誌題五行，行四字。篆書。

誌表面風化，首方斷裂爲兩塊，部分文字殘泐。

一九八四年河南省沁陽縣城關鄉東關村出土。現藏於沁陽市博物館。

七三　清誥授朝議大夫晉授中議大夫賞戴花翎即補海疆知府前淡水同知丁卯科解元懷樸曹公（謹）墓誌銘

咸豐二年（一八五二）六月二十四日

誌二蓋一，均高五七厘米，寬一〇一厘米。

誌文七四行，滿行二四字。楷書。蓋文一一行，滿行四字。篆書。

誌、蓋表面風化磨損，部分文字殘泐。

一九八二年河南省沁陽縣城南關曹謹墓出土，一九八四年文物普查時在縣城南關發現。現藏於沁陽市博物館，陳展於懷樸園。

誌石一

百二十四人九月役郅鄉勇又拒却之明年正月又至滬尾南
口外鄉勇設伏土地公港口令漁船勞柔役出擊之夷役勇援
退船膠淺水停漢奸濟白夷四十九人事
聞官吏兵民悉
賞賚有差未幾夷艘撫議詞摧新總督怡公在粵得實知公剛
直無他腸謂曰事將若何公曰但論
國家事若何某官可不做人要做否督應任者壯心當之但百
姓出死力捉賊不宜有所負怡公歎曰好漢好漢以是奪花翎
注銷所陞官階後以捕洋盜及淡水歸化械鬥事仍
賞戴花翎以海疆知府即補而公則已解組里居矣當公在淡
水時彰化械鬥淡地之漳泉人亦懷疑慮結隊爲鋒及爲交鬥
計公急捕其訛言惑衆者置之法身率鄉勇巡境上晝夜淡
男之大甲鎮彈壓之分別既諭於是彰化人相約不犯淡境淡
之漳泉人亦各釋械去如在閩縣時淡北七百餘里得少堵公
之力也其他善政威斷不能悉書勤瘁積勞成疾乞以
病歸公歸事乃奏
聞云蓋公仕歷南北三十年所至民懷既去民思一時有識者
多爲文詩紀其事循良之績本於忠之誠非偉致也公雅讀儒
樸其字號定菴卒於道光二十九年閏四月十八日年六十有
三配王淑人側室氏田氏孝太夫子二長棧本年五月初一日
卒次榕女子五皆許字適嫁不貲今將以咸豐二年六月二
十四日葬公於南郡外祖塋之次榕年十三其從兄棠恭葬事
以狀來請銘棠嘗於公爲後進公頗不棄而進之共華硯道有
無懇懇以道義相切劘故知公甚悉不在常情中用擬其大者
著之而系以銘曰
惟公之才腕穎斯出紀綱立固惟公之識燭火洞如堅定不惑
有孚之心威與惠合奸宄銷沉存本之政教以養施膏澤淤浹
嗚呼孰謂公死斯銘之庚禀然如此我徵其生經旬之論循聲
其聲譜公行治物之貞珉惟誠不貳敢告後人恪守家學勿墜
厥聞
賜進士出身前大常寺少卿翰林院侍讀同里李棠階撰文
賜進士出身前湖北襄陽縣知縣武陵毛鴻順書丹
敕授文林郎丁卯科舉人前衛輝府滑縣教諭鄭州張調元篆
蓋

武陟司鐵王刻石

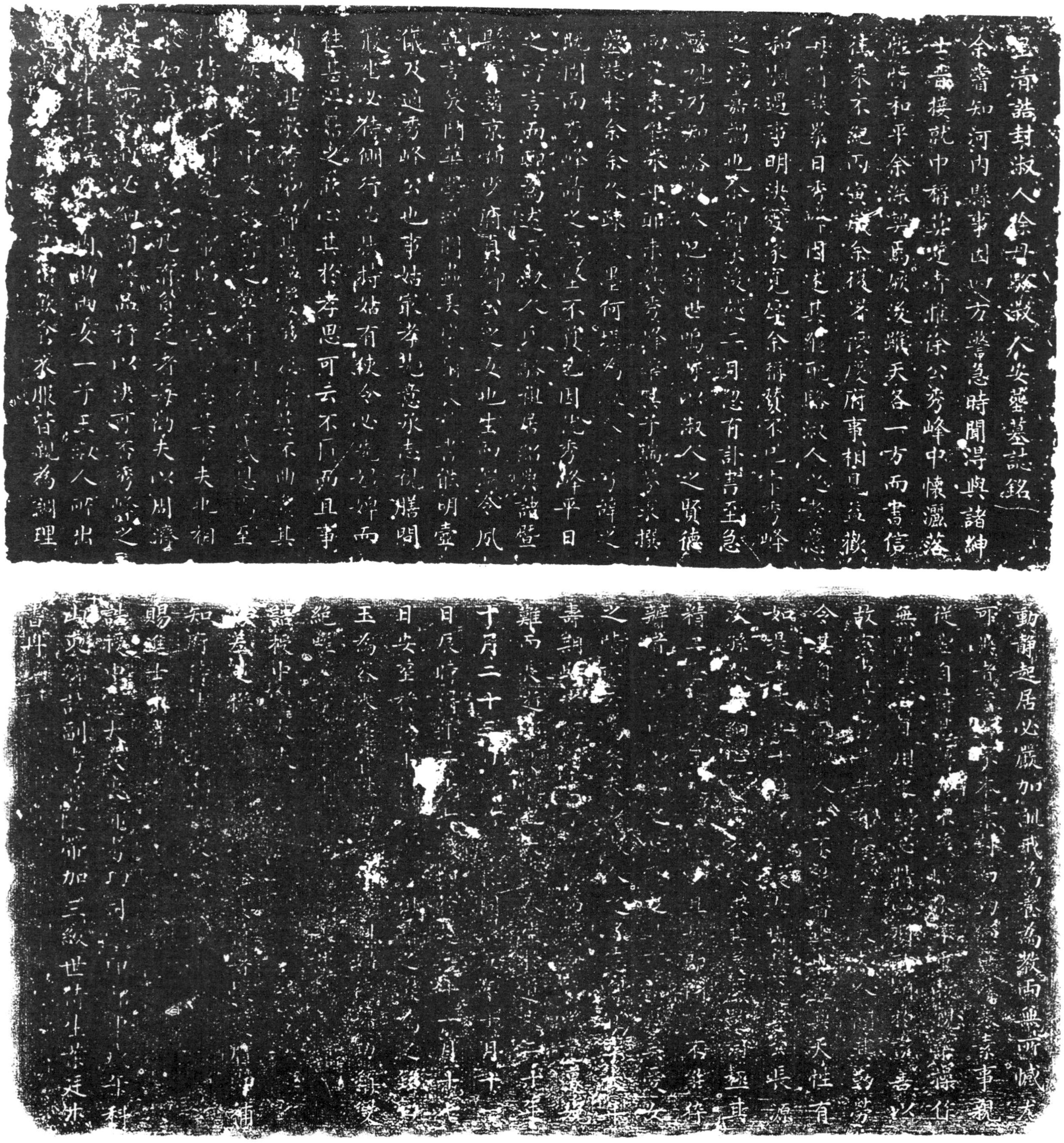

七四　清誥封淑人徐（瑞芬）母駱淑人安葬墓誌銘

同治五年（一八六六）十一月十七日

誌一盒二石，均高三八厘米，寬六七厘米，厚一二厘米。

誌文五一行，滿行一八字。楷書。

誌表面風化磨損嚴重，部分文字殘泐。

一九八四年在河南省沁陽縣城關鄉北關村發現。現藏於沁陽市博物館。

七五　清例授奉直大夫誥贈朝議大夫晉贈通奉大夫太醫院御醫李公（家駿）暨德配例贈宜人誥贈太恭人晉贈太夫人李夫人例封宜人誥贈太恭人晉贈太夫人許夫人誥封太恭人晉封太夫人孟夫人合葬墓誌銘

光緒四年（一八七八）六月十三日

誌高五四厘米，寬一二〇厘米，厚一四・五厘米。

誌文六〇行，滿行二六字。楷書。

誌基本完整。蓋佚。

二〇一二年三月，河南省沁陽市紫陵鎮王村徵集。現藏於沁陽市博物館。

七六 清誥授武略騎尉晉封奉政大夫王考府君（竇遇純）墓誌銘

光緒十三年（一八八七）十月十二日

誌一盒二石，均高三九厘米，寬七三·五厘米，厚一一·五厘米。

誌文四五行，滿行二三字。楷書。誌題四行，滿行五字。篆書。

誌表面風化磨損，首方斷裂爲兩塊，部分文字殘泐。

河南省沁陽市出土，具體出土時間和地點不詳。現藏於沁陽市博物館。

七七　清授中憲大夫郵傳部主事劉公羹唐（燮梅）暨德配陳恭人合葬墓誌銘

民國二十年（一九三一）三月十七日

誌一盒二石，均高三四厘米，寬九五厘米，厚一一厘米。

誌文九四行，滿行一七字。楷書。

誌表面風化磨損，部分文字殘泐。

一九八五年河南省沁陽縣擴修馬路時在縣城東門口發現。現藏於沁陽市博物館。

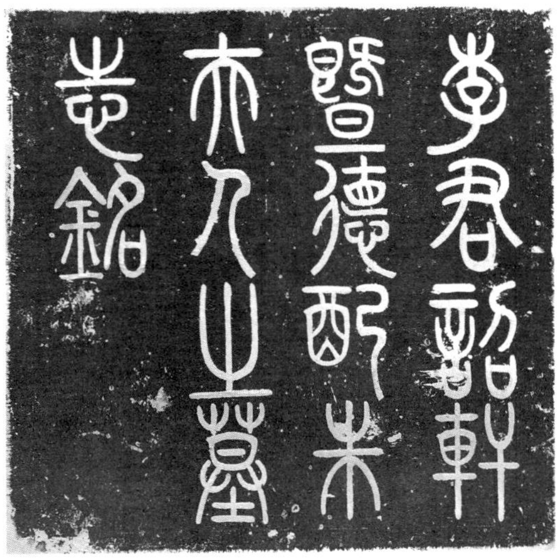

七八　李先生韶軒（華棠）暨德配朱夫人墓誌銘

民國二十二年（一九三三）三月十九日

誌高六一厘米，寬六一厘米。

誌文三〇行，滿行三一字。楷書。蓋文四行，滿行四字。篆書。

誌表面風化磨損，部分文字殘泐。蓋基本完整。

一九八四年在河南省沁陽縣城關鄉東關村居民家發現。現藏於沁陽市博物館。

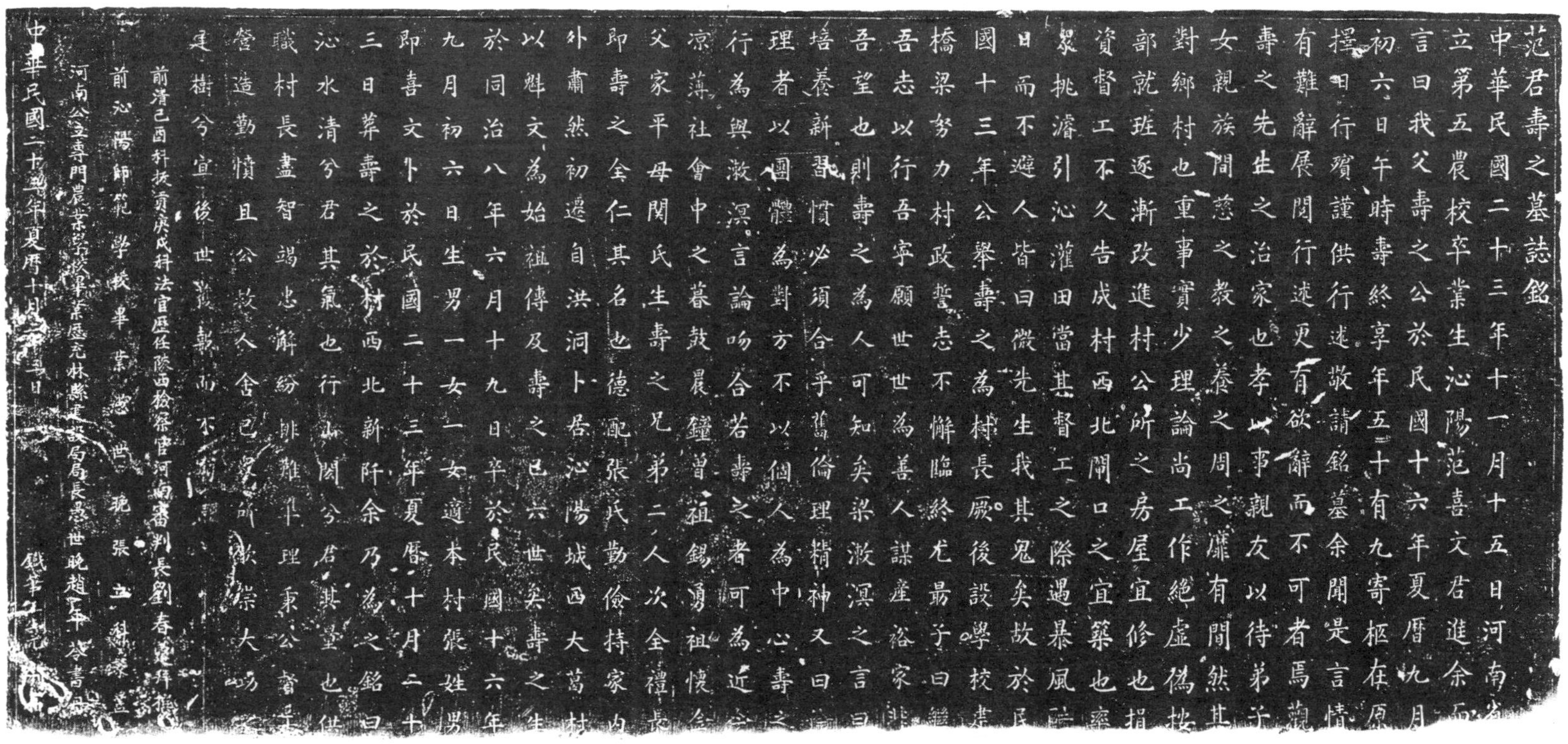

七九　范君壽之墓誌銘

民國二十三年（一九三四）十月二十三日

誌高四七厘米，寬九八厘米，厚九厘米。

誌文三八行，滿行一七字。楷書。蓋文六行，滿行二字。篆書。

誌、蓋基本完整。

一九六七年在河南省沁陽縣葛村鄉范莊村旁小渠邊發現。現藏於沁陽市博物館。

第二編　墓誌釋文

一　魏故趙氏姜夫人墓誌銘

【蓋文】

魏故趙氏姜」夫人墓誌銘

【誌文】

夫人姓姜氏，長安天水人也。南頓太守□之孫，奉」朝請壽之女。其靖恭内照，婉娩聿脩。年十有四，歸」於趙氏。既嬪君子，肅穆閨庭，兩族欽風，二門稱美。」而天不弔善，牉合中傾。志牟共姜，誓而弗許。二女」一男，並訓義方。三徙崇德，罔或加也。何期風樹未」静，欲養靡留。春秋五十六，以普泰二年三月十日」卒於洛陽城休里。粵天平歲次單閼十一月甲辰」朔十七日辛酉，葬於太行之陽河内府君神營，祔」於君墓。泣飄風之長往，悲蓼莪之在茲。追昊天而」罔極，叩幽而永辭。□裁銘曰：」

秦晉爲匹，齊宋乃良。禮稱從命，詩曰鯉魴。古謂德」茂，今亦義芳。作嬪君子，家慶以光。女功克允，母儀」式章。中饋斯盛，内訓伊昌。肅承箕帚，□事蠶桑。才」能巧備，思用善詳。晝夜機杼，晨夕裘裳。孝慈上下，」柔順等旁。仁和疏戚，貞敬閨房。如蘭之發，如桂之」揚。二門嗟美，九族懷方。宜保遐曆，膺永無疆。豈云」不弔，落景未央。空芬丘隴，虛暎巖崗。親愛已逝，人」子攀傷。

二　唐故隋懷州河内郡司倉參軍趙君（儉）墓誌銘

【誌文】

大唐故隋懷州河内郡司倉參軍趙君墓誌銘并序」

君諱儉，字夷齊，河内人也。粵以導源瑶瀣，浚靈河之九折；崇基」瓊巘，冠神岳之三峰。則其侯服相門，躡台輔者疊跡；俊人才子，」襲銀艾者連衡。故以應聖挺生，業茂芝英之篆；當□閒出，道藹」芸閣之書。祖亮，齊散騎常侍、太僕卿，美望雄才，獨高時輩。考，隨」大理司直，當機決滯，秀出等倫。君粹禀中和，探應金而流慶；神」資閒氣，霏虞練以標祥。孝實因心，綺年通於懷橘；友非外奬，丱」歲起於推梨。故郎舍暫遊，時彦忘言而側景；平衢乍出，人儁執」手而迴輪。譬由仲舉藻身，薛勤來候；孟堅擢秀，楊子造門。每竹」逕縈階，府清流以調軫；杏壇對幌，遡蕙風而散袠。千里命駕，唯」造吕安；累日談賓，常留郭泰。仕進之路，未始嬰心；山林之分，計」將長往。屬隨氏失鏡，海内沸騰。講藝類於幼安，晦跡同於伯況。」而本郡光薦，遂辟君任懷州河内郡司倉參軍。辭不獲免，起而」視事。亦由慈明養志，無拒董氏之徵；康成大儒，且入袁家之幕。」方期杖劍而出，逢白水之真人；先覺而歸，奉黄星之奥主。尺木」一踐，乘素朝以上征；六翮行騫，摩絳宵而高引。而藉門戢景，忽」冉冉以西馳；大壑淙流，且滔滔而不捨。以大業十二年十一月」十六日，春秋卌有一，卒于郡官第。嗚呼哀哉！夫人彭城劉氏。嗣」子魏州棗强縣令之武。以乾封二年歲次丁卯十月戊子朔廿」二日己酉，葬于太行山陽洛州濟源之孝悌里。陵谷互遷，塋祠」難久。籀鼎傳芳，既昭晢於丹史；刊銘垂範，永芬藹於玄壚。乃爲」銘曰：

瑶池聖馭，絳闕卿門。寶符遐祉，冬日餘温。大風振矣，舊」俗留存。價騰杞梓，氣奪蘭蓀。其一。鼻祖鴻名，顯考餘烈。若子爰誕，」孤標載揭。慕義連衡，宗仁結轍。韋珠等潤，嵇玉同晳。其二。翱翔翰」苑，涵泳儒津。觀海道廣，登山日新。裝玄入性，乘理造真。抱斯天」爵，取貴幽人。其三。福謙徒語，与善空揚。問服傷賈，賦夢悲王。泉扃一閟，厚夜何長。式鐫陰板，永播鴻芳。其四。

三　唐故翼州石廓戍主張君（爽）李夫人合葬墓誌銘

【蓋文】

大唐張」府君墓」誌之銘

【誌文】

大唐故翼州石廓戍主張君李夫人合葬墓誌銘并序」

君諱爽，字神爽，河内脩武人也。君乃黄神御曆，因掌」弧而命氏；炎精嗣統，膺和鼎以分司。備諸史諜，可略」言矣。祖刺，父秋，並玉鉤貽富，金鎖呈休；白賁無谷，黄」裳元吉。君良治之子，忠孝是資。頃以海孽不賓，河孫」未款，既命渡遼之將，旄歌出薊之行。君時投筆從戎，」搴旗申效。有制授輕車都尉，行翼州石廓戍主，籌」其庸也。不謂祥非墜鵲，禍變巢鴞，儀鳳四年四月一」日卒於任所，春秋有五十。夫人隴西李氏，紫氣浮仙，」白雲飛慶。張箴班誡，宋子齊姜。食魚之詠既登，和鳳」之音又洽，享年不永，先夫而逝。以大唐景龍三年八」月廿五日同窆於州西二里弼諧鄉平原，禮也。孤子」思福，瞻露草而垂泣，聽風樹而銜哀，卜兆飾塋，既安」而措。雖松檟是南陽之陌，恐蓬萊作東海之田，乃叙」芳規，紀乎貞石。其銘曰：」

黄神御曆，掌弧命氏。炎精」嗣統，和鼎爲美。夫君誕秀，良弓之子。其一。海孽不賓，河」孫未臣。勞我偏衆，吊彼平人。功成績著，髯之絶倫。其二。」帝曰尔勳，藏于册府。爰命乃職，用光其武。才高位下，幽紘」悽楚。其三。隊鵲非祥，巢鴞降殃。蘭閨委秀，李往凋芳。雌雄兩背，鴛鴦鳳皇。其四。」鳳梧俱折，龍劍雙沉。牛停示兆，鶴吊俄臨。泉扃一閉，松柏森森。其五。

四　唐故趙君（遠）墓誌銘

【誌文】

大唐故趙君墓誌銘并序」

君諱遠，字石岸，懷州河内人也。肇基晉國，望重南」陽。祖祢以還，榮班不絶。詳諸史策，可略言焉。惟君幼標」恭孝，立志無違。定省晨昏，慎終如始。優遊雅量，率性」逍遥。養志丘園，息心朝市。清高自若，嘉遁怡然。故」宜招彼百祥，享兹五福。何其天道不信，二竪纒痾。」藥餌無徵，弥留大漸。粵以景龍三年九月廿九日」卒於私室，春秋七十有二。嗚呼哀哉！即以十月七日」葬於村西一里之平原，礼也。恐後川原格變，令德無」聞，翠琰雕銘，紀其泉户。其詞曰：」

居諸代謝，弦望遽臨。無常境界，生滅浮□。」蓼莪催哽，風樹傷心。雲霞旦潔，悲風暮□。

五　唐故文林郎張府君（藏）墓誌銘

【蓋文】

大唐故」張府君」合葬銘

【誌文】

大唐故文林郎張府君墓誌銘并序」

君諱藏，字友，南陽人也。昔軒轅黄帝，稱有熊國君，五十二戰」示其威，一十四族保其姓。餌金貂者，漢家七葉；據鼎足者，晉」室三公。青綬黿冠，弈榮于世。曾祖義，随晉州隰城縣丞。祖成，」随越州録事參軍。父通，唐趙州司兵參軍。並屈跡州縣，高思」雲霞，雖生未封侯，死不廟食，蓋保其貞吉也。君叔度陂之万」頃，太史河之一直，依於仁，遊於藝，泛愛衆而親賢。中年授文」林郎，遂養高不仕。每凉琴戲月，春樽泛花，蓋不事王侯者幽」尚其志也。不意處士星落，君子云亡。以久視元年十一月廿」八日考終私舍，時年七十。以其年十二月廿八日殯於懷州」城西北二里弼諧鄉原。夫人隴西牛氏，少挺聰惠和性，詩書」継踵蔡文姬，比肩謝道藴，潔蘋蘩以事宗廟，勤浣濯以旌婦」儀，窈窕淑嬪，寔光君子。嗟乎！青松既折，碧蘿無依，蓬首孀居」加數年矣。以先天二年六月廿七日遘疾終於私舍，時年七」十七。孤子崇業等，思結蓼莪，哀纒欒棘。樹墳遵魯司寇之訓，」合葬奉周太師之儀。以開元三年八月十一日合葬於君之」舊塋，礼也。嗚呼哀哉！天地不仁，幽明不恤，使死者無返，生人」有涯。琴瑟何歸，緬然於玄壤；鳳凰安去，眇悲於白楊。恐名言」寂寥，刊石爲纪。銘曰：

利物哲人兮，貞吉黄裳。仇於」淑女兮，家室之光。道合琴瑟兮，契美鳳凰。天地不仁兮，鬼神」無良。喪我恭伯兮，煢我哀姜。霜居蓬首兮加數歲，哀深栢舟」兮惡彼蒼。何朝露兮溘至，令春樹兮摧亡。既考吉於龜策，乃」脩坎乎原荒。封二室而同穴，希千載而傳芳。

六　唐故梓州通泉縣尉上柱國司馬公（慎微）墓誌

【蓋文】

大唐故梓州通」泉縣尉司馬少」府夫人隴西李」氏合葬碑并頌

【誌文】

大唐故梓州通泉縣尉上柱國司馬公墓誌并序」

公名慎微，字慎微，河内温人也。昔金土迭興，肇開有晉。宣王薄伐，則吞滅三雄；武」帝從横，則澄清八表。公渥洼龍種，丹穴鳳雛，孝乃因心，才維天縱。十二代祖泰，晉」隴西王太子太傅。曾祖幼之，北齊通直散騎常侍、驃騎大將軍、吏部侍郎，聘周、陳」二國使。祖德璋，随著作佐郎、修國史、祠部郎中、常州司馬、武安郡丞。父安上，」皇朝并州大都督府法曹參軍事，同州韓城、雍州櫟陽、始平三縣令。公幼彰岐嶷，」早習趨庭。智識潛通，不競路旁之李；機神穎晤，能對懷中之橘。於是，披魯史，閲周」書，覽康成之萬卷，誦張安之三篋。莫不詞場獨步，朝野見推。年未弱冠，應茂才舉，」高第童子，知名臧洪，始遊於太學。弱齡對策阮种，便擢於甲科，解褐授襄州襄陽」縣尉，秩滿改梓州通泉縣尉。銅梁奥壤，漢水名區。屈東里之宏才，述南昌之卑位。」時襄州刺史紀王每見公，顧遇如賓，不覺膝之過席。左僕射褚遂良持節使蜀，路」由襄州，覩公風儀，累日言宴，啓王請，公曰：「願與孔子同行畢矣。」秩滿言歸，唯有書」數百卷。後大總管左將軍李謹行奏請公爲管記，非其所好，俯而從之。捧檄陳謀，」掃蜂渠於海右；提戈誓衆，摧蟻寇於遼陽。表奏牋記，咸公之所述，以勳授上柱國。」調露二年三月十三日寢疾，终于懷州私第，春秋卌有八。豈謂鵬路將騫，搏風未」遠，驥途方騁，絶電斯窮。曹植于嗟，痛元瑜之長逝；孔丘流慟，惜回也之不终。嗚呼」哀哉！公迹辭文囿，名著武功，所製詞賦，十不收一。子羡門幼亡，以猶子仙鶴嗣。嗣」維一女，學综古今，才逾蔡、謝。適河東柳氏。捃拾公遺文，勒成五卷。夫人隴西李氏，」荆州録事參軍、蒲州永樂縣令、洛州壽安縣令嗣源第四女。淑德貞明，清神肅穆。」織仁组義，非假物於鴛機；飾性端儀，詎資形於鸞鏡。曹大家之詞賦，譽重寰中；衛」恭姜之志節，名流海内。載初年，　皇太后臨朝求諸女史，　勑潁川郡」王載德詣門辟召。侍奉　宸極一十五年，　墨勑制詞，多夫人所作。以」長安二年六月二日终于大内。奉　勑令嗣子仙鶴，祗引靈轝，還于故鄉。衣」衾棺槨，　勑令所司供造。號天擗壤，惟岵屺而莫從；日往月來，踐霜露而增」感。爰叶謀龜之兆，載啓鳴鶴之埏。今以開元十年歲次壬戌二月癸酉朔十二日」甲申，合葬于懷州河内縣萬善里，依于舊塋，禮也。北迩太行，南臨沁水。懼潛移於」陵谷，思永固於泉臺。翠琬生金，式旌休烈。其詞曰：」

文王作易，其業昌兮。孔父刪詩，其道彰兮。翳公是習，其業臧兮。束髮從政，爲龍光」兮。天不憖留，殲我良兮。賓朋鄉黨，多悽傷兮。舊塋卜宅，臨太行兮。新旐啓路，陟崇」崗兮。行人佇立，悲白楊兮。嗣子號絶，撫黄腸兮。幽泉一閉，夜何泱兮。身雖殞殁，德」不亡兮。

七　唐故左領軍衛翊衛隴西李君（其）安定郡皇甫夫人合葬銘

【蓋文】

大唐故李」府君皇甫」夫人合葬」墓誌之銘

【誌文】

唐故左領軍衛翊衛隴西李君安定郡皇甫夫人合葬銘并序」

君諱其，字洪其，隴西人也。其先祖因官河内，遂而家」焉。原夫得姓高陽，凝真苦邑。系唐臣而接武，紹周史」而韜光。至有通海西而振威靈，君河南而揚盛德。簪」裾疊暎，台鉉聯輝。公侯之必復其先，福禄之長延於」後。祖殺鬼，器挺珪璋，材包杞梓。父廓，幼懷忠勇，慕投」筆以雄心；夙效戎旃，想揮弋於壯節。策勳柱國，畢至」於家。君代習良弓，名參禁衛。青瑣之功未立，白駒之」運俄傾。時以開元十六年十月廿一日終，春秋五十」三。夫人祖諱藏，父度，安定郡人也。志性端懿，雅譽超」群。琴瑟剋諧，有同秦晉。夫人早遵女誡，久訓母儀。何」期積善無徵，奄從風燭。嗚呼哀哉！鳳梧半殞，龍劍雙」摧。時年五十有六，以開元廿年五月三日卒。其月廿」日合葬於太行山南万善村東北休徵鄉福善里平」源，禮也。黄泉永隔，白日長辭，乃爲銘曰：」

高陽威旌，苦邑榮宗。白雲真瑞，紫氣仙通。奥誕良胤，」締構惟崇。勳名未立，人事成空。其一。」烏墳既設，馬鬣斯成。素車振振，月旐營營。万歲千秋」兮從此畢，悲風苦月兮長凄清。

八　唐故果州司馬弘農楊府君故夫人廣平郡宋氏墓誌銘

【蓋文】

大唐故」宋夫人」墓誌銘

【誌文】

大唐故果州司馬弘農楊府君故夫人廣平郡宋氏墓誌銘并序」

夫人淑姿雅質，協順三從，年在掛冠，以」配君子。鳴鸞響珮，合儀鳳之規；禮告親」迎，同秦晉之疋。何期天道有隔，早喪茲」人。遂使戲絶雙遊，鸞分隻影。姿容日減，」漸至沉痾。風燭不流，俄緾思疾。以天寶」十三載七月七日終于河内郡義安鄉」之私第，春秋五十有八。其載十一月三」日遷措於元水之南平源，禮也。東依懷」海，西接仙臺，北達羊腸，南通馬頰。地無」凹押，周迴坦平，恐陵谷之變遷，故刻茲」兮貞石。其詞曰：」

嗟彼蘭桂，聚散隨風。何期一旦，」万事歸空。

九　唐李殤子（洪鈞）墓誌之銘

【蓋文】

有唐李」殤子墓」誌之銘

【誌文】

殤子姓李氏，名洪鈞，字家奴。」我巨唐孝景皇帝之裔也。晉城君」翼之長子。膠西公孟犨之孫。」生七月而言，骨象瓌奇，特禀秀異。」弱歲夭喪，爲世所悲。齊莊周之言，」斯亦壽矣；追延陵之歎，誠曰痛哉。」年五歲，以天寶十四載六月廿二」日遘疾，夭于洛陽政平里　外祖」父河南尹裴公迥之私第。即以秋」七月九日歸祔于太行山南原。儀」不備物，禮也。銘曰：」

瓊蕊朝隕，蘭芳春歇。皇天不」仁，碎此明月！

一〇　唐故洺州清漳縣尉隴西李公（衡）墓誌銘

【蓋文】

唐洺州」清漳尉」李公銘

【誌文】

唐故洺州清漳縣尉隴西李公墓誌銘并序」

前長安縣尉裴聿述

公諱衡，字　，景皇帝五世孫。大王父諱孝」義，皇朝平陽郡守，封膠西公。大父諱瓛，皇朝易州刺史，」襲封如故。烈考諱孟犨，歷尚書郎，復典泗州刺史。匪三世」者，豈爲貴歟。公即府君第二子也，生則峻極，貞而且諒，能孝」於上，而友於下。讀書屬文，時日茂異，尤善八分篆隸。因獻」書拜洺州清漳尉，時号橋玄之政焉。解印歸第，卒於覃」懷之居，春秋卅有二。里閭之人仰天茄泣。夫人彭城劉氏，左」散騎常侍子玄之子。自西漢之後爲甲族，自大家之後爲文」母，中外姻黨，不泯令聞。至大曆六年三月即世於楚州旅」舍，享年五十八。以大曆九祀冬十二月十七日，合祔于河内」縣萬善鄉之北原，禮也。嗚呼！承霸王之業，爲諸侯之門，可」爲軒冕之宗，可爲天地之紀。而位不登，壽不與，天匪忱乎？」然而素業純儉，必世而後仁。長子靈鈞，前梁州南鄭尉。」次子君求，前蘇州吴縣尉。皆稟公之遺風焉。託爲銘曰：」

帝皇之系，侯伯之门。克明克類，乃子乃孫。其一。禮以爲貴，」道以爲尊。玉謂之璞，金謂之渾。其二。學于覃懷，覃懷」禮惇；吏于漳水，漳水政存。黄河東注，白日西奔。頌彼」前哲，慶于後昆。其四。

一一　唐故左内率府兵曹參軍顔府君（元貞）墓誌銘

【誌文】

唐故左内率府兵曹參軍顔府君墓誌銘并序」

鄉貢進士吴繇撰」

公諱元貞，字玢玉，瑯琊人也。懿哉聖賢之後，代有所稱。爰自兖公至」北齊黄門侍郎，盛列清風，輝焕史策。公則黄門五世孫也。夙蕴大」志，負宏略，沉沉然有古人之風。意廓如也。承平之中，仕不謬入。以令」望所推，一命于内率。雖居下位，而美名長稱于上列。秩滿東還。以」天寶之初去世于任城私第，權厝於第之南陌。夫人廣平程氏，贈」廣平太君。有子二人：長曰還期，早亡。次曰仙期，自弱冠從舉京師，」爲宗叔魯公所留。旋遇羯胡逆乱，盗擾中原，荏苒歲時，未遂營舉。」元和七載，終于河陽。以十三年四月廿三日改卜塋所，遂葬於河南府河」陽縣安樂鄉地名洪保崗、号龍子洞梁之東，滍水之西。今次孫楷」長懷罔極之心，每軫人子之思。痛先祖墳域漂泊時久，幸遇出」守東海，逢年月日時皆利，遂自任城啓祖及妣，以開成三年九月五日」葬於河陽。天地齊畢。既展礼於九原，實令孫之孝也。銘曰：」

源出高山，流之必清。族自聖賢，後之必榮。」究公之胄，黄門挺生。蟬聯弈葉，内率继聲。」文武宏博，人誰与勍。徒負大志，位竟無成。」孤墳寂寞，歲久漂零。令孫孝思，大事孔營。」啓祖及妣，移葬上京。今慈一窆，永固佳城。」

此誌於同治元年春南絳庄修寨出土。有本庄王君淮買棺□□葬於寨西，竪碑表墓。誌係鄉貢吴」先生撰文，筆致簡老高古，在唐諸大家中，亦屬傑作。

書法老秀，惜不著姓氏，或亦吴先生自作，不」欲兩美並見歟。噫！均可寶已。　邑人後學張肇坊跋

大清同治二年二月之吉　邑人後學王峰高書

一二　唐故太原郡郭府君（太）墓誌銘

【蓋文】

大唐故郭府」君墓誌銘

【誌文】

唐故太原郡郭府君墓誌銘并序　」

公諱太，　祖諱進卓〔一〕，祖貫屬晉州汾西縣人也。先人避，因觀」清流淥竹而好，不歸桑之里，以爲懷郡人也。府君幼」聰惠，与朋有交，不惟於信義。言合章典，主五音而青」雅。未乖於禮，處儕爲珎，過於君子歟也。仁慈得著於」鄉閭，讓無由見足矣，鄉黨德安行矣。仁志冀高，壽何」不永，罰余良人，即大中四年四月十八日，寢疾終於懷州河内縣」万善鄉邢孔村之私第也，享年七十有五。　夫人張氏。」公有子二：長男從□，婚王氏女。次子從義，婚張女。」兒女號叫，泣血無從，晝暮之哀，絶漿毁刑。孝子」等哀及曾參，行齊顔子。弟兄相視謂言曰：如何修禮」焉？求神龜得吉，青烏曰良。罄家竭力，備于喪事。即」以大中七年十一月四日，啓神於當鄉古于臺村北去村一」原，禮也。由慮山谷有變，海却爲淩，故勒貞石，記於」泉户。　詞曰：」

地平坦坦，後倚行山。清流左注，白虎右傍。」神崗千里，下擇永藏。公備其禮，號叫蒼□。」松柏長清守墳壠，懸月孤輪却爲新。人没思兮如逝水，」千辞万辞兮五内毁。

【簡注】

〔一〕祖名因避諱而缺筆。

一三　唐故扶風郡馬府君（公亮）合附墓誌銘

【誌文】

唐故扶風郡馬府君合附墓誌銘并序　」

人矣哉，五常之所教。　君本扶風郡人也。始祖但，稷之苗裔，」集賢院學士後定。　高祖諱期，祖諱超，考諱公亮。」高尚其士，守志坵園，居家洽洽，布禮義於先。東西壽，奈」何寒暑變移，奄泉而歸，享年七十有二。以乾符二年九月一」日私第終于。　妣王氏夫人六幸尤著，琴瑟合議，欽祥高道，剋」被四德。何圖福禍灾□，奄泉而歸。以廣明元年三月十五日不幸終于。享年七十」有二。有子三人：長曰從武，當使差赴魏博行營，不幸陣亡。卜兆安厝招魂，」同赴先塋而殯。次曰從審。次曰從賓。有女二人：長女十一娘，娉當村封氏爲親。」次女十四娘，適於濟源縣沁城鄉大逯村韓氏爲親。孤子等丞父嚴訓，孝敬□」身，遭此荼毒，哀哀志孝，泣血絶漿。□□中和二年十月十五日卜兆奉喪，啓」殯於懷州河内縣孝悌趙楪里西一里之原，安厝宅兆。孤子等与鄉黨」朋友内外因娭華顯送終。」左臨懷覃之城，右聽王屋名山。前臨少濟之北，」後倚太行之南。地平但但，松竹青青。空雕一銘，萬故如之。

一四　明故武略將軍懷慶衛副千户陳公（興）墓誌銘

【額文】

故武」略將」軍陳」公墓」誌銘

【誌文】

大明故武略將軍懷慶衛副千户陳公墓誌銘」

公諱興，字伯起，姓陳氏，襄陽□□人，家世素富裕。父、祖俱隱處不仕。公幼有氣節，挺然拔萃。及長，勇略過」人。元季襄陽兵起，公時年二十□，爲衆所推，聚義徒保閭里，閭里德之。及襄陽歸附，」天子聞其材名，選入宿衛，以謹飭稱□，從都督馮公征取山東、河北、淛江，又從平章李公征取北平、應昌、馬邑」等處。所至輒舉旗斬將，克捷有功，□錫數四，比等輩功居多。洪武三年，授昭信校尉、濠梁衛百户。四年，陞」授武略將軍、金吾左衛副千户。六年，從宣武將軍、僉事紀公守鎮懷慶。紀公以兹城寔河北重地，而城池」歲久堙圮，宜重脩理，公罄竭心力，日夜弗遑寧處，慰勉勤苦士卒，雖勞不怨，紀公甚愛重之。七年十一月」十六日以病卒，年四十有五。以是月二十三日葬于河内萬善里之北原。公娶前元房陵縣令黄文通之」女。子男一人，曰定住，始二歲。女一人，未嫁。公之溺病，紀公親造其家爲視醫藥。病亟，日造問焉。及卒，親臨」哭之，爲之經理喪事，執紼送至墓所。尤慮其妻弱子幼，身後名遂泯，買石求天台鄭士原爲之銘。銘曰：」

桓桓將軍，乘時之艱。除暴立功，四方以安。爵錫既崇，」天子明璽。身名俱全，公家餘慶。太行之陽，萬善之原。于以不朽，貞珉是鐫。」

洪武八年歲在乙卯二月丁巳宣武將軍僉懷慶衛指揮使司事紀志方立」

奉訓大夫同知懷慶府事鄭士原譔」

將仕郎懷慶衛指揮使司知事鍾英書」

將仕郎河内縣丞廖敬先篆額　河内縣王道祥刻

一五　明宗室鎮國夫人張氏（采）墓誌

【額文】

大明宗室」鎮國夫人」張氏墓誌

【誌文】

大明宗室鎮國夫人張氏墓誌　」

夫人張氏，諱采，懷慶人。父誠，國子監生，娶孟氏，生夫人。夫人生」而聰慧，異於尋常，能誦孝經等書，父母兄弟咸愛敬之。年十七，」父王爲予封章，奏請擇婚。欽奉　」聖旨，於衆中簡拔配予爲夫人。既歸，孝敬雍睦，小心謙順，治家嚴整，推」德逮下，絶無妬忌。凡動静云爲，一遵　」母妃之儀範，是以　」父母眷愛，恩同己出。故自于歸之後，内外安和，家道寧謐。年二十三，」偶感疾而逝。夫人生於天順六年六月十二日，卒於成化二十年」十一月二十三日，享年二十三歲。於戲！古稱賢婦，惟德爲先，才則」次之，色又次之。惟夫人性情端正，德行温良，才智高邁，處事明敏，」聰明過人，姿色絶倫，可謂兼備衆善矣。宜乎享壽考康寧之福于」悠久也，胡爲遽然仙遊，蓋亦莫非命之使然耳。遂奏　」聞於朝，蒙　」聖恩遣官賜祭，仍令工部造壙。工畢，卜於成化二十一年十月二十五」日，葬于懷慶府河内縣寶峰山之麓。有宫人致詞於予曰：夫人屬」纊之頃，遺言令啓於殿下，「妾自選入宫，得侍巾櫛于兹七年矣，不」幸脩短有數，願殿下勿致憂慟，以慰二親之懷。倘殿下哀矜，願賜」一言於墓首以垂不朽，是妾存没皆荣幸矣。」故直述其事，以勒于」堅珉云。　」

大明成化二十一年十月二十五日謹識

一六　明故李（鑑）母宜人宋氏墓誌銘

【蓋文】

大明封」宜人李」母宋氏」之墓

【誌文】

李母宜人宋氏墓誌銘　」

賜進士出身翰林院侍講學士奉訓大夫 」

經筵講官同修 國史兼 太子講讀官南陽焦芳撰文 」

奉議大夫吏部郎中直内閣永嘉姜立綱書丹 」

賜進士出身翰林院侍講學士奉訓大夫 」經筵官兼修 國史長沙李東陽篆蓋 」

封兵部武庫司員外郎李公勉之配宜人宋氏，於成化乙巳九月二十四日以疾終」于家。其子鑑，方進武庫郎中，得訃，號痛幾絶。既而輟哭，以主事戴君師文所爲狀」徵余銘墓。余義在鄉曲，不可辭。按狀：宜人姓宋氏。宋與李俱爲懷慶河内望族。宜」人幼温惠莊静，爲父母所愛。暨嬪員外君，執婦道，事舅姑，至一食飲必躬視以進。」舅好客，客往来無虚日。凡酒肴類，不假追呼而辦。姑性嚴，諸婦少愜意者。每先意」事之，得其歡心。恒親事紡織。或曰：「汝家業儒，將有官守，胡至自爲是？」曰：「此女婦之」職也。」又嘗服垢敝，或疑其矯。曰：「此吾僻性，少所安也。」逮員外君以貢士授錦衣經」歷，遷馬邑知縣，再調公安，悉與偕。雖有禄，勤儉不少替。及去，橐中無長物。員外君」自處廉潔，常自喜曰：「吾有内助。」人聞之，亦無間言。宜人初以夫貴，」封孺人。繼以子貴，」封安人，再進爲宜人。與員外君同享貴富壽考，里閈中莫之或加焉。初，鑑嘗欲迎養」京師，以老不就。成化己亥夏，鑑奉使歸省，宜人喜且悲。居月餘，宜人曰：「兒宜趣行。」君命至重，無以吾爲念。脱遲緩得罪，反以貽吾憂。」又每教鑑宜守法慎刑。君子曰：「此賢」母也。」自去年以来，懷慶地大凶，民多徙死。今歲尤劇，至有家無孑遺者。宜人之族」亦僅存無幾。因感悼得疾，竟不起。嗚呼哀哉！距生永樂甲申三月初十日，得年八」十有二。子男二：長曰春，習舉子業，蚤卒。次即鑑，己丑進士，累今官，以清謹著稱。女」一，適張欽。孫男三：長宏，府學生。次宸，次宇。孫女二：長適國子生楊汝賢，次在室。曾」孫男二：長涞，次漳。曾孫女一。將以二十二年三月廿五日祔葬于先塋之次、太行」之原。銘曰：」

勤儉孝敬，婦之懿德。今鮮舉之，宜人斯得。榮貴壽考，人之至願。我儀圖之，宜人孔」□。在人者盡，在天者有。来孰其先，往孰其後。有崇者封，形魄是宅。猶有存者，千古」之則。

一七 明故封奉直大夫兵部武庫員外郎李公（孜）墓誌銘

【蓋文】

大明封」兵部員」外郎李」公之墓

【誌文】

明故封奉直大夫兵部武庫員外郎李公墓誌銘 」

賜進士出身工部試政南通州邵棠撰文 」

賜進士出身户部試政武陟李端澄書丹 」

賜進士出身文林郎雲南道監察御史吴道寧篆盖 」

兵部郎中李君，將襄父事，持山西按察使楊公舜美所述行狀來請予誌其墓。予嘉其居喪」不飲酒食肉，喪禮久廢於天下，今見復於大君子之門。且楊公剛介不阿，所狀必不浮其實，」遂樂爲之。誌曰：公諱孜，字公勉，先世山西沁水縣。公之曾大父曰川甫。大父曰玉。玉嘗徙居」懷之河內，遂占籍焉。悉隱德弗耀。公父曰祥，以公貴，贈錦衣經歷。公蚤游郡庠，博學强記，累」舉不利。景泰辛未，以太學生授錦衣衛經歷。厥職司儲，於出納盈縮，務求允當。時名人碩輔，」如大司徒張公睿，少司徒沈公固，嘗禮貌焉。天順己卯，擢爲山西馬邑令。益矢心服事，民皆」稱便。既而有内艱，即日上道。自丞以下知其少積，賻之頗厚。公以禮拂之。素尚侃直，不能曲」意阿時，畢竟以求全致毁。服闋，詔吏部左遷公安縣丞，相知者乃爲之惜。公慨然曰：「士君子」出而守官，求其盡民事耳。階資之崇卑，不足計也。」居之無難色。且公安當水陸之衝，公車官」舫，日臨如雨。其民常困於供需，官每疲於迎送。公僉謀於長吏，裁省百費，與民休息。况其野」處之民，蔀屋臨江，傷於泛溢。公因其堤之舊址，而脩築之，高堅倍昔。迄今以往，水不爲暴者，」誰之力也？公之所行多類乎此。□段不以寵利之得喪爲其身之輕重者。成化戊子，遂勇於」求退，隱居鄉里。日課童僕，種蔬樹黍。足迹未嘗輕詣城府。郡守優其齒德，歲舉鄉飲禮，爲大」賓。懷之民情土俗，守有未諳者，間以就計於公。而公於何者去害，何者興利，言無不忠。鄉里」之民亦得被其仁言之利也。厥配同邑宋氏，先公三年卒。子男二人：長曰春，早卒。次曰鑑，即」請銘者。領河南壬午鄉薦，登張昇榜進士第，授兵部武選主事，遷武庫員外郎。今官郎中，其」再遷也。良由服膺家訓，守官清謹，宛然有公之矩度。肆」朝廷貤恩及公，初」封爵如其子之所授官，再」封爵如其子之所遷官。且於」誥辭，表彰往行，有除弊惠民之懿，甚」盛恩也。女一人，適張欽。孫男三人：長曰宏，府學生，長子春之所出。次曰宸，次曰宇。女二人：長適」國子生楊汝賢，次在室，皆次子鑑所出。曾孫男二：曰淶，曰漳。女一，孫宏所出。公生於永樂丁」亥七月初八日，卒於弘治戊申閏正月十七日。是歲四月十六日，葬於先塋之次、太行之原。」銘曰：」

貪官暴客，據案作威。剥民膏血，醉醇飽肥。積禍稔惡，不恤謗誹。一息殄絶，」子孫湮微。猗歟哲人，惟能知幾。守道持正，靡事因依。仕途蹭蹬，攘袂來歸。」囊橐空匱，不易布韋。有水可釣，且以忘機。有田可耕，聊以慰飢。天監不遠，」仲子雄飛。貤恩報德，申自彤闈。嘉言孔彰，表異前徽。朝露方晞，九原之下，」浩然無譩。」

一八　明涇陽王妃張氏壙誌

【額文】

大明」涇陽王」妃張氏」墓壙誌

【誌文】

涇陽王妃張氏壙誌」

妃張氏，東城兵馬副指揮斌之女。景泰三年十」一月十五日」册立爲涇陽王妃。成化二十三年八月二十二日」以疾薨，享年五十六歲。子三人，長子及第二子，」皆早夭。第三子見封鎮國將軍。女一人，封汝北」縣主。訃聞，」上賜祭，命有司營葬如制。」聖慈仁壽太皇太后、」皇太后、」中宮，皆遣祭焉。以薨之明年十月十九日葬于紅」嶺山之原。嗚呼！妃以賢淑作嬪王家，存享貴富，」没膺祭葬，始終榮貴，復何憾焉。爰述其概，納諸」幽壙云。」

弘治元年歲次戊申冬十月十九日立

一九　明御賜涇陽安靖王（朱祁銑）壙誌

【額文】

御賜涇」陽安靖」王壙誌

【誌文】

御賜涇陽安靖王壙誌」

賜進士第迪功郎行人司行人臣周亮采書丹」

鄭府長史司左長史奉議大夫臣吴勤、右長史奉議大夫臣黄師貢篆額」

王諱祁銑，鄭靖王第三子也。母夫人張氏。宣德八年十月十」六日庶生，正統八年三月初九日封爲涇陽王。弘治元年」十一月十八日以疾薨，享年五十六歲。妃張氏。子一人，女」一人。」上聞訃，輟視朝一日，遣官諭祭，特謚曰安靖。命有司治喪葬如」制，在京」親王及文武官皆致祭焉。以弘治二年七月十七日葬于紅」嶺山之原。於乎！」王生于宗室，爲國藩輔，茂膺封爵，貴富兼隆，而壽年弗永，其」命也夫。特述其概，納諸幽壙，用垂不朽云。」

弘治二年歲次己酉孟秋七月之十有七日 」謹立石

二〇 明封恭人憲副吴先生（道寧）之配金氏（妙秀）墓誌銘

【蓋文】

明封恭人」憲副吴先」生之配金」氏之墓

【誌文】

明封恭人憲副吴先生之配金氏墓誌銘 」

賜進士嘉議大夫禮部右侍郎前 國史脩撰郡人何瑭撰 」

賜進士文林郎廣西道監察御史郡人范安書 」

鄉貢進士將仕郎户部司務郡人張鵬篆蓋 」

嘉靖七年閏十月三十日戊時，憲副吴老先生之配金恭人，以壽終於正寢。瑭聞訃往吊之。先生哭甚哀。」瑭慰之曰：「恭人之壽高矣。自古無不死之人，恭人以壽終，先生胡過哀也。」先生曰：「吾亦知其然也。顧念亡」妻之賢，自結髪事予，以至白首，未嘗一日相失。今乃先舍我而去，如之何而不哀也。」諸子皆頓顙伏地，哭」不能起。瑭亦爲之慘然。已而瑭應 詔北上。明年春，先生以書来曰：亡妻将以今歲仲冬十七日葬城」西濟水北先塋之次。懼其懿行湮没，敢希椽筆，銘諸墓石，庶託不朽。瑭雅聞恭人賢，又重違老先生命，遂」不敢辭。瑭是夏抱病南歸，先生復使人来促曰：「亡妻葬有日矣。墓中之銘，望早揮賜。」謹按行狀：恭人姓金」氏，諱妙秀，南京水軍百户諱旺次女也。自幼聰慧。及長，讀女孝經諸書，知大義。尤精女工。既笄，歸先生。克」脩婦道，凡舅姑飲食衣履，必躬親爲之，務求適宜。故舅姑稱善事焉。天順間，舅任温縣教諭，爲先生弟娶」婦。過門之後，凡奉養舅姑之禮，必教導之。若勞役事，身先任之。故妯娌無間言。成化初，舅引致貧，不能歸」金陵，因占籍河内。先生補郡庠生，讀書多至夜半。每雞鳴而起，恭人必先具燈火。時乏油薪，至脱簪珥易」之。成化丁酉，先生以禮經魁，河南鄉薦，登戊戌進士。雖由庭訓，恭人盖有助焉。筮仕鹽山知縣，時先生尚」未有子。恭人勸之曰：「君當壯年，人生青春不再，當以後嗣爲重，勿以我爲嫌。當廣娶賢淑，以求多子。」既而」娶職氏、黄氏、戚氏凡三人，始終和睦，無嫉妬意。後果子女蕃衍，恩愛撫育，皆同己出。恭人後生一子守經。」愛衆子，恩無替焉。諸子每學舍歸，必問讀書，成誦則喜，否則怒。故諸子不敢怠惰，學各有成。諸女知事刺」繡，必親爲描剪花樣以教之。且時爲解説先代女人貞烈故事，使知婦職。故諸女適人俱閑閨門禮度。弘」治五年，先生任御史， 封孺人。正德十三年，又以子守中貴， 封恭人。嘉靖戊子，以守中繫獄，驚憂感疾，」終於正寢。距生 九月初四日子時，享年 。子男五人：長守誠，引禮舍人。次守敬，郡庠生。次」守中，由進士歷官知府。次守和，早卒。次守經，更名模，爲　盧江王女蘭縣縣主儀賓。女五人：曰淑清，適庠」生董志學。曰淑浄，適指揮劉傑。曰淑淵，適指揮沈隆。曰淑深，適散官蕭拱暘。曰淑潔，早卒。其子模，女淑清，」則恭人出。守敬、守中、守和、淑浄、淑深，則職氏出。淑潔，則戚氏出。恭人生子晚，缺乳，先」生命戚氏乳養，抱負提携，愛護甚謹。一家和睦如此，人皆稱焉。男孫五：大夏、大韶、大讓、大徵、大英。女孫十：」善琮，適百户宋學。善璜，適庠生張思齊。善環，適典仗焦繼芳。善珮、善瓊、善瑶、善琅、善玕、善珎、善珠，俱幼，在」室。嗚呼！恭人之行可謂賢矣。恭人之福亦可謂備矣。瑭少讀二南，見《關雎》曰：美后妃之幽閑貞静也。《葛覃》」曰：美后妃之勤儉孝敬也。《樛木》曰：后妃不妬忌，而衆妾稱頌之也。《螽斯》曰：后妃不妬忌，而子孫衆多也。竊」意幽閑貞静，勤儉孝敬，婦德之懿者也，美之可也。至於不妬，常行耳，聖人奚取焉而著之經也？及長，讀諸」史傳，復徵以耳目之所聞，見婦女之妬忌者，至絶人之冢嗣，甚至亂人之家國天下。乃知聖經垂訓之遠，」是固不可以常情度也。仰惟恭人幽閑貞静，勤儉孝敬之德，見於行狀者，不一而足。而不妬之行，尤爲縉」紳之所稱頌。較之《樛木》《螽斯》之所歌咏，殆無異焉。生而先生致敬，始終無間。諸子致孝，皆如實生。已殁，而」先生及諸子哭之皆甚哀。其德固有徵矣。迭膺　封命，壽考康寧，洪範五福，無一不備。天之所以報恭人」者，顯矣。福履成之，子孫振振。視二南之所歌咏，夫何歉乎。夫彰善癉惡，以待聖朝之採摭，固史氏職也。是」焉得不銘。銘曰：

風化之本，始於閨門。睠彼二南，聖訓斯存。嗟嗟恭人，古道是敦。禮相夫子，敬著蘋蘩。螽斯」布德，麟趾寔蕃。亦既受祉，　命服魚軒。亦既眉壽，耄耋笑言。性命有極，歸根□□。濟水之陽，有室有垣。」勒銘玄堂，百世不諼。

二一　明山西按察司副使進階亞中大夫吴公（道寧）墓誌銘

【蓋文】

明山西按」察副使進」階亞中大」夫吴公墓

【誌文】

明山西按察司副使進階亞中大夫吴公墓誌銘　」

賜進士出身嘉議大夫禮部右侍郎郡人何瑭撰　」

嘉靖十年十一月二十五日，致仕山西按察司副使吴公以壽終於正寢。子守誠等，卜以十二年春二月」二十九日葬公於祖塋之次。先期以狀請瑭銘公壙中之石。瑭於公爲後進。公以名德爵齒爲鄉達尊，乃」折輩行與交，閒居相見，教愛備至。瑭雖疏懶，不能日侍杖履，然心實歸仰焉。今公不可見矣，銘又安忍辭」邪。公諱道寧，字世安，别號繼公。按狀：公之先爲浙温州之潭頭人，　國初徙居　南京晚市。父維，成化初」任温縣教諭。嘗夢於黄河中流盖楼，因曰：「吾當於河内起家。」遂占籍河内焉。公自幼篤實，無妄言，與弟道」隆同受學。惟務窮理，不尚詞章枝葉。教諭公嘗曰：道寧爲學，如錘鑽毡，遲透終不迷也。道隆爲學，如錐鑽」毡，即透即迷也。成化丁酉，中河南鄉試禮魁。戊戌，登進士第。授鹽山縣知縣。迎教諭公以養，政暇定省。教」諭公每舉古語以訓曰：「但存方寸地，留與子孫耕。」故公居官，恒以慈愛爲本，節民財力爲先。至於徭役一」事，尤加用意。故復業者接踵而至，百姓愛過父母。三載以政績卓異，陞監察御史。彈劾激揚，風裁凛凛。弘」治初年，河内民奏開廣濟渠，不果行。是時公巡鹽河東，適勘鹽引十萬，應否充給河南官軍俸糧。公曰：「俸」糧吾省利，廣濟渠吾府利，均爲國家利，吾兩成之。」達諸河南撫按。後渠成，溉民田甚溥。巡按真定等四府，」貪酷望風解綬。先是開州有巨寇，爲一方深害，交結權姦，莫敢誰何。公設法捕獲，戮諸市曹，人心大快。弘」治十一年，陞山西按察司副使。奉　敕整飭雁門等三關兵備，創築寧武新城，設寧武所及沿邊堡寨。」俱募軍充實，武備一新，邊人有賴。後以疾辭歸，惟以耕讀爲事。每訓子曰：「汝祖三十以後始奮發讀書。或」夜無油，就月色讀。尚能明禮經，中式刊文。汝俱年富，燈火不須營幹，正宜努力。」諸子或不能背書，即掩卷」朗誦一遍。曰：「我年六七十，尚能背誦，汝後生反不能邪？」諸子感奮力學，守中遂登進士第。正德初，廣濟渠」通塞不時，公因泝流窮源，相度地勢，直抵五龍口。嘆曰：「使渠由此而行，數世之利也。今不二十年而塞，盖」創始者失地利耳。」遂達諸當道，違廣濟舊渠三四里許，另開利人渠。曰：「舊渠如此故失利，新渠如此乃得」利。」刁民百計沮撓，往返五年而後渠成。水利至今賴之。濟水　國初遶府城東流入河。公因開利人河，見」其南流，遂曰：「此古蹟也，豈可興今利而忘古利哉？」」達諸當道，脩架橋六座。新流從上，濟流自下，二利並行」而不悖。林下優游三十餘年，身體康强，未嘗有疾。年八十五六時，每遇別墅花卉春佳，秋禾告成，不杖觀」翫，往返步行數里。臨終不及他事，第謂諸子曰：「汝等不須憂貧，但教子孫讀書爲上策耳。」公生正統癸亥」十一月二十日巳時，享年八十有九。配金氏，累　封恭人，先公四年卒。側室三：職氏、黄氏、戚氏。戚先於正」德九年卒。子男五：守誠，引禮舍人。守敬，生員。守中，廣平知府。守和，早卒。守經，儀賓，今更名模。女四：淑清，適」生員董志學，卒。淑淨，適指揮劉傑，卒。淑淵，適指揮沈隆，卒。淑貞，適散官蕭拱暘。男孫七：大夏，生員。大韶、大」讓、大徵、大英、大福、大節，俱幼。女孫十：善琮，適百户宋學。善璜，適生員張思齊。善環，適典仗焦繼芳。善佩，適」生員孟永增。善瓊，聘指揮薛守直長子。善琅，聘守備顔齡長子。善玕、善珎、善珠，俱幼。瑭竊聞，有大德者，必」得禄位名壽。而徵之於世，或不盡然。故君子或疑於天道之難信。今觀公居官則名實加於上下，居家則」惠利及於鄉黨，人固已愛而敬之矣。而忠信謙抑，不以尊貴驕人，雖閭里童稚，亦以禮待之。故無遠近大」小，皆稱公爲大賢君子。位至方面，年至耄耋，禄位名壽盖兼而有之矣。而子孫多賢，又有出五福之外者。」天道豈真不可信邪？是可以傳不朽矣。是宜有銘。銘曰：」

大德獲福，自古所傳。徵之於世，或不盡然。嗟嗟吴公，盛德君子。名在憲臺，惠留閭里。」有爵有禄，亦既顯融。百年康健，　壽考令終。玄堂孔堅，不震不圮。公其永寧，貽慶無□。

二二一　明賈（文洪）室杜孺人墓誌銘

【誌文】

明賈室杜孺人墓誌銘　」

賜進士出身嘉議大夫禮部右侍郎郡人何瑭撰文　」

賜進士出身中順大夫廣平府知府郡人吴守中書　」

嘉靖癸巳六月十九日，友人賈文洪先生之配杜孺人以疾終於正寢。文洪卜以歲十月」二十五日葬孺人於先塋之次。先期令子應奎具狀來請銘其墓中之石。按狀：賈氏之先」世爲揚州府通州人。高祖諱斌，生四子：曰政，曰德，曰信，曰俊。」太祖高皇帝起義兵募壯士，政昆弟四人預焉。洪武初，徙懷慶，故今爲懷慶衛人。信生整。整」生三子：曰海，曰寬，曰深。寬即文洪也。孺人爲河内處士表之女。表讀書通大義，鄉黨稱其」有識。與整友善，時相與奕棋爲樂。文洪侍側，表愛其卓異，遂以孺人歸焉。賈故殷富，昆弟」之間不私貨財，誓不異爨，怡怡如也。天順戊寅歲大荒，家道蕭然空矣。文洪雖業儒，有餘」力，則經紀于外。孺人復贊相於内，綜理家務，辛苦百端，紡績以夜繼日，由是家道復興。性」至孝，服事舅姑，問安視膳，罔不竭其心。雖隆冬盛暑不辭勞焉。姑左氏嘗染病卧床，湯藥」飲食，極盡心力。晝則焚香，夜則拜斗。姑疾尋愈，常以孝婦稱之，内外無間言焉。文洪以才」智爲上下所宗，人有事多來諮訪。孺人勸文洪奬成其善，而沮其不可爲者。曰：「是亦陰德」也，可以福子孫。」文洪從之，故令名益彰。文洪以家累，不得專力於儒，乃棄而就武舉。復令」子應奎業儒，曰：「汝繼吾志。」應奎初試場屋，不捷。孺人戒之曰：「所以不捷秋試者，非命也，大」抵讀書少耳。汝當益自奮勵，務期光前裕後可也。」應奎感奮，學遂大進，有名。至待奴僕，則」曰：「人之子女，猶我之子女也。」撫之以恩，不肯凌虐。故奴僕仰慕，殁時咸哀慟不已。性好施」予，鄉里親識有不及者，嘗貽以飲食，借貸錢穀，一無所吝，故人咸感德。貧人王鉞之婦見」今持孝，盖終身哀慕焉。鄉里親戚咸稱孺人至誠可貫金石。自幼至老，不出虚語，不苟言」笑，綽有古人風度。至是乃卒。迺孺人生成化乙酉二月初一日，享年六十有九。生子三：長」曰若魯，聘絳縣丞甯鉞女。次曰若愚，聘廣安州判張霦女。俱蚤卒。季曰應奎，府儒學廪膳」生，娶魯齋七代孫武功知縣許泰和女。女一，曰復用，適監生張能子良醫張修己。孫男二：」長曰一元，聘庠生宋莊女。次曰一貫，聘庠生陳孝女。孫女一，曰小枝兒，聘庠生張洧子。竊」嘗謂婦女之行，不出閨門。然相夫教子，如樂羊之妻，孟子之母，亦流芳簡策，盖實之不可」掩也。孺人事舅姑以孝，相夫子以義，教子以勤，而待奴僕以恩，是可以方駕古人矣。應奎」學方大進，未可量也。孺人之名，安知不與古賢母同傳乎？是宜有銘。銘曰：」

人有善行，鮮有不傳。孰云婦女，而不其然。樂妻孟母，名流簡編。」嗟嗟孺人，令德媲賢。玄堂幽幽，既吉且堅。勒銘貞珉，噫千萬年。

二三　明故徵仕郎廣安州判張公（霦）孺人紀氏合葬墓誌銘

【蓋文】

明故徵仕」郎廣安州」判張公孺」人紀氏合」葬墓誌銘

【誌文】

明故徵仕郎廣安州判張公孺人紀氏合葬墓誌銘」

賜進士前雲南道監察御史郡人周道撰」

賜進士第翰林院庶吉士郡人劉涇書篆」

西河張先生以疾卒于正寢。其子溯等，將以嘉靖二十六年十一月二十日奉公之柩，啓孺人紀氏之窆」而合葬焉。先期執庠生張舜思狀，具衰服踵門以請銘。道念公嘗遣仲子淯從學於予，故不能以不文辭。」按狀，公諱霦，字輝之，別號西河。其先山東樂清縣人。曾祖諱林，洪武初以義從戍，後隸懷慶衛，遂爲懷慶」人。祖諱和，字孟春。父諱堅，字子固。俱隱德弗耀。堅配劉氏，生子四人，公其季子也。生而聰穎，嗜學多謀，早」游郡庠，馳聲場屋，累舉不第，識者惜之。後卒業成均，伏闕陳言，疏通人材，四方之士多仰慕焉。公幼，嘗遵」父母喪，其棺斂喪服之制，悉遵家禮，識者歎服。嘉靖丁亥，謁選銓曹，授四川廣安州撫民捕盜判官。政尚」平易，不事苛刻，多立保甲以爲禦盜之計，賓人乃服。甫踰年，值時荒旱，群盜蜂起，公謀策已設，先單騎往」慰，復示以利害之情，元惡授首，境内安堵，士民胥悦。已而，岳池之寇復嘯聚龍山，勢若難降。公奇謀百出，」恩威並用，不閱月間，而岳池之寇亦平。其後遺賊若陳萬貫之兄弟、黃巴子之伯仲者，稔惡尤甚焉，州人」號爲三虎二兕，勢焰大張，莫敢誰何。公則悉心殫慮而陰圖之，三虎就擒，二兕乃馘，而一時地方之害始」靖矣。巡按戴公以公平寇之狀上請，」聖天子乃嘉其丕績，賜以金綺羊酒勞之。郡之縉紳相與屬文詠歌，以彰盛美。時真州復有征壖之變，當道咸」推公才略可膺平賊之寄薦之，」當宁冀立茂勲而大用焉。公以衰倦思歸，遂辭疾致仕，州人遮道願留不得。公既歸田里，日與親友尋盟結社，」課子耕田，以養天年。遇族人子姓以恩，未嘗有惡聲厲色，人皆感仰。既而有疾，疾革，召諸子語曰：「吾家世」耕讀，且歷官未久，無厚積。爲爾貽謀，爾輩宜勤儉治家，守法信度，勿事怠荒，以廢厥家。」諸子皆感泣受教。」未幾而卒，人皆痛惜之。公生于成化戊子五月初四日申時，卒于嘉靖二十四年十一月二十八日亥時，」享年七十八歲。公配孺人紀氏，天性貞淑，温和慈惠，盡婦道以事翁姑，立姆儀以教子姓，與公處之，敬若」賓客，未有惰容。先公卒。孺人生于成化庚寅三月二十七日戌時，卒于嘉靖壬午七月十一日巳時，享年」五十三歲。生子二：長即溯，業農，娶沭陽司訓路珏女。曰淯，庠生，娶處士顧俊女，先卒；繼娶處士王義次女。」女二：長適庠生馬負圖，次適郡人金洪。繼娶郭氏，無出。側室闞氏，生子一：曰潮，尚幼。孫男八：曰鳳翼，娶處」士陶鎔女。曰鳳鳴，娶處士謝宣女。俱溯出。曰鳳翀，先聘庠生賈應奎女，早卒；繼聘温邑處士馬世强女。曰」鳳靈，聘處士陳力女。曰鳳來，曰鳳翔，聘庠生吴東周女。曰鳳梧、鳳毛，幼，俱淯出。孫女二：一適儒士瞿秉乾，」淯出。一適郡人賈惟賢，溯出。曾孫男二：曰繼遠，曰小旦兒，俱幼。曾孫女二：曰小菊兒，鳳翼出。曰小臘兒，鳳」鳴出。嗚呼！公之才德，宜攝大任，夫何位止於郡倅耶？予嘗讀魯論而有得焉，曰君子之仕也，行其義也。夫」公之謀猷，屡息强寇，而其仁愛，撫安黎元，賓人之感德於公者，寧有極乎？若公者可謂行其義矣。位之崇」卑非所論也。至若孺人之德性貞慈，生子賢秀，於公爲無忝矣。將來子姓雲仍張氏，其大而昌乎。是宜有」銘，以勒玄堂。銘曰：」

嗟惟先生，通敏之名士也。位不稱才，士林之所惜也。禦盜安民，惠政之及人也。行義達道，不顯猶顯也。晚」歸林下，得遂其高也。孺人貞慈，其性則然也。克閑婦道，與公媲美也。生不偕老，死亦同穴也。子孫衆盛，而」福慶流衍曷其有極也。

二四　明故庠生拙菴賈公（應奎）暨孺人許氏合葬墓誌銘

【蓋文】

明故庠生」賈公暨孺」人許氏合」葬墓誌銘

【誌文】

明故庠生拙菴賈公暨孺人許氏合葬墓誌銘」

鄉進士□□眷生甯管撰」

鄉進士山東青州府安丘縣知縣眷生許世道書篆」

公諱應奎，字天□，别號拙菴。先世楊之通州人。公高祖信從征□懷慶衛，遂家」焉。信生整，整生寬，寬生公。公爲人性質穎拔，器宇恢如也。弱冠遊郡庠，師□栢」齋何公，克□其學。嘉靖癸巳，丁内艱，□毁特至。服闋，應復廪。蔡子楚者，公之友」也。來請曰：「兄舊廪也，如囊中物耳。倘讓吾先補□子之廪，即兄之賜也。」公慨然」許諾。逾年始復廪。其樂於成人之美，雖稍自抑，所恤也。屡試弗第。課二子一元、」一貫以素業。元、貫尋補增廪。公嘗諭之曰：「金百煉然後精，文久習然後熟。鹵莽」從事，鮮有濟也。」元、貫奉諭，惟謹行。將第巍科，振家声，而公不待矣。公生于弘治」庚申，卒于嘉靖壬子三月二十九日，享年五十有三。公之配孺人，迺魯齋許文」正公七代孫武功令泰和之次女也。孺人事舅姑以孝謹，相公以端順。二子之」□□公管束而内訓之方。孺人居□善持家，寸帛不遺於地。紡績之勤，至老不」倦。嘉靖辛西春，患病。值大比之歲，二子復在優等應試。人寬孺人曰：「二子今科」可决，汝患遘兹慶當痊矣。」孺人笑曰：「修短有數，我病篤矣。我子有志，事當竟成，」不能待也。」竟不起。痛哉！孺人生于弘治丁巳，卒于嘉靖辛酉五月二十日，享年」六十有五。孺人生男二，俱府庠生。曰一元，娶庠生宋莊女。曰一貫，娶庠生陳孝」女，先卒；繼娶處士瞿樊女，又卒；繼娶處士張爲己女。女一，字庠生張鳳翀，早卒。」孫男暨女一十三人：曰如麟，庠生，娶處士張九疇女。曰如鳳，聘處士張炳女。曰」閏秀，曰英秀，尚幼。曰美貞，適處士甯宏子繼愚。

曰安貞，未字。俱元出。曰如芝，聘」庠生秦有土女。曰如蘭，曰如松，尚幼。曰巽貞，適舉人蕭守身子永言。曰永貞，字」庠生王養氣子就善。曰春貞，字處士甯笈子守安。曰秋貞，未字。俱貫出。元、貫將」卜十一月初四日合葬孺人於拙菴公之壙。先期持庠友景子文亨狀請銘。管」公甥女之婿少荷公愛殊深，公與孺人之懿行稔於目，即陋於詞，而敢辭銘耶。」銘曰：

厚蓄嗇施，公名彌揚。柔順恭貞，孺人之長。」惟山巖巖，惟水湯湯。合璧玄壙，後嗣永昌。

二五　明故邑庠士劉先生（漢）配高氏合葬墓誌銘

【蓋文】

明故邑庠」士劉先生」配高氏合」葬墓誌銘

【誌文】

明故邑庠士劉先生配高氏合葬墓誌銘」

山西按察司潞安兵備副使弟涇抆淚撰并書」

先兄既歿，子模等將以是年十一月廿一日啓先嫂之窆而合葬」焉。乞予爲誌銘。嗚呼！涇忍爲此耶，然又不可辭也。兄諱漢，字伯清，」號一山。祖籍懷慶衛右所。曾祖通，祖寬，世尚忠厚。父綱，封御史。母」何氏，孺人。正德丙寅九月五日生。兄爲長，渭、涇、溱，皆弟也。天性嚴」毅，雖至親厚友，不得輕褻。孝于親，友于諸弟。有所怒于人，後即相」忘。涇嘗以爲清者之量如此。幼學，從郭先生鎮治書經。嘉靖壬午，」督學南京王公選充河內庠生。甲申，督學山陰蕭公試補增廣。家」業中衰，教授生徒，從學者衆。癸卯，督學德平葛公試補廩膳。應試，」累科不第。漸置田產，家業復興。貢期亦邇。今年癸亥四月二十三」日以疾卒，享壽五十有八。嫂高氏，正德癸酉十月初八日生。年十」九歸先兄，貞淑婉順。于嘉靖壬子四月十□日先卒，享年四十。繼」賀氏，側室王氏。子男五：長模，生員，娶李氏，繼張氏。次樸，生員，娶簡」氏。次櫝，娶何氏。俱高出。次槤，聘郭氏。次欞，聘羅氏。女一，許聘俞可」學。俱王出。孫男二：長聘景氏，一幼。孫女一，亦幼。嗟夫！士讀聖賢之」書，明君臣之義，孰不欲乘時奮迹，以策勳名，垂竹帛也。而或遇或」不遇，則有命焉，不可强也。先兄勤苦一生，累科不第。歲貢將及，又」不能得。是惟歸之命爾，其奈何哉。然壽幾六旬，謀詒五子，抑亦有」所得矣。況模等讀書明理，安知無繼志述事、以成大孝之尊親者」耶？乃銘曰：」

嗟吾兄只，名弗成只。一疾傾只，涕泗盈只。」兄也亡只，我心傷只。泉臺康只，後嗣昌只。

二六　明處士沈公（安）配節婦李氏合葬墓誌銘

【誌文】

明處士沈公配節婦李氏合葬墓誌銘」

賜進士奉政大夫進階脩正庶尹通政使司右參議郡人何永慶撰」

鄉進士奉直大夫進階奉政大夫脩正庶尹商州知州郡人張應時書」

鄉進士奉直大夫進階奉政大夫脩正庶尹泗州知州郡人張鏞篆」

公諱安，字汝遷。其先世爲浙江上虞人。始祖夢齡，」國初以賢良授山東歷城縣尹。後以連坐逮」詔獄，論謫從戍。未幾，以技擊絕倫，復授總旗。宣德間，從」鄭靖王之國，遂家懷慶。□□乏，族子清嗣。清又乏，弟英嗣。英生慶。慶娶王」氏，生子安，即處士公也。次寧，次宏。處士公有心計，自少即以孝友勤儉」聞。弱冠，以父從 王事，身任家政，凡田園廬舍，食服器用，罔不綜理有」方。卒以勞瘁遘疾，殂時嘉靖戊戌八月廿九日也。節婦，庠生李麒之女」也。性貞静，奉母儀，精女紅，寡言笑。年十四適處士公。甫四載，姑嫜王氏」卒，節婦處諸姑友，事後姑孝，終始無間言。又八載而遘處士公之喪，節」婦即以死自誓，舅姑力止之，咸不可。會母徐教之曰：「古今所謂全節者」奚必死？今爾舅姑已耆艾矣，遺孤尚少，爾誠終奉箕箒撫遺孤，俾無墮，」夫婿令問，即死何加矣。」節婦遂毀容卸飾，謹奉母教，守節不渝者三十」餘年。事聞於今」王及巡臺李公、督學達公，咸旌其門爲貞節云。嘉靖末，舅姑咸以壽考終」矣。會瘟疫時行，節婦遂以疾殂。處士公生於正德戊辰七月廿四日，卒」年三十有一。節婦卒於嘉靖丙寅六月五日，距始生正德辛未十二月」九日，得年五十有六。子二：長朝周，娶張氏，先節婦卒，乏。次從周，娶賈氏。」孫女一，許聘典膳馬守福子一良。從周將以隆慶戊辰十一月初九日」奉節婦之喪，與處士公之柩合葬於祖阡之次。先期持其舅氏李震之」狀來泣請予銘。予竊與處士公同里閈，知處士公家歷履甚悉，又竊嘆」今世號爲士君子者，每以忠孝自許，然往往遇小事變輒變節，以徇平」居。如此，矧望其仗節死義乎？如處士公者，固世所珍惜，乃若守志不渝」如節婦，可多得哉。彼脂韋者聞此有餘恧矣。玆銘誠不可已也。遂爲之」銘。銘曰：

繼墨晏者夫耶，紹栢舟者婦耶。昔也仳離，今也同窀耶。死而彌」壽，藏而彌光者，若夫若婦耶。」

石匠王紀刊

二七　明鄭藩儀衛司儀衛正玉峰馮公（汝遷）暨宜人張氏合葬墓誌銘

【蓋文】

大明武德將軍」進階武節將軍」驍騎尉儀衛正」玉峰馮公之墓

【誌文】

鄭藩儀衛司儀衛正玉峰馮公暨宜人張氏合葬誌銘」

賜進士第中憲大夫通政使司右通政治生何永慶撰」

鄉進士進階奉政大夫商州知州眷生張應時篆」

鄉進士奉政大夫衡州府同知郡人張鏞書」

隆慶六年五月二十七日，武德將軍、」恩詔進階武節將軍驍騎尉、」鄭藩儀衛司儀衛正玉峰馮公以疾卒于正寢。其子世昌等，卜以萬曆元年十一月二十六日，啓母張」宜人壙而祔葬焉。先期持河内廩生少渠李子國華狀泣拜請銘于余，余固治末，稔公之愛且久者，」誼不容辭。謹按狀：公諱汝遷，字于喬，玉峰其别號也。先世山東鉅野人，始祖珏以武功陞南京豹韜」衛水軍所正千户。高祖勝襲。正統八年，改授」鄭藩儀衛司儀衛正。曾祖宣，祖忠，相繼承襲。父繼祖，好書籍玩器，親賢樂善，爲當時士大夫重。母張宜」人，有淑德，善教養，諸弟汝進、汝通、汝達、汝遜暨四妹，皆森然成立，故一時盛稱馮氏有賢母云。惟公」天性孝友，獨能善承其志，歷官二十年，永樂自守法紀，自持不妄行一事，不輕虐一人，雖所屬旗校」有重情難決者，亦惟多方勸解，而不務察察之明。時遇」賢王嘉公，獨深委公甚篤，公亦未嘗有一言一行之不忠于」王者，亦可謂知遇之難矣。詎期嘉靖甲辰，公目病，遂致政，命子世昌承襲其職。而官箴之訓，更專且詳」焉。偶母張宜人卒，乃諭之曰：「吾目病，弗克躬襄其事，子能竭力代盡，即所以成其親之孝也。」其忠孝」有如此。既而諸弟欲析居，不但祖業任諸弟取而不較，雖子世昌新增田産亦多裁遜，惟知兄弟最」難得，竟不計物之爲誰分之應否也。且弟汝達早亡，遺婦張氏矢心守節，惟恐養有未克，乃給稔田」數十畝，時其寒暄，所以張氏孀居五十年，卒成其志，以致褒崇，而公之力居多焉。其友于有如此，以」故隆慶元年，恭遇」恩詔進階武節將軍驍騎尉。使他人獲此，鮮不驕矜自大。公則語人曰：「我」朝封建宗親以藩屏天下，而設千百户等官，非徒以侍位而已。所以分理庶務，同心共濟，佐」王克盡藩屏，鞏固」皇圖，以綿億萬年太平之業。今我歷官二十年，僅能守己愛人，無他寸補，乃一旦躬膺」朝廷殊恩如此，其溢望多矣，不能報之以其身，敢不報之以其子孫哉？」故命子世昌益殫忠藎，以事」鄭藩；命孫淦奮力舉業，以報」朝廷。若公也，其亦武弁之傑出者。與遡其生，弘治乙卯二月初六日午時，享年七十有八。配宜人張氏、劉」氏。張則阜平郡主儀賓張公永善女，四德咸備，相夫有方，有古賢婦之稱，生于弘治九年八月初八」日，嘉靖三十一年二月二十四日先公卒也，享年五十七。劉則耆老劉公鐸女，亦沉静簡默，勤儉慈祥。」生子三：長即世昌，亦引年致仕，遇萬曆改元，」恩詔進階武節將軍、驍騎尉，娶禮官蕭拱暲女，封宜人。次世榮，娶典仗畢府女。次世華，娶處士魏經女，繼」娶處士戴聰女。俱劉宜人出。女三：長適懷慶衛千户陳奇策，次適都指揮陸淇，俱張宜人出。次適台」州照磨李守清，亦劉宜人出也。孫男四：曰胤，襲祖職，娶懷慶衛千户傅應麒女。曰祚，娶處士張顯祖」女，繼娶庠生張渶女。曰祉，娶指揮舍人劉儀女。曰禴，生員，娶處士韓范女。孫女二：長適肥鄉主簿孟」永增子生員知言，次適懷慶衛指揮武守節子應襲随爵，俱世昌出。曾孫男三，尚幼。曾孫女四：一聘」于懷慶衛千户葛言志子應襲芬，一聘于庠生李蕡子鶴齡，餘未字。嗚呼，公以世胄之家，不落世胄」之套，忠孝克全，友于備至，位雖未究，厥施其子，世昌才冠群僚，能繼恬退之節，□□禴名擅一時，卓」有冲霄之志。後先相望，」恩榮重光，其福休殆未可量也。是則可銘。」銘曰：

系雖世胄，德則孔臧。位雖弗永，壽則其長。」皇恩蕩蕩，福祉洋洋。吁嗟掩玉，北郭之陽。地靈人傑，百代彌光。

二八　明河内處士賈公（鳳）暨孺人馬氏合葬墓誌銘

【蓋文】

明故處士」賈公暨孺」人馬氏合」葬墓誌銘

【誌文】

明河内處士賈公暨孺人馬氏合葬墓誌銘」

鄉進士文林郎前知順德府廣宗縣事郡人婁樞撰文」

賜進士中順大夫陝西臨洮府知府前户部山西司郎中進階修正庶尹郡人蕭守身書篆」

嘉靖十五年四月二十日，處士賈君朝陽以疾正終。其子顯祖方三歲。孺人馬」氏從其俗，葬於沁河南岸祖塋。極力營辦家務，課農桑，勤紡績，先業賴以不墜。」當蕭太守家食時，門下傳經者衆。乃遣其子就學，而與兩庠閔希閔、王伯宗爲」友。母嘗誨之曰：「恐家業妨汝學業，我當其勞，遺汝以專。」顯祖苦學，三試棘闈，有」聲場屋。而□第宗族鄰里，無不嘆其母之賢而有徵，子必顯親揚名，以成厥志」也。抵今萬曆三年十月九日，孺人壽八十有四而正終。顯祖卜地於居宅之北」三里許太行之麓建新塋。筮用是年十二月二十一日啓其父之窆而合葬之。」痛父殁，己尚幼，衣衾棺槨未豐也。乃導其襯于家，衣衾棺槨皆如母喪。且與母」氏之柩並列合葬。祭三日而後納穴。預持其二友之狀，拜泣請銘。按狀：賈氏其」先世山西太原人。」國初有海得里者，避兵占籍河内。而河内有賈氏自此始。曾祖諱大。祖諱謙。父」諱秀，妣母氏。奕世明農，爲鄉邦所推讓。於弘治四年六月二十有六日而處士」生。諱鳳，字朝陽。善事父母，和宗族。從叔聰乏嗣，既殁，族人欲析其産。處士曰：「尚」有女，安忍奪之。」族人素信處士之廉直，遂唯唯，盡讓産於其婿丁奉。由是鄉族」益重其行。有不平者，咸就直之。及卒，鄉里遠迩無不痛悼，至有對泣者。配即孺」人，郡名家馬公亮之女，行二。生於弘治五年十有二月九日。孝恭勤儉，克相君」子。與側室郝氏孀居四十餘年，未嘗笑嬉於姊姒間。故鄉族推重，家以之立，子」以之成也。子一，即顯祖。娶處士馬堯鴻女，側室宋氏。女三：長適馬周，次適陳□，」次適馬時兆。孫男一，廣祚。孫女二：長字庠生馬學禮仲子。次幼，未字。憶當處士」臨終之期，所憂者百畝荒田，孰與謹守？三歲孤兒，孰與成立？豈知望守者克大」其家，出於己之所望。望立者屢試省闈，爲邦人族人之所望乎。自今以始，處士」得暝目於地下，孺人有靦面目得見夫子於地下。熙先襄大事建兆域，亦可以」無遺憾矣。余素愛熙先之學，今又敬其孝，且異其变俗之果如此，宜爲之銘曰：」

荻晝出遠，斷織風徽。懷有□母，令德與畿。」士出於農，族大於子。因夏变夷，名由此起。」父既目瞑，母亦心安。太行之陽，巋然新仟。」□□孔嘉，曾孫克類。尔壽尔臧，尔昌尔熾。

二九　明鄭藩武德將軍儀衛正東池馮公（胤）墓誌

【蓋文】

大明鄭藩」武德將軍」儀衛正東」池馮公墓

【誌文】

大明鄭藩武德將軍儀衛正東池馮公墓誌　」

稔長兄武德將軍儀衛正諱胤，字孟嗣，號東池。以疾卒於萬曆戊寅八月四日，筮以是年十一」月七日葬祖塋清平之原。稔泣拜請於父曰：「孤兒鯨尚幼冲，不能爲渠父求狀事實，長兄生平」一得之行，稔弗忍泯泯無傳。」父流涕謂稔曰：「爾兄平日之行，爾知之矣，爾曷爲爾兄爲誌，勒石」以召後昆。」稔承命，乃揮涙爲状云。我馮氏山東鉅野籍，洪武間，始祖琉以武功歷陞南京豹韜」衛水軍所正千户。二世祖勝襲。正統八年，改授」鄭藩儀衛司儀衛正。從」王之懷慶，遂家焉。三世祖瑄，高祖忠，曾祖繼祖，官悉如初。祖汝遷引年致仕。隆慶改元，以齒德進」階武節將軍、驍騎尉。父世昌承前職，永樂自持者二十餘年。凡在治屬咸誦德不衰。萬曆改元，」應」詔致仕，進階武節將軍、驍騎尉。母宜人蕭氏，恭順謹默，恪執婦道。痛惟一疾，終於萬曆癸酉。稔兄弟」四：長即兄胤，次兄祚，兄祉，稔，其季也。長兄性直心淳，行恪守確，寡言笑，不矜伐，阿媚諂曲，皆所」不樂爲。萬曆元年，承祖職，事我」藩主，兢業自持。凡有」命下，必誠爲之，不敢少懈。兄素不喜訟，見有争者，輒爲之釋，即法不容，宥其聽斷，必公而且詳，故」一時訟者，每稱不冤。當慈母卒，兄哀毁骨立，痛盡幾絶。父慰之曰：「吾景值桑榆，冀爾以職事事」藩主，積俸爲吾養，誠如爾痛倘不諱，吾復何賴。」兄方少釋。其事吾父，承顔順志，就養無方。公暇輒」率稔輩子侍父側，共談喜悦，每至夜分。家庭之間頤然春風，咸長兄孝誠之所致也。待我諸弟共」衣服，同飲食，恩愛綢繆，情若孩提。間嘗謂稔曰：「吾世禄之家，叨蒙」朝廷渥恩，吾事」藩主，無以報國家，弟曷力學，奮身甲科，以圖補報。」稔承命惟謹。方冀吾兄無恙，相與承歡膝下，共」見父壽期頤，胡遽以疾終耶。悲夫悲夫！兄生於嘉靖甲午正月三日，距卒之日盖四十有五云。」配傅氏，有淑行，懷慶衛千户傅公應麒女也。子一，即鯨，應襲，聘群牧所千户楊應和女，今雖四」齡，而聰敏英特，已負大器。女一，適懷慶衛千户葛言志子應襲芬，中饋女紅，堪爲閫範。嗚呼！兄」之歷官也，忠愛兩全；兄之居家也，孝友咸備；兄之享年也，雖弗耋弗耄，而有佳嗣，足以步芳規。」兄亦瞑目也夫，兄亦瞑目也夫！裣也負兄教言，碌碌無進，既不敢冒干名筆爲吾兄銘，又不忍」没兄之行，謹以平日所親炙者，鋪述成狀，庶後之欲知兄者得有所考云。

季弟裣同」仲兄祚、叔兄祉，率孤兄鯨稽顙刊石

三〇　明鄭藩武德將軍進階武節將軍驍騎尉儀衛司儀衛正清菴馮公（世昌）配宜人蕭氏合葬墓誌銘

【蓋文】

大明武德將軍」進階武節將軍」驍騎尉儀衛正」清菴馮公誌銘

【誌文】

大明鄭藩武德將軍進階武節將軍驍騎尉儀衛司儀衛正清菴馮公配宜人蕭氏合葬墓誌銘」

賜進士第中憲大夫通政使司右通政何永慶撰」

賜同進士出身中憲大夫四川保寧府知府眷生蕭守身書」

鄉進士進階奉政大夫商州知州眷生張應時篆」

萬曆八年三月二日，清菴馮公以疾終於正寢。子祚等卜以九年十一月二十四日啓母蕭宜人之墓而合葬」焉。先期持廩生李從諒狀乞銘。按狀：馮氏山東鉅野人，永樂間，始祖琺以武功歷陞南京豹韜衛水軍所正千」户。二世祖勝襲。正統八年，改授」鄭藩儀衛司儀衛正，從」王之懷，遂家焉。高祖宣，曾祖忠，祖繼祖，官悉如初。父汝遷，敦朴周慎，莅政簡明，有古君子風，被」恩進階，已蒙清菴公託詳前誌矣。其配宜人張氏，阜平郡主儀賓張公永善女，無子。宜人劉氏，耆老劉公鐸女。清菴」公，其首出也，諱世昌，字若魯，生而聰穎，耽閱古籍，即能通大義，而忠孝尤加詳焉。嘉靖乙巳，承祖職事」國主，精白乃心，凡」命下，必兢業爲之，務敦大體，其聽訟公恕，惟求平安。由是」國主嘉其賢，屬人蒙其惠。嘉靖庚戌，」國主以建言南徙，公亦因調邊衛例回十八年，披艱歷險，竟未改厥初志。隆慶改元，」國主奉」詔還國，公亦復前職，仍掌司事，而官箴愈嚴。萬曆改元，以公恬退，奉」詔進階武節將軍、驍騎尉。公事親，先意承志，凡日所爲家國事，必取憑而行，不敢專美於己。會父叔析分，公言於父」曰：「吾父子叨享世禄，亦云足矣，諸叔泊淡無資，當以增置田産悉入均分。」蓋惟知一體之當篤，罔計其外物之」爲重爾。叔汝達蚤逝，遺孀張氏苦節四十餘年，竟成其志。弟世榮、世華當幼年，正父傷目之際，公念其同胞，凡」事與共，遂各成立。宜人蕭氏，」鄭藩禮官蕭拱璋女，少有奇譽，及歸公，不以富族自驕，内外皆頌其賢，迄今言婦道者，必擬諸蕭宜人云。宜人生」於正德甲戌八月六日，萬曆癸酉六月二十二日先公卒也，享年六十。公生於正德戊寅六月二日，據卒之日」享年六十有三。公生子四，長胤，心行淳實，承祖職方五載，四十六歲而卒。娶懷慶衛千户傅應麒女，有子鯨，三」歲亦殤。次即祚，以例代襲，振振有聲，人謂能

繼清菴公之志。初娶處士張顯祖女，繼娶庠生張漢女。次祉，娶指」揮舍人劉儀女。次稔，生員，負沖霄之志，其進未可量也。娶處士韓范女。女二：一適
肥鄉主簿孟永增子生員知」言，一適懷慶衛指揮武守節子應襲綏國。孫四：曰學京，祉出，聘處士張一貫女。曰啓京，祚出，應襲，聘百户舍人」周焕女。
曰念京，祉出。曰延年，稔出。孫女六：一適懷慶衛千户葛言志子應襲芬，胤出。一聘於庠生李蕡子鶴齡，」一聘於散官姚尚友子承祖，俱稔出。餘尚幼。
於戲！世爵武裔類多，未事詩書、識大義、敦大節者，蓋指不一二屈」爾。清菴公雅志圖籍，通達國體，感」主恩如覆載順逆無貳，守官箴如金石始終不
渝，可謂有精忠之志、清介之節者也。使非限於」王家，當脱穎而出矣。是宜銘。」銘曰：」
羡彼馮公，志節弗群。危不忘主，衰猶思親。退需勳階，」完名之臣。永綏雙璧，世禄幾人。式銘于石，以示後昆。

三一　明敕封孺人劉（楷）母戈氏合葬墓誌銘

【蓋文】

大明　敕」封孺人劉」母戈氏合」葬墓誌銘

【誌文】

大明敕封孺人劉母戈氏合葬墓誌銘」

賜進士出身亞中大夫山東都轉運使司運使前户部山陝二司郎中進階」脩正庶尹姻家蕭守身撰文」

賜進士第中憲大夫通政使司右通政何永慶書丹」

鄉進士奉政大夫户部山東清吏司郎中韓三接篆額」

歲萬曆壬午二月二十日戈孺人卒。以癸未三月二十七日啓次山劉公」之窆而合葬焉。先期子楷緘哀詞將幣持節推楊初東狀丐予銘，用垂不」朽。嗟夫！
婦德不外見，余何以銘母耶？顧誼屬姻婭，居聯閈井，則有可以知」母者。寧可已於銘母耶？請者不得辭。按狀：孺人姓戈氏，世爲懷慶衛人。父」正，府
庠生。母朱氏。以正德己巳正月十四日生。孺人幼而篤實，事父母以」孝稱。性安静，精於女紅。方笄，歸次山公。公方做秀才時，不暇治生計。祭養」服
食，取諸孺人之針指組紃者多，而孺人無倦色。故公得以潛心於問學。」内政嚴肅，雖與公燕處如賓客。朝夕事舅姑，定省上膳，不必殺俎，雖藜羹，」必
精潔。蓋孝悃天性然也。洎嘉靖丁酉，公領鄉薦。丁未，上春官釋褐。由内」翰歷烏臺，兩任府太守，擢憲副，所至赫赫有聲。説者謂有出於孺人之默」助。
以公考績，榮」封孺人，載在公誌。孺人嘗曰：「吾家世寒素，一旦通仕籍，子孫少涉驕逸，非所」以永□業也。」督諸子以學，俱補爲博士弟子員，不
負家訓。及舅姑相繼没，」孺人哀毁骨立，贊脩喪葬，無不罄誠。公兄弟藉以充需，親識賴以舉火者」衆。□妯娌，逮臧獲，悉得其懽心。恩不至瀆，嚴不
至疏也。後公十餘年終，享」壽七十有三。男四，女二，娶某氏，適某生，公誌載矣。植、森、楫先孺人卒，營葬」事悉次子楷。孫男五：曰燦，娶蕭守志

女，早卒。曰焕，娶庠生唐一本女。曰炌，」□□出。曰焜，聘韓淮胤女。曰烇，聘節推楊初東女。孫女三：植一，許聘庠生」□□子。楷二，一適庠生徐養厚子，卒。一幼。嗚呼！女德□名，人世難全。孺人」□□□□，壽逾古稀，命斯振振，福德若爾，世亦罕其儔哉。宜爲之銘。銘曰：」

□□之陽，舟□之涯。淑人儲英，天篤其生。壽考康寧，」□□以終。巋然大儒，惟氣鬱葱。於百千年有令名。

三二　明河内逸士仲兄在谷甯公（範）墓誌

【誌文】

大明河内逸士仲兄在谷甯公墓誌　」

萬曆丁亥小春之十四日，仲兄在谷君以疾終於正寢。姪承武将以今歲己丑冬十二月十七日，奉仲兄柩歸」葬先大夫」誥贈府君新阡之次。前期過予，跽而泣曰：「大人生平行質直而好古道，不喜聞譽己之言，兹欲請誌於達官長者，萬」一词藻勝而實録微，恐大人九原不樂聞也。叔父親處同胞，知大人者孰與叔父，願誌壙石，以信方來。」予聞而」哽咽，且憐承武言由衷出也，遂抆淚而誌之。吾甯世系備載穀原婁先生所撰先大夫誌中，兹不具述，斷自先」大夫詳焉。先大夫諱尚義，字時中，別號濟涯，十試棘圍不偶，以明經選入成均，授山西寧鄉司訓，甫浹旬即掛」冠歸田。棄背後，以伯兄貴，」誥贈奉直大夫、冀州知州。配先慈劉氏，」封太宜人。生三子，長諱策，即伯兄，嘉靖丁酉與從兄管同領鄉書，歷官湖廣德安府同知。次諱範，即仲兄。次諱笏，即」不肖，領嘉靖乙卯鄉書，歷官陝西商州知州，以行不協時致仕。嘗聞先大夫言，仲兄生而穎慧，年十七即遊邑」庠，好讀班左莊列韓非諸家之言，擬時義輒脱胎焉。每試於主司，罔不擊節稱賞，然其心終不以仕進爲樂也。」兩點額於省圍，即視藍袍不啻敝屣。嘗自言曰：「李斯上蔡之悲，孰與安石東山之樂乎？」由是棄筌蹄絶魚兔之」念云。甫弱冠，父命字仲叔，乃自號曰在谷子，此其志可知矣。體貌清癯有神，虬髯鶴骨，飄然若塵外人。性不喜」飲酒，然宴賓客情獨款至，詼諧談笑，終夜無倦態。課二子承武、祖武，不爲時俗姑息愛，雖隆寒盛暑，食息起居，」罔不與俱，緣是二子先後遊芹泮列高等，咸奮志雲衢，姻黨每評里閈善教者，必以仲兄爲首稱焉。尤愛戰國」儀秦縱横之術，及子輿氏説。大人則藐之，勿視其巍巍然之語，故問對王公大人評往哲譚時事，悉所知爲懸」河之辯，略無曳尾齷齪之狀，識者高之。中年，以農畝自任，曰伯兄謝政倦勤，季弟繫名仕版，兩兒方圖進取，服」田力穡，舍我其誰廿餘年。田無蒿萊，家免啼饑者，仲兄之功居多焉。遡其生正德乙亥九月十一日子時，得壽」七十有三。配徐氏，内黄丞徐公丙正女。生子二：長即承武，遊邑庠。次祖武，遊郡庠，俱廪生。承武初娶教授陳天」爵女，繼孟，繼張。今繼宋氏，武陟故家宋足文女。奉仲兄命納側室牛氏。生孫男一，曰堦。祖武娶庠生張繼學女，」納側室郭氏。生孫男一，曰基。女二：長適庠生吴大夏男一經，次適都司許靖國男位。昔人云：「人生貴適志，堯讓」天下於許由，由薄而逃之，誠自適其志耳。」仲兄等功名於浮雲，視天地若芻狗，陶然宇内七十餘春，俯視不肖。」笏假鉛槧竊科名，奔逐車塵马足之間，迄無寸樹者，相去奚啻徑庭哉。嗟嗟若仲兄者亦可以無遺憾矣。所深」悲者，仲兄没之逾年，懷郡瘟疫大行，祖武夫婦暨兩女姪、一經婿，僅兩越月相繼淪亡，行道之人咸爲酸鼻，矧」予情關骨肉，抑何勝此痛悼哉？且也祖武苦志向學，鵬翮業已養成，特須時騰奮耳。乃」上帝以記白玉樓召去，豈天未欲昌吾甯祚乎？嗟嗟傷哉！所可慰仲兄於泉臺者，承武幹蠱之餘不廢問學，兩孫慧」健，書香可繩。嫂徐與兄齊德並壽，康强如故，督中饋撫諸孫，承武可無内顧之憂。仲兄優游瀟灑，當無間於幽」明矣！季弟笏銜哀謹誌。不孝男承武泣血礱石」

萬曆十七年歲在己丑季冬望日通家姪□蕭永言書，　石工常盡忠、常盡孝鐫

三三　明故恩榮壽官西田劉公（冕）妣孺人金氏合葬墓誌銘

【蓋文】

明故恩榮壽」官西田劉公」妣孺人金氏」合葬墓誌銘

【誌文】

明故恩榮壽官西田劉公暨配金氏合葬墓志銘」

鄉進士文林郎山東兖州府推官姻生楊初東撰」

鄉進士中議大夫山東都轉運鹽使司運同知正四品俸郡人唐文華書」

鄉進士進階奉政大夫陝西西安府商州知州郡人甯笏篆」

萬曆拾伍年四月廿七日，西田劉公配金氏卒。業已卜葬祖塋次之新阡矣。越拾捌年正月二日，而西田公亦以疾」逝。其子胤吾君將以今年十一月二十二日合葬焉。先期緘書致幣，涉千里外達於兖，詞意諄懇，乞余志而銘之。且」曰：「先二人累仁慕義，而行不出闤闠。非徽惠名言以光窀穸，吾懼夫死易朽，而生媿死也。敢布腹心於下執事。」余念」姻婭誼最篤，而公之生平大略非余誰爲表章者。卒不得以薄書辭也。迺按其鄉進士王君賓吾所爲狀者而志之」曰：公諱冕，字宗周，西田其別號云。先世直隸常州府靖江縣人。」國初從征，編伍懷慶，遂家焉。其詳具憲副次山公世系圖中。公父諱宣，配盛氏，暨郭、朱二氏。生子四：孟曰耕，仲曰武，叔」曰冠，公其季也。公生而剛毅端慎。在襁褓時，犖犖英物，識者便以大成期之。甫七齡而怙恃以次捐棄，孑然自立，幾」不能振，而家道亦漸以凌落，人咸爲劉氏難也。公弱冠輒自矢曰：「丈夫生而負七尺軀，當隨緣自盡，努力本業，以無」墮家聲，忝先人望。吾即不能致身通顯，寧碌碌效游閑子甘自棄。爲士農工商，總之皆人生分内事，必尊官腆禄而」後可。彼夫陶朱、計然之策非乎？」於是逐什一術，躬親經營，寒暑罔憚，而且酌盈濟虛，量入爲出。居常大布之衣，蔬糲」之食，不至侈半菽之費，糜一錢之用。叁拾餘年而窶者充，虛者實，廬宇焕然，田疇井然。恢先世之規而復之舊者，莫」非勤且儉之所積也。性好施予，鄉人有婚不能舉者，濟以財；喪不能斂者，濟以棺。人咸德之。比者中州屢無年，餓殍」枕藉。公爲粥以哺之，賴以全活者不可勝計。每值溽暑，施茶以救渴。城西石橋傾圮，行者苦之。公捐貲修理，而往來」其上者口佛祝焉。叔兄蚤逝遺女，長未有家。

公爲育養如己女，擇配王守疆，粧奩服飾皆所自辦。至於禮神事佛之」說，尤篤信之。間關崄巇，而譙會香火，不憚勞勩。自壯及没齒無易念。迨萬曆陸年，」恩例詔授壽官冠帶。時已老，厭事，不復理家人生産，而口授區畫者尤多。總率功與鄉黨二三老友飲醇醪，譚世故，日」相樂也。竟以一疾不起。永訣時，且討其子而訓之曰：「爾行平等事，子孫自然蕃衍。」此可以觀公之爲人矣。距生年享」壽七十有六。配金氏，河内巨族女。蚤適於公，克修婦道。雖不及面翁姑，而待伯叔以敬，處妯娌以和，内外大小無不」咸宜。下主臧獲厮役，胥問其衣食而推之恩。其克儉克勤，尤性所篤生，視公無少異者。蚤起晏卧，積有歲年。雖米鹽」瑣細，一一親爲整理。始而食貧，如是即完且美，而無或渝念者。家道豐殷，其内助之功不可誣也。晚年性亦好施，故」懷中稱積善家者歸焉。距生年享壽六十有七。子一，曰梅，邑庠生，娶李欽女暨史氏。女一，適山西黎城縣主簿韓三」奇子生員生陽。孫一，曰遠，先卒，葬祖塋之後。豈天之報施善人，不可知耶。抑遲速自有時也。孫女三：長適生員張理」子于庭。次許聘余子之琢。一尚幼。法皆得書，故附之後，且系以銘。」銘曰：」

有隱君子，毓自名宗。齒隆德邵，邑屋儀型。女士之懿，天諧其偶。」餘慶昭垂，仁聞不朽。皖彼新阡，佳氣葱鬱。祐啓後人，康祀曷極。

三四　明仲兄在谷甯公（範）厥配徐氏合葬墓誌

【誌文】

仲兄在谷甯公厥配徐氏合葬墓誌」

仲兄在谷君殁之再踰年冬杪，是爲萬曆己丑。姪承武卜吉襄事，予既概」兄」性行履歷、生卒年月，勒之幽珉矣。維時，嫂徐尚康和無恙也。甫越歲庚寅夏，」嫂氏偶爾罹疾卧牀褥，迨秋深輒不諱。承武哀毁盡禮，一如仲兄云。今歲壬辰，」承武将以四月十一日啓仲兄壙，奉嫂氏柩祔葬。前期過予，俯伏稽顙飲泣而」請曰：「吾母歸吾大人，结髮偕老，苦辛萬状，願叔有言，以彰潛德」。予唯唯誌之，不」忍辭。竊計嫂歸仲兄时，予年僅四齡，新婦懿矩，懵然莫悉。比齠齔以來，則嫂氏」之行，睹記頗確。嫂賦性敦龎，貞静執婦道，五十餘祀，一言一動不殊處子。奉翁」姑若養父母，中饋勞瓚，不憚躬歷。暇時匪親女红，則勤紡績，居常步履，曾未一」及中門。事仲兄終身未嘗出一狎語，設一惰容，即古稱相對如賓，不啻過之。每」與姑嫜妯娌燕聚，怕譚往昔淑媛貞烈之行。雖或自少習承家訓，故耳熟而樂」道之。然嫂氏純一之禀，亦緣是可概鏡焉。徐本閥閲世官之家，乃父諱丙正公，」又貳令内黄。嫂氏席兹渥蔭，飲食服用，一崇儉素，略無豪貴驕奢陋態，是又古」今婦德之不多見者。則其壽考令終也，夫豈倖致乎哉！生二子承武、祖武，俱明」經績学，爲時良士。承武三娶，嫡室曰陳、曰孟、曰張，皆蚤逝，無遺育。四繼武陟宋」逸民足文女，尚在冲年，螽斯之慶，殊未可量。今唯側室牛氏生孫男堦，年方九」齡，能習句讀，足紹書香。祖武嫡娶張氏，亦無出。側室郭氏，生孫男基。女二人，長」適吴庠生冢嗣一經，生外孫男三：曰正己，曰正國，曰正志，皆已娶妻生子。外孫」女一，適庠生穆拱，亦育子女三人。次適許都閫次男位，生外孫男二：曰攀龍，曰」附鳳，俱未娶。外孫女一，尚處閨中。

嫂氏與仲兄生年同屬，迺之爲正德十年乙」亥。嫂在六月廿二日己時，先仲兄生計浹八旬，卒於今萬曆十八年庚寅九月」廿六日辰時，後仲兄歿幾匝三歲，享壽七十有六。嫂未終之前，祖武夫婦及兩」女及吳壻基孫，先後夭殤，一時凶否特甚。嫂氏以健履强食，一疾遽爾長逝，雖」云数不可逃，謂非哀痛感傷致，然予不信也。吁嗟乎悲哉！夫兄嫂合葬，而文獨」詳於嫂氏者，以兄有專誌，而子女孫甥又皆嫂氏遺脉，且事變不盡相洽，即詳」述不厭煩也。

大明萬曆二十年歲在壬辰春三月二十六日叔弟甯笏薰沐謹誌」

石工常盡孝鐫

三五　明邑庠生胤吾劉公（梅）墓誌銘

【蓋文】

明故邑庠」生胤吾劉」公墓誌銘

【誌文】

明邑庠生胤吾劉公墓誌銘」

奉政大夫户部雲南清吏司郎中眷生楊初東頓首拜撰」

奉政大夫湖廣永州府同知眷生許宗曾頓首拜書」

直隸真定府獲鹿縣儒學訓導眷生崔尚志頓首拜篆」

劉公諱梅，字以魁，胤吾其別號云。以萬曆丙午歲逅疾，越歲而捐館。是時余方淹留京邸，聞之嗟噫。歲冬，余以餉差還」里。而公之二子過焉。余不勝爲公悲，且不勝爲公喜。曰：「公其可以暝目也已。」今年戊申，其子之顯等於十一月十九日」葬公於祖塋之次，乃不以余爲不文，乞誌而銘焉。且曰：「不肖先人，忝附姻末，儻其不吝珠玉，以光窀穸，寧惟不肖之不」敢忘，先人其亦終唧於地下矣。」余曰：「嗚呼！公之碩德重望，其心識於閭巷者。寧其有間存没而余誌之乎？然余與公姻」婭之好幾三十載，其家世顛末，心德隱微，印證最久。非余誌之而誰誌之乎？」按：公之始祖，直隸靖江人。」國初，從天兵北定，編伍我懷。迄今子姓蕃衍，稱巨族焉。逮次山公以名進士起家，由館臺歷憲二，而劉氏之族益顯。公盖」其仲派也。公之祖諱宣，宣生冕，冕生公。公生而穎異。操鑑者已卜聲於提抱中。甫齠年，能讀書，識大義，知天人上下之」間或不多過焉。且口無誕語，行無欹步，誠實英敏，其天性也。弱冠補弟子員，一時英發者，莫不嘖嘖劉公云。每試輒當」特鑑。公亦信青雲可自致者，乃益肆力于學。於經史百家，靡所不窺。或至會心有得，則擊節歎賞，若身遊古昔焉。以□」孜孜矻矻，殆無虛晷。每至夜分輒掩卷歎曰：「吾父既無庶子，乃一切不以家務累吾。而不能拾青紫，躋通要，以爲先世」光，何以爲人。雖聖賢德業實不在是，而姑爲世俗之觀，以上慰乃心耳。」於是爲制舉業者數年，累戰秋闈，竟以不偶。已」而勞瘁成疾，嘔血幾殆。乃幡然念宗祧承繼，寔唯余一人是賴，奈何不惜，以爲吾父憂。而志稍寮焉。嗣後稍稍較出入，」督耕作，貽其父以安，而朝夕事之唯謹。父所欲爲，輒先志承之。新第數十楹，皆其經營也。且性慈仁，好施予。族人之失」怙恃者撫育之，罄朝夕者賙恤之。而助奮助賻，咸賴以濟。歲歉則煮粥，溽暑則施茶。即朝暮丐門者，無不虛往□寔歸」也。公年逾四十而嗣尚未立，乃更以爲憂。於是頗爲祈祝之事，我懷大小祠宇，殆將遍焉。以至於北之行，南之衡，東之」岱，皆其所數遊也。迄今才子二人，皆咄咄吐奇，行將爲門户光，而公已不禄矣。嗚呼！天道其不可知耶，天道其尤有可」知耶。萍試剥刈，驥走羊腸，棲風翮以棘木，涸雲鱗于渠塘。故才高倚焉，技擅屠龍，而終身鬱鬱困于蓬窗者，此天道之」不可知者也。波溯清泉，陰繁深蒂，清白兆乎授環，侯封卜於奕世。故德重鄉評，仁施衆庶。而公子振振綿於麟趾者，此」天道之尤有可知者也。然士之宏抱于身，而終老岩穴者，不可勝數。或才具揮霍，而識□高於通方；德存忠質，而器有」虧於大受。以才以識，以德以器，如公者而不偶若是，儻所謂天道非耶。天道每示人以不可知，而與人以無不報。史氏」言：天道無親，常與善人。而尤然抱恨於商周也。世不知忠臣義士之名，垂日月不朽，則所謂天道之微者耶。知天道，則」知公之得全于天者，固自有在也。語云：得全全昌，道固不爽，奚必目前哉。公生於嘉靖丙午七月十八日，以去年二月」十五日卒，得壽六十有二。配李氏，隱士欽女。側室史氏、賀氏。子二：長之顯，娶永州府二守許公宗曾女，史出。次之昌，聘」獲鹿訓崔公尚志女，賀出。女三：長適府庠生張公理子于庭，次適余仲子舉人之瑋，俱李出。三適余猶子之玿，亦史出。」外孫俱幼，法不備書云。銘曰：」

行山之陽，沁水之旁。有隱君子，斯其徜徉。學求儒宗，行敦太古。圭組幣帛，皆其土苴。」所遺惟安，所誨非諂。惠此嗣人，福祉永延。

三六　明故姪舉人（馮）文耀墓誌

【蓋文】

大明舉」人馮公」斗瞻墓

【誌文】

明故姪舉人文耀墓誌」

從叔舉人祺譔」

予以乙酉叨薦鄉書，越二紀，姪復以一經奏捷，説者謂聯璧雙珠，」爲吾宗生色。不意造物忌才，姪溘從朝露，蘭摧蕙焚，孰不憐之。况」予同宗同業，又相與游最久。嗣宗之惜小阮，昌黎之誄十二郎，良」有以也。則吾姪窀穸之事，非予其孰任之，乃爲誌焉。姪名文耀，字」奎光，斗瞻其號也。幼而聰敏，弱不好弄，长孝。詩書不督而進，且其」爲人深沉閑雅，終身不道一非禮之詞，不作一非禮之事。其應務」不見有喜愠之容，其接物不見有凌厲之色，即幽居獨處亦自檢」押，曾無媟褻之態。於燕樂之會，衆方洶洶拳拳，亦必莊整自持，不」爲誼擾，不爲酒困，其天性過人有如此者。其事吾兄嫂，孝敬純篤，」一舉念不忘，不獨修定省之儀，飾奉養之文而已。其處族中尊卑」大小，以禮遇之，靡有閒言。其事吾宗兄，乃其伯父也，恭謹殊至，不」啻毛裏，即吾宗兄亦不以姪視，而以子畜之。頃者，屬纊之辰，兄推」槻，以槻推衣，以衣蹣跚，哀慟迥出常情。雖兄之慈愛天成，亦姪素」日有以感孚之耳。嗟嗟姪也，皓首在堂，青顏在室，黄口在携，何以」死哉。然所幸者，親老而健，子幼而聰。有伯之好行其德，則後日俯」仰之藉，婚配之資，可以無慮。雖未竟厥志而鹿鳴一歌，亦既成名」矣，夜臺泉下似可無深憾也。予媿不文，特以兄命謹揮涕撮其大」概，俾後之人知兄之義與姪之賢，相爲不朽云。按我馮氏之源出」自鉅野，緣始祖琺以武功授儀衛正爵，遂家于懷。琺生勝，勝生宣，」宣生忠，忠生繼祖，繼祖生汝遷，汝遷生世昌，即吾堂伯也。生子四，」宗兄祚居其二，稔兄庠生居其末，即文耀之所自生焉。母韓氏。有」姊一人。妻賈氏，有子一人，名國瑞，聘指揮下學禮女。有女二，一聘」于官舍蕭友橋子，一聘于廩生鄒士孚子。例應並書。據生之日，迺」萬曆庚辰正月初七。卒之日，迺萬曆壬子二月二十六日。葬之日，」迺壬子四月初九日也。享年三十有四焉。因併記云。

三七　明待封對菴馮公（世隆）暨配李孺人陶孺人合葬墓誌銘

【蓋文】

明待封對菴」馮公暨配李」孺人陶孺人」合葬墓誌銘

【誌文】

明待封對菴馮公暨配李孺人陶孺人合葬墓誌銘」

辛亥，余赴閩任時，公健食無恙也。踰年，以入計過里，始聞公訃，其嗣君吉甫欒欒哀絰，相對欷歔，且曰：「孤」不肖，速戾先人，以詒臯魚之慼。所藉光窀穸而垂來兹，惟吾子，子其圖之。」余念與吉甫莫逆之好垂三十」年，而公又月旦推長者，以分以德，吾所父事師事之。則知公莫若余，迺據吉甫所爲狀誌焉。公諱世隆，字」若堯，對菴其别號云。先籍山東之鉅野。始祖琺以武功官」鄭藩儀衛，遂家懷郡。琺生勝，勝生宣，宣生忠，忠生繼祖，居官有聲。繼祖生汝通，汝通有子二，公其仲也。生而」端凝沉恬，絶不逐儕伍嬉戲。及長，嗜學不倦，冀光大其閥。值母氏即世，家政爲累，不及卒業矣。公即蕭然」布衣乎。然性與道合，勿論孝友大節，及取予之鉅，無復遺憾。微而一嚬一笑，動中法程，覿公容者，靡不爽」然自失也。産故不逾中人，析爨時，念其侄它無所牟利，割腴田十五畝贍之，俾無俯仰累。里有搆大訟而」質成它邑者，舁千金付公曰：「不腆之橐，累数十年以贏此，奈母老子幼，度它無可託者，願以相浼，即妻子」不及知也。」及其人物故，公還之，封識宛然。人稱爲江夏馮公，以姓相若，且事相若也。公聞而笑之曰：「彼豈」以不攘爲賢耶，吾性不苟取，即千金錙銖等耳。吾向延賓，一妓搔首而稱遺簪，月餘，獲于鼠壤，旋付其家。」妄意謂古一介不取，非異事也。」又性不嗜飲，自壯至老，未嘗見讙呶側弁之失。偶赴鄉戚燕，丙夜匿歌姬」静室，迫之入。公正色曰：「吾生平無外遇，匪但今日。」竟寢他所。性温而履恭，與物無競，人亦愛而敬之。即武」断自豪敢于加貴介，望公斂容。族有搆凶訟者，敵人遍詣其宗詈辱之，過公門有惡聲焉。僕輩忿弗忍，同」井亦忿弗忍。公怡然謝之去，戒弗令吉甫知也。曰：「勿寧使兒輩攘臂鬮稱不共乎。」公既以篤行孚里閈矣，」直指按部廉最善者旌異，父老詣公門請曰：「遍索吾郡，無如公者。」行且以狀聞。公嘿而弗應，揖而弗荼也。」郤者再，寢其事者亦再。或謂吉甫：「曷賂之以成親名？」公曰：「賂何爲善，且此善庸詎荣乎？」其不汲汲近名多」類此。公之生也，無論遠近親疏，接公者無不愛之敬之。有言及公者，無不頌之服之。及其没也，知者盡吊，」吊者盡哀。有啣公恩德者，自白其事於官，士争爲之附，以不得與爲恨事。行数日，尚不令吉甫知也。縣扁」之曰：「中州德望」。府庠曰：「還金高義」。縣庠曰：「義高今古」。凡此，非公生而要譽於鄉黨朋友也，又非吉甫急於」成親之名有所干謁而然也，其所謂桃李不言下自成蹊者耶，此愈可知公之爲人矣。公生于嘉靖之癸」卯，卒于萬曆之壬子，享年七十。吉甫将以今甲寅季冬二十四日，啓李、陶二孺人窆，與公合葬于祖塋之」西偏。李孺人即生吉甫者，孝敬有女德，先公四十五年卒。繼爲陶孺人，先公二十年卒。再繼爲今李孺人。」子一，即吉甫，名祺，吾郡稱十八而舉於鄉者，前此未之有也。娶百户張永寧女。女四：長適李崇通，次適生」員呼廷璞，次適馬一騰，俱陶出。又次適陳来貢，今李孺人出。王生曰：「余跡公之素，抑何懿行醇備，解脱世」所易汩之緣也。麯蘖弗耽，或性有之。至遠色忍辱，柔腸勁氣，豈易抑哉？非其素必不能受千金托，非其素」必不能令封識宛然，而付所不及知之妻子。死者可生，生不媿死，其荣者生，其哀者死。嗚呼，難言之矣。」盖」余從吉甫遊，雅悉公冲然毅然，支言佻動，不以出口，設身也。其生而近道者耶。吉甫總角薦賢書，公視之」漠然，而吉甫亦退然，有以自下得于庭訓者深矣。萬石君家聲祗一醇謹，史氏列之齊魯文学問，良以所」重若彼。以公觀之，雖曰未學，謂之學矣。是宜銘：」

貌即之而玉瑩，守試之而金貞。可以五月被裘，而竟夕户扃。寵辱不驚，爲善不近名。其庚桑之畏壘，而太」立之標型耶。爰啓人龍，以亢厥宗。牛眠之新隴，佳氣所鍾礲石以俟。

皇封贄贄繩繩華問靡窮其以徵吾銘」

賜進士第奉直大夫山西澤州知州眷晚生王所用撰文

三八　明故待贈宜人史（應選）母李氏墓誌

【蓋文】

明故待贈」宜人史母」李氏墓誌」

【誌文】

明故待贈宜人史母李氏墓誌」

余母李氏，家世爲河内人，生而純懿，寡言笑。少適余父，恭順端嚴於婦道，無」毫髪憾。爾時家食貧，先大母耄矣，日饔飧是給。余父離城市視蕪饔，自春俎」秋歲相尋也。母承顔順志，一無忤焉。出紡紝所易，備極甘旨，諸内外親族無」不嘖嘖稱賢者。雖其蕭然中饋乎，然聞有不能存活者，輒輟己施焉。至再弗厭。或有凴陵至者，委曲辟解，勸余父勿與較，仁慈而善惠，蓋天性然也。余甫」垂髫，偕弟就外塾，母即嚴督之。暨稍長，督益力，午夜燈火，母俱焉。紡紝聲與」咿唔相雜也。每諭余兄弟曰：「吾竭辛勤以供若輩，若輩寧可自堕棄，以遺吾」與爾父羞。」又每捐簪珥之屬，以佐束脩之不逮。曰：「吾無所用是，爲冀爾兄弟」稍有豎，吾榮施多矣。」暨余與仲弟聯舉於鄉，母稍意愜，而儉朴之性終不渝。」間以華服進，輒却之曰：「吾不忍易吾素也。」歲丙辰，余偕仲弟上公車。試畢日，」即南馳歸，歸而侍左右猶兩日也。俄聞捷，復馳而北，母戒之誨諭諄諄言猶」在耳矣。余既成進士，授蒲州守。旋里未中途，忽報母疾狀。遂兩日夜馳千里，」至則母已辭世八日矣。哀哉！母未没前數日，泣語諸弟曰：「自吾爲子家婦，食」粗甘糲凡三十餘年，幸爾兄弟各自豎，吾復何恨？惟今日不見爾兄，用是獨」介介耳。」嗟乎！母以一世之艱辛不能享旦夕之榮華，余以半生之勤苦不能」展一日之孝思，而且湯粥不能親，含殮不能視，終天之恨，尚忍言哉！尚忍言」哉！母生於嘉靖四十三年五月二十七日午時，終於萬曆四十四年八月初」八日卯时，享年五十有三。生子六：長即應選，丙辰進士，娶原公以均女。次應」聘，乙卯舉人，娶梁公林女。次應試，娶武公庫女。次應第，娶雷公鳴吉女。次應」薦，聘张公從順女。次應瑞，聘王公暉女。女二：一適吴公光先男景雲，一許聘」梁公國輔男加祥。孫男三：一亮，聘庠生楊之瑫女。一凱，聘增生蔡毓真女。俱」應選出。一采，未聘，應第出。孫女四：一許舉人張德化男吾權，應選出。一許廪」生高世德男基，一許廪生楊之珮男京元，一幼，俱應聘出。母卜以萬曆四十」五年九月十一日辰時葬於郡之東新阡焉。」

不孝男應選等泣血謹誌

三九　明典儀升軒楊公（生東）暨孺人劉氏張氏宗氏合葬墓誌

【誌文】

明典儀升軒楊公暨孺人劉氏張氏宗氏合葬墓誌　」

余仲父諱生東，字元仲，升軒其號也。生於嘉靖己酉」年八月十九日子時，於萬曆四十年四月初四日寅」時以疾終，享年六十有四。爲人慷慨，多氣義，資累千」金，致而能散，有鴟夷子風。視余猶子七人如己出，恩」義無盡，咸能成立。迄今飲泉飯黍，寧忘所自耶。有子」之琇，先仲父卒，張氏出。伯道無兒，人多惜之。然誦義」無窮，仲父雖死猶生耳。何恨？劉氏，元配也。張氏、宗氏，」其繼之者。女一，適生員何焕若，宗氏出。孫女一，適韓」文耀。　」

泰昌元年十一月二十四日　」

侄庚戌進士户部陝西清吏司主事之璋、」庚子舉人之瑋、」府縣生員之珮、」之璠、」之璵、」之玠、」之瑫謹誌

四〇　明鄭王妃劉氏壙誌

【額文】

御賜

【誌文】

大明鄭王妃劉氏壙誌　」

妃劉氏，南城兵馬指揮劉應禎之女。母苗氏。以隆慶」四年六月二十五日生，行二。于萬曆三十四年六」月二十日　」册封爲鄭王妃。天啓三年十月十三日薨逝，年五十四」歲。子一人。訃聞，　」上遣官賜祭，命有司營葬如制。　」中宮皆遣祭焉。以天啓五年四月初八日葬于紅嶺山」之原。嗚呼！妃以淑德克配親王，今兹令終，夫復何」憾。爰述其概，納之幽壙，用垂不朽云。

四一　明恩詔壽官鄒公（齊魯）墓誌銘

【誌文】

大明恩詔壽官鄒公墓誌銘　」

余之先世，直隸金陵人也，居於安慶之桐城。永樂年間，始祖榮因從征移金臺。迨宣德時入　」鄭府群牧所籍，遂家覃懷焉。榮生高祖清。清生曾祖寬。寬生祖騰鰲。騰鰲生余父，諱齊魯，別號西」樓。三歲失怙，襁褓零丁，見者咸爲酸鼻。甫及舞象，輒奮然曰：「大丈夫當自立，豈可因人以成事」乎？」即鋭意服賈，以逐十一之利，無怠朝亦無怠夕，不知費幾許焦勞而致有貲産，以爲後人憑」藉也。雖權子母，實重禮義，每見字紙，殊爲愛惜。子若孫不復廸，以己之所業一一督就外傳，使」習詩書。即側足芹宮，亦必令之投師結社，肆力圖南，而午夜呼燈不憚煩矣。且也情藹同宗，待」堂兄弟如親手足，解衣推食，不使有祁寒暑雨之嗟。他若葭莩之戚、閭里之朋，有貧乏不能自」贍者，而吹嘘周濟甚肫懇也。諸如此類難以枚舉。恭遇　」顯皇帝下詔覃恩耆老，余父亦獲沾寵渥，烏紗錦紱，殆非濫竽云。余父從来敬奉神明，修齋誦經，時」時不乏。迨至晚年，益篤虔恪。赴天壇進香，見廟宇頹壞，即捐金錢修葺之，炎月庀材鳩工，不勝」苦楚，遂感暑症。既至彌留，仍自嘆曰：「正殿雖完，兩廊未竟，是吾一念不了之事。」言畢，已捐館矣。　」嗟嗟！真所謂以善始而以善終者哉。余父生於嘉靖癸丑十月二十日亥時，卒于天啓丁卯九」月十五日巳時，享年七十有五。配余母趙氏。子五：長可傚，庠生，娶盧思智女，繼娶貢生王来潤」女，又繼兵馬高尚古女。次可化，庠生，娶朱守德女。次可俊，娶沈浩女，繼娶王之翰女。次可伸，庠」生，娶庠生李友女。次可儼，娶劉修可女，繼娶蕭進孝女，又繼王三樂女。女二：長適劉齊可子澄」清。次適知縣梁攀龍子梁大震。孫十四：世德，庠生，娶司橡范時譽女。世勛，庠生，娶庠生張標女。」世胤，娶李一曾女，繼聘韓洪女。俱可傚出。世臣，娶朱希舜女。世熙，聘陳登仕女。世英，聘沈嘉賓」女。世奇，未聘。俱可化出。世芳，庠生，娶冷天秩女。世苾，庠生，娶庠生王士偉女。俱可俊出。世藩，聘」□□廷俊女。世垣，聘庠生賈席珍女。世屏，聘毛文豹女。世翰、世寧，未聘。俱可伸出。孫女四：一」▨適張光裕子庠生元禎。可化出。一適何焕若子寵卿。一未」▨臣出。瑋、瑨，世芳出。瓊，世胤出。曾孫女二：一世」德出，一世▨子孫而又孫，所生之繁有三十餘人焉。或者余父之」▨之經營在也。聽讀書之聲，余父之教思在也。仰天壇」▨余父之懿美也哉。茲者崇禎元年十二月初四」▨ 」

▨訓：家有儒風，創垂可繼。耆壽沾榮，珠沉璧墜。」▨支百世，賴以攸寧。 」

不孝男可傚等泣血謹誌銘

四二　明孺人劉母李氏合葬墓誌銘

【誌文】

明孺人劉母李氏合葬墓誌銘 」

賜進士出身承德郎户部陝西清吏司主事眷晚生楊之璋頓首拜譔 」

賜進士出身中憲大夫直隸蘇州府知府眷晚生史應選頓首拜書 」

賜進士出身文林郎兵科給事中眷晚生史應聘頓首拜篆 」

余不文，欲焚君苗研用章。劉君列所爲太夫人狀徵銘於余。曰：「孤不天，以舞象而失怙。唯母氏顧復」而迪誨之。今已矣，痛切杯圈，如終天之恨。何敢謀不朽於下執事。」余拜命之辱，淚潸潸下。見氏種種」懿範，播之葉語，自足千秋，何必托不朽於余言。然世聯姻好，又無容以不文辭也。按狀：太夫人姓李」氏，故庠生胤吾公之元配也。父欽，母劉氏。世爲懷之望族。氏生而端凝婉娩，不苟言笑。甫笄總歸胤」吾公。時舅與姑擅辛文子策，家故饒。內外紀綱輩，靡不悉所事，一子一婦憐牟若掌珠，庸復煩以婦」職也者。迺氏不以憐牟之故生偃蹇，且生厭怠也。其事舅若姑倍稟浚。每雞鳴，左右佩燠寒免薨，問」所欲而敬進之，無不得二人歡。及姑氏老且病，氏朝夕侍湯藥，寢食幾欲廢。姑臨終曰：「吾兒孤，有婦」賢，吾死瞑目矣。」不踰年，舅氏亦病，輾轉床褥間，隑企不能行。胤吾公隻身扶掖，不敢去左右。其所以」頤養調攝之者，唯氏力。終歲憂瘁，色容不盛也。胤吾公故諸生，治博士家言，未遑爲生計。氏慨然曰：」「幸席舅姑之成業，當吾世而失隊，何以見二人於地下乎？」於是椎布操作，以身先之。臧獲、儓罷亦凛」凛，奉主母令惟謹，家用愈益饒，居然享素封矣。先是胤吾公艱於嗣。氏爲迎二副，以時貫魚進，或少」有詿誤，亦必多方譬解，未嘗一語噂沓相傾也。既□誕二子，愛護不啻若己出。甫成童，胤吾公遘疾」竟不起。氏咲哏絶於地。已而甦曰：「嗟乎！吾無子而有子，日夜望其成也。幸與吾夫樂餘年。迺先舍我」去。以是貌諸孤，責在未亡人矣。曷爲二子忍須臾，□督之成，以慰幽魂於萬一乎。」於是敕二子就外」傅。歸則省其業，焚膏繼晷，每至夜分。不令寢，不敢寢也。居恒無長語，唯道先世勤苦事，使知創業之」艱。且慮童心未忘，歷數里中嬰床遊冶子以爲戒。愛護之中終不假易又如此。既晚年，子若孫勤於」將奉。或以紈綺珍異進，竟斥之而不御。曰：「昔人留有餘不盡，以爲惜福計。吾亦欲作法於涼，使後世」無以加也。」且性儉，素好施予。自奉雖菲薄，然賙人之急不計其私。卒未嘗凱畜以自封。姻黨内外，誦」義蓋無窮已。己巳夏，氏寢疾。子若孫數延醫，且□群望而禱之。氏亟止曰：「吾踰八袠，行且乾都以待」盡，何疾乎？幸汝輩嗣書香，以報汝先人於九京。吾志畢矣。汝輩第勉旃，以無負二十三年未亡人。」從」此方偃然寢於巨室，復何恨焉。嗚呼！余嘗誦斯干之什，以爲無非無儀，唯酒食是議，婦職止是矣。迺」家人風自火出，易何以稱焉。及流覽往牒，如學勵于斷機，名彰於隱豹，和熊不厭其苦，概米適成其」廉者，夫與子實嘉賴之，婦德所係亦纂重哉。今劉母兼而有之，既古先淑媛曷少讓焉。距其生於嘉」靖乙巳四月二十二日戌時，享壽八十有五。卒於崇禎己巳六月初八日午時。卜以明年庚午十二」月二十八日啓胤吾公之窆而合葬焉。男二人：長之顯，府庠廩生，娶湖廣永州府同知許公宗曾女。」次子昌，邑庠生，娶南和教諭崔公尚志女，繼娶張公詩女。女三人：長適府庠增廣生張公理男于庭，」次適余胞弟庚子舉人之瑋，三適余堂弟邑庠生之玿。孫男二人：長壎，聘邑庠生蕭公永圖女，殤。次」超，聘府庠生許公忠君女。之顯出。孫女五人：一字余胞弟邑廩生之玠男隨元。一幼，未字。之顯出。一」字邑庠生宋公承光男文炳。一字府廩生張公爾見男鎔。一幼，未字。之昌出。 銘曰：」

栽者必培，仁者必壽。況茲女德，無出其右乎。貞静婉嫕，既永其年，復昌其後。因是知造物之不爽，亦」以見余言之匪謬。

四三 明元配何氏墓誌

【誌文】

明元配何氏墓誌 」

不幸夫河内縣儒學廩生楊之玠抆淚撰 」

嗚呼！此余妻何氏之墓也。氏始祖獲丘人，從 鄭藩家河内。至曾祖 」誥封通政公，乃大其族焉。氏則貢士升宇公長女也。生而閑静端直，口無過言，岳父」愛之，訓以女規。及笄歸余，執婦道兢兢，且勤且儉，食必粗糲，衣必寬布，不求甘」美。持家嚴而和，門以內蓋肅如也，藹如也。又孝成於性，無所勉强。 」先大人大參公丁未以部郎轉餉歸，即抵余舍凡八年，飲食浣濯，皆親爲之，未嘗假手於家兒婦女。 」先大人每謂余曰：「不意汝妻乃能至是，庶幾孝婦乎？ 」先母宋淑人自七旬以後，恒苦疾病，每病或月餘，或旬日，氏即設榻於寢側，躬嘗」湯藥，雖盛暑沍寒，未一解衣十六年如一日也。余 母執其手泣曰：「吾老將舍」汝，汝不生育，事我心勤，我能於汝何也？」 母終之後，日夜號哭，幾於滅性。且」曰：「天何奪姑之速也，安得復起而事之哉。」此即諸姊姒娌終無間於公姑之言。」至於兩親既没，殯葬喪祭，與諸嫂克襄厥事，使合於禮。百凡勞瘁，弗敢辭也。余」方期以遐年，胡乃一疾不起，遽溘焉而長逝哉。然量稍隘，故與余置妾而不能」共爨也。易簀之日囑余曰：「我生平無大過失，獨張氏一，即悔無及矣。願勿以爲」念，我知於君大事無誤也。」嗚呼！由前之説，即古孝婦何以加焉。由後之説，則長」中之短耳。而知而不言，所謂委曲自全，終以全余之後事也。夫躬摻井臼三十」餘年，不介於色，同守親喪幾於六載，未嘗見齒久矣。余 父母姊妹之所云也，」余安得忘其所長哉？氏生於萬曆乙酉八月二十一日未時，卒於崇禎七年四」月二十日亥時，享年五十。子鍾元，奉祀生員，娶散官張公于陛女。次隨元，娶廩」生劉公之顯女。次鼎元，聘生員陸公一龍女，爲三兄州同公嗣。次四兒，幼未聘，」爲長兄儀部公嗣。女，許聘尚書范公濟世子素愚。卜吉於卒之次年十一月十」四日，寄葬於祖塋之右。嗚呼！求文於名公，率多溢美。借手自譽，吾未能也。謹□其實事云。」

不孝男鍾元等泣血讋□

四四　明故祖考增廣生員馮公（袗）合葬墓誌

【誌文】

大明故祖考增廣生員馮公合葬墓誌 」

孝承重孫郡庠生員國瑞撰 」

嗚呼！此予祖生員、祖母韓氏藏衣佩所也。當祖辭世日，其二三把臂友俱歸松門。而」耳順年始生予，以故生前德業不能悉爲詮記，謹述其行世大略以垂不朽。馮氏先」世山以東人也，永樂時始祖珤以軍功授豹韜衛正千户。及 」鄭靖庙監國後封於懷，特授祖勝世襲掌印儀正，藩衛王國，任至重也。勝生宣，宣生忠，」忠生繼祖，繼祖生汝遷，汝遷生世昌，即進階武節將軍。公乃予祖所自出也。祖行四，」諱袗，字慶甫，鶴洲其别號也。賦質奇嶷，弱不好弄，長而能賢，孝友純篤，宗族鄉黨靡」有間言。故親兄有落魄者，即讓地址毫無悋情，此其彰明較著者也。且生自簪纓世」胄，獨嗜儒業，偕二三同調，朝吟暮誦，晦明風雨不輟，有寒素所不及者。俊民楊公督」學河北，遂補郡庠弟子員，再試輒補增，准應試。當將試日，曾祖母宜人以天年終，予」祖悲哀之極，絶而復蘇者數次，慟而言曰：「夫士業屈首受書而不能以取尊榮，追親」歸泉下，雖貴亦奚以爲？」遂棄舉子業，踵鹿門雅步，偕祖母避迹城西别墅，植花教子，」即四壁瀟然澹如也。及予父獲薦己酉鄉書，説者謂祖冲霄之志借子少伸。不意造」物忌才，甫二歲竟歸蒿里，何耶？或曰：「天道無親，常與善人。」以祖德如彼遇如此，天之」報施善人，竟何如哉？予甚惑焉。倘所謂天道者，是耶非耶。然予父即未竟厥志而鹿」鳴一宴，亦既成名，故咏詩禮之傳者，不忘趋庭之訓云。當予父亡日，予方齠齔，既無」伯叔，終鮮兄弟，而祖與予同寢同食，無頃刻離。甫八歲就外傅，而祖與祖母之心愈」有不安者。方憂暴棄，旋憂夭折；方恐怠惰，又恐勞苦。必待婚禮既成，寢始異席。當年」鞠育至情，即綠蕚九我，猶属未盡。予既長成矣，祖見予性頗不濁，功亦惟敏，嘗訓之」曰：「子能宏祖父志，我死瞑目矣。」及今，予年已幾壯，大志未酬，此亡者所以飲恨於九」泉，誌者所以痛心於筆下也。猶記祖存日，嗜歌嗜酒嗜妓，不喜理財，不喜忿世，更不」喜作中庸態，爲媚世取容地也。所遺詞稿有《閒中一笑》傳於世，雖未能與古樂府相」頡頏，其一種笑傲乾坤之氣質，之近日碧山烏臺等書，頗謂過之，非虛譽也。其亦竹」林七賢之儔匹，飲中八仙之流亞與。子一人，諱文耀，中己酉鄉魁，娶賈氏，即予父母」也。女一，適李公鶴齡。孫一人，名國瑞，郡庠生員，初娶卞氏，繼娶魏氏。孫女一，適余公」鯤。重孫二：一元縉，聘鄒氏。一元標，幼未聘。重孫女一，幼，未聘於人。例應並書。祖生於」嘉靖丙午二月二十四日，卒於天啓乙丑十一月初一日，享年八十。祖母生於嘉靖」丙午八月初七日，卒於崇禎乙亥五月十二日，享年九十。嗚呼！匪誌曷彰，匪銘曷藏。」誌防虞銘永處，但予短於才，疏於學，不能闡揚盛德，兼以至慟無文，故不銘云。」

孫婿郡庠增廣生員應襲百户余鯤書」

崇禎乙亥十一月二十六日刻石

四五　明邑庠生荆石楊公（之璠）墓誌銘

【蓋文】

明庠生」荆石楊」公墓志

【誌文】

明邑庠生荆石楊公墓誌銘」

嗟乎！生死之際亦大矣，而顧有與化俱徂漠然而無所動于中者，非古今曠達」之士未易易也，惟吾兄其庶幾之。兄諱之璠，字輝之，荆石其號也，生於萬曆庚」辰十一月初七日，至崇禎乙亥五月初七日而逝，享年不及花甲者四，良足悲」矣。但吾兄生平襟懷，未嘗以此介介者。吾兄甫齠年便樂志玉友，即聲瘖数載」弗措也。及長，更以高陽自待，不屑屑家人事。雖身列子衿，而交無論文之友。案」解制科之牘，即時有涉獵，亦藉以下酒。及應試督學，輒信筆揮灑，已成佳製。嗟」嗟有如此才，豈不能奮志力學，健翮脱穎。而乃爾爾者，毋亦希心放達，欲與伯」倫中散輩訂千古盟。抑亦胸多塊磊，故須以酒澆之耶。猶憶沉面頹顔，時家人」以戒酒相勸，忽朗誦不爲醒者傳醉中趣，又靖節先生之流亞也。則吾兄寧獨」嗜酒，亦可知醉翁之意矣。唯神游曠古不可一世，所以日設三經二雅，與青州」從事作莫逆也。雖然吾兄幼而還金，中年焚券施藥、施粟，濟病濟貧，可謂仁心」惠質矣。至横逆之來犯而不較，間黨又以長者目之。種種懿美，吾不盡録，而獨」于樂聖一事誌之若詳，儻亦吾兄之精神命脈在壺觴盃酌間，千載不朽也。配」陳氏，生二子，既乏諭教之方，終鮮師友之益，故衣冠之繼姑俟之云。長肇元，娶」處士張公于庭女。次啓元，娶貢士劉公焜女。女三：一適庠生徐公可緝子必華，」一適庠生何公圻子薰，一適獄宰甄公士奇子府庠生鴻儒。孫男二：一運通，聘」庠生蔣公夷高女。一運亨，聘處士徐公扶楠女。孫女一，幼未字。俱啓元出。玆以」崇禎玖年拾月拾貳日，卜葬于城東興隆崗子陵嚴先生臺之右，是爲新阡焉。」兩侄强余爲誌，余秉筆涕泗，不知所云，謹誌其大概如此。銘曰：

行山矗矗，沁水」湯湯。哲人寓此，終日徜徉。神遊釣磯，志在桐江。生奉爲楷，没依以藏。千古清風，」與高與長。」

弟之璵拉淚謹誌

四六　明孺人劉（之顯）母史氏合葬墓誌

【誌文】

明孺人劉母史氏合葬墓誌」

余母史氏，處士史公詔女。史爲覃懷望族，代有文人。進士應選、應聘兩公，其侄」也。母生於嘉靖辛酉九月十九日酉時，卒於崇禎乙亥八月二十七日午時，後」余父胤吾公亡者二十有九年，享壽七十有五。卜以崇禎丙子十一月二十六」□啓先君之窆而合葬焉。嗚呼！夜臺寂寂，一掩千穐，能不痛哉！能不痛哉！獨計」□母生平懿行，何忍泯没。但婦行不踰閨閫，又安敢邀惠名筆。惟取不肖所聞」□□者，謹勒諸石焉。母生而端方貞介，居嘗不苟言笑。大父母知其賢，托媒妁」□□笄而歸余父。時余父方攻帖括家言，大父母衰且老，母先意承旨，朝夕事」□□謹，不使余父有内顧憂，以分厥猷念。亡何，大母病輾轉，飯食惟人力是貸。」□□孱弱之質，扶掖調攝，寢食幾廢，二年若一日，未嘗片刻於諸婢委也。稱孝」□□□無間言，故大父素重之。迨易簣時，謂余父曰：「兒誠孤，婦賢若此，爲吾家」□□□者必氏也。」既而育不肖，甫舞象，余父感痰症。母焚香籲天，乞以身代。當」□□□冽圍爐衣絮者，猶苦難堪。母獨以單衣敵之，幾倖一斃，以贖余父。而余」□□□□哀毁幾絶。已而念不肖尚幼，復忍須臾死，冀觀厥成，以慰幽魂於泉」□□□□不肖以學，家政悉身任之。嚴門户，課紡績，且舉東作西，成南畝中事。」□□□□咸宜。臧獲輩皆凛凛□主母命。未有幾□業□不肖也。不肖如母弟」□□□□多疾母□襁褓以□成立，所以□□□□□者，與不肖無異。旁觀者」□□□□□出然陽公□□私之人□□□不□□□□介繇性成，視暖昧」□□□□□□安忍□□公肖也□□不肖□□□□時有唧不肖者從中萋」□□□□□□□而公□□出三□以□□□之□墻不作而共食安静之福」□□□□□□□□内外□養□□□□□舉母□年逾七旬子食不祝哽」□□□□□□□□□狀時不肖方□百年可期，不意乙亥仲穐，一疾不起。」□□□□□□□□□□□□□□好與尤使君孫勤誦讀無廢世業言」□□□□□□□□□□□□□而不□且潔以持己，公以消瞏，視古」□□□□□□□□□□□無倫次□達其□□此。男一，即不肖之顯，府」□□□□□□□□□許公□□女。女一，適教官楊公自東男邑庠生之」□□□□□□□□□□□公惠□女。孫女二：長適訓導楊公之玠男儒士」□□□□□□□□□□□□□□□濟清例不□書云。」

不肖男之顯泣血謹誌

四七　明河南懷慶府河内縣崇下鄉二圖十甲民籍張母朱氏墓誌

【誌文】

大明國河南懷慶府河内縣崇下鄉二圖十甲民籍張母朱氏墓誌 」

嘗思人子，于父母俱終棺槨合同一券，始爲得制。無奈塋室土淺，必藏之略」深，子心稍安。不能不畫爲兩券者，其勢也。雖曰兩券，其内亦開置門户，令吾」親得以魂魄往來，話語悉通。雖分爲兩券，如一券也。按我母朱氏，生于萬曆」甲戌年三月十九日戌時，配我父諱守己，號修吾，係河内儒學生員。生子三」人：長騰霄，係府吏，配李氏。次光斗，係生員，配趙氏。次曜斗，係儒童，配伍氏。生」女三人：長大姐適儒童蚤故陳來貢，次二姐適儒童徐弘猷，次三姐適儒童」楊之鯨。孫男二：光斗子諱一鼎，聘朱氏。曜斗子名會僧，甫四月。孫女四：騰霄」女一，適儒童職經國。光斗女二，長大姐許閆氏，二姐幼未聘。曜斗女一，幼未」聘。昔我父終于崇禎壬申年，享壽伍十八歲，葬于感化鎮北四里。不幸我母」後五載于崇禎丁丑年八月初二日以疾終于内寢，享壽六十四歲。卜吉本年」十一月二十日亦合同葬于此墓。請于我母終身事泣血而詳述之。聞我母」自外家至也，家業寥微，勤儉克敦，其賢一也；聞事我祖母也，晨昏定省，孝養」有聞，其賢二也；聞相我父也，朝夕勤勉，得入黌宫，其賢三也；我父性剛，居嘗」繼之以怒，我母温柔自若，其賢四也；子不率教似難，撫之以恩，我母慈愛自若，」其賢五也；女慕貞潔，自當教之以敬，我母勉事姑舅，其賢六也；且于長子騰」霄，父嘗過爲責成，母也多方庇護，未嘗嗟及受累，其賢七也；又于次子光斗、」曜斗，父則教以誦讀，母也倍加珍惜，終常勸以策勵，其賢八也；又于媳行，雖」多孝養無人，母也終日安命，未嘗臨以惡聲，其賢九也；又于父收通房，性急」難容，母也更加撫恤，終常□以恩愛，其賢十也。有此賢行，正宜遐齡，不料天」殲我母，肝腸幾斷，涕淚如泉。猶計我母魂出，蓮花顯應，母之德也。父母俱終，」孝養無聞，子之缺也。子當事母無門，尚于誌，何敢諉之他人，以滋其虔誕也」歟。雖詞則不工，言弗合韻，庶于泣血時著實述母，盡子道于萬一云。亦同我」父墓銘，乞之神曰：

於維此土，山水悠悠。神人協吉，天降其休。死」者安土，生者無憂。後嗣昌隆，福禄來求。 」

不孝男騰霄等勒石 」

光斗謹撰 」

曜斗謹書

四八　明故孝廉斗瞻馮公（文耀）暨配賈孺人合葬墓誌銘

【蓋文】

明故孝」廉斗瞻」馮公暨」配賈孺」人合葬」墓誌銘

【誌文】

明故孝廉斗瞻馮公暨配賈孺人合葬墓誌銘　」

賜進士出身奉直大夫蘇州府知府眷弟史應選頓首拜撰　」

余友孝廉馮公，諱文耀，字奎光，别號斗瞻。其先山東鉅野人，始祖琺以功授正千户。及」鄭靖藩封於懷，改授祖勝世襲掌印儀正。勝生宣，」宣生忠，忠生繼祖，繼祖生汝遷，汝遷生世」昌，進階武節將軍。世昌生子四：長胤、三祉蚤逝。」次祚承襲。四裣，號鶴洲，治舉子業，列名膠」庠，是爲斗瞻父。余與斗瞻知交日久，愛同骨肉，尊禮鶴洲公，自比於猶子。鶴洲公每見余」必扯與飲，飲必至醉，且引爲小友，其冲懷曠度至今思之，尚消人鄙悋，真有道君子哉。斗」瞻方齠年，知嗜學，然善病，曾師事堂兄震陽先生。鶴洲公撫愛過甚，遽令辭歸，蓋虞其勞」也。越數載，余始從震陽兄遊，時方舞象，孜孜攻苦，夜以繼日。先大人以爲過勞，每呵止之，」如鶴洲公之愛斗瞻矣。鶴洲公因余攻苦，遂諭斗瞻再遊震陽兄門下，蓋擇師且擇友也。」時斗瞻已弱冠，神采秀發，岸宇傑然，不妄語，不苟笑，周中規折，中矩居常，以聖賢自期待。」余亦雅相愛慕，事之如兄，此余兩人訂交之繇也。又三載壬寅，督学使者吴公檄覃懷試」儒士，斗瞻奮袂言曰：「讀書不成名，甘與草木同腐，上天豈虚生我哉？此番考試須出人頭」地。」因與余聯榻宿書斎，焚膏繼晷，除震陽兄指授外，自限書程，有疑義互相辨析，凡七閲月。」縣試，斗瞻果作第一人。道試，余亦忝冠軍。同時采芹，天之報吾兩人者，如响應聲，信不」爽矣。明年癸卯秋，斗瞻赴遺才試，仍居第一，遂廪於庠。又二載乙巳，督學梅公至，亦拔余」第一，遂食餼。己酉，斗瞻巍然掇魁名，余忝副榜。至壬子，余始儌倖入彀，吾兩人衣鉢同識」趣，因而其功名成就亦大略相似，所以肝胆相傾，久而彌篤，豈時勢形跡所能間哉。所可」傷者，斗瞻舉於鄉，余稱觴爲賀，時相過從。余什褐，而哲人萎逝，幽冥迴隔。每一迴想，不覺」潸然如雨注矣。自斗瞻即世二十有八載，賈孺人始克從之。今將以崇禎己卯十二月初」八日合葬於城北祖塋之左，其冢君國瑞持狀踵門，稽顙求余爲誌，余曷能辭，又曷忍辭。」按狀叙述，賈孺人天性仁孝，善事翁姑，儉約持家，勤苦教子，稱未亡人者，几一世。脱鉛華，」卸紈綺，不發笑語，不登筵席，鄉鄰姻族共嗟嘆之，以爲異常貞烈，非人所及信哉。至斗瞻」之没，冢君方冲齡，其持身接物行事不及知，謂余必知之。余因備述吾二人始終繾綣之」情，一生切磋之雅。而斗瞻公之人品、心術、言論、丰采，怳然如見，自足千古稱不朽矣。昔人」謂誌文爲諛墓，余之誌斗瞻質也，非諛也。斗瞻生於庚辰正月初七日，卒於壬子二月念」六日卯時，享年三十有四。孺人生於辛巳四月初六日，卒於丁丑三月初四日申時，享年」五十有七。子一人，即國瑞，列名郡庠，賦異才，綜家政，刻勵進修，將來光大家聲，以慰斗瞻」未竟之志，其以吾言爲左券。國瑞娶卞氏，繼娶魏氏。女二，一蚤卒，一適百户應襲增廣生」余鯤。孫男四：長元縉，聘生員鄭公思約女。次元標，三元賓，四元錫，俱幼，未聘。孫女一，許聘」生員鄒公世晋子。余既誌之，又從而銘之。」銘曰：

爗爗世胄大馮君，昂標如鶴立鷄群。懋昭令德鄉間欣，氣吐長虹凌青雲。振藻揚葩」擅雅文，奪錦樹赤轟雷開。晞暘朝露中途分，哲人逝兮洞如焚。刑于嗣徽克儉勤，堅志」撫孤家道殷。美哉象賢蘭與荼，繩繩後禄看光賁。行陽一丘勢隱弁，勒石坎中千載芬。

四九　明故儒官肖渠范公（時譽）墓誌

【蓋文】

明故儒官肖」渠范公墓誌

【誌文】

明故儒官肖渠范公墓誌」

此余父范公墓也。父諱時譽，號肖渠，世爲懷慶衛人。性孝慈淳直，事余」太父南渠公、太母婁氏，自生養迄終葬，咸稱厥情無遺憾焉。幼習文，業」弗克，竟然愛與文士游。余未束髮，即見握麈座上皆逢衣徒也。平生敦」信義不侵爲，然諸成人之美，周人之急，殆如弗及。又遇物坦率，恥爲讕」辭僞色及陰謀過計，或爲儇巧者所侮，旋置度外，弗較也。壯年以家門」故，出爲籓司掾，迨余補博士弟子員即棄去。每訓余兄弟爲醇謹，勿多」通賓客，如伏波將軍旨，獨於郡之博雅高賢文彩卓越者，必遣余北面」問業，以廣資益。時共諸生試藝，或幸冠軍，則稍喜。倘名次墮後，色輒不」懌，余惶懼，益爲奮勵。癸酉，謬叨鄉薦，父督責愈嚴，每值誕辰或佳節，欲」稍致豐腆聲技以侑杯杓，必立止之曰：「汝讀書未結局，不宜縈心俗務，」且歲洊荒閭里，至藜菽不給，褸裂不完，吾獲温飽已爲厚，幸烏用是，紛」紛沓沓爲哉。况家無厚儲，其所與稱貯息者，亦漸淪没於凶荒，逃亡之」衆至無可詰索，吾憂方長，汝强余所不歡，豈孝道哉？」余飲泣受教，亦自」意父飲啖步履無異强壯，仰報之日尚長也。己卯冬，忽感疾，二三日遂」至困篤，數進湯藥弗效，余母子相向泣，父猶張目呵之曰：「吾病會當瘉，」何事張皇？」又二日，遂不能發聲，熟視余兄弟而逝。嗚呼痛哉！父經營室」家垂四十年，婚嫁禮凡八舉，創宅一區，鳩材建造以年計，精神財力咸」爲耗竭，乃於天逸之年未獲一享優游，遽見背焉。此皆余兄弟偃蹇困」頓，不能致身通顯故也。可謂不孝之辠通天矣。嗚呼痛哉！父生於萬曆」元年十月十一日，終於崇禎十二年十一月十二日，享年六十有七。子」四：長即不孝廷茂，癸酉舉人，娶徐公應高女，繼娶都公一庚女。次廷芳，」早卒。次廷華，府學生員，娶恩貢生蕭公永嗣女，繼娶司公三謨女。次廷」蕃，娶沈公敬女。女四：長適庠生張文燦，次適庠生王謨，次適庠生鄒世」德，次適庠生王從龍。孫男二：麟哥，廷蕃出。賢臨，廷茂出。俱幼未聘。孫女」五：一早亡，一適庠生劉公男鏞，一許字庠生史公男芬，俱廷茂出。一許」字庠生王公男建極，廷蕃出。一許字庠生徐公男士義，廷華出。父卜於」崇禎十四年十一月十二日未時，葬於祖塋之左焉。

崇禎辛巳仲冬吉旦」不孝男廷茂等抆淚謹誌

五〇　明鄭敬王（朱載壐）壙誌

【額文】

御賜

【誌文】

大明鄭敬王壙誌　」

王諱載壐，乃鄭順王之子。隆慶四年七月十三日，母妃趙氏嫡生。萬曆三」十四年六月二十日」册封爲鄭王。崇禎十三年四月初十日申時薨逝，享年七十一歲。妃劉氏，子一」人，以罪廢；王氏，子一人，俟襲爵；關氏，女一人，封邗郡郡主。」上聞訃，輟朝三日，遣官諭祭。特命有司治喪，造葬如制。」東宮及在京文武官皆致祭焉。以崇禎十四年十一月二十四日合葬於」紅嶺山之原。嗚呼！」王以宗室至親，享有大國，允爲藩輔，富貴極隆，哀榮備至，可無憾矣。爰述」其概，納諸幽壙，用垂不朽云。」

孝子翊鐸泣血立石

五一　明故待封王（三傑）母陳氏墓誌銘

【蓋文】

明故待封」王母陳氏」墓誌供銘

【誌文】

明故待封王母陳氏墓誌銘　」

余不佞濫芋河内，得與吏部考中候選典史王公三傑相晉接，因締莫逆交。」公有母喪，將歸窀穸，持狀索余誌。曰：「傑造新塋，距舊塋二里許，在祖居邗部」鎮東北行山之陽。將啓曾祖、曾祖母之窆遷爲新塋。王扶祖之柩，並启先逝」祖母之窆，合葬新塋。發引近逝母氏之喪，附葬新塋。懇借名筆，以光永泉，以」垂後世。」余雖久不操觚，義不容辭。竊炤曾祖諱麟，曾祖母先李氏，繼劉氏。李」氏生長子九皐、次子九德。劉氏生季子九經、四子九河。九經即傑祖也。祖母」李氏，生長子國禎，即傑父也。次子國瑞與妻陳氏、馬氏俱早故。遺二子：長繼」耀，因多病出家。次二黑，尚幼。俱馬氏出。獨傑父年近古稀，强健善飯且豪飲，」日與松社蘭蓍陶陶然樂也。母陳氏，上進婦道，下式母儀，且織紝巢絲，克勤」克儉，是以家道昌隆，子孫繁庶。生二子：長三傑，即候選典史，持狀索誌者也。」次三俊，有亂才，就入武庠生，前程更不可量矣。三傑先娶司氏，繼娶陳氏，今」娶張氏。生子二：長扳桂，聘生員丁貞元長女。次挹桂，聘生員衛諧長女。陳氏」出。生女三：長女聘與喬楨次子爾揚，司氏出。次女聘與生員劉夢花子世烈，」亦陳氏出。三女聘與郭可學次子之柱，張氏出。三俊娶武氏，生子一，名召喜，」聘生員馬福謙三女。生女三：長女未定聘，次女聘與申可修長子小補，季女」聘與成耀長子小周兒。因統記之。陳氏生於萬曆己卯二月初八日，卒于崇」禎己卯正月十九日。卜於本年二月二十日發引，享壽六十有一。既銓其事，」爰系以銘。」銘曰：」

人生在世，誰滿百齡。唯有懿德，生順没寧。嗚呼王母，貞静柔止。孝諧姑嫜，無」違夫子。機断一經，畫荻和熊。二難併美，丕振家声。俾熾俾昌，久而彌光。」恩綸有待，佇看焚黄。窆此新阡，吉卜牛眠。前臨沁水，後倚行山。如帶如礪，億萬」斯年。何以祝之，偕德孔安。繼之以瓜瓞綿綿。」

崇禎壬午仲春吉旦」

皇明登仕郎懷慶府河内縣主簿張世祥頓首拜撰　孝哀子三傑等泣血勒石

五二　明誥封武略將軍紹山傅公（從福）暨宜人王氏合葬墓誌銘

【誌文】

明誥封武略將軍紹山傅公暨宜人王氏合葬墓誌銘」

賜進士第文林郎山東登州府萊陽縣知縣眷晚生沈加顯頓首拜撰文」

鄉進士眷晚生李一鶚頓首拜篆并書」

武略將軍傅公，諱從福，字紹山，盖高宗相傅説裔。春秋下子孫蕃衍於河雒，明興。始祖全從」高皇帝征滇南有功，晋神策衛百户。全生温，温生佐，佐生忠。景泰元年，以平虜勳陞懷慶衛右」所千户，」封武略將軍。至公盖六世於兹矣。公雖武弁，愛修儒業，不肯以弓矢廢簡編。流覽子史，明貫百」家。久之，學問廣，韜略益嫻，直指監司，每接談，大奇之。兩奪標於鷹揚，俱以文武才多。公不第」攘臂穿札之技已也。屢攝印務，深得士心。古挾纊之仁不能過，更清廉忠正取與嚴直。嘗云：」「貪鄙則身名損，身名損則不可以事親。寧淡泊就養於家，不妄取一物以違素志。」至於惠之」及人，則不厭渥也。教子輩諄諄，以詩書爲訓。又云：「爲武將易，爲儒將難，况一襲之外，有不得」以武事售者乎。」其雅重文士盖如此。然天不憖遺，乃先宜人逝焉。宜人王氏，幼適公，事舅姑」有道，性温惠，喜勤儉。眷属有貧不能舉火者，憐而賙之。服食過侈者，指而戒之。雖居世胄，終」歲絲枲不去手。及公卒，善承公志以勖子，其松柏之操，荻畫之訓，三十餘年如一日也。是以」家業隆昌，子孫成立，宜人之福澤遠矣。宜人之壼範與紹山公之德政，真堪並垂不朽。何可」以不誌。公生於嘉靖己酉十一月十三日，卒於萬曆丙午十二月十五日，享壽四十有八，先」宜人逝者三十五年。宜人生於嘉靖壬戌十一月十六日，卒於崇禎庚辰十二月初四日，享」壽七十有九。子四：長三聘，襲武略將軍，嫡娶張氏，繼娶朱氏、靳氏，庶娶趙氏。次三仕，邑庠生，」娶盧氏。次三緯，娶武氏。次三謨，娶王氏。女一，適儀衛司舍人馮公諱國聘。孫六：應襲朝祚，郡」庠生，娶庠生張公諱爾謨女，朱氏出。朝棟，娶韓公諱元辰女，趙氏出。俱三聘出。拇，郡庠生，娶」劉公諱澄清女。端，貢士，娶庠生陳公諱雲翔女。屏，郡庠生，娶庠生張公諱天衢女。作楫，郡庠」生，娶庠生鄒公諱士觀女。孫女五：一適朱公諱綸，一適趙公諱敬，一適李公諱可伸，一適庠」生李公諱騰彩，三聘出。一適靳公諱王藩，三謨出。重孫六：鶴鳴，聘梁公諱嘉祚女，朝棟出。鶴」齡，聘庠生何公諱榮卿女。松齡，聘庠生賈公諱爾聰女，拇出。椿齡，聘庠生馬公諱雲騰女。延」齡，聘庠生何公諱憲卿女。端出。康齡，聘庠生沈公諱加燦女，屏出。重孫女六：一字春元鄒公」諱世芳子玘，端出。一字庠生彭公諱萬化子述古，一字庠生王公諱建和子二郭，一未字，朝」祚出。一字庠生賈公諱光前子明選，屏出。一未字，朝棟出。玆于崇禎壬午十二月初八日啓」公之窆而合葬焉。謹撮其實而敶之，以勒諸石。」

銘曰：厚德豐功，文韜武略。奕世勳庸，赫乎顯灼。高山仰止，景行望倬。有室冰操，九原可」作。悠哉悠哉，德音孔碩。

五三　清直隸鎮江府丹陽縣儒學訓導楊公（之玠）暨元配孺人何氏合葬墓誌

【誌文】

直隸鎮江府丹陽縣儒學訓導楊公暨元配孺人何氏合葬墓誌」

□弟諱之玠，字捧之，荆坡其別號也。生而□□，□性沉□。先大夫宦京邸，方齠年，從余習句讀。歲」丙申，相携省先大夫於潞陽。肄業假爲兒戲，撮土爲壘，剪彩爲旗，書軍門左右等字。先大夫見，謂」余曰：「此子何爲此戲？將來必豪舉。」時倭奴蠢動，或天下從此多事，兵革不休矣。無何，里旋就外傅，」習舉子業。書必究奥義，搦管爲文，嘔心刻畫，不屑屑人餖飣語。歲乙巳，入邑庠，每試輒列高等，人」咸目之曰：此楊家一鳳也。丁未，先大夫致政晝錦時，余昆季承嚴命，以家口殷繁析爨者若而年。」先大夫抵家即止弟居曰：「吾無他慮，玠年方剛，吾其訓，廼令其精進學業，俾續貂爾曹耳。」弟亦克」苦奮勵，篤志芸□。且朝夕奉侍先大夫，無幾微倦怠色。乙卯，先大夫捐館舍，弟孺慕之懷愈篤，哀」毁骨立。□□葬後，平日寢處一榻，塵拂數年不忍易。曰：「吾視父猶生也，敢自棄以遺先人憂。」歲辛」酉，補博士弟子員，視望青紫並探取事。時母氏宋淑人壽屆耄耋，舉趾漸憊，余與長兄既不能刻」□繞膝下，周旋左右，賴弟晝則扶掖，夜則傍卧，余心稍慰。居恒自歎曰：「吾即盡志盡物，其如母年」有限□□。」戊辰，母氏卧病，比時余謁選京師，未得一親嘗湯藥，至今抱終天之恨。弟衣不解帶者」數月，呼天誓代，竟爾不起。至賓天後，悲痛號泣，視父猶甚。曰：「天乎！何卒奪我雙親耶。」嗚呼！生事□」僻，死事如生，弟於子道可無遺憾。□是數奇，舉科不第。曰：「吾於此際不能不抱歎云。」既而曰：「爲學」□有一番解悟處，垂不朽，怡性□，何必□□一□，效一家言，日與兒童輩争後先哉。」廼取古迹書」□事，日講解不輟。更留神字學，考其聲音，校其□□。凡先秦兩漢文，隨閲隨注。爲詩經，迺韻書鼻」祖，尤加詳焉。一時人士咸翕然宗之。每恨□□□□□□□□音不諳清濁，訛以傳訛，誤後輩不」淺。暇□又取古今法物，不拘金玉銀銅，考其□□□□，系毫不爽於時大翟巨賈。挾重器畜疑而」思誰者，莫不曰覃懷有楊子，楊子云。其奸商涓宜持□物而冀一售者，又莫不咋舌裹足，曰覃懷」有楊子，楊子云。由是名舉四馳，凡遠邇好奇之士，輻奏請質，應接不暇，户幾穿矣。嘗語余以《博古」圖》之謚且謬也。曰：吾固駁而擴之，以俟後之學古者。然竟以家道偶屯兵□交集，不克遂志，□歉」也夫。且其簡朴倜儻，雖承先大夫之蔭，居恒家徒□□□如也，冬褐夏葛，一袍數年不易。往來城」市，徒步自如，絶貴介氣。視親故之貧乏而窘於計□不啻躬嘗，必委曲賑貸之，問畜異方，構奇藥。」曰：吾與民同患耳。人有阨於瘡者，躬療而力啓之，無慮數十人，迺弟竟以此疾殞。嗚呼，仁者義之」本，淡泊者生之源，以弟操心致行如彼，而亨壽如此，是何以説焉？吾且縣而問諸彼蒼。嗟嗟溟溟，」造化固未可盡於世法中論矣。其稱丹陽訓者，弟之□勒遷就一銜，以爲結局云耳。弟生於萬曆」十三年乙酉九月初二日酉時，卒於崇禎十六年癸未二月廿四日寅時，享年五十有九。元配貢」士何公應選長女，生於萬曆十三年八月廿一日未時，卒於崇禎七年四月廿一亥時，享年五十」歲。側室張公週女。生子四：長鍾元，娶儒士張公于陛長女，先卒。繼娶儒士張公進亨次女。次隨元，」娶庠生劉公之顯長女，卒。三鼎元，繼余嗣者，娶生員陸公一龍長女，俱卒。四臨元，嗣長兄，聘生員」范公濟美次女。生女一，適户部尚書范公濟世季子素愚。俱張氏出。孫男三：一壽歌，鍾元出。二益」□，隨元出。三□□□□□□□□□，俱幼，未聘。孫女一，鍾元出，幼，未字。今卜於順治二年八月十」七日將啓先大夫、宋淑人之窆，而遷止於祖塋之東新仟焉，弟亦因而附葬云。」

兄之珮拉淚撰」

不孝男鍾元等泣血上石

五四　清故孺人元配王氏繼唐氏併葬墓誌

【誌文】

清故孺人元配王氏繼唐氏併葬墓誌」

順治元年冬，余繼室唐氏卒。十三年二月十三日，啓元配王氏之窆而併葬焉，不可無弌」言以誌之。按，氏父，郡庠生，諱起政，母張氏生女二，氏其長也。甫十齡失怙，恃孀母甯氏撫」育焉，愛之無異己出。年十八歸余。淑慎莊嚴，恪守婦道，余母甚愛焉。時余家兄弟同居，人」口衆，供給煩，承母命各立厨竈。氏即侍母同爨焉。躬操中饋，事事當姑意。處妯娌以和，御」臧獲以恩，以故余負笈攻書，毫無内顧憂。即今得叨升斗之禄，氏之力居多焉。歲丁卯，母」疾不起，氏私祝之曰：「母年七十有九，願減年一紀，俾母得慶八十，以盡婦道。」語已，輒泣下。」居嘗痛父母之無嗣，每遇四時之祭，必遣童僕備牲醴祭於塋域，終其身無間焉。唐爲覃」懷宦裔，後值家業蕭條，孀母甯又遭喪子，氏迎養余家，侍之數十年，臨終衣衾棺槨，皆其」預製。葬畢，乃曰：「吾今得以報孀母撫育之恩矣。」閭里人有窘急仰求者，氏數周之不厭。庚」辰，余司訓陽夏，氏與偕往。愈年旋家嫁女，二女相繼出閨，時迫，一應粧奩，親爲之理，晝不」得息，夜不得眠，心血幾枯。事甫完而疾作，自懼不起，幸而得愈。壬午春，余致仕歸家，氏之」病猶在初起時也。冬月，與男完婚畢，氏私喜曰：「五女出閨，一男婚娶，吾事畢矣，此後或可」安逸也。」無奈戎馬交馳，東奔西避，身心靡寧，前疾陡發，醫藥罔效。子若女環而守之者四」閲月，溘焉逝矣。嗚呼痛哉！勞於前而不得逸於後，是天乎！是天乎！先是提一衣語余曰：「此」衣被服三十餘年矣，而色猶鮮，乃先人之遺而不忍輕敝也。兒婦輩亦知之乎。」因憶從前，」朝補暮綴，一物不肯輕棄，皆爲子女慮。今婚娶已完，正與余優悠家庭同遂偕老之願，乃」竟舍我而去也。余將何以爲情哉。卒之日訓子訓女，皆關大體，無一語及亂。今子若女，生」致敬，没盡哀，一切喪事悉準諸禮，冥漠之中亦可以無憾矣。元配王，太學生王公三復女，」生於萬曆乙酉八月十六日，卒於萬曆己巳八月十七日，得年二十有二。與余相守六載，」沉静寡言，夙閑閨訓，嘗見媚於姑嫜焉，無出。唐生於萬曆己丑六月十九日，卒於順治元」年十二月二十二日，享年五十有六。子二：長思維，聘舉人馮公文耀女，殤。次思綿，邑庠生，」娶府庠生劉公堂女，卒。繼娶千户舍人朱公士强女。女五：一適府庠生蕭公友松男增生」雲生，一適府庠生劉公堂男鈖，一適學博孫公克肖男胤嘉，一適奉祀生劉公陞男鉽，一」適太學生蕭公如蕙男邑庠生原馥。今將啓元配王氏之窆併葬於父塋之左，乃抆淚述」其懿行如此。」

不幸生鄒士孚抆淚謹誌　」

不孝男思綿泣血勒石

五五　清故承德郎湖廣斷事楊公（之珮）元配安人張氏合葬墓誌

【誌文】

清故承德郎湖廣斷事楊公元配安人張氏合葬墓誌　」

嘗聞昔人有言，謂誌不可假人，令子孫自撰。余伯祖撰曾祖誌，亦惟昔言是遵。不肖京愚昧無知，曷敢」少違明訓，謹就耳目所及者以鍥諸石焉。始祖楊四生子和，子和生先，先生泰，泰生森，森生玄，玄生進，」進生曾祖初東，是爲大參公。曾祖生子四：伯祖諱之璋，庚戌進士，歷任禮部郎中。二祖諱之瑋，庚子舉」人。四祖諱之玠，排行七，丹陽訓導。俱各有誌，不再贅。我　祖行三，諱之佩，字佩之，號荆田，生於萬曆戊」寅四月初一日寅時，終於順治己亥正月十五日巳時，享壽八十有二。我　祖天性孝友，德量沉厚，聞」丱年遊泮宫，聲譽過人。郡守王公，江右名家也，每試輒加欣賞，滿望其必中，奈運數不辰，乙卯中副榜，」天啓乙丑以例貢，崇禎丙子選山東曹州同知。其治曹也，政簡刑清，士民安堵，日用蔬食，取給家園。適」州牧陞任，我　祖署篆，曹民有獄訟未平，咸相謂曰：「得見軍廳，即見天日矣。」時有人命牽連者，恐罹法」網，私賂五十金，我祖正色拒之，其人亦不掛吏議。昔關西夫子卻暮夜之金，我　祖不受私賂，先後若」合符節。己卯陞湖廣斷事，遂致仕家居，高卧雲清閣，游神山水，托趣琴書，偶觸景則銜杯賦詩以自適。」宗黨姻眷有不便者，周急扶危，無異爲己身謀。檢製方藥回生一丹，全活者甚衆。順治間，屢薦鄉飲大」賓，蓋景仰之有素，故大典之尊寵如是夫。嗚呼！以我　祖之德，既壽而康矣。然居恒嘆息，猶有不豫色」者，不肖弗敢請也。竊於笥中得我　祖遺筆，自叙云：「余中年有子，名京元，生而穎慧。方舞象，學業日進，」聘乙丑進士史公次女，將完婚，忽感一疾不治，余慟哭仆地，幾不能有生。長兄勸諭取胞弟之玠第三」子鼎元爲嗣，又悲京元之弗祀也，復取族侄日宣之子爲孫。庶乎，天或靳之，人曲全之，有子有孫，亦可」少慰矣。不幸鼎元室家甫就，夫婦相繼而歿，人生至此，肝腸瘁裂，何以爲情。不得已又取親侄鍾元次」子爲孫，以嗣鼎元。繼京元者名曰顯京，繼鼎元者名曰顯鼎。」支派源流，若指諸掌，始知我　祖終日憂」思，爲子孫慮何深且遠也。　祖母張氏，曾外祖庠生張公長女，生於萬曆戊寅正月十五日巳時，終於」順治丁酉十一月二十二日辰時，享壽八十。　祖母閑家有方，孝思不匱。我　祖方攻舉子業，家事一」切不暇顧，　祖母總攝内外，雖屢年多病，凡拮据，出入未嘗叢脞，一絲一粒毫不輕費。建立經堂，廣行」施捨。撫養二孫，孩提擇乳母，稍長訓義方，壯而與之議婚娶，鞠育顧復，昊天罔極，不啻三年之愛焉。嗚」呼！我　祖暨　祖母同年而生，同享遐齡。生前有琴瑟之樂，身後無大耋之嗟。鶴駕並馭泉府，偕遊生」順没寧。不愧不怍，弗俟華封之致祝，誠爲宇宙所希覯者也。兹卜於順治十六年十月十六日合葬于」祖塋之次。子二：長京元，蚤卒。次鼎元，娶庠生陸公一龍女，俱卒。女三：長適舉人張公德化子吾甲，卒。次」適庠生董公三才子之立，卒。次適庠生甯公堪子鉽，卒。孫男二：長顯京，邑廩生，繼京元嗣，娶庠生靳公」芝芳女。次顯鼎，繼鼎元嗣，娶庠生鄒公思綸女。曾孫男一鶴，聘庠生王公錫命長女，顯鼎出。庶　祖母」劉氏，先卒，無所出。」

承重孫顯京、顯鼎泣血謹誌

五六　清故茂才宏光馮公（國瑞）暨元配孺人卞氏繼配孺人魏氏合葬墓誌銘

【蓋文】

清故茂才」宏光馮公」暨配孺人」卞氏魏氏」合葬墓誌

【誌文】

清故茂才宏光馮公暨元配孺人卞氏繼配孺人魏氏合葬墓誌銘」

癸卯科經魁眷窗弟劉廷傑頓首拜撰」

文林郎江南江寧府句容縣知縣眷弟王玉汝頓首拜書」

兵部觀政進士眷弟郝年頓首拜篆」

嗚呼！此吾友馮公夫婦合葬墓也。將葬之前一月，厥子協夢跽予而請曰：「先大人將歸窀穸，平生知交莫」先生，若願爲誌，以傳不朽。」予聞之而悚然曰：「嗚呼！予與若翁總角肩隨，至老無間，平生知交誠莫予兩人」若矣。誌若翁者非予而誰？」謹按狀，公諱國瑞，字碧源，宏光其號也。其先山東鉅野人，始祖諱玉，傳子剛，子」剛傳琉，以武功授儀衛正千兵。傳七世而生鶴洲先生，鶴洲先生生奎光，諱文耀，即公之所自出也。己酉」薦於鄉，爲葩經亞魁。於時有公堂叔祖鶴臯諱祺者，先以乙酉十八歲而膺鶚薦。越二紀，而奎光先生又」發一時之盛，未有過於馮氏者也。不意造物忌盈，奎光先生蚤即世，時公甫四歲，撫育於王父鶴洲先生。」先生耽詩酒不事家産，及公成立，家業乃漸凋耗矣。公生姿穎異，年方舞勺，能詩對，野王推神童。長而嗜古，酣情於經史諸子百家，咸能成誦，同輩莫與京。惆父早捐賓，未成進士。父字奎光，自命曰宏光，蓋欲繼」先人之業而更宏大之也。公之志概可知矣。乃屢戰棘闈而屢受刖，鬱鬱老牖下，未獲大售於世以展其」才，亦其時命使然。與論其胸中筆底，公誠無愧於科名矣。其天性純孝，母賈氏孀居在堂，晨昏定省，問安」視膳，從無倦色。母性嚴，公雖氣質剛方，至母前輒怡聲下氣，以順母心。勤儉治家，攻苦爲學，以是家道日」豐，學業日進。生平不好謀利，雖囊有餘資，或有以賈販青苗爲誘者，輒斥遠之。好積糧，歲稔積之，歲歉乃」糶，雖不謀利，而人已爲之兩利矣。由是家頗殷富。先是公王父鶴洲先生有代温泉衛君太原廿金，終身」未克還。易簀之日遺言於公曰：「我死爾必償之。」比欲償，而衛君已作古人矣。公不忍背王父言，乃携廿金」臨其墓，酹酒焚香拜，遺其金于衛氏之族人而去。曰：「吾亦了吾不忍背祖之一念云爾，安問金之所得爲」誰哉？」」重然諾而敦信義，雖古公子季札何多讓焉。至如堂叔有難，赴湯蹈火而不辭。叔祖乏嗣，分以百金」而不受。庠師宜謝，雖登車就道而禮必進。其仗義輕財，取與不苟爲何如。且好郊遊，每遇良晨，或隄畔柳」涓，或古刹野隴，相呼輒出，從未常辭以事。至則呼盧痛飲，縱談千古。飲而醉，醉而歌，陶陶如也。其胸懷曠」達，意致洒落又如此。公生於明萬曆丙午二月初九日，卒於清順治十五年八月二十日，享年五十有三。」元配卞氏，明懷慶衛指揮卞公諱學禮女，相夫勤苦，茹荼飲冰，乃勞於貧乏，弗克享于豐腴，芳年早逝，良」可悲也。繼配魏氏，魏公諱繼德女，温恭淑慎，仁孝慈良，相夫子而家事浸隆，教幼子而學業日富，乃亦不」壽而終，謂之何哉。今卜於康熙三年十一月十五日，合葬於郡城之西北清平村祖阡。子四：長夢真，增廣」生，即恊夢也，元配卞氏出，娶鄒氏，庠生鄒公諱思約女。次夢豪，庠生，元娶鄒氏，庠生鄒公諱思統女；继娶」陳氏，廩生陳公諱希夔女。三夢涵，聘廩生蕭公諱坦生女。四夢毓，聘庠生程公諱寵女。俱繼配魏氏出。孫」男一，象乾，聘廩生王公諱銘女。孫女二，幼，未許聘，俱夢豪出。」銘曰：

樾不能無甲而成抱兮，潦不能無源而驟灃。序其皇兮家其豐，學其有本兮業其隆。淼然莫測其涯」涘兮子姓繩繩，其克崇魂其安兮魄其清。斯亦可慰先靈於九原，而無忝於丘隴。

五七　清故待詔贈恩賜醫官恒齋馬公（可教）墓誌銘

【蓋文】

待封馬公」暨元配孺」人趙氏合」葬墓誌銘

【誌文】

清故待誥贈恩賜醫官恒齋馬公墓誌銘 」

賜進士出身户部江南司郎中加二級楊蕃生頓首拜撰 」

鄉進士江南江寧府句容縣知縣王玉汝頓首拜書 」

公諱可教，號恒齋，三世儒醫，洒懷之巨族。代序遠，譜牒不可考。余按狀而知公之世〼」其先世諱二十，始自洪洞遷居覃懷郡城之西鄭村城子，遂家焉。二十傳任庵〼」治仁術。菊泉配何氏，生小泉，諱守澤，仁術繼之。小泉配黄氏，生子二。公居長，仁術精妙，凡視疾，洞見□□，」起死回生，全活甚衆，即古之盧扁、孫、董莫過也。乙酉奉 」旨召用，恩賜官帶，寵榮又豈尋常所可擬哉。公性至孝，事二親克盡子職，友愛弟侄，未嘗有間言忤色。子」姓延師敦友，更多義方，内外親之貧乏無告者，必曲意周恤之，且念祭掃無備，則置地若干畝而追遠有」賴。念族軍久累，則置地若干畝而供億不若。念廟焚無人，則置地若干畝而養膳有資，是公之爲深有合」乎。仁親之道，睦族之義，享祀之誠，在昔范仲淹義田高風千古，侈爲美談。以公較之，寧多讓歟。東陽館創」建白衣、文昌二閣，過庭、行廊三十六間，三皇廟一所，歲施藥餌。並土地拜殿、元君行宫，皆竭力捐資，略無」吝色。抑何慷慨好施、樂善不倦有如此也。庚辰歲大饑，盜寇蜂起，貧民作亂，公則散貲財，輸廪粟，賑恤閭」里。約鄉勇，嚴守備，互保身家。至橋梁有斷者，則修之；道路有壞者，則葺之。俾利濟免病涉之嗟，車騎無崎」嶇之嘆。其功德之種種在人耳目者，彰明較著，無俟多贅。然而尤可異者，甲申之變，流寇肆虐，防河兵丁」利二行客財，竟誣以奸細，當事者將决之。公廉知其冤，於是惻然動念，曰：「人命關天，奈何明知其冤，而可」坐視不救乎？」遂詣當事者，力解之，而利害忌諱不顧也。迨釋之，而公亦不問其爲何許人。嗟嗟天下之擁」富厚，私財利安享一己，而宗族無所霑其餘，窮乏無所竊其潤，悖祖逆宗，慢神褻祀，見顛連而不救，視死」亡若罔聞，豈少若人哉。而公獨仁親睦族，敬神喜捨，扶危救急若此，則公之德可謂大矣！公之德可以傳」矣！余于公交最渥，佩服深，且仲子子文誼至厚，因其請銘，無容辭，而僅述其生平大略云爾。公生于明萬」曆二十一年癸巳十一月初二日寅時，卒于康熙四年六月十五日未時，享壽七十有三。元配趙氏，先公」卒。繼配李氏，庶配劉氏。子四：長良，郡庠生，娶處士張公一龍女，繼娶柴公應舉女。次璋，候選州同知，娶郡」庠生趙公起女。趙氏出。三驊，娶辛公武女。四騮，娶郡庠生王公秉乾女。劉氏出。孫萬里，良出。千里，璋出。俱」未聘。女二：長適李公揚芬男奇品。次適衛公正倫男應魁。趙氏出。孫女六：長適張公鳴謙男景昇。次適郡」庠生何公獻瑞男浩。俱良出。三、四、六，俱未字，璋出。五未字，騮出。今卜于康熙五年十一月二十六日，合葬」于祖塋之次，勒銘而納于壙。銘曰：

大河環南，行山峙北。深莫與倫，高莫與埒。云誰之似，馬公之德。□□」□芳，書香增色。子姓繁衍，孫枝奇特。彼蒼報施，善人必□。公之靈爽，妥矣何惑。 」

不孝男良、璋、驊、騮，泣血勒石

五八　清故少庵宋公（友高）墓誌銘

【蓋文】

清故顯考」宋公諱友」高號少庵」之墓誌銘

【誌文】

清故少庵宋公墓誌銘　」

賜進士第五河縣知縣眷晚生侯執勳頓首拜撰　」

河内邑庠生員眷晚生牛世顯書丹　」

懷慶郡庠廩膳生□□鏞篆額　」

懷郡西二十里曰東鄉，卜葬其西南原列兆於祖塋第六□□□□□□□□□□□」友高，號少庵，先世洪洞人。元時遷河内，居沁南覆背村。世有衣□□□□□□□□□□□」少孤，榮母張尚幼，或欲奪其志。張携榮依外家爲活，矢節靡他。榮生□□□□□□□□」撫子成立。厚孝友，勤儉，與物無競。家産以是漸豐。生二子：曰謙，曰泰。始啓其祖父□□□□」穸而合葬焉。前代何文定公爲碣□墓，即今公□依之域也。泰生立身，身生維德，維□□□」氏生友清。張蚤卒。繼娶常氏，生公及肖庵公友□。公幼慧，爲大父所鍾愛。既長，克勤□□□」田廣宅，甲於閭里。□□□□至送死，□□盡力，久爲鄉人所稱願。友愛肖庵公，猶□□□□」無嗣。公以仲子後肖庵。□□之夕，猶切切囑仲子事嗣父勿替。公性至剛介，家人一言觸忤，」即怒如烈火。然怒方熾□，肖庵公適當其前，□□解。至里人有不直者，面切責之，□教子弟。」而雀角鼠牙之釁，□爲射戟。以故里人每憚其嚴而服其公。與人通財，雖錙銖不妄取。□至」人有急難，輒傾篋振之。久而不能償者，毀其券。同鄉□賀姓者，兄弟搆争七餘載，不能□□」爲設食招飲，計所争四千緡有奇。公曰：□何惜此區區長物，視□同氣相殘，一至此耶。出八」千緡爲行成。兄弟皆感，泣數行下。鄉人□□□□談。居平澣衣糲食，而會鄉社燕賓客必」極豐，猶嗛嗛也。與先大人盖善橋二十餘□，□先大人所親重，遂結姻焉。公生於故明萬曆」二十六年六月十一日，卒於清康熙七年六月二十日，享年七十一歲。遠邇咸惜其大促。公」娶柴氏，生三子：長曰祚熙，郡庠生，娶郡庠生馬君弘業女。其持身雅肖父風，而平易靄煦。鄉」鄰月旦有冬日夏日之評，識者以爲皆公庭教之嚴所致也。次曰祚淵，即後肖庵公者，娶關」氏。三祚弘，娶陳留教諭黄屋女。孫四人：長之弼，娶周君維新女。次之光，娶庠生張君文炳女。」三之頤，即家弟執黄婿。四之徵，聘董君正心女。孫女二：長適庠生趙光祖長子用世。次適從」姪繼武。俱祚熙出。曾孫三：槤、桂、桓，俱之弼出，尚幼，未聘。曾孫女二：一之弼出，一之光出，俱幼，」未字。銘曰：　」

孝友家授，勤儉世基。勤儉匪難，難於無私。公之孝友，肫摯靡疵。公之勤儉，」解忿濟危。物懷其德，神降之禔。俾昌厥後，蕙樹蘭滋。烝哉髦俊，念此景禧。　」

不孝男祚熙、祚弘仝泣血勒石

五九　清故邑庠生喜吾申公（朝江）元配王氏繼配張氏合葬墓誌銘

【誌文】

清故邑庠生喜吾申公元配王氏繼配張氏合葬墓誌銘　」

江西瑞州府督糧通判同學眷弟王廷翰譔文　」

吏部候選知縣甲午科經元眷弟史左書丹　」

公諱朝江，號喜吾。與余同時遊泮，何不幸而先逝耶？迄今十載，乃得卜葬於西郊」祖塋之側。仲君述行狀請余銘，余何能銘哉？不過即所聞見而誌之。嗚呼！公生而」誠，好讀書，習制舉業。及補博士弟子員，高曠不羈，自謂取甲第如拾芥，奈屢奇於」數。愔丁外艱時，枕塊卧苦，哀毀盡禮。居鄉復以忍讓爲念，有横逆加者，受而不報。」即他人或觸當道，亦必負義扶危，力爲解免。值流寇擾亂，道見迷失子，不憚跋涉」送還。知時日變，隱居别墅，見士言士，見農言農，人有善亟稱之，過則婉詞勸之。時」亦自力于田，不以爲苦，倚杖而歌，雖窮居陋巷，綽有國士之風。年届古稀，尚看帝」君忠孝化書，手録成誦。尤好持太上感應篇並三教等集。稍暇即課徒教子，且留」心字學。訓曰：「用筆在心，心正則筆正。」教學多方。仲君諱晉，果以文章冠軍，爲　太」守彭公祖賞拔焉。一時聲氣交遊，門外多長者車，將來光耀又曷可量也。閭巷僉」曰：「申公有子。」余謂公之教、公之德所致。至其傳家勤儉，居黌宫四十餘年而不私」入公庭，端重長厚。今父老猶傳之，又非余一人之聞見所能悉也。公生於萬曆丙」戌四月二十日卯時，卒於康熙壬寅正月二十六日寅時，享壽七十有七。元配王」氏、繼張氏，俱先公逝。繼趙氏，皆有令德宜其家。子二：長天錫，張氏出，娶處士張公」諱養情女。次晉，府庠廪生，趙氏出。娶前江南丹徒縣儒學教諭張公諱爾芳女，卒；」繼娶處士陳公諱猶龍女、前山東樂安縣知縣諱來賓曾孫女。女二：長適庠生張爾」琳，王氏出；次適任之茂，張氏出。俱早卒。孫一：光先，天錫出。孫女四：一適趙君諱應」明次男九華，一適吴君諱永禄長男文仁，一尚幼，俱天錫出。一聘庠生張君諱琇」季男錧幼，卒，晉出。時在康熙十年十一月二十五日合葬焉，余爲之銘。銘曰：　」

行山蕴靈兮公得其醇，沁水不息兮公有其忞。士而學稼兮不厭貧，學而不仕兮」志常伸。琴瑟屢易兮内而多仁，堂構雙美兮仲且不倫。瞻彼九原兮潜闡維新，慶」流萬年兮孫子振振。　」

不孝男天錫、晉泣血勒石

六〇　清故郡庠生子英弟（史燦）並元配張氏側室劉氏合葬墓誌銘

【蓋文】

史公夜室，立」祖在中。元配」張氏，合葬于」左。留右一穴，」備孔氏用。祔」葬劉氏，又在」張左。合石銘」誌，悉厥生平。

【誌文】

清故郡庠生子英弟並元配張氏側室劉氏合葬墓誌銘　」

痛哉！余雁序四人也，何竟去其三。今爲子英弟誌，能不拭淚而□。胞長兄諱文，字生直，府庠生。」於崇禎十三年感疟疾而逝。余行二。子英胞三弟也，名燦，亦府庠生。過繼二伯父鄉賢公爲後。」癸丑年，忽以痰症亡。四弟名柱，字子安，太學生，繼母弟也，□□後子英而亦亡。同長兄葬於」東塋父冢兩傍。存余一人，日營營奔照各門。豈不大可痛哉。子英停柩八載，因祖塋前無吉地，」遍卜乃得之。塋後見亥氣轉艮□甲山庚向，余不禁躍然曰：「吾弟可以葬矣。」同地師復加審酌，」僉云善。遂擇十二月十二日巳時，用窆弟柩。情關手足，何忍不竭盡財力書數行以誌乎。然兄」爲弟誌，不宜諛，亦不宜隱。嗟嗟弟性直也。弟心密也。思慮好動，坐卧好静，持家勤且儉，事父母」以孝聞，送終又能盡子職。大事畢，乃寄志清閑，不復攻舉子業。日飲酒，常及醉。喜整□器物。教」□讀書。好友，篤聲氣，因多心交，亦學者朋來之樂事也。不意天奪其年，忽染恙，数刻而亡。余方」有事北金村，未及面□。遺子女数人，存歿吉凶，皆集余身。豈不深可痛哉。内賴孔氏撫育訓教，」子女稍成，□襄葬事。余得直叙□。因啓元配張氏合葬，並祔葬劉氏焉。張氏係庠生張公諱□」行女。再配孔氏，爲兩河都督孔公諱□□女。子三：長廷謨，郡庠生，娶宦族楊公諱升元女。孔氏」出。仲廷諧，太學生，先娶廩生劉公諱一蛟女，再娶進士瞿公諱四達弟庠生諱九達女。季廷詢，」先娶庠生鄒公諱思緯女，再聘貢監生楊公諱坤生女。俱劉氏出。女二：長劉氏出，次孔氏出，俱」未字。孫一，尚幼，廷謨出。孫女四：廷謨出三，一許聘二尹徐公諱瑞旭長君縣尉諱伯揆男鉞，二」未字。廷諧出一，許聘□□李公諱若華長君貢監生諱鳴鳳男玉慧。例當備書，附銘于後。」銘曰：

性直而平，心不以明。克敦孝悌，允諧友朋。嗜飲則古，達權守經。偉志弗究，賫於幽扃。遺」子遺女，責諸仲兄。育之教之，俾□□□。□停八載，俟卜佳城。庚由丑□，窀穸始營。艮山拱峙，」兑水周瀠。爾魂來依，爾魄用寧。□天之庥，席地□靈。永綿嗣□，以燮不興。」

順治甲午科春秋□吏部候選知縣□左拉淚誌記。其時在」大清康熙十九年十二月十二日也。　不孝男廷諧、廷謨、廷詢泣血勒石

六一　清誥封驃騎將軍張公字正吾夫人合葬墓誌

【誌文】

皇清誥封驃騎將軍張公字正吾夫人合葬墓誌」

□□□之誌其先人者，率□借當歲名公□詠以□□□□□□□□□□」□協□功在朝廷，德及草野，實跡指不勝屈只以吾□□□□□□□□□」其桓桓武略而心則謙退益甚，嘗言人苟卓卓自樹□□□□□□□□□」□川自表爲不孝等仰體不争不伐之志于功□實跡概不敢□□□□□□」□以及歷官之地子姓之多，凡以□□□人□則不敢不詳焉。□□□□□」之無大功德者，必不能獲大福□□□□□實而吾父歷官協□□□□」致，則功在朝廷，已可知也；壽過古□□□□其德在草野，已可驗也。□□」□□，字正吾，原籍陝西平涼府崇信縣。□生于明天啓元年辛酉二月□□」五日戌時，于康熙三年以戰功題叙都督僉事，旋補直隸山永等處副總」兵，因縣城被劫，降補河南河北鎮標左營遊擊。愛懷慶風土醇厚，遂家焉。于」二十一年以捕剿盧氏叛逆，陞山西汾州營參將。于二十三年陞廣東□□」□□兵。未幾，裁缺，于二十五年改推山西寧武等處地方兼轄雁門等關□」□兵。于二十九年調陞廣東韶州清連水陸等處地方副總兵，年老告辭□」□原品休致，封驃騎將軍。于三十一年壬申六月二十八日酉時以疾終，享」□七十有二。母閆氏，封夫人，外祖閆公諱中俊號具吾四女，生于明天啓三」年癸亥九月二十五日辰時，卒于康熙三十一年壬申十二月二十二日□」時，享壽七十。生子四：長文卷，兵部侯推守備，娶直隸永平府灤州庠生陳公」諱世臣三女，繼娶河内庠生關公諱鼎臣三女。次伏龍，兵部侯推守備，娶處」士劉公諱一崑長女。三文翰，太學生，聘丙午科武舉兵部侯推守禦張公諱」旨四女。四文龍，幼未聘。生女二：長適郡庠生姚公諱成功次子維漢。次字歲」貢士候選教諭沈公諱洪英三子元昌。文卷生子五：長銘，娶現任浙江寧波」府鄞縣縣丞、吏部侯陞知縣陳公諱世務長女。次溥，三澤，四浩，五炎，俱未聘。」伏龍生子一，炳，聘太學生吏部候選縣丞杜公諱荃四女。生女三：長字現任」江西南昌府豐城縣江滸口巡檢李公諱□三子元伯，次字庚子科副榜拔」貢、現任汝寧府儒學訓導許公諱靖五子宗岳，三字吏部候選經歷陳公諱」綖三子大全。今卜新塋于郡城東南五里子陵塚東側，于康熙三十二年一」月十五日未時合葬。」

懷慶府儒學廩膳生員眷晚生沈叙頓首拜書」

不孝男文翰、文卷、伏龍、文龍泣血誌石

六二　清故儒士先考伯子府君暨旌表節孝先妣劉太君合葬墓誌

【誌文】

已故儒士先考伯子府君暨旌表節孝先妣劉太君合葬墓誌」

皇清康熙三十二年歲在癸酉，不孝母　劉太君壽八十九歲，五月初八日申時以疾告終，卜」三十五年三月初四日，將啓　先考之窆而合葬焉。不孝家故貧，不能祈名篇巨帙增輝泉」壤，又才學疏庸，不克敷揚先德，顧風木之悲，時懸胄臆烏容不質實一言。　先考諱思紹，字」伯子，行一，不孝曾王父鞏昌司理鄉賢公長孫、王父文學公冢子也。幼嗜學，未弱冠，賫志以」殁。爾時不孝甫週歲，尚在繃裹中，不復記憶。　太君爲不孝外高王父鄉賢繡衣劉公諱涇」孫、外王父文學諱堂長女，年十六嬪於　先考，僅歲餘而寡。聞　先考易簀之夕，　太君誓」以死相從。不孝王父遺家嫗諭之曰：「若不忘翁姑在堂耶，且若尚有藐孤在，何不自愛也。」　」太君仰體舅姑意，煢煢作未亡人，含荼茹蘗，百死一生，凡七十四年於茲矣。往時守北道三」韓吴公、郡伯楚環彭公、邑侯北平孫公，次第扁奬於門，編入郡縣誌，此　太君之大節耿耿，」足以磨世礪俗者。惜不孝頽廢自安，五十餘年淹滯諸生中，竟不能博一第，故天禄闕焉不」及以致甘旨稍缺。他如　太君居家恒事，識内政者，猶能爲之，親知諒不以此獨推重　太」君，不孝無容爲　太君喋喋焉。嗚呼！父殁，不孝不及臨其窆。母終，不孝不能盡其禮。生我與」鞠我者，殆兩負矣。不孝何情能勿痛哉！　先考生於萬曆三十一年五月廿六日寅時，卒於」天啓二年九月十一日酉時，享年二十歲。　先妣生於萬曆三十四年十月廿一日亥時，告」終於康熙三十二年五月初八日申時。子一，即不孝茂如，初娶商州知州甯公諱笏孫諱鉽」女，早逝。再娶李公諱可珍女。孫五：長大潤，娶庠生楊公諱爾瑶女，甯氏出。次四潤，娶庠生蔣」公諱肇女。三元潤，娶廩生趙公諱之玉女，早逝。再娶張公諱三統女。四佑潤，曾殯葬六叔爲」嗣孫，娶顧公諱甲女。五陽潤，年十二早殤。李氏出。孫女二：長適庠生顧公諱汝欽男瀚，甯氏」出。次適庠生瞿公諱溍男冕威，李氏出。曾孫四：長廷輔，娶庠生劉公諱公抜女，大潤出。次廷」摺，娶王公諱元士女，早逝。再聘賈公諱瑛女。三廷奎，未聘。四潤出。四廷立，未聘，佑潤出。曾孫」女七：長適庠生吴公諱生蘭男煜，二適庠生張公諱震青男望齡，三字王公諱琳男大慶，大」潤出。四字劉公諱炳男洪基，四潤出。五未字，六未字，元潤出。七字庠生梁公諱鳴珂男文通，」佑潤出。伭孫一，群兒，幼未聘。伭孫女一，幼未字。廷輔出。茲引　太君之佛，同　先考合葬清」平祖塋之左。不孝質實少文，不敢爲狀，不敢爲銘，謹泣血誌其大概如此。」

不孝男茂如，孫元潤、大潤、四潤、佑潤，曾孫廷奎、廷輔、廷摺、廷立，伭孫群兒刻石

六三　清待贈太安人劉（世篁）母丁氏祔葬墓誌銘

【蓋文】

皇清待贈」太安人劉」母丁氏祔」葬墓誌銘

【誌文】

皇清待贈太安人劉母丁氏祔葬墓誌銘　」

賜進士出身　」日講官起居注左春坊左贊善兼翰林院檢討前右春坊右贊善兼翰林院檢討甲子科」欽差雲南正主考翰林院編修充纂修」大一統志官翰林院庶吉士眷姻弟王化鶴頓首拜撰　」

河内劉母丁太安人，以康熙丁丑秋厭棄人間。又二年，將祔葬于文學君子騰之墓。子竹孫發使走千八百里請銘京邸。」余承乏史職，固宜述以彤管，又忝婚媾之後，謂庶幾能知太安人之梗概。用是澄戢志慮而爲之志。按狀：太安人鴻臚寺」序班丁公諱燧女也。少寡言笑，孝謹識大體。父母絶愛憐之，不肯妄字人。適文學君喪其元配邦郡主，父母爲擇耦，聞」太安人有女德，遂委幣焉。崇禎辛巳歲大疫，文學君病困床褥間，家人惶遽甚，謀禱於神。太安人正色呵之曰：「止！淫祀何」爲？神弗福也。」乃長跽請于翁姑曰：「鄉黨稱貸吾家者不下數千緡。窶人子窮窘。可念其券具在也，請付諸火，或者其有濟」乎？」翁姑同辭對曰：「新婦能之，我顧不能。」令司券者立焚之。焚未半而文學君淫淫汗下，病旋瘳。翁姑喜甚，酌酒私相賀曰：」「丁新婦竟可也。」當是時，翁姑垂白之年老矣。飲食衣服，家人罕當其意。太安人左右色養無方，食非手調不敢進，衣非手」紉不敢爲父母着體。其他事皆如翁姑意中所欲出。翁姑愈益喜。無何，翁姑相繼即世，生孝死孝，兩俱無憾，太安人與」有力焉。文學君性俶儻，與伯兄御六以雄姿爽氣名一時。性好客，客至呼酒劇飲，窮日落月以爲常。或讀書諸别墅講□」之暇，作爲亭榭，蒔花竹，吟嘯自喜。不問門以内事。太安人持家政，具有條貫，井井繩繩也。與文學君相莊如嚴賓。□□劉」氏家視冀缺，何曾足相先後矣。文學君育子稍遲，强仕以往，娶副室數人。太安人皆愛之，待衆子如己出。樛木之時，鳲鳩」之均，二者咸有其風規焉。伯氏御六，與文學君同居至老，終身無間言。文學君之事兄，殆猶劉琎之于瓛，楊津之於椿也。」娣姒間相得歡甚。伯氏亡後，所遺兩女出閣時，裝遺甚盈，己所生女不能過。雖文學君篤昆弟之誼，亦太安人從應之力」爲多。壬申、癸酉間，歲洊饑，耕子負租千石不能償。太安人顧謂竹孫曰：「昔日之券，姑爲政。今日之租，我爲政。此啼饑號寒」之家，何忍復向其門督責有無耶。」竹孫遵其言悉爲蠲除。於是里閈間欣欣歌舞，或嗟嘆有泣下者。咸曰：「吾儕今而後□」保其家室矣。」未幾，連舉數孫。人以爲積善之報云。狀又稱馭下最有恩，統僕婢輩，有役使終其身未遭笞朴者。諸子幼，或」時加呵責，太安人必諄諄教戒曰：「此亦人子也。」夫婦人之道，固不可以繁稱。如太安人事夫子以莊，處妯娌以和，馭下以」寬，待閭里戚族以惠。雖古賢媛何以加焉。子竹孫昆弟，清遠雅正，可謂有太安人之遺化者乎。嗚呼，是皆可紀也。文學公」諱一蛟，字子騰，號乘六，郡庠增廣生員，明封中奉大夫，」

皇清待贈承務郎。其家世暨生平言行，備載前志銘中。太安人生於明天啓六年正月十一日申時，卒於」皇清康熙三十六年九月十三日亥時，享壽七十有二。以子貴待膺六品之」敕贈云。子三：長曰世篁，即字竹孫者，候選州同知，娶庠生賈公諱光祖女，太安人出。曰世經，歲貢生，娶庠生鄒公諱思□女。曰」世田，歲貢生，先卒，娶陽武縣儒學訓導蕭公諱原馥女，王太孺人出。女七：一適庠生徐公諱允捷男庠生行建，先卒。一適」庠生許公諱勷君男拔貢生釗。太安人出。一適庠生史公諱燦男候選縣丞廷諧，先卒。一適庠生賈公諱爾明男大德。一」適庠生王公諱溥男明，先卒。王太孺人出。一許聘庠生李公諱雕龍男愈振。一許聘庠生董公諱御龍男文□。黄氏出。孫」男四。世篁出者二：曰保，聘廩膳生范公諱九錫女。曰僎，幼，未聘。世田出者二：曰文華，聘庠生賈公諱輔選女。曰文焕，聘庠」生范公諱元瑛女。孫女七。世篁出者六：一適國學生楊公諱奕綬男道溥。一許字余長兒歲貢生肅之男庠生學曾。一許」字副榜貢鹿邑縣儒學訓導許公諱靖男慶岳。一未字。一許字候選州同知羅公諱宏略男垂遠。一許字國學生馬公諱」若衡男萬椿。世田出者一，未字。將以康熙三十八年十二月初九日啓文學公之壙而祔葬焉。爲之銘曰：」

翁姑爲政，券可焚也。起持家樣，昭令聞也。夫子雋上，實軼群也。兩美合德，共此墳也。福蔭後嗣，氣氤氳也。有子」競爽，秀而文也。既貴且賢，宜振振也。」

不孝男世篁、世經，孫文焕、文華、保、僎，泣血上石

六四　清敕封登仕郎吏部司務廳司務衛如楊公（奮生）墓誌銘

【誌文】

皇清敕封登仕佐郎吏部司務廳司務衛如楊公墓誌銘」

誥授通議大夫巡撫甘肅寧夏等處地方贊理軍務兼理茶馬兵部右侍郎兼都察院右副都御史加二級年眷姪許容撰文」

賜進士通議大夫内庭供奉經筵講官吏部左侍郎仍兼管户部侍郎事加二級年家眷弟史貽直書丹」

賜進士光禄大夫太子太保保和殿大學士户部尚書兼理吏部尚書事加三級年通家眷侍生張廷玉篆蓋」

余同選銓部司務子玉楊公，將以歲庚戌嘉平之廿日祔葬封翁於新阡□□，丐余誌其墓。余與楊公為同里，而又交久，」知之悉最，按状而为之誌。封翁諱奮生，字衛如，世居河朔之柏香鎮。其先伯僑裔始自洪洞来遷者諱茂，九葉至望吾公，」生丈夫子三，長臯生，少崧生，封翁，其仲也。生而有異質，及長，聲如洪鍾，日者見而異之，以爲宏音亮節，非庿堂大貴，必富」甲一方。望吾公伉爽豪邁，每謂班定遠投筆封侯，人生奚必搦管求名，以故不責封翁以鉛槧業。而封翁亦知指精綜覈，」兼賴天幸，時獲奇羡，家務鉅细，惟所擘畫。當一弟一兄相繼而逝，於弟則以子爲姪，於兄則撫姪如子。越歲，而望吾公捐」館舍，祇竭力盡子職，苦塊中或有聘聣者，第事之謹，又折節自約，大抵奉勤儉慎三字以周旋，而家道卒相維於不墜。一」日同畢孺人居堂上，進長郎子

玉、姪開三、出繼次郎月菴公，而教之曰：「吾族馳□□紫者□不勝屈，汝祖父母未甞一飡」天家禄，吾終□爲憾。隙駒易過，汝等奈何終安田舍？」受命，月菴公疾馳大同，代兄援例出仕，子玉公送需次長安。歲辛丑，偕余」謁選，子玉公獲膺天曹首領矣，封翁聞之喜。抵任，以教孝者教忠，諄諄於清慎勤之訓。余時通籍冬官，携諸薦紳候封翁」起居，望之若仙，翛然塵外，群嘆行當以子顯也。」今上御極之元年，果以」□恩貤封登仕佐郎，如子貴。而封翁則終以太翁未獲，身□□益以盡忠者盡孝□長郎，惟封翁至性純篤，故孝友爲政推」之，仁民愛物，皆其言之莫罄者也。封翁素嫚鑠，凡百供養不奕□□恒欲留有餘，以□□真深有契於仁者，壽之理□。旋」里，延師課諸孫，間復與父老課桑麻，不作嘻嘻態，亦□□□相，鄉人幾忘其爲封□□□之祝，雖老乃陽九。既遘白」雲莫挽賴長郎子玉公歸侍，盡哀盡禮，情文備至也。□□友有誌，里黨不相忤，是又其□之在人之動於不容已也。嗚呼，」其生也人仰，其卒也人思，順事殁寧，封翁殆兩無憾□。封□□也。以雍正六年三月三十日巳時，距生順治十四年十」二月十四日子時，享壽七十有二。配畢氏，」敕封孺人，同邑丁酉舉人、福建壽寧縣知縣諱九臯公女。子二：長環昌，仕吏部司務廳司務，娶同邑丁酉舉人福建永定縣知」縣顏公諱佐孫女、貢監生諱復女，側室王氏。次恒昌，□選教諭，娶孟縣甲戌進士、貴州貴筑縣知縣姚公諱隨女。出繼胞」弟諱崧生。女四：長適同邑丙戌進士、陝西關南道僉□范□諱發愚孫、候選知縣□□埰子、貢監生諱□。次受胞弟諱崧」生撫，適同邑丙戌進士、浙江慈谿縣知縣樊公諱琳子、邑庠生諱廷□。次適同邑己卯舉人、南陽府舞陽縣教諭郭公諱」泰來子諱敏。次適孟縣廕生湖南長沙府知府薛公諱琳聲子、貢監生諱清擢。孫二：長奕震，郡庠生，娶孟津貢監生李公」諱熙女，顏孺人出。次奕霈，聘順天歲貢生□□□□知府劉公諱登庸女，王氏出。孫女四：長適修武歲貢生候選教諭」路公諱天衢子諱由正。次適濟源壬辰進士、直隸東光縣知縣改□歸德府教授璩公諱廷慶子諱士元。次適孟縣貢監」生薛公諱清擢子諱維樞。次幼，未許字。曾孫二：長曰瑚，次曰璉，俱幼未聘，奕震出。余出撫西夏，越在數千里外，而子玉公」爲之請文其封翁墓石，余感其純誠，故誌之如右而繫之以銘曰：」

富者多驕公和平，貴者多挾公忘榮。積德昌後産豪英，有子顯親播□名。評高月旦鄉先生，俎豆千秋孰與并。西章左畔□□哀，沁水行山永相縈。

不孝男環昌泣血勒石

六五　清鄉進士候選儒學訓導顯考方北府君（鄒壬）暨孺人顯妣馬太君合葬墓誌

【蓋文】

鄉進士方」北鄒公暨」孺人馬氏」合葬之墓

【誌文】

皇清鄉進士候選儒學訓導顯考方北府君暨」孺人顯妣馬太君合葬墓誌」

不肖男湘等憶：我　父少孤，其離我　王父也，甫十歲矣。當我　王父莅任黔南，間關数千里，未能」随任。經歲，　王父即捐館。訃音至，我　王母痛不欲生，撫我　父而言曰：「汝父一綫之脉惟汝而已。」」時我　父年雖髫齡，承我　王母之訓，日夜祇懼，罔敢失墜。及我　父入庠，我　王母心慮稍寬，謂」承先有人矣。我　父孝友性成，事我　王母三十餘年，順志承顔，不徒事定省之虚文，是以休睦和」藹，家聲丕振，固　王母福澤之所致，亦我　父孝思之由徵也。不意我　王母於乾隆九年甲子秋」七月二十八日告終，我　父經理喪事，内外無憾，於乾隆二十年乙亥十月二十四日祔葬我　王」母於先塋之兆，一切喪葬諸大事皆我　父獨立撑持。時我　母感患瘰癧症病，經八年，於乾隆三」十一年丙戌四月十二日告終，壽六十有四。嗚呼！靡依匪母，而今竟失恃也。繼至今十餘載，賴我　」父維持家道無替。我　父一生兢業自持，端方不苟，年十六即入郡庠，明年十七，則我　母馬太君」始歸時也。太君爲外祖宜陽馬公女，公早故，太君亦少兄弟之親，其孤特與府君實相似矣。又六年，」補增廣生，数以優舉，特奨文行兼優，雖屬常語，寔於府君一生行謹無虚。次年，值選拔例，府君以優」等與試不獲，僅得廪膳食餼。明年丙辰　恩科薦而未售，所謂遇合有命不信然歟。因援例出貢，以」就教職，亦府君善繼前人之意耳。嗣是府君庭設講堂，課訓子孫，承先啓後，非我　父而誰也。方期」我　父頤養天年，訓誨孫子，胡天不弔，忽降鞠凶，於乾隆四十六年辛丑十月二十三日申時告終，」距其生於康熙四十四年乙酉九月初七日戌時，壽七十有七。嗚呼！賓天長逝，抱恨何窮，前無母兮」無所恃，兹無父兮復何怙。謹遵我　父遺命，早葬，卜於乾隆四十七年二月初三，我　父百日之哀，」合葬我　父母於先塋之兆。爰述世系，謹臚爲誌。」府君姓鄒氏，諱壬，字方北，號二酉，行二。先世江西袁州府萬載縣人。　始祖諱必清，自明洪武初隸」籍河南懷慶衛，遂家焉。傳至我　父十二世矣，載在家譜不能殫述。我　高祖諱士巽，以明經任陝」州閺鄉縣教諭，署項城縣事，陞國子監學正。　曾祖諱思紱，兄弟行五，並列黌序。　祖諱庚，康熙丙」戌進士，　」欽點内閣中書，銓授貴州鎮遠府鎮遠縣知縣，兄弟行四，我　祖其仲也。生我　伯父諱琦，候選州同知，」早故。次即我　父，鄉進士，候選儒學訓導。子男四：長不肖湘，太學生，娶候選州同知劉公諱文振女。」次不肖灘，邑庠生，娶兵部郎中知紹興府事楊公諱賜昌男貢監生諱奕傑女。次不肖濂，娶太學生」蕭公諱維杲女。次不肖沅，娶歲貢生候選儒學訓導許公諱銡男儒士諱澍女，又娶沈公諱國錦女，」又娶賈公諱超萬女。女一，適廣西平樂府賀縣知縣楊公諱方泰曾孫諱宗正。孫男三：長懋官，娶邑」庠生沈公諱凝女，又娶儒士傅公諱正己女，湘出。次懋修，聘邑庠廪膳生員曹公諱履青女，灘出。次」懋功，聘太學生楊公諱道陽男諱永瀛女，濂出。孫女七：一適温邑貴州永寧州吏目王公諱曰辛長男」諱燧，湘出。一適孟邑庠生薛公諱清輔男諱維高，一適誥封宣武大夫蕭公諱藎男誥封宣武大夫」諱履升四男候選巡檢司諱奏韶，灘出。一適儒士丁公諱錫瑺長男諱天修，濂出。一字康熙庚午科」舉人、欽點内閣中書王公諱溥孫允恭男諱儒，一幼未字，灘出。一幼未字，沅出。曾孫女一，幼未字，懋」官出。兹當我　父母歸窆，謹遵家禮，略叙世系是爲誌。」

戊子科舉人候選知縣侄汝敉拉淚填諱　」

不肖男濂、湘、灘、沅泣血稽顙，孫懋修、懋官、懋功拉淚勒石　」

乾隆四十七年歲次壬寅二月癸卯初三日誌

六六　清敕封承德郎四川保寧府分駐雷波撫夷通判晉奉政大夫直隸宣化府同知千乘楊公（道國）暨德配敕封安人應封宜人高太君合葬墓誌銘

【蓋文】

敕封承德郎晉」封奉政大夫直」隸宣化府同」知千乘楊公」暨配」敕封安人應晉」封宜人高太」君合葬誌銘

【誌文】

敕封承德郎四川保寧府分駐雷波撫夷通判晉」封奉政大夫直隸宣化府同知千乘楊公暨德配」敕封安人應封宜人高太君合葬墓誌銘」

賜進士出身翰林院編修河南懷慶府通判年家治弟顧朝泰頓首拜譔併篆額」

辛未壬申間，覃懷千乘楊公莅吾郡，廉惠名嘖人口。余時居館職，有鄉人至京所，」每向余言楊公賢，既而知公前謁選，與今大司寇光山胡公爲莫逆交。及給假歸」里，時晤芝宇，具志其政事施措，勤儉静慎，益歎胡公爲知人。而公之果非常人也。」後各馳驅，公且晉秩。方冀公安台鼎，以勵庶正。而遽辭紱投林，急流勇退。古人□」不是過耳。迨丙午丁未際，余外任懷慶，爲公桑梓，因得往來數晨夕。公時營葬其」先，走函祈胡公爲誌銘，遂愈悉公本末。後余謁告還蜀。歲己未，公之嗣子續溥遣」走足具狀，謂其先人知交惟余與胡公。胡公方居重地任大政，不敢以請，若非余」莫可爲之銘者。余念楊公并憐其子仁孝，弗能辭。按狀：　公諱道國，字千乘，族自」汾隰啓南陽居懷之柏香鎮。大中丞景歐公撫寧夏。曾祖素儒，由進士歷僉憲分」巡井陘。伯祖知紹興府。祖右君以中翰外任江南太平府清軍江防同知。考諱奕」弼，候選内閣中書，　敕授徵仕郎，以子貴，　敕贈承德郎。公幼生貴盛，而謹慎周」密。務孝友，羞與翩翩貴游伍。壯年筮仕，授四川保寧府通判分駐雷波撫夷，歷攝」府、州、縣篆凡十餘署，任職廉静勤慎，民不擾而事皆克舉。嘗督修劍閣，運」吉木，運餉，運銅，勞心勤力，利　國紓民，以故至今巴人有甘棠之愛焉。俸滿陞直隸宣」化府同知，陟大夫寢任用矣。而輒爲同事輩擠排，以修懷來城解組歸里。益遂初」志，孝養其太夫人，友愛厥弟，享壽七旬有九，卒於家。方　公治夔閬也，教民墾筇」笮，務稼穡，户敦本業，禱祠禦蝗，而烏啄食之。民不懾官威，夷夏從化。余以爲世家」久宦，諳練政事耳。及余臨懷親矚其敬祖惇宗，親親惠衆，如建家廟，修族譜，卹大」宗，濬利渠，其爲善唯日不足，乃知　公昔者之澤沛吾鄉，非沽名非塞責也。近年」荆楚莠民作梗，漸被吾州，皆以官逼民變爲辭，至重煩」朝廷計慮，因念司牧者皆如我，　公列在庶位，何至此乎？則嚮時胡公一見而遂與交」好，洵有李文靖之先識。而豫卜廉静勤慎者，效固必然，誠非以區區桑梓，世誼私」蒿縞紵也。公配應　封宜人、　敕封安人高氏，本邑候選州判諱密公女，先公卒，」今合葬焉。繼配例　封宜人李氏，江南江寧候選縣丞諱績公女。嗣子邑庠生續」溥，娶本邑處士諱上卿王公女。女子一，適濟邑監察御史、山西按院劉公曾孫、候」選州判諱肇德公長子邑庠生應舉。孫二人，俱幼，未聘。女孫一，適本邑許文正公」裔孫太學生諱天定公長子承誥。乃爲之銘曰：」

晉啓南陽，巨鎮柏香。簪纓詩禮，世族維楊。我 公千乘，三巴稱良。民沐慈惠，家咸」厥臧。人壽貞珉，同此幽藏。靈之瑞草，地久天長。」

嘉慶四年十一月 日」

不孝續溥□□天培、爵拉淚勒石

六七 清敕授徵仕郎己酉科拔貢歷任中牟臨穎伊陽縣教諭加一級籲俊任公（登彦）墓誌銘

【誌文】

皇清敕授徵仕郎己酉科拔貢歷任中牟臨穎伊陽縣教諭加一級籲俊任公墓誌銘 」

河邑任君籲俊既歿二年，其孤桊遥將卜吉奉柩葬於郡城西郊之新阡，先事遣价封寄行狀來問誌銘於階。」籲俊與階同年選拔，余宰河内時熟悉其家世。及陞任汝州，君爲伊陽學博。伊陽，汝屬縣也。君時時因公至州，」又得知其學行才識焉。故不敢辭，遂採掇事狀中語，叙而銘之。君諱登彦，字籲俊，號碩亭。先世晋人有諱成者，」自晋徙著河内，君之始祖也。曾祖起鳳，以孫貴， 貤贈奉政大夫。祖宏烈，例補縣主簿，以子貴，」誥贈奉政大夫。父履素，由進士歷任四川郫縣知縣、眉州直隸州知州。卓異，保薦咨署嘉定府知府，所在有賢聲。」妣陳宜人生登萊，太學生。生妣余安人生登善，例貢生，候選州同。登彦，拔貢生，汝州伊陽縣教諭。登彦，即余」同年友也。公生於郫縣署中，幼聰穎，授書，誦輒不忘，眉州公珍愛之。後隨眉州公旋里，從學庶常楊定齋先生，」作爲文章，卓然振俗。二十二歲補邑庠諸生，旋食餼，名噪士林。己酉科選拔貢，入成均，報滿，授伊陽教諭。公頎」然長身，器守端凝，能以孝友律其躬，以勤儉範其家。與人交可者近之，不可者避之。公家豐裕，見之恂恂然，如」布素之士。遇事雖界纖微，亦必精詳審察。作字筆畫不苟，其生平恭謹如此。父卒而事生母余安人，克盡子道。」既遭余安人喪，盡哀盡禮，族戚稱焉。因哀毁得怔忡。疾稍愈後，又以仲兄歿過於悲慟，舊疾復作，數年始痊。公」之篤親而好德，其性然也。恭逢」覃恩，余安人獲邀」寵錫封太孺人。又以己身應得封典，貤贈仲兄若嫂。當其秉鐸伊川也，謹學校嚴操守，同邑僚友皆敬重之。其」誨諸生以品行爲先，而次以學問。三年，家絃户誦，彬彬然有鄒魯之風。伊向乏科目，自公司訓以來，諸生中劉」仲舒舉孝廉，陳保元得選拔，遂登賢書。伊邑四面環山，叢林密箐，境接楚域，會有楚匪之警，公奉委查緝，即選」諸生才幹勇毅者，授以防禦法，仍躬率鄉勇，日夜訪察，不憚勞勸，伊民莫不安堵如故。歲大饑，奉」旨賑恤，公與其事，親歷鄉落，按口給發，不假胥吏之手，民得存活者數千户。上憲察公能，即擢上考，公固辭。癸酉夏，」引疾回籍，遂杜門謝賓，栽花豢魚，時與二三知己杯酒豆肉，暢談竟日，欣然有終焉之志，不復作進取想矣。君」生於乾隆二十年九月初七日卯時，卒於嘉慶二十年十月初五日寅時，享年六十有一。配田氏，」敕封孺人，例封太安人，候選布政司經歷諱大鵬公女。子二：長桊昌，候補府經歷，先公四年歿，今從葬於新阡，」娶郝氏，太學生諱位北公女。次桊遥，候選布政司經歷，娶賈氏，附貢生名渠公女。女二：長適武邑謝夢熊，附貢」生諱生化公子，早歿。次適郭化普，候選都司諱希仁公子。孫男二：曰有倫，榮昌出，聘紀氏，邑庠生諱士芳公女。」曰昂倫，桊遥出，年幼未聘。女孫四：長字郭大翊，候選州同知名化成公子。次字温邑吴聚奎，雲南候補知州名」廸濂公孫、附貢生名撝吉公子。餘尚幼，未字。今其孤葬公於城西郊新阡，時嘉慶二十三年九月初七日也。昔」太史公謂：淵深而魚生之，山高而虎藏之，人富而仁義充焉。君之學行才識不以富掩，非惟亢宗任氏也，殆所」謂一鄉之善士歟。余自分筆力衰劣，弗稱其能永君之傳哉！惜乎，君不遇太史公也。然既重枲遥請，不可以不」銘。銘曰：」

鼎鼎巨宗，邢邱令望。服習詩書，恭温恬讓。司訓新城，風化四暢。六十云殂，何報之爽？非報之爽，慶及後賢。考兹」幽室，宰木森芊。玉臺綉几，濟水環旋。公安體魂，於萬斯年。」

誥授朝議大夫、己酉科拔貢、知河南府事、辛酉科河南鄉試同考官、充戊辰科内監試、年愚弟熊象階頓首拜撰」

候選儒學訓導、姻愚姪吴維圻頓首拜篆額　邑庠生員、眷晚生泠迓曦頓首拜書丹」

承重孫有倫、孤子枲遙、齊期孫昂倫勒石」

大清嘉慶二十三年九月初七日

六八　清例贈奮武郎岱友趙公（廷儀）德配段太孺人合葬墓誌銘

【蓋文】

皇清例贈奮武」郎岱友趙」公德配段」太孺人合」葬墓誌銘

【誌文】

皇清例贈奮武郎岱友趙公德配段太孺人合葬墓誌銘」

例授修職佐郎候選儒學訓導愚姪吴維圻頓首拜撰並書丹篆蓋」

余友趙偉，狀其先人之嘉言懿行。一日，持以問銘於余。曰：「吾父之殁，至於今已十九年，未克窆棺，吾」兄弟輩慢葬之愆難逭也。今得善地於城西郊外，將並奉吾母段太孺人柩祔焉。葬有期矣，敢以誌」銘之文瀆吾子。」余聞之矍然懼，既而潸然慟也。公與吾父爲知己交，日夕聚首。余幼侍坐側，聽其言」論，仰其丰采，渥其誨諭。公雖没世已遠，圻能識其一二。故不敢辭，亦不忍辭。按狀：公諱廷儀，字岱友，」姓趙氏。世爲河内人。曾大父諱加玠，字次吾。大父諱維翰，字屏之，國子監太學生，以子貴贈文林郎。」父諱世臣，字子勛，爲山東魚臺縣令。殿最擢陞曹州府同知。所在有政聲。公性敏悟勁直，處事論是」非，遇有未安，鑿鑿言之，無復顧忌。當其随父於魚臺署也，年甫十三矣。讀書之暇，暗取案上文牒，手」披不倦。有疑處，請質於魚臺公。故魚臺公之牘文無錯悮，繄君之力。既奉父旋里，即援例爲太學生。」猶閉户誦讀，學舉子文。每赴省試，屢薦不售。諸前輩見其文者，輒扼腕久之。後因食指浩繁，事務細」碎，不欲以勞貽親，遂理家政焉。其事父母，凡被服、飲食、玩好之物，苟可以愜親心而力能致之者，悉」聚以歸。厚其施以及於戚族，不敢惜其力之所能得。約其身以及其妻子，不敢慊其心之所欲爲。初」公伯姊適韓氏，於乾隆二十三年夫婦相繼病歿。無子，遺女三人。姊之翁姑，淹柩在堂，家貧無人，不」克舉葬事。公出貲伯金代爲之葬。收其遺女，飲食訓誨，擇良配，厚其粧奩以嫁。是謂友愛篤於性，不」敢惜其力之所能得也。居平訓子若孫，常以量入爲出，能致和福爲言。凡持己接物，不可作崖岸絶」俗之行。公故富家，出則舊衣布履，望之若寒素然，可爲世矜法。是謂簡静治乎家，不敢慊其心之所」欲爲也。公晚年好讀書，延師課孫益嚴，不令出户。暇即取素所蓄古名字畫，展玩移日。聚諸子於前，」爲之辨論真僞。故偉有其鑒古之識。尤精於醫，望治者得其方，病立愈。迄今飲公之药而年臻耄耋」健飯强步者，亦不少云。人或言公過於儉，余謂不然。彼世之不約其身以及其家，無他材能俾子若」孫倣傚所爲，而以富豪誇耀於人可睹矣。然以公終始操行相較，亦何彼負之有哉。公生於乾隆元」年十一月十二日巳時，卒於嘉慶八年九月二十三日子時，享年六十有八。德配段孺人，濟邑世族」也，爲鄭州學政諱鴻文公孫女，貢生諱玉彩公女。淑惠有儀，治家堪式，故公無内顧之慮。孺人生於」雍正九年正月十一日亥時，卒於嘉慶十九年八月初四日戌時，享年八十有四。子四人：長煜，太學」生。配田氏，前任兵馬司諱生桂公孫女，珙縣知縣諱大本公女。繼配胡氏。次偉，太學生。配李氏，山東」按察司諱珣公孫女，邑庠生諱友博公女。繼配張氏、王氏。次楷，郡庠生。配董氏，邑庠生諱泽深公女。」次端，邑庠生，以軍功議叙部廳。配朱氏，清河巡檢諱耀公孫女，候選州同諱育梅公女。繼配宋氏、武」氏。孫七：敏學，邑庠生，煜出。配劉氏，諱賓公女。繼配杜氏、許氏。敏第、敏昌，偉出。敏第，業儒。配薛氏，候選」州判諱維田公女。繼配謝氏、王氏。敏昌，尚幼。敏樹，郡庠生，楷出。配婁氏，辛巳科舉人諱三槐公女。繼」配高氏。敏行，邑庠生。配賈氏，貢生諱渠公女。敏政，業儒。配高氏，太學生諱天玉公女。敏功，業儒。聘馬」氏，候選衛千總諱元斌公女。端出。曾孫二：松筠，業儒。聘徐氏，候選守御所千總諱上林公女。第出。松」齡，尚幼。行出。今卜於道光二年十月十三日未時葬於郡城西郊之新阡。以段太孺人祔。銘曰：」

惟公之德，操約行堅。銘兹墓石，鬱鬱新阡。面行環濟，夫人祔焉。既安且固，於萬斯年。」

道光歲次壬午孟冬穀旦　承重孫敏學，孤哀子偉、端，泣血勒石

六九　清例贈儒林郎候補州同梁公（王卿）墓誌銘

【誌文】

（誌石一）皇清例贈儒林郎候補州同梁公」墓誌銘」

丁卯科舉人大挑知縣借補」教職歷署長葛孟津訓導事」眷弟張島頓首拜撰併書」

殿賓梁公以十二月十五日」卜葬新阡。長孫紹伯踵門以」墓誌請。余愧不文而固辭，不獲」命，因誌其略。按狀：公諱王卿，」字殿賓，姓梁氏。世居河南河」内縣之王曲鎮。兄弟三人，公」其次也。生五歲，世父」贈公蔚如先生卒，無子。世母侯太」安人甫十九，矢志柏舟，撫公」爲嗣。慈愛周摯，

如己出。公亦」不知爲世母也。稍長，送鄉塾，」爲大成望。而家計淡薄，用度」不充，遂棄儒習商賈，業於崇」義岑村諸集鎮。往來販布，奔」走跋涉，不憚晨夜。冀得微利，」以爲太安人奉資。稍裕，乃於」本鎮開錢店，坐權子母，少舒」勞瘁矣。自時厥後，日生日盛，嚴」成素封。而太安人倏棄世。公」深慟其守節之苦，有待於己，」而未食其報。凡一切附身附」棺，必誠必信，盡志盡禮。既葬」之後，他務未遑，急請」旌表建坊，以爲幽靈慰，併冀流芳」百世，爲後人庇也。至於手足」之情，尤所克篤。雖出繼別房，」而本生兄弟家故不豐，吉凶」諸事，所以資助之者，無不至。」歲時伏臘，會聚談讌，怡怡如」也。蓋其孝友之誠，出於天性」者然也。公既饒於財，而恥爲」守錢虜。以爲人生斯世，既不」能讀書就功業，使一世咸被」其澤，而鄰里鄉黨親族友朋」間，所謂睦姻任恤之誼，苟爲」力之所能，爲何不可循分以」自盡。故於諸猶子甥婿輩與」親友諸年少，各審其才之高」下，或即於本號辦事而優其」分資焉，或另爲出本而使自」經營焉。其無能爲者，即代爲」之籌，而不吝其資。迄今賴公」而稱富有，待公而度日月者，」（誌石二）殆指不勝屈。史稱陶朱公三」致千金，再分散與貧交疏昆」弟，方茲蔑矣。不寧惟是。本處」舊有沁河善橋，每歲吃會釀」金以濟，費勞十数村人，而一」歲祇供一歲之用。公與本鎮」諸首事設法處置，積金收息，」歲用有餘而人不擾。其生平」處事周密，每垂永利者類如」此。公初以捐助常平倉本補」太學生。嘉慶末，豫河屡決，工」用浩繁，公復捐数百金以助」工。蒙」恩加州同銜。昔范蠡去吴曰：「吾已」施於國，將復用於家。」而富亦」不訾。然則公既成於家，何不」可施於國。使公得實授，佐一」州，吾知其必能以孝友睦姻」任，恤化州人，而不貪於財，處」事周密，一如其生平之素。而」孰意其齎志以終也。公歿於」嘉慶二十一年，距生八十有」三歲，實雍正之十二年也。元」配賀安人，繼配李安人。子三」人：長肇修，先公卒。次肇平，太」學生。次肇型，太學生。皆卒於」道光二年冬月。女五人：長適」宋蟾元，次適李全興，次適支」興旺，次適萬景和，次適魏元」平，俱賀安人出。孫七人：紹伯、」紹恩，肇修子。紹太、紹均、紹元，」肇平子。紹芝、紹蘭，肇型子。孫」女十二人。余與公有葭莩親。」嘉慶十九年，公以八十開筵，」余嘗登公之堂，祝公之壽，爲」文以誌其美。見公康强矍鑠，」絶無衰憊態。方謂更一二十」年，稱百歲觴，復紀之以爲」盛朝人瑞。而今乃銘公之墓也，悲」夫！

銘曰：

緊公之才，用胡弗彰。」緊公之德，施胡弗將。忽焉隕」墜，涕泗以傷。老成凋謝，天道」難量。新阡肇建，鬱鬱蒼蒼。卜」云其吉，維公之堂。與行同固，」與沁共長。千秋萬歲，終焉允」臧。

皇清道光二年歲次壬午冬十二」月十有五日　梁王信鐫字

七〇　清例授奉直大夫候選布政司經歷貤贈昭武都尉郭公逸園（奉欽）墓誌銘

【蓋文】

皇清貤贈」昭武都尉」逸園郭公」墓誌銘

【誌文】

皇清例授奉直大夫候選布政司經歷」貤贈昭武都尉郭公逸園墓誌銘　」

誥授中憲大夫前分守山西河東平蒲解絳霍隰地方水利兵備道兼管山西」陝西河南三省鹽法道署理山西布政使司山左邱縣劉大觀撰　」

誥授資政大夫兵部侍郎兼都察院右副都御史巡撫湖南提督軍務前署兩」廣總督事太僕寺卿通政司參議山右興縣康紹鏞書丹並篆額　」

水北郭氏，結姻於平原張牧村觀察。余與觀察至戚也。遂因張氏論戚誼於郭」氏需次通守字時齋者，殷勤余尤甚於其諸兄。以其季父昭武公行實，率其姪」世楹再拜乞墓銘。辭不獲已，乃按銘法，用述其生平大略焉。公諱奉欽，號逸園。」受姓之始爲虢，蓋王季之穆。虢叔有懿德，文王咨焉，建國命氏。後以郭易號。行」誼功勳，代有偉人，不悉述。居河內以孝子稱者有郭巨焉。公始祖春，於洪武初」造自洪洞遷河內。以丁蘭、郭巨同爲孝子，遂居於水北丁蘭巷。數傳至公祖之」樑，讀書入成均。樑子訓，少遊太學，以煮字不能療饑，無以奉祭祀，竭供養，乃棄」書習於貿遷。握算持籌，豐腴日用，是爲公之繼父也。公本生父諱誠，候選布政」司理問，踐履端方，爲鄉閭推許。公事繼父，先意承志，恂恂稱子職。事本生父母，」肫誠懇摯，亦復能得歡心。公兄弟三人，伯兄奉詔，仲兄奉恩，皆篤於友愛。公念」其尊，甫不得已而棄書，非本志也。仰體先人意，取家藏舊書，刻苦研究，遂工舉」子業。而數蹇，屢試不售。以明經需次布政司經歷。子維智，天姿疏朗，讀書有慧」性，以體弱，先公兩年去世。公生於乾隆九年三月十五日辰時，卒於嘉慶九年」六月初五日亥時，得壽六十有一。孫世楹，納貲農部，例授都司。以國有慶典，貤」贈公昭武都尉。公在時，嘗語人曰：吾郭氏以孝著名，所居丁蘭巷爲孝子故里。」脫不講孝道，辱先人，並辱此土。念族黨無親疏遠近，皆出於一本一源，不敢忽」視。其視猶子若己子，以養以教，本於慈愨。值歲歉，閭閻窮戚。曰：「此父老子弟，吾」先人之鄉鄰也。」□鄉鄰，非先人意。日出粟數百斛，以生活之。嘉慶丁巳，懷慶修」北城，發荒塚數十，累累見白骨。曰：「此皆吾先人桑梓中人也。視暴骨不關心，吾」何以對先人九泉之下。」置棺器，斂骨瘞之。並諄諄屬從事：勿遺寸骸，勿男女錯」雜，爲死者憾。其他濟人利物，諸盛德事，不可覼縷。凡此皆錫類之仁，以先人之」志而繼於其身者也。維時築室落成，茁紫芝一莖，長尺許，熒然燦爛，數月不萎。」郡中士大夫多有歌咏其事者。嗚呼！有君子之風矣。公配郝氏，慈孝勤儉，有賢」德，貤贈恭人。側室馬氏、王氏。子一，維智，候選州同。孫一，世楹，候選都司。曾孫守」□□。以道光七年十一月十九日庚申，卜葬於郡城西北之祖塋，郝恭人祔焉。」銘曰：」

□義若不及，是爲□也。勇以輔仁，下昌後之種也。太行之雲，時霎隸於其隴也。」□穹柏翠，是爲逸園參軍之塚也。

七一　清故修職郎河內田君（聯元）墓誌銘

【誌題】

清故修職郎河內田君墓誌銘

【誌文】

諱宗稷者，以指揮千户隨鄭藩遷懷」慶。六傳至諱養浩，以長子康年官直」隸按察使司副使分巡通惠道得誥」贈如其官。配王氏，贈恭人。養浩次子」鶴年，候選州同。以子生苾官虞衡司」主事，得敕封承德郎，以次子生桂官」福建惠安縣知縣，加級請封得奉直」大夫。配楊氏，贈宜人。鶴年子生苾，敕」授承德郎。配許氏，封安人。生苾子大」觀，四川布政司理問，署夔州府通判，」敕授儒林郎。配趙氏，封安人。生子三：」長諱聯元，即所謂藝園先生也。次登」元，邑庠生。次允元，太學生。皆先卒。藝」園生於乾隆十三年戊辰閏七月初」二日辰時，卒於嘉慶二十三年戊寅」七月二十日戌時，得年七十有一。例」授修職佐郎，候選儒學訓導。元配王」孺人，雲南阿迷州知州贈華女。繼配」范孺人，庠生明德女。繼配吕孺人，新」安吕忠節公之後，候選吏目位高女。」孺人性質賢良，識大體，謂諸孤曰：「停」喪非禮也。亡者以入土爲安，宜速舉」葬事。」於道光十年庚寅十二月二十」五日，葬於夔州府通判之塋次。藝園」子三：長處厚，庠生，娶董氏，庠生澤久」女。次錫厚，庠生，出繼允元。娶任氏，監」生□選女。繼王氏，濟邑貢生珴女。次」博厚，廩生，娶王氏，孟邑候選府經振」□□□□□□□□女。女三：長字」董鳳醴，次字孟邑王□林，次適齊瑢。」孫男七：維熊，娶鄒氏，商水教諭汝敦」孫女。維祺，出嗣，娶張氏，貢生正己女。」繼楊氏，監生悦鰲女。繼王氏，監生振」江女。維翰，娶羅氏，庠生仲常女。維峻、」維沛、維新，皆幼，俱處厚出。維羆，娶王」氏，監生居敬女，錫厚出。孫女五：長適」庠生吴煊，處厚出。次適庠生張兆奎，」次適張履謙，錫厚出。次博厚出。次處」厚出。曾孫二：丕謨，丕烈。曾孫女一。皆」幼。俱維熊出。銘曰：」

用醫濟人，仁術也。舉孝廉不赴，恥役」役於浮名而離於老親之膝也。是以」仁爲本，以孝爲質也。其阡隴巍然，維」泉壤之吉也。」

慈侍下孤哀子處厚、博厚，孫維沛、維翰、維熊、維祺、維峻、維新，曾孫丕謨、丕烈勒石

道光十年十二月二十五日

七二　清誥贈昭武都尉候選州吏目榮昌郭君（奉恩）墓誌銘

【誌題】

皇清誥贈」昭武都尉」候選州吏」目榮昌郭」君墓誌銘

【誌文】

皇清誥贈昭武都尉候選州吏目榮」昌郭君墓誌銘」

（誌石一）君諱奉恩，字榮昌。姓郭氏。生有至性，」事父母以孝聞。父殁，益致孝於其母。」憂悲愉樂不主於己，惟母意是承。晝」擘畫家務，夜寢母側。飲食藥餌，抑搔」扶持，必躬親，八年不懈。居喪哀毁盡」禮。少倜儻，欲有爲於當世。以事母不」應試，援例捐州吏目。自奉儉約，布德」於族

戚。里黨間有婚嫁喪葬不給者，」賙之無吝色。乾隆甲辰、乙巳歲大祲，」爲粥以食餓者。見路殣必募人瘞埋」之。聞人危急，不啻在己，必拯之而後」快。以君行事視富而自封者，相去何」如耶。使天假之年，得所藉手，其所施」必更溥，其沾溉必更廣。而僅以善行」著於鄉邑，其命也夫。然爲善者必有」後，而積德深者其食報也長，則固如」操左券也。君果以長子貴，」贈昭武都尉。配張，繼吳，皆」贈封如例。兩太恭人均有婦德。吳太」恭人孝事病姑，教所生二子成立，尤」能全君未竟之志。君與張太恭人先」葬於郡城西濟瀆廟後先塋之次，坐」（誌石二）癸向丁。今君仲子將以道光十七年」十月二十日奉吳太恭人合葬。寓書」京師，屬爲墓志銘。謹按狀：君世居河」內水北關丁蘭巷。曰永例，監生、」贈承德郎者，君曾祖也。曰之樑，」封奉直大夫者，君祖也。曰誠，候選布」政司理問、」贈中憲大夫者，君考也。子二：維禮，候」選都司。先吳太恭人卒。娶喬氏，例監」生國華第二女。維信，戊辰科副榜，候」選通判。娶吳氏，余外祖萊州府同知」諱純仁公第四女，余母之季妹也。女」三，例監生任士偉、任秉廉，候選州判」鄭遵先，其婿也。孫三：世模，中書科中」書。世莊，候選衛千總。世增，業儒。孫女」三：長適張敷，次適皇甫林模，三適李」憲章。曾孫四，曾孫女七。銘曰：」

積善必昌，陰隲有常。況君之善，曆久」彌彰。德澤在人，天降休祥。以詒後昆，」視此銘章。」

賜進士出身」誥授通奉大夫日講起居注官詹」事府詹事署宗人府府丞稽查右翼」覺羅學前大理寺太常寺少卿翰林」院侍講學士國史館提調文淵」閣校理教習庶吉士姻載姪武陟毛」樹棠頓首拜譔并書」

誥授朝議大夫候選知府外孫婿平」原張敷頓首拜篆蓋

七三 清誥授朝議大夫晉授中議大夫賞戴花翎即補海疆知府前淡水同知丁卯科解元懷樸曹公（謹）墓誌銘

【蓋文】

皇清誥授」朝議大夫」晉授中議」大夫賞戴」花翎即補」海疆知府」前淡水同」知丁卯科」解元懷樸」曹公墓志」銘

【誌文】

皇清誥授朝議大夫、」晉授中議大夫、」賞戴花翎、即補海疆知府、前淡水同知、丁卯科解元懷樸曹公」墓志銘」

（誌石一）數十年來，天下稱循吏者，必曰河內懷樸曹公。公何以得此□」人哉？按嘉慶丁卯，公以第一人舉于鄉，時方弱冠耳。才鋒穎拔，」文奇麗，主試者特異之。公亦自負其才，謂甲科可立致。乃試禮」部，屢躓，卒以大挑一等分發直隸。天若故困其身，老其才，俾以」縣令見。公亦愈斂華就實，沈潛經史及宋諸子書，獲其大意，不」株守章句，以故器識益偉岸。直隸畿輔，地號難治。公歷署平山、」曲陽、饒陽、寧津等縣，皆能得民心。饒陽值水旱相繼，公請帑賑」饑，日走鄉曲，察戶口多寡，被灾輕重，分給之，不經吏胥手。時即」飯店，市餅餌食之。無絲毫私，民大悅。總督蔣礪堂、相國廉得之，」數稱於衆。寧津則首嚴弭盜，行清莊聯莊法，獲其盜首，餘皆遠」遁。總督益能之。道光五年，補威縣。修文廟、城隍廟，興教勸士，敦」品勵行，遠近翕然。及調豐潤，以被議落職。旋復官，揀發福建署」將樂，則又以失察邪教被議。引」見，仍以知縣用，赴福建。是時，公年逾强仕，學益邃，識益卓，治亦」愈懋矣。十六年二月，署閩縣。閩附省垣，令多疲於供億，公獨專」力民事，而給應徵求亦無缺。吏畏民懷，頌聲大起。大吏皆稱之。」適旗軍與縣民械鬥，各千百人，勢洶洶如鼎沸。委員□之不止。」公奉檄往，則置坐榻於軍民之間，飭各縛獲數人，送縣署辦理。」次日復糾衆將鬥，公挺身至旗軍門外，明白□諭，示利害甚悉，」遂各帖然。蓋信公者素也。時大旱，禱雨，迎觀音菩薩於鼓山，置」會城。官吏奔走，跪拜街衢間。公獨屹立。或問之，以不載祀典對。」勸之拜，不從。以大吏誅之不顧。而大吏顧益奇公，以爲可任艱」鉅者。時臺灣歲歉多盜，制府以公廉能，補鳳山縣。縣爲府南衝」要，周圍五百餘里。公親巡行境内，問疾苦，詰盜賊，剔弊除蠹，順」民之欲，而次第施之。以爲弭盜莫如足食，足食莫如興水利。淡」水溪在縣境東南，於是度地鳩工，由九曲塘穿池以引溪流，築」埤導圳，凡掘圳四萬三百六十丈有奇，可灌田三萬一千五百」畝有奇，可收早稻十五萬六千六百餘石。設圳長經理之，凡啓」閉蓄洩之法具備。郡守六安熊公親勘視，大喜，名之曰「曹公圳」，」爲文刊石紀其事。二十年，大府以公治績尤異，擢淡水同知。淡」水東接生番，南鄰彰化，北抵噶瑪蘭，西臨大洋，海寇時剽商賈，」爲民患。漳、泉二州人居其間，常相仇殺。又當英夷犯順，厦門失」事之後，公至，即查保甲、練鄉勇，爲禦酋備。甫越月，夷船趨犯雞」籠口，公嚴諭漁船進口聽用，絶其鄉導。懸重賞，擒夷鬼。民知公」刑賞素信，踴躍争赴。夷船驚避，觸石船壞。衆鼓舞奮呼，擒夷鬼」（誌石二）百二十四人。九月，復至，鄉勇又拒却之。明年正月，又至淡水南」口外，鄉勇設伏土地公港口，令漁船誘至，突出擊之。夷復驚擾，」退船膠淺水，俘漢奸五，白夷四十九人。事」聞，官吏兵民悉」賞賚有差。未幾，夷就撫，詭詞控訴。總督怡公往勘得實，知公剛」直無他腸。謂曰：「事將若何？」公曰：「但論」國家事若何，某官可不做，人要做。若罪應任者，甘心當之，但百」姓出死力捉賊，不宜有所負。」怡公歎曰：「好漢！好漢！」以是奪花翎，」注銷所陞官階。後以捕海盜及淡水彈壓械鬥事，仍」賞戴花翎，以海疆知府即補，而公則已蕭然里居矣。當公在淡」水時，彰化械鬥，淡境之漳、泉人亦懷疑慮，結隊厲鋒刃，爲交鬥」計。公急捕其訞言惑衆者置之法，身率鄉勇巡境上，即駐彰淡」界之大甲鎮彈壓之，分别曉諭。於是，彰化人相約不犯淡境，淡」之漳、泉人亦各釋械去。如任閩縣時，淡北七百餘里得安堵，公」之力也。其他薄征斂、減胥役等善政不可殫書。積勞成疾，遂以」病歸。公歸，事乃奏」聞云。蓋公宦歷南北三十年，所至民親，既去民思，一時有識者，」多爲文詩紀其事。循良之績，本於素定，誠非倖致也。公諱謹，懷」樸其字，號定菴。卒於道光二十九年閏四月十八日，年六十有」三。配王淑人，側室氏田、氏李。丈夫子二：長檍，本年五月初一日」卒。次榕。女子五。世系詳行述，兹不贅。今將以咸豐二年六月二」十四日葬公於南郭外祖塋之次。榕年十三，其從兄棠襄葬事，」以狀來請銘。棠階於公爲後進，公顧不棄而進之，共筆硯，通有」無，懇懇以道義相切劘，故知公甚悉。不在常情中，用掇其大者」著之。而系以銘曰：」

惟公之才，脱穎斯出，糾紛立開；惟公之識，觀火洞如，堅定不惑。」有孚之心，威與惠合，奸宄銷沉；有本之政，教以養施，膏澤游泳。」嗚呼！孰謂公死？軒豁之度，凜然如此，我儀其生。鏗訇之論，猶聞」其聲。譜公行治，勒之貞珉。惟誠不貳，敢告後人。恪守家學，勿墜」厥聞。」

賜進士出身前太常寺少卿翰林院侍讀同里李棠階撰文」

賜進士出身前湖北襄陽縣知縣武陟毛鴻順書丹」

敕授文林郎丁卯科舉人前衛輝府濬縣教諭鄭州張調元篆」蓋

武陟閻錫玉刻石

七四　清誥封淑人徐（瑞芬）母駱淑人安葬墓誌銘

【誌文】

（誌石一）皇清誥封淑人徐母駱淑人安葬墓誌銘　」

余嘗知河内縣事，因四方警急時聞，得與諸紳」士晉接。就中稱莫逆者，惟徐公秀峰。中懷灑落，」性情和平，余深契焉。厥後雖天各一方，而書信」往來不絕。丙寅歲，余復署懷慶府事，相見益歡，」每清談累日。秀峰因述其繼配駱淑人之孝慈」和順，遇事明決，處家寬厚。余稱贊不已，幸秀峰」之得嘉耦也。余卸篆後越二月，忽有訃書至，急」啓視，乃知駱淑人已辭世。嗚呼！以淑人之賢德」而竟未能永年耶。未幾，秀峰率其子瑞芬求撰」墓誌於余。余久疏筆墨，何堪爲淑人誌。乃辭之」既固，而秀峰請之益堅。不獲已，因就秀峰平日」之所言，而聊爲述云：淑人氏駱，祖居紹興諸暨」縣，寄籍京師少府貞卿公之女也。生而淵令，夙」寡言笑，鬥華學繡，聞蟲弄機。稍長讀書，能明壼」儀。及適秀峰公也，事姑最孝，先意承志，視膳問」寢，坐必侍側，行必扶持。姑有使令，必先媪婢而」往，甚得姑之歡心。其於孝思可云不匱。而且事」諸□甚敬，待弟婦甚和。處弟姪等，莫不曲盡其」道。族党之中及奴婢之輩，皆頌德而感恩焉。至」於待諸妾□，寬厚常昭，毫無妬忌。其事夫也，相」敬如賓。□□以義，凡有貧乏者，每勸夫以周濟」之。人所接替，必細詢其品行，以決可否。秀峰之」家事往往得力于内助。兩女一子，王淑人所出」也。淑人□□無異己出。飲食衣服皆親爲調理，」（誌石二）動静起居，必嚴加訓戒。爲養爲教，兩無所憾。尤」可異者，秀峰家本素封，而勤儉無殊寒素。事親」從豐，自待甚薄。食不兼膳，衣不重穀。親率操作，」無間晨宵。日用之間，必精心□□，期於盡善。以」故家中事務，井井有條。太夫人憫其勤勞，」令其自惜，而淑人亦不能暫止也。蓋其天性有」如是者。本年十月間，其長女出□，適李公長源」次孫。淑人細心善處。衣服求其美麗，器用極其」精工。金銀珠玉之飾□□且好，即間有不能猝」辦者，必以己物與之。□奩之具可謂厚矣。愛女」之情亦云滿矣。夫以淑人之□德，自宜享大年」壽期歸者，何□生□可望，而續命無絲，竟遭娩」難而長逝。□可慨也。夫淑人生於道光二十年」十月二十三日戌時，卒於同治五年十月十二」日辰時，得年二十七歲。即於是年十一月十七日」安葬於楊□村□□□祖塋之次。爲之銘曰：」

玉爲容，冰作骨。性温柔，情芬烈。婦德婦功稱雙」絕。嗟麟子兮方生，□□□永訣。□□□□□

誥授中憲大夫」欽差巡撫部院□□□處前署懷慶府即補」知府侍生師長怡撰文

賜進士出身」誥授中憲大夫吏部考功司掌印郎中戊午科」山東鄉試副考官隨帶加三級世侍生葉廷杰」書丹

七五　清例授奉直大夫誥贈朝議大夫晉贈通奉大夫太醫院御醫李公（家駿）暨德配例贈宜人誥贈太恭人晉贈太夫人李夫人例封宜人誥贈太恭人晉贈太夫人許夫人誥封太恭人晉封太夫人孟夫人合葬墓誌銘

【誌文】

皇清例授奉直大夫、誥贈朝議大夫、晉贈通奉大夫、太醫院御醫李」公暨德配例贈宜人、誥贈太恭人、晉贈太夫人李夫人、例封宜」人、誥贈太恭人、晉贈太夫人許夫人，誥封太恭人、晉封太夫人」孟夫人合葬墓誌銘」

中憲大夫道銜江蘇候補知府衡山愚姪王香倬頓首拜撰」并書丹篆蓋」

公諱家駿，字金門，一字伯聲，號芝農，河南河内人。祖執中公，敦」本尚實，不事浮華。父位西公，見義必爲，好行其德，均以公暨公」仲子貴，贈如其官。公生而穎異，讀書必求根柢，通經史諸子百」家，年十七補博士弟子員，人皆以大器期之。先是，公伯父位東」公作宰江南，潔己愛民，常罄家財以濟官用，歿於任所，貧幾不」能歸葬。洎析箸時，遂無以繼饘粥矣。又以屢躓棘闈，禄養無期。」喟然曰：「學以有益於人爲大。范文正公言：不爲良相，必爲良醫。」陸宣公亦云：醫爲活人之一術，苟有益於人而有以養吾親，何」必科名哉？」於是，潛心於靈素内經，參貫於漢唐宋金諸家，以醫」病者，輒隨劑□愈。輙跡所至，如豫之義川，晉之長平、陽邑，浙之」吴甯、長山，有衆醫束手、得公一方而生者不可勝數。晚乃遊京」師，供奉太醫院，由醫士洊升御醫。總理尚書奕公紀深知公，」奏請特開醫學館，派充教習。公於醫本精博，而又訓誨諄勤，數年」之間，門徒深曉醫意者十餘人。方欲以公掌院事，而奕公以事」罷，公亦旋卒。公之少也，聞同邑夏用九先生講濂洛之學，欣然」負笈。家中落，不能具束脯，先生飲食而教誨之，以爲誠篤可任」道者，同門中惟公一人而已。先生之學以躬行實踐爲歸，絶不」標榜理學之名，而懷州先儒許魯齋、何柏齋兩先生外，罕有倫」比。公深得力於先生之學，以誠爲體，以恕爲用，事親處昆弟極」懽盡愛，人無閒言。嘗慕昔賢義田贍族之舉，有志未逮，家無餘」貲而性樂賑施，惟恐不及。所交多當時賢士大夫，如許魚泉學」士，李春臯閣學，原霽山水部功舫亭侍郎，武豹南、程春嵐兩廉」訪，田潄芳、顧藹庭兩觀察，皆與訂莫逆交。待人胸無城府而坦」直不阿，遇有急難無不赴者。嘗謂其子曰：「人當盛時何須於我，」緩急可恃乃真友也，汝其志之。」蓋公之所存，嘗欲大設施於天」下，大者既不得試，已試乃其小者耳。公耄而好學，年七十猶手」不釋卷，書法得平原、襄陽之髓，臨池染翰，終日無倦容，故造詣」尤深。公樸素性成，不飾外觀，嘗乘驢車詣病者家，不冀其謝。至」鄉人在京師者，雖僕役賤人，苟有疾，視之無間晨夜，非性情純」篤而學有本原，曷能如斯之求仁不懈耶？公殁數年，而公之仲」子炳濤與香倬同游於曾文正公門下者，殆逾十載，得熟悉公」之行誼。炳濤承名父之餘資，屢典大郡，循聲遍東南，其仕方日」進。而伯子炳軾樸厚，亦似古人性恬退，泊於榮利，居鄉排難解」紛，有陳太邱之風焉。孫曾輩頭角嶄然，科名繼起，所謂德門餘」慶，食報固未有艾云。所著有《醫學困勉録》《説醫晬語》《崇志堂醫」課》，暨有《真意軒詩》存。公生於乾隆四十一年十一月三十日巳」時，卒於道光二十六年十一月初三日申時，春秋七十有二。元」配李夫人，夙嫻姆教，得舅姑懽，生於乾隆三十九年七月十五」日午時，卒於乾隆五十九年八月十七日午時，春秋二十有一。」繼配許夫人，柔順婉愉，持家有法，生於乾隆五十年八月初十」日丑時，卒於咸豐四年正月二十七日酉時，春秋七十有一。孟」夫人高明整肅，有慈有威，自炳濤攝令山桑，祗奉板輿，由蒙亳」移守潁廬。十餘年間，所至與民休息，得之母教居多。光緒三年」十一月二十三日酉時，以微疾終於廬州府署，距生於嘉慶元」年十月二十九日辰時，春秋八十有二。子三人：長炳軾，鹽提舉」銜，湖北候補通判，前任太醫院吏目官。次炳濤，花翎鹽運使銜，」安徽廬州府知府。三炳堃，幼慧早逝。女二。孫七人：恩礽，五品藍」翎，河北鎮標即補把總。恩福，河内縣學生員。恩祥，丙子科舉人，」户部廣西司主事。恩祁、恩祐、恩祜、恩禧。孫女六。曾孫六人：國基、」開基、元基、慶基、樹基、承基。曾孫女四。光緒四年正月，炳軾以聞」訃，哀毁遘疾，遽卒。三月，炳濤奉孟夫人柩歸。六月十三日，合葬」於安泉之北原。銘曰：」

行陽沁澳，氣盤簇重掩坱。軋待公卜，宜爾子孫世式穀。」

光緒四年歲次戊寅六月　建

七六　清誥授武略騎尉晉封奉政大夫王考府君（竇遇純）墓誌銘

【誌題】

皇清誥授武」略騎尉晉」封奉政大夫」竇公墓誌銘

【誌文】

（誌石一）皇清誥授武略騎尉晉封奉政大夫王考府君墓志銘」

王考府君卒於道光二十五年十二月初九日。咸豐」紀元二月十九日，顯考殉節粵西永安州大洞山。三」年五月，粵匪竄豫，渡河擾温，郡城戒嚴，吾母率鎮山」葬　王考於清平村祖塋之次。時風鶴告警，不克備」禮，露愴霜悽，至今有餘痛焉。鎮山生四年而　王考」卒，九歲失怙，　王考之碩德懿行不可得識。長從塾」師讀，與　王考遊者皆訝山文弱，謂不逮　王考遠」甚。且言　王考爲人雅近魯仲連，急人之急，施不望」報。　王考軼事有足傳不朽者，謹泣述一二以示後昆。里土」豪某横甚，負人債卒不償，有索者少忤其意，手刀詈」逐勢洶洶，觀者瞋目視而無如何。　王考格以肘，其」人棄刀，仰仆數步外，慴惕不敢起，一市皆驚。　王考」徐呼索者，前使償所負去。族人某以睚眦嫌涉訟，郡」伯素廉平，司閽者瞰其富，索金二千，不應，乃多方摧」辱之，家幾破。　王考上書郡伯，密陳其貪枉不法狀。」郡伯悟，立逐閽者，訟遂解，終族人身不知王考曾」爲之□也。吾竇氏自晉沁水遷河内陳范村，累掇巍」科。而我　太高祖獨以武功顯羅定之役，裹瘡血戰。」爲□□□，　」贈懷遠將軍，予謚英烈。嘉慶七年，　」國史館忠義列傳告成，行查後裔，有司列王考名，上」詔給恩騎尉，世襲罔替。　王考念　」天恩祖德不可忘，居常勖顯考以精忠報國，無愧先人，其懿」訓可想已。 王考諱遇純，字玉春，卒年五十有四，」誥授武略騎尉，晉封奉政大夫。配我 顯祖
妣氏許，摻内」政井井有條，克勤克儉，戚黨稱賢，先 王考卒。再配」我 繼祖妣氏張，慈祥和厚，克享遐齡，均 」誥封宜人。各生子女
一：長鳳翔，即山。顯考陣亡粵西，奉 」旨賞雲騎尉。世職襲次完時，給以恩騎尉，世襲罔替。與適任」氏姑，皆 許太宜人出。次鳳瑞，早
逝。與適李氏姑，皆」張太宜人出。孫三人：長鎮山，諸生，以知縣需次江蘇」（誌石二）叠保同知銜補用知州。次紫瀾，候選巡檢。次一清，
儘」先千總陽武汛經制。曾孫五人：長鈞，世襲雲騎尉，署」清化汛千總；次鎔，次銓，業儒，鎮山出。次鍇，次錡，俱幼，」一清出。錡承嗣
紫瀾。今擇於光緒十三年十月十二」日，遷 許太宜人暨 張太宜人柩祔 王考葬。山」學識淺庸，曷足表揚先烈，恐及今不志，後世將蹈數」
典忘祖之譏，爰就父老傳聞證諸平日伯叔諸姑之」言，信而可徵者，敬銘諸幽。銘曰：」
俠而近儒，世鮮其偶。見義勇爲，宅心仁厚。排難解紛，」承先啓後。古烈丈夫，同傳不朽。」
賜進士出身翰林院編修廣西副主考掌山東道監察御史」欽命護理江西巡撫部院江西等處承宣布政使司布政使」加三級愚再姪李嘉樂頓首填諱

七七 清授中憲大夫郵傳部主事劉公羹唐（燮梅）暨德配陳恭人合葬墓誌銘

【誌文】

（誌石一）清授中憲大夫郵傳部主事劉公羹唐暨德配」陳恭人合葬墓誌銘」
年愚弟鄭有華篆蓋」
鄉後學張鍾瀚撰文」
愚 晚淮子南書丹」
遜清末葉，予備員法曹。適吾鄉劉羹唐先生」以舉人應保送試朝考，授主事，觀政郵部衙」參。餘暇時相過從，或討論金石，或商量舊學。」時桐城吴
摯甫、侯官林畏廬兩人以古文鳴。」宣南先生謂予曰：「吾邑自范燕川以後，能古」文者寥如晨星。晚近之士，困於俗學，鮮解此」道者。吾有志未遇，子
其勉旃。」此二十年前事」也。迨予□□□□□□□□山將葬，其子鍾」秀以先生行狀□□□□。予學無所成，義不」可□□□□□□□□，字汝和，羹
唐其號」也。祖居沁□□□□□□先生生而岐嶷，家」學淵源□□□□□公，以名孝廉知陝西宜」川縣事□□□□□一奴，奴畏刑屈服，遂决」意辭□改
□□□□□在任□年，一意讀」書，著有□□□□□去來山人□畹亭詩鈔。」祖雨時公，以□□經太平軍起，中原板蕩，無」意仕進則□□□先生。父熙
純公，以進士授」甘肅□□縣知縣。先生幼秉庭訓，髫年補博」士弟子員。□□□□□。公命先生入成均，以」廣學業□□□□□□先生舉順天鄉試。而」
清廷停止科舉，□□下矣。熙純公終以先生」未入王堂爲恨。宣統庚戌，有保送舉貢之試。」先生廷試授主事，簽分郵傳部。時長部者爲」長沙張文遠百

熙。長沙□愛士，又係先生朝」考座主，先生以爲得盡所學。未幾，長沙薨於」位。繼任者爲盛宣懷氏，部務悉爲交通系所」把持。先生不肯同流合污，除樹名外不到部。」旅居無聊。時清廷已頒地方自治章程，先生」爲習地方自治計，遂入五城水會。旋以獲盜」出力，經民政部奏保，加四品銜。非先生志也。」清廢帝冲齡，親貴用事，朝政日非。先生目覩」時艱，思有所建樹而無言責，日徜徉於松筠」菴。松筠庵者，明楊椒山先生故居遺址也。清」臺諫有所議，群集於此。先生景仰前賢，購楊」忠愍公全集，日諷誦以見志。嗣清帝退位，民」國成立，項城當國，先生鬱鬱不自得。又以長」子鍾勰肄業北洋農大，每試驟冠其曹，因勤」於所業，遂患失血症，回里即歿。先生遭西河」之痛，致患目疾，後之失明實基於此。遂決計」掛冠。歸田後不問世事，惟以整理舊著爲事。」先生本以文學著，對明清兩朝歷史用功最」深。明史雖有官書，然於建文遜國，挺擊、紅丸、」（誌石二）移宮三案，紀載殊未詳實。清史尚未成書。先」生於明史博採諸家記載，以攻《明史》之失。而」建文遜國一事，尤爲詳贍，讀之覺成祖之殘」刻，建文君臣之慄慄懼禍，耀然紙上。遜清以」異族入主中國三百年，其武功之盛，遠駕漢」唐宋明而上。先生於其藏衛苗疆準回各部，」大小金川諸役，譏其用羈縻之術，不思根本」解決，以致降而復叛，安而復危，遺數世無疆」之憂。遜清歷代傳統政策，率以箝制漢人，束」縛士林爲能事，文字之獄尤爲漢人所痛心。」先生於文網密時，搜羅康熙、雍、乾間關於文」字獄之記載，彙爲一篇。如明史獄、南山集獄、」試題獄、論史獄、史評獄、經注獄、詩鈔獄、字書」獄，其殺人之多、之慘，無異讀《嘉定屠城記》也。」清代外交，亡國之外交也。先生於所定不平」等諸條約，如南京條約、北京條約、天津條約、」燕台條約、中俄密約等，一一詳記其始末，著」其得失，不啻一部亡國痛史。先生於所著之」《明史》，題曰《補遺》。其序言曰：《明史》成於徐健菴」氏，一以萬氏《明史稿》爲主。季野昆仲均生於」明季，不脱東林餘習，故其記三大案仍東林」之言，而未能持平，後人攻擊非無故也。先生」之於清史，僅成武功、文字獄、外交三篇，餘則」東鱗西爪，尚未綜纂，亦未題名。於文字獄後」附言：此乃備遺亡，課子弟之作，不敢問世也。」先生其他著述，如《養拙齋訓語》《中外倫理合參》，皆係零簡遺言，不必災梨禍棗，作家訓藏」可也。先生文章直入方望溪之室，故所作《修」澇河橋碑記》，有遠數百里而來抄觀者。嗣子」鍾秀擬抄録成册，就正大雅。先生晚年仍手」不釋卷，夜以繼日。夫人常規勸之以節勞。先」生曰：「吾一生所好在典籍，有汝持家，吾無内」顧憂。借此晚景，讀未見之書，至足樂也。汝無」憂。」先生學無不窺，雖醫、卜、堪輿家言，皆有心」得。天玉、寶照諸經，能讀之者無幾人，先生獨」得千餘年不傳之秘，一時之專門家胥嘆弗」如。先生卒年方届古稀。配陳氏，清封恭人，先」先生一年卒，享壽七十有一。子三：長子鍾勰，」北洋農大畢業，早歿。次子鍾秀，河南第五農」校畢業。三子鍾垚，尚幼。簉室職氏生。女三：長」適李。次適郝，歿。三尚幼。簉室職氏生。孫恩保。」孫女四，均幼。將以民國二十年三月十七日」與夫人合葬縣城東郭南新阡。乃爲之銘曰：」

業精於勤，學如不及。人壽幾何，惟能文者不」死。我爲銘幽，慨嘆無已。嗟乎後學，失此大師。」周鼎雖沉，楚鐸無恙。展誦遺篇，典型在茲。」

七八　李先生韶軒（華棠）暨德配朱夫人墓誌銘

【蓋文】

李君韶軒」暨德配朱」夫人之墓」誌銘

【誌文】

李先生韶軒暨德配朱夫人墓誌銘」

前福建鹽運使侯蔭培譔文，　沁陽淮子南書丹，　武陟王文田篆蓋」

韶軒李先生於清光緒三十年六月十五日卒於魯。後四年正月初二日，德配朱」夫人卒於天津。其孤生春將軍奉之歸里，浮厝於野。民國十二年，生春隨孫公馨」遠、周公蔭人，由贛入閩，與余爲同官，交好甚密。數叙其父母生前事，並以戎馬倥」偬，未獲安葬爲恨。一日，周公亦列坐，顧余曰：「生春吾仁兄也，其父母猶吾父母也。」子其善爲文，以誌其墓。吾將代之向馨帥前請歸。」余敬諾之。退方属筆，適政變未」果。今年春，生春來函，以將葬告。兹謹按其事。先生諱華棠，字韶軒，世居懷慶沁水、」丹水間之北金村。其先多聞人。父□昇，母氏王。生文夫子六。先生□四。先生生而」穎悟，讀書冠昆季。及長，爲婚東關名門朱姓女，即夫人也。伉儷甚篤，而事親惟謹，」以孝稱。同治中，家道稍衰，先生棄儒就商。嘗曰：「治國治家，其道一也。□聖人之言」以立身，卷舒奚與焉。」達哉斯言。先生樂與人爲善，急公好義。村外沁水環流，浮橋」濟人，而村人利之。每至攘争，先生嘗與排解。光緒二十一年，山水暴發，廬舍淹没」無算，災黎漂泊，嗷嗷待哺。先生募蒸食，駕舟往救，徹夜無寧息。迄今感其生德而」謳譽之者弗衰。夫人係故泰和朱公之長女。幼秉庭訓，習針黹，莊静端睦，人咸稱」爲淑女。及歸韶軒先生，勤儉自持，得翁姑心，撫諸姪如己出，内外無閒言。嘗謂先」生曰：「君既淡志功名，然總須作有益社會事，使弗墮家聲。君勉矣，無復内顧憂。」及」生生春，夫人知爲英物，甫四歲，即教之習揖讓。稍長，告以古名將故事，恒語之曰：」「吾家累世積德，後必□達者，汝當以此自期。書僅足記姓名。劍一人敵，不足學。澤」加生民，立不世之勛者，惟知兵。」厥後生春轉戰數千里，助孫馨遠將軍克閩，任顯」職，蓋有自矣。光緒末，袁項城撫魯督□，生春隨往，迎養先生及夫人於防次。不幸」先後棄世。先生生清道光二十三年二月十二日，春秋六十有二。夫人生清道光」二十三年十二月十六日，享壽六十有六。民國二十二年夏曆三月十九日，葬先」生與夫人於村南祖塋之次。子一，即生春，北洋武備學堂畢業，純威將軍，陸軍中」將，近畿陸軍十二師師長，簡任福寧鎮守使，兼任福建省防司令等職，有政聲。女」四：長適李村薛敬之，次適留村劉安禎，三適城内慎懷智，四適卜昌王其吉。孫男」七：祥風、瑞風、國風、家風、慶風、德風、高風。孫女六：齊卿、魯卿、叔卿、月英、月娥、月□。曾」孫一：得禄，尚幼。銘曰：

本固者枝葉必茂，德厚者福壽無疆。丹水之曲沁之陽，韶」軒夫婦居是鄉。解危救難兮魯連媲美，相夫教子兮孟母齊賢。誕降英雄兮造時」勢，像圖鱗閣而功勒燕然。

七九　范君壽之墓誌銘

【蓋文】

范公」壽之」墓誌」銘　」甲戌」年篆

【誌文】

范君壽之墓誌銘　」

中華民國二十三年十一月十五日，河南省」立第五農校卒業生沁陽范喜文君進余而」言曰：「我父壽之公於民國十六年夏曆九月」初六日午時壽終，享年五十有九。寄柩在原，」擇日行殯。謹供行述，敬請銘墓。」余聞是言，情」有難辭。展閱行述，更有欲辭而不可者焉。觀」壽之先生之治家也，孝以事親，友以待弟。子」女親族間，慈之教之，養之周之，靡有間然。其」對鄉村也，重事實，少理論，尚工作，絶虛僞。按」部就班，逐漸改進。村公所之房屋宜修也，捐」資督工，不久告成。村西北閘口之宜築也，率」衆挑濬，引沁灌田。當其督工之際，遇暴風酷」日而不避。人皆曰：「微先生，我其鬼矣。」故於民」國十三年公舉壽之爲村長。厥後設學校，建」橋梁，努力村政，誓志不懈。臨終尤勖子曰：「繼」吾志以行，吾寧願世世爲善人，謀産裕家，非」吾望也。」則壽之爲人可知矣。梁漱溟之言曰：」「培養新習慣，必須合乎舊倫理精神。」又曰：「倫」理者，以團體爲對方，不以個人爲中心。」壽之」行爲與漱溟言論吻合。若壽之者，可爲近今」凉薄社會中之暮鼓晨鍾。曾祖錫勇。祖懷金。」父家平，母關氏。生壽之兄弟二人：次全禮，長」即壽之，全仁其名也。德配張氏，勤儉持家，内」外肅然。初遷自洪洞，卜居沁陽城西大葛村。」以魁文爲始祖，傳及壽之，已六世矣。壽之生」於同治八年六月十九日，卒於民國十六年」九月初六日。生男一，女一。女適本村張姓。男」即喜文。卜於民國二十三年夏曆十月二十」三日葬壽之於村西北新阡。余乃爲之銘曰：」

沁水清兮，君其氣也。行山閎兮，君其量也。供」職村長，盡智竭忠。解紛排難，準理秉公。督工」營造，勤憤且公。救人舍己，衆所欽崇。大功之」建樹兮，宜後世獲報而不窮。　」

前清己酉科拔貢庚戌科法官歷任陝西檢察官河南審判長劉春霆拜撰　」

前沁陽師範學校畢業愚世晚張立科篆蓋」

河南公立專門農業學校畢業歷充林縣建設局局長愚世晚趙年苓書丹　」

中華民國二十三年夏曆十月二十三日　鐵筆王生元　刻石

第三編　研究論文

唐代張爽墓誌略考

唐代張爽墓誌，二〇一一年出土於沁陽市區西北團結路中段路南司法局辦公樓工地。現由河南省沁陽市博物館收藏。墓誌一合，青石質，方形，邊長五三厘米。蓋盝頂，厚九・五厘米，四周及斜刹面陰線刻桃形花紋和卷雲圖案，正中陰刻篆書三行九字「大唐張府君墓誌之銘」。誌厚九・五厘米，四側面線刻團花紋。誌文楷書，豎行，共二〇行，每行一九至三〇字不等，計四一九字。有方形界格。因布稿不當，最後銘文部分或一格填二字。現就墓誌有關情況略作考證，以就教於方家。

一、墓誌出土情況

二〇一一年十月十三日，沁陽市文物工作隊在對沁陽市司法局建設用地進行文物勘探時發現一磚室墓葬，并進行了搶救發掘。沁陽市司法局建設用地位於沁陽市區團結路南，西鄰沁陽市疾病預防控制中心，南鄰太行辦事處清平村，東爲耕地，北隔團結路與沁陽市檢察院和沁陽市公安局相望。所發現的墓葬位於司法局辦公樓地基下，墓室頂部距地表約〇・六五米。該墓坐北朝南，由墓道、甬道和墓室三部分構成。墓道位於墓室的南部東側。因未對墓道進行全面發掘，具體情況不詳。甬道在墓室南側偏東，拱券頂，高一・〇五米，東西寬〇・七三米，南北長〇・六三米。墓道和甬道之間用青磚壘砌墓門。墓室是用青灰色細繩紋磚砌築而成，穹隆頂，平面近似正方形，南北長三・一七米，東西寬二・九二米，高二・四米。墓室四壁平磚錯縫壘砌，上有磚雕斗拱。墓室底部爲單磚錯縫平鋪。墓室西側有磚棺床。葬具、屍骨已朽。墓誌位於墓室的東北側。經過對墓室進行搶救清理，除發現青石墓誌一合和兩個形制相同的小口圓唇陶瓶（已破碎）外，別無他物，疑該墓早期已遭盜竊破壞。根據墓葬形制和墓誌記載判斷，該墓係唐代張府君——張爽墓。十月十五日，張爽墓誌由沁陽市文物工作隊移交沁陽市博物館收藏。

二、墓誌録文

大唐故翼州石廓戍主張君李夫人合葬墓誌銘并序

君諱爽，字神爽，河內脩武人也。若乃黄神御曆，因掌弧而命氏。炎精嗣統，膺和鼎以分司。備諸史諜，可略言矣。祖剌，父秋，并玉鉤貽富，金鎖呈休，白賁無谷，黄裳元吉。君良冶之子，忠孝是資。頃以海孽不賓，河孫未款，既命渡遼之將，旄歌出薊之行。君時投筆從戎，搴旗申效。有制授輕車都尉，行翼州石廓戍主，籌其庸也。不謂祥非墜鵲，禍變巢鴦，儀鳳四年四月一日卒於任所，春秋有五十。夫人隴西李氏，紫氣浮仙，白雲飛慶。張箴班誡，宋子齊姜。食魚之詠既登，和鳳之音又洽，享年不永，先夫而逝。以大唐景龍三年八月廿五日同窆於州西二里弼諧鄉平原，禮也。孤子思福，瞻露草而垂泣，聽風樹而銜哀，卜兆飾瑩，既安而措。雖松檟是南陽之陌，恐蓬萊作東海之田，乃叙芳規，紀乎貞石。其銘曰：黄神御曆，掌弧命氏。炎精嗣統，和鼎爲美。夫君誕秀，良弓之子。其一。海孽不賓，河孫未臣。勞我偏衆，吊彼平人。功成績著，髯之絶倫。其二。帝曰尔勳，藏于册府。爰命乃職，用光其武。才高位下，幽絃悽楚。其三。隊鵲非祥，巢鴞降殃。蘭閨委秀，李往凋芳。雌雄兩背，鴛鸞鳳皇。其四。鳳梧俱折，龍劍雙沉。牛停示兆，鶴吊俄臨。泉扃一閉，松栢森森。其五。

三、墓主張爽生平、家世

墓主張爽是河内郡修武縣人，即今河南省焦作市修武縣。墓誌説到張姓的來歷云：「君乃黄神御曆，因掌弧而命氏。」正如《元和姓纂》所載：「黄帝第五子青陽生揮，爲弓正，觀弧星，始制弓矢，主祀弧星，因姓張氏。」

墓誌叙其祖、父的情况云：「并玉鉤貽富，金鎖呈休，白賁無谷，黄裳元吉。」前兩句説的是家庭富有，財源不斷。後兩句直引經典：《易・賁》卦：「上九，白賁無咎。」意爲樸素無華，没有禍殃。《易・坤》卦：「六五，黄裳元吉。」意爲穿不顯眼的黄色下衣大吉，不過分地表現，避免引人注意。言外之意他們是平民，或是地主，或爲商人。

墓誌以「海孽不賓，河孫未款」來説大唐東北地方政權高句麗叛服無常，經常制造地區動盪。爲此，中原王朝討伐高句麗的戰争從未間斷，直至唐高宗總章元年爲唐王朝和新羅聯軍所滅。《舊唐書》載：「顯慶六年春正月乙卯，於河南、河北、淮南六十七州募得四萬四千六百四十六人，往平壤帶方道行營。……夏五月丙申，命左驍衛大將軍、凉國公契苾何力爲遼東道大總管，左武衛大將軍、邢國公蘇定方爲平壤道大總管，兵部尚書、同中書門下三品、樂安縣公任雅相爲浿江道大總管，以伐高麗。」〔一〕「乾封元年冬十月己酉，命司空、英國公勣爲遼東道行軍大總管，以伐高麗。……總章元年九月癸巳，司空、英國公勣破高麗，拔平壤城，擒其王高藏及其大臣男建等以歸。」〔二〕

張爽繼承了先人的忠孝美德，在國家進行大規模戰争，需要戰士的關鍵時刻，「投筆從戎，搴旗申效」。血戰遼東，勇拔敵旗，大獲全勝。朝廷籌其功績，下頒制書，授其勳官七轉「輕車都尉」，比從四品〔三〕。并實授「行翼州石廓戍主」，鎮守一方。誌云：「儀鳳四年四月一日卒於任所，春秋有五十。」公元六七九年，張爽在翼州石廓戍主任上去世，享年五十。由此可知，張爽生於貞觀四年（六三〇）。

其妻李氏先夫而逝，孤子思福於景龍三年（七〇九）合葬父母於州西二里弼諧鄉平原，具體位置即墓誌出土地。

四、結　語

張爽墓誌的出土，不僅明確了墓葬的確切年代景龍三年（七〇九），同時爲了解墓主張爽的生平、家世提供了可靠的實物資料。誌文所載張爽因參加平叛高句麗戰争立功而授官事宜，有助於唐朝政治、外交的研究。

注　釋

〔一〕《舊唐書·高宗上》第四卷，中華書局，一九七五年，八一～八二頁。

〔二〕《舊唐書·高宗下》第五卷，中華書局，一九七五年，九〇～九二頁。

〔三〕《舊唐書·職官二》第四三卷，中華書局，一九七五年，一八二二頁。

張紅軍　沁陽市博物館；賈紅霞　沁陽市博物館

（原載於《文物世界》二〇一三年第四期）

唐代司馬慎微墓誌考

一九九八年，在河南省沁陽市山王莊鎮張坡村，一村民在挖紅薯窖時發現唐代司馬慎微墓誌一合，現藏沁陽市博物館。該墓誌爲青石質，由誌蓋與誌石兩部分組成。蓋呈盝頂形，底面邊長七三厘米，頂面邊長六一厘米，厚一〇・六厘米。正面陰刻篆書「大唐故梓州通泉縣尉司馬少府夫人隴西李氏合葬碑并頌」二四字，四周斜刹面陰刻纏枝花卉圖案。誌石呈方形，邊長七三厘米，厚一〇・六厘米。誌文陰刻，有方形界格，楷書，個別字爲行書。豎行，滿行三一字，共三一行，計八八九字。現録文并考釋如下。

一、墓誌録文

大唐故梓州通泉縣尉上柱國司馬公墓誌并序

公名慎微，字慎微，河內温人也。昔金土迭興，肇開有晉。宣王薄伐，則呑滅三雄；武帝從横，則澄清八表。公渥洼龍種，丹穴鳳雛，孝乃因心，才維天縱。十二代祖泰，晉隴西王太子太傅。曾祖幼之，北齊通直散騎常侍、驃騎大將軍、吏部侍郎，聘周、陳二國使。祖德璋，随著作佐郎、修國史、祠部郎中、常州司馬、武安郡丞。父安上，皇朝并州大都督府法曹參軍事，同州韓城、雍州櫟陽、始平三縣令。公幼彰岐嶷，早習趨庭。智識潛通，不競路旁之李；機神穎晤，能對懷中之橘。於是，披魯史，閲周書，覽康成之萬卷，誦張安之三篋，莫不詞場獨步，朝野見推。年未弱冠，應茂才舉，高第童子，知名藏洪，始遊於太學。弱齡對策阮种，便擢於甲科，解褐授襄州襄陽縣尉，秩滿改梓州通泉縣尉。銅梁奥壤，漢水名區。屈東里之宏才，述南昌之卑位。時襄州刺史紀王每見公，顧遇如賓，不覺膝之過席。左僕射褚遂良持節使蜀，路由襄州，覩公風儀，累日言宴，啓王請，公曰：「願與孔子同行畢矣。」秩滿言歸，唯有書數百卷。後大摠管左將軍李謹行奏請公爲管記，非其所好，俯而從之。捧檄陳謀，掃蜂渠於海右；提戈誓衆，摧蟻寇於遼陽。表奏戕記，咸公之所述，以勳授上柱國。調露二年三月十三日寢疾，終于懷州私第，春秋卌有八。豈謂鵬路將騫，摶風未遠，驥途方騁，絶電斯窮。曹植于嗟，痛元瑜之長逝；孔丘流慟，惜回也之不終。嗚呼哀哉！公迹辭文囿，名著武功，所制詞賦，十不收一。子羨門幼亡，以猶子仙鶴嗣。嗣維一女，學綜古今，才逾蔡、謝。適河東柳氏。捃拾公遺文，勒成五卷。夫人隴西李氏，荆州録事參軍、蒲州永樂縣令、洛州壽安縣令嗣源第四女。淑德貞明，清神肅穆。織仁組義，非假物於鴛機；飾性端儀，詎資形於鸞鏡。曹大家之詞賦，譽重寰中；衛恭姜之志節，名流海內。載初年，皇太后臨朝求諸女史，敕穎川郡王載德詣門辟召。侍奉宸極一十五年，墨敕制詞，多夫人所作。以長安二年六月二日終於大內。奉敕令嗣子仙鶴，祗引靈轝，還于故鄉。衣衾棺槨，敕令所司供造。號天擗壤，惟岵屺而莫從；日往月來，踐霜露而增感。爰叶謀龜之兆，載啓鳴鶴之埏。今以開元十年歲次壬戌二月癸酉朔十二日甲申，合葬于懷州河內縣萬善里，依于舊塋，禮也。北迩太行，南臨沁水，懼潛移於陵谷，思永固於泉臺，翠琬生金，式旌休烈。其詞曰：文王作易，其業昌兮；孔父删詩，其道彰兮；翳公是習，其業臧兮；束髮從政，爲龍光兮；天不慭留，殲我良兮；賓朋鄉黨，多悽傷兮；舊塋卜宅，臨太行兮；新旐啓路，陟崇岡兮；行人佇立，悲白楊兮；嗣子號绝，撫黄腸兮；幽泉一閉，夜何決兮；身雖殞殁，德不亡兮。

二、墓主家世

墓主司馬慎微出生於河内温縣名門大族司馬家族。從誌文知，其父爲司馬安上，祖爲司馬德璋，曾祖爲司馬幼之，即司馬幼之—司馬德璋—司馬安上—司馬慎微。

誌云：「曾祖幼之，北齊通直散騎常侍，驃騎大將軍，吏部侍郎，聘周、陳二國使。」《北史》載：天統三年（五六七）「夏四月癸丑，（北齊）太上皇帝詔兼散騎常侍司馬幼之使於陳」[一]。「（陳）臨海王光大元年（五六七）……夏，四月，癸丑，齊遣散騎常侍司馬幼之來聘。」[二] 誌文印證了史書關於司馬幼之出使南陳這一歷史事件的記載。但史書對司馬幼之出使北周未作記載，故誌文記載司馬幼之出使北周可補史書之缺。

司馬幼之出使南陳時，同僚給事黄門侍郎盧思道特作《贈别司馬幼之南聘詩》：「故交忽千里，輶車蒞遠盟。幽人重離别，握手送征行。晚霞浮極浦，落景照長亭。拂霧揚龍節，乘風泝鳥旌。楚山百重映，吴江萬仞清。夏雲樓閣起，秋濤帷蓋生。陸侯持寶劍，終子繫長纓。前修亦何遠，君其勖令名。」[三] 以此歌頌其出使南陳之功績。

《北齊書》載：司馬子如，字遵業，河内温人也。父興龍，魏魯陽太守。子如兄纂，纂長子世雲，世雲弟膺之，膺之弟子瑞，子瑞弟幼之[四]。由此可知，司馬幼之之父爲司馬纂，司馬纂之父爲司馬興龍。即：司馬興龍—司馬纂—司馬幼之。

根據誌文記載，司馬慎微的十二代祖爲晉隴西王太子太傅司馬泰。《晉書》載：「彭城穆王權，字子輿，宣帝弟魏魯相東武城侯馗之子也。……高密文獻王泰，字子舒，彭城穆王權之弟，魏陽亭侯……武帝受禪，封隴西王。」[五] 可知司馬慎微係晉宗室隴西王司馬泰的後裔，司馬泰之父爲司馬懿之弟司馬馗。

《司馬興龍墓誌銘》：「公諱興龍，字興龍，……太傅隴西王泰，公之八世祖也。祖征西，作牧關隴，遺愛在民。父常侍，從容獻替，其言未没。」[六]《司馬遵業墓誌銘》：「公諱遵業，字子如，……晉隴西王泰即九世祖也。……祖乾，魏侍中。……父興龍，魏司徒。」[七] 依上述兩方墓誌所述，結合《晉書》「泰四子：越、騰、略、模」[八]，《北齊書》「司馬子如……八世祖模……模世子保」[九]，《晉書》「（保）無子，張春立宗室司馬瞻奉保後」[一〇] 等史書記載，《北魏司馬興龍墓誌銘跋》[一一] 和《司馬興龍、司馬遵業墓誌銘考》[一二] 對司馬泰至司馬興龍的世系作了詳細考證，并得出結論：泰生模，模生保，保嗣子瞻，瞻子不明，瞻孫即興龍祖「征西作牧關隴」，名字不詳，興龍父乾。即：司馬泰—司馬模—司馬保—司馬瞻—？—？—司馬乾—司馬興龍[一三]。

綜合上述考證，可將司馬慎微的家族世系排列如下：

司馬馗（宣皇帝司馬懿的胞弟）—司馬泰—司馬模—司馬保—司馬瞻—？—？—司馬乾—司馬興龍—司馬纂（司馬子如的胞兄）—司馬幼之—司馬安上—司馬德璋—司馬慎微。

由此可知，從司馬泰至司馬慎微凡十三世，誌云司馬泰爲司馬慎微十二代祖，這與《北齊書》載司馬模爲司馬子如的八世祖、《司馬興龍墓誌銘》云司馬泰爲司馬興龍的八世祖、《司馬遵業墓誌銘》記司馬泰爲司馬子如的九世祖似乎矛盾，其實不然，之所以出現這種情況，只是世代的計算方法不同罷了。《北齊書》和《司馬興龍墓誌銘》《司馬遵業墓誌銘》在計算世代時，將自身作爲一世代計算進去。誌文在計算世代時是從自身的上（下）一世代開始計算的，未將自身計算進去。

三、墓主生平

誌云：「調露二年三月十三日寢疾，終於懷州私第，春秋卌有八。」調露二年即公元六八〇年，由此可知，墓主司馬慎微生於公元六三二年。「公幼彰岐嶷，早習趨庭，智識潛通，不竟路旁之李，機神穎晤，能對懷中之橘。」「岐嶷」形容幼年聰慧。唐李頎《送劉四》詩有「愛君少岐嶷，高視白雲鄉」[一四]。「趨庭」典出《論語·季氏》：「（孔子）嘗獨立，鯉趨而過庭。曰：『學詩乎？』對曰：『未也。』『不學詩，無以言。』鯉退而學詩。他日，又獨立，鯉趨而過庭。曰：『學禮乎？』對曰：『未也。』『不學禮，無以立。』鯉退而學禮。」[一五]鯉，孔子之子伯魚。後因以「趨庭」爲承受父教的代稱。說明司馬慎微不但聰明好學，思維敏捷，且品德高尚。「披魯史，閱周書，覽康成之萬卷，誦張安之三篋」，博覽群書，出口成章，被民間和朝廷推薦。年未弱冠，就考取秀才。參加童子科考試，成績優秀，名列前茅，像漢代臧洪一樣知名，開始在太學學習。臧洪，字子源，廣陵射陽人，漢東郡太守，《後漢書》有傳[一六]。

誌云：「弱齡對策阮種，便擢於甲科，解褐授襄州襄陽縣尉。」對策即漢代察舉制度的一種考試方法，又稱「策試」，就是將策題書於簡册之上，使應舉者作文答問。策問有君主「求言於吏民」之意，策題一般以政事、經義等設問；答策則相當於「應詔陳政」，發表政見。王朝往往因災異、動亂而下詔特舉，使應舉者對策進言。君主常常親自主持策問并閱讀策文。所以，對策兼有徵詢政見與考核才識的雙重意義。阮種，字德猷，陳留尉氏人，漢侍中阮胥卿八世孫，弱冠有特行。察孝廉，爲公府掾。舉賢良，對策第一。《晉書》有傳[一七]。襄州，隋之襄陽郡，治所在襄陽縣[一八]。襄州襄陽即今湖北省襄陽市。縣尉，官名，位在縣令之下，從九品[一九]，主管治安。解褐，意爲脱去布衣，擔任官職。司馬慎微二十歲時，即公元六五二年，像晉代阮種一樣對策第一，提拔爲甲科，授襄州襄陽縣尉。

誌云：「時襄州刺史紀王每見公，顧遇如賓，不覺膝之過席。」時任襄州刺史的紀王李慎非常欣賞他，每次召見，就像招待賓客一樣。《舊唐書》載：「紀王慎，太宗第十子也。貞觀五年，封申王。七年，授秦州都督。十年，改封紀王，賜實封八百户。十七年，遷襄州刺史，以善政聞，璽書勞勉，百姓爲之立碑。二十三年，加實封滿千户。永徽元年，拜左衛大將軍。二年，授荆州都督，累除刑州刺史。文明元年，加授太子太師，轉貝州刺史。」[二〇]《新唐書》載：「紀王慎，始王申，後徙紀，食户八百。貞觀中，遷襄州刺史，以治當最，天子璽書勞勉，人爲立石頌德。二十三年，進户至千。文明初，累遷太子太師、貝州刺史。」[二一]不難看出，新、舊《唐書》列傳對比，有所不同，《舊唐書》載「永徽元年（六五〇），拜左衛大將軍。二年（六五一），授荆州都督，累除刑州刺史。」《新唐書》對此卻未作記載。而根據誌文記載，司馬慎微於公元六五二年才「解褐授襄州襄陽縣尉」，襄州刺史紀王李慎「每見公」應在公元六五二年或公元六五二年之後。即公元六五二年，紀王李慎還在襄州刺史任上，未離開襄州。這顯然與《舊唐書》的記載矛盾。故《新唐書》對「永徽元年（六五〇），拜左衛大將軍。二年（六五一），授荆州都督，累除刑州刺史」未作記載，個中定有原因，有待進一步考證。

根據誌文記載，左僕射褚遂良持節出使蜀地路過襄州，目睹司馬慎微的風儀，肅然起敬，多次與紀王李慎邀其參加宴會，可見司馬慎微與李慎、褚遂良交往之密。僕射，古代官名。秦始置，爲尚書令副職。漢末分置左右僕射。唐代因太宗在未即位前曾任尚書令，所以此官不輕授人，經常以左右僕射代居尚書令之位[二二]。褚遂良，唐初大臣，書法家。《舊唐書》載：「褚遂良，散騎常侍亮之子也。……高宗即位，賜爵河南縣公。永徽元年，進封郡公。……四年（六五三），代張行成爲尚書右僕射，依舊知政事。」[二三]永徽四年（六五三）「九月壬寅，尚書右僕射、北平縣公張行成薨。甲戌，吏部尚書、河南郡公褚遂良爲尚書右僕射，依舊知政事。」[二四]《新唐書》載：「（四年）九月壬戌，張行成薨。甲戌，褚遂良爲尚書右僕射。」[二五]新、舊《唐書》均記載褚遂良於公元六五三年爲尚書右僕射，然而誌文卻載「左僕射褚遂良」，究竟是史書正確，還是誌文正確，亦有待進一步考證。

誌云：「秩滿改梓州通泉縣尉。」梓州，隋之新城郡，領射洪、通泉等縣[二六]。梓州通泉即今四川省射洪縣。唐代官員實行任期制，《通典》載：「凡居官以年爲考，六品以下四考爲滿。」[二七]即六品以下官員四年秩滿，秩滿後就必須離任，再到吏部參加銓選，才可能獲任新的官職。司馬慎微於公元六五二年任襄陽縣尉，任期滿應在公元六五六年，調任梓州通泉縣尉應在公元六五七年或公元六五七年之後。根據誌文記載，司馬慎微任梓州通泉縣尉期滿回去時，除數百卷書籍外，别無他物。這是其「願與孔子同行」的具體體現。

誌云：「後大總管左將軍李謹行奏請公爲管記，非其所好，俯而從之。捧檄陳謀，掃蜂渠於海右；提戈誓衆，摧蟻寇於遼陽。表奏箋記，咸公之所述，以勳授上柱國。」李謹行，唐高宗時期著名的蕃將，靺鞨人，突地稽之子。「解褐右武衛翊衛校尉，加遊擊將軍、上柱國，封五原縣男。……累遷右驍衛、左監門衛、右衛、右領軍員外大將軍、檢校廓州刺史、積石道經略大使、檢校右羽林軍、右衛大將軍。」[二八]遼陽，古指遼水（又稱小遼河。即現在的渾河）以北的地方，自秦、漢直到東晉十六國的後燕，爲遼東郡（國）的襄平縣（今遼陽市）。北燕之後，經南北朝、隋，直至唐高宗收復遼東半島前，這里一直爲高句麗建立的割據政權。乾封元年（六六六），「六月壬寅，高麗泉男生請内附，右驍衛大將軍契苾何力爲遼東安撫大使，率兵援之……左監門衛將軍李謹行爲後援」[二九]。「契苾何力，其先鐵勒别部之酋長也。……乾封元年，又爲遼東道行軍大總管，兼安撫大使。高麗有衆十五萬，屯於遼水，又引靺鞨數萬據南蘇城。何力奮擊，皆大破之。」[三〇]總章元年（六六八），高句麗被平定，李謹行憑借平定高句麗的軍功，被擢陞爲右武衛大將軍[三一]。據此可知，誌文「掃蜂渠於海右」和「摧蟻寇於遼陽」指的應是乾封元年（六六六）至總章元年（六六八）討伐高麗之戰。説明墓主司馬慎微跟隨李謹行親歷了平定高麗的戰鬥。跟隨李謹行征戰期間，所有表奏箋記，均爲司馬慎微所寫，功勞卓著，授上柱國。上柱國，唐朝最高勳官名。「凡勳，十有二轉爲上柱國，比正二品。」[三二]

根據誌文記載，調露二年（六八〇）三月十三日，司馬慎微因病在懷州家中去世，享年四十八歲。誌文將其中年去世喻爲「鵬路將騫，搏風未遠，驥途方騁，絶電斯窮。」將人們對他的哀思比作「曹植於嗟，痛元瑜之長逝；孔丘流慟，惜回也之不終」。元瑜即阮瑀，陳留尉氏（今河南開封）人，漢魏文學家，建安七子之一。蔡邕稱他爲「奇才」。所作章表書記很出色，當時軍國書檄文字，多爲阮瑀與陳琳所擬。阮瑀的音樂修養頗高，他的兒子阮籍、孫子阮咸皆當時名人，位列「竹林七賢」，妙於音律。《三國誌》有載[三三]。回也即顔回，孔子最得意弟子。《史記》載：「顔回者，魯人也，字子淵。少孔子三十歲。顔淵問仁，孔子曰：『克己復禮，天下歸仁焉。』孔子曰：『賢哉回也！一簞食，一瓢飲，在陋巷，人不堪其憂，回也不改其樂。』『退而省其私，亦足以發，回也不愚。』『用之則行，舍之則藏，唯我與爾有是夫！』回年二十九，發盡白，蚤死。孔子哭之慟，曰：『自吾有回，門人益親。』魯哀公問：『弟子孰爲好學？』孔子對曰：『有顔回者好學，不遷怒，不貳過。不幸短命死矣，今也則亡。』」[三四]由此可見司馬慎微的文采和德行。

四、墓主妻子

誌云：「子羨門幼亡，以猶子仙鶴嗣。」「猶子」指侄子。司馬慎微的兒子司馬羨門，幼亡。侄子司馬仙鶴過繼爲嗣子。仙鶴有一女，博古通今，才學超過蔡文姬、謝道韞，嫁與河東名門望族柳氏爲妻，收集司馬慎微的遺文，編爲五卷，惜已不存。

根據誌文記載知，夫人隴西李氏，爲荆州録事參軍、蒲州永樂縣令、洛州壽安縣令李嗣源第四女。隴西李氏爲唐朝著姓。夫人李氏「温德貞明，清神肅穆，織仁組義」，像曹大家一樣詞賦譽滿天下，像衛恭姜一樣志節名流海内。曹大家即漢扶風曹世叔之妻，班彪之女，班固、班超之妹班昭。她博學多才，爲《漢書》的編纂做出了重大貢獻。《後漢書》有傳[三五]。恭姜爲周時衛世子共伯之妻。衛世子共伯早死，恭姜守義，父母欲奪而嫁之，誓而弗許，故作《柏舟》以絶之：「泛彼柏舟，在彼中河。髧彼兩髦，實維我儀。之死矢靡它，母也天只，不諒人只。泛彼柏舟，在彼河側。髧彼兩髦，實維我特。之死矢靡慝，母也天只，不諒人只。」[三六]後常以恭姜爲女子追求婚姻自由、愛情真摯和專一的典範。

誌云：「載初年，皇太后臨朝求諸女史，敕潁川郡王載德詣門辟召侍奉。」臨朝特指皇室女性親臨朝廷處理政事。載初年，即公元六八九年，皇太后武則天臨朝執政，徵召女史，令潁川郡王武載德登門徵召李氏入宫侍奉。潁川郡王武載德，新、舊《唐書》均載：「武元衡，字伯蒼。曾祖載德，則天皇後之族弟」[三七]，「左衛新府中郎將載德爲潁川王」[三八]。誌云：「宸極一十五年，墨敕制詞，多夫人所作。」「宸極」比喻帝王在位。武則天稱帝十五年，頒發的詔書大多由李氏所寫。可見夫人李氏在武則天執政期間亦做出了一定的貢獻。

根據誌文記載，長安二年（七〇二）六月二日，李氏在宫中去世。嗣子司馬仙鶴奉旨恭敬地帶着靈車返回故里，衣衾棺槨，均有主管官員奉旨購造。開元十年（七二二）歲次壬戌二月癸酉朔十二日甲申，也就是在李氏去世後二十年，與丈夫司馬慎微合葬於懷州河内縣萬善里舊塋。懷州，隋之河内郡，治所在河内縣[三九]。「懷州河内縣萬善里」，即今河南省沁陽市山王莊鎮（包括萬善、張坡等村莊）一帶，「萬善」這一古地名尚存。

五、結　語

唐代司馬慎微墓誌的出土，爲了解墓主生平、家世及司馬家族的世系提供了可靠的實物資料。誌云司馬慎微跟隨李謹行征討高麗，進一步印證了史書關於李謹行征討高麗的記載。司馬慎微的夫人李氏，曾爲武則天女史官之一，「墨敕制詞，多夫人作」，該墓誌對於了解李氏的文采，研究武則天時期的職官制度、制誥制度具有重要的價值。誌文所載墓主司馬慎微及其父司馬安上、祖司馬德璋等歷史人物，司馬幼之出使北周等歷史事件，其孫女「學綜古今，才逾蔡、謝」，編輯其所撰遺文五卷等史實，史書、方志均未記載，可補史志之缺。誌文所載紀王李慎、左僕射褚遂良等均爲唐代重臣，對研究唐代社會、政治和經濟亦具有一定的參考價值。

注　釋

〔一〕《北史》卷八《齊本紀下》，中華書局，一九七四年，二八八頁。
〔二〕《資治通鑒》卷一七〇《陳紀四》，中華書局，一九五六年，五二六五頁。
〔三〕（隋）盧思道《贈別司馬幼之南聘詩》，逯欽立編《先秦漢魏晉南北朝詩》，中華書局，一九八三年，二六三三頁。
〔四〕〔九〕《北齊書》卷一八《司馬子如傳》，中華書局，一九七二年，二三八頁。
〔五〕《晉書》卷三七，中華書局，一九七四年，一〇九二、一〇九四頁。
〔六〕〔一一〕鄭紹宗《北魏司馬興龍墓誌銘跋》，《文物》一九七九年第九期。
〔七〕〔一二〕〔一三〕馬小青：《司馬興龍、司馬遵業墓誌銘考》，《文物春秋》一九九三年第三期。
〔八〕同〔五〕，一〇九五頁。
〔一〇〕同〔五〕，一〇九九頁。
〔一四〕（唐）李頎《送劉四》，《全唐詩》卷一三二，中華書局，一九六〇年，一三四二頁。
〔一五〕楊伯峻《論語譯注》，中華書局，二〇〇九年，一七六頁。
〔一六〕《後漢書》卷五八《臧洪傳》，中華書局，一九六五年，一八八四～一八九六頁。
〔一七〕《晉書》卷五二《阮種傳》，一四四四～一四四七頁。
〔一八〕《舊唐書》卷三九《地理志二》，中華書局，一九七五年，一五四九頁。
〔一九〕《新唐書》卷四九下《百官志四下》，中華書局，一九七五年，一三一九頁。

〔二〇〕《舊唐書》卷七六《太宗諸子傳》，二六六四頁。

〔二一〕《新唐書》卷八〇《太宗諸子傳》，三五七七頁。

〔二二〕（清）黄本驥《歷代職官表》，上海古籍出版社，一九八〇年，一六七頁。

〔二三〕《舊唐書》卷八〇《褚遂良傳》，二七二九~二七三九頁。

〔二四〕《舊唐書》卷四《高宗本紀上》，七二頁。

〔二五〕《新唐書》卷三《高宗本紀》，五五頁。

〔二六〕《舊唐書》卷四一《地理志四》，一六七一頁。

〔二七〕（唐）杜祐《通典》卷一五，中華書局，一九八八年，三六一頁。

〔二八〕〔三一〕　孫煒冉《李謹行征戰朝鮮半島事蹟考》，延邊大學二〇一〇年碩士學位論文。

〔二九〕同〔二五〕，六五頁。

〔三〇〕《舊唐書》卷一〇九，三二九一~三二九四頁。

〔三二〕《舊唐書》卷四三《職官志二》，一八二二頁。

〔三三〕《三國志》卷二一《魏書二一》，中華書局，二〇〇六年，三五八頁。

〔三四〕《史記》卷六七《仲尼弟子列傳》，中華書局，二〇〇六年，四〇九頁。

〔三五〕《後漢書》卷八四《曹世叔妻傳》，中華書局，一九六五年，二七八四~二七九一頁。

〔三六〕程俊英《詩經譯注》，上海古籍出版社，二〇〇四年，六七頁。

〔三七〕《新唐書》卷一五二，四八三三頁。

〔三八〕《舊唐書》卷一八三《外戚傳》，四七二九頁。

〔三九〕《舊唐書》卷三九《地理志二》，一四八九頁。

張紅軍　沁陽市博物館

（原載於《中國國家博物館館刊》二〇一二年第十期）

唐李衡、李洪鈞墓誌考

李衡、李洪鈞墓誌爲二十世紀八九十年代出土於河南省沁陽市山王莊鎮張莊村的兩方唐代墓誌，現藏於沁陽市博物館。墓誌青石質，方形，由蓋與誌兩部分組成，蓋呈盝頂方形。《李衡墓誌》邊長四二・五厘米，厚八厘米。誌文陰刻，楷書略帶行書筆意。二〇行，滿行二三字，計三九五字。誌蓋正面陰刻篆書「唐洺州清漳尉李公銘」三行九字。《李洪鈞墓誌》邊長三二厘米，厚六・五厘米。誌文陰刻，楷書一三行，滿行一三字，計一四八字。誌蓋正面陰刻篆書「有唐李殤子墓誌之銘」三行九字。現録文標點并簡考於後。

一、墓誌録文

《李衡墓誌》

唐故洺州清漳縣尉隴西李公墓誌銘并序

前長安縣尉裴聿述

公諱衡，字　，景皇帝五世孫。大王父諱孝義，皇朝平陽郡守，封膠西公。大父諱璬，皇朝易州刺史，襲封如故。烈考諱孟犨，歷尚書郎、復典泗州刺史，匪三世者，豈爲貴歟。公即府君第二子也，生則峻極，貞而且諒，能孝於上，而友於下。讀書屬文，時日茂異，尤善八分篆隸。因獻書拜洺州清漳尉，時号「槁玄之政」焉。解印歸第，卒於覃懷之居，春秋卅有二。里閭之人仰天茹泣。夫人彭城劉氏，左散騎常侍子玄之子。自西漢之後爲甲族，自大家之後爲文母，中外姻黨，不泯令聞。至大曆六年三月即世於楚州旅舍，享年五十八。以大曆九祀冬十二月十七日，合袝于河內縣萬善鄉之北原，禮也。嗚呼，承霸王之業，爲諸侯之門，可爲軒冕之宗，可爲天地之紀，而位不登，壽不與，天匪忱乎？然而素業純儉必世而後仁。長子靈鈞，前梁州南鄭尉。次子君求，前蘇州吴縣尉。皆稟公之遺風焉。託爲銘曰：帝皇之系，侯伯之門，克明克類，乃子乃孫。其一。禮以爲貴，道以爲尊；玉謂之璞，金謂之渾。其二。學于覃懷，覃懷禮惇；吏于漳水，漳水政存。黄河東注，白日西奔；頌彼前哲，慶于後昆。其四。

《李洪鈞墓誌》

殤子姓李氏，名洪鈞，字家奴。我巨唐孝景皇帝之裔也。晉城君翼之長子。膠西公孟犨之孫。生七月而言，骨象瓌奇，特禀秀異。弱歲夭喪，爲世所悲。齊莊周之言，斯亦壽矣；追延陵之歎，誠曰痛哉。年五歲，以天寶十四載六月廿二日遘疾夭于洛陽政平里外祖父河南尹裴公迥之私第。即以秋七月九日歸袝于太行山南原。儀不備物，禮也。銘曰：瓊蕊朝隕，蘭芳春歇。皇天不仁，碎此明月！

二、李衡與李洪鈞的家族世系

墓誌記載，李衡和李洪鈞是唐太祖景皇帝李虎的後裔，世代明確。其家族世系見於《新唐書·宗室世系表上》〔一〕（以下簡稱「新表」）大鄭王房的記載：虎—亮—神通—孝義—璥—孟犨—衡、翼。《泗州刺史李君（孟犨）神道碑》〔二〕（以下簡稱《李孟犨碑》）載其家族世系與上同。而孟犨有六子：權、衡、樞、軫、房、翼。由此可知，兩方墓誌所叙的衡、翼係同胞兄弟，衡爲翼長子洪鈞的伯父。

李衡之子靈鈞、君求可補新表的闕遺。新表大鄭王房載，翼生子良鈞、正鈞、執鈞、巨鈞、直鈞〔三〕，而唯獨没有洪鈞，因其幼年夭折的緣故。其祖上均見於文獻記載，簡述如下：

李虎，代北武川（今内蒙古武川縣）人。西魏左僕射，封隴西郡公。周受禪，追封唐國公，謚曰襄。李虎有子李昞，生下了唐朝開國君主李淵，於武德初（六一八），追尊李虎景皇帝，廟號太祖，陵曰永康。《周書》〔四〕《舊唐書》〔五〕《新唐書》〔六〕等均有記載。《李衡墓誌》叙其先李虎爲「景皇帝」，而《李洪鈞墓誌》卻説是「孝景皇帝」，係筆誤。

一般而言，唐代墓誌只叙墓誌主人的兩代或三代先人，如《李洪鈞墓誌》。而《李衡墓誌》的追述就多了些，只略去了李亮和李神通。李孝義，《李衡墓誌》云：「大王父諱孝義，皇朝平陽郡守，封膠西公。」《李孟犨碑》云：「武德初封安永郡王，貞觀中改封膠西郡公，銀青光禄大夫、司農卿、上柱國，冀貝等州刺史。」兩唐書對李孝義記載甚簡，僅有「孝義，膠西王」〔七〕和「膠西郡公、司農卿孝義」〔八〕。由碑誌可證，其封爵是郡公而不是王。《舊唐書》記載，國之封爵，凡有九等。王是第一等，正一品。郡公是第四等，正二品〔九〕。

李璥，《李衡墓誌》云：「大父諱璥，皇朝易州刺史，襲封如故。」《李孟犨碑》云：「烈考諱璥，易州司馬、朝散大夫、上柱國，襲膠西郡公，至德初追贈平陽太守。」司馬爲六品官職，而刺史爲正四品官職〔一〇〕，墓誌易司馬爲刺史，是篡改先人官職以提陞其歷史地位。新表記李璥亦甚簡：「襄公，南州司馬璥。」〔一一〕

李孟犨，《李衡墓誌》云：「烈考諱孟犨，歷尚書郎、復典泗州刺史。」見於《李孟犨碑》的記載：「宗司舉以郎署，擢授禮部員外。屬東封扈蹕，轉虞部員外郎。出牧泗州，清明簡肅，治行第一。」新表亦以一句話爲記：「泗州刺史孟犨，字公悦。」〔一二〕而《李洪鈞墓誌》所謂「膠西公孟犨」，雖不見於其本人的碑文，卻是襲膠西公（詳後《李饒墓誌》）。

李翼，《李洪鈞墓誌》云「晉城君翼」，是封爵。《李孟犨碑》云：「季曰翼，陝府長史兼侍御史丞、陝府都防禦觀察陝虢等使」。《舊唐書》有貞元五年十二月辛未，以「司農卿李翼爲陝虢都防禦觀察使」〔一三〕的記載。新表大鄭王房載：「宗正卿、太子賓客、隴西縣子翼，字則之。」〔一四〕記載各不相同，可以相互補充。

三、李衡及其妻子

李衡雖貴爲宗室，但因壽短官微，新表简記爲「清漳尉衡」〔一五〕。與《李孟犨碑》同：「次曰衡，故清漳尉。」李衡忠正誠信，孝於上而友於下。讀書作文，才德出衆，尤其擅長八分隸書。墓誌的「因獻書拜洺州清漳尉，時號『橋玄之政』焉」，是李衡短暫一生的閃光點。「獻書」是向朝廷上書，陳述治理國家的意見，得到肯定，授予清漳縣尉職，協助縣令，地方得到治理，個人獲得「橋玄之政」的美譽。

李衡就做了這麼一任縣尉，解職還家覃懷（即懷州），死於家中，時年三十二歲，英年早逝。「里閭之人仰天茄泣」，即胡笳泣，意爲鄉里之人深爲悲痛。惜墓誌未叙李衡的生卒年月。

李衡妻劉氏（七一四~七七一年），爲左散騎常侍劉子玄（六六一~七二一年）即史學家劉知幾的女兒。劉知幾於高宗永隆元年（六八〇）舉進士。武則天長安二年（七〇二）擔任史官，撰起居注，歷任著作佐郎、左史、著作郎、秘書少監、太子左庶子、左散騎常侍等職，兼修國史。他做了三十年史官，遍讀群史，積累了豐富的資料和修史經驗，撰寫了我國第一部系統的史學評論專著——《史通》。兩唐書〔一六〕〔一七〕有傳。

誌云：「自西漢之後爲甲族，自大家之後爲文母，中外姻黨，不詆令聞。」「太姒號曰文母。文王理外，文母治內。太姒生十男，教誨自少及長，未嘗見邪僻之事，言常以正道持之也。」〔一八〕誌文將劉氏比作文王之妻、武王之母太姒，屬溢美之詞。

李衡去世後，劉氏緣何遠離家鄉覃懷而卒於楚州呢？公元七五五年，安史之亂爆發，「東周之地，久陷賊中，宫室焚燒，十不存一。百曹荒廢，曾無尺椽，中間畿內，不滿千户。井邑榛荆，豺狼站嗥，既乏軍儲，又鮮人力，東至鄭、汴，達於徐方，北自覃懷，經於相土，人煙斷絶，千里蕭條。」〔一九〕徹底破壞了黄河流域的社會秩序，劉氏爲躲避戰亂，逃離家鄉，於大曆六年（七七一）三月即世於楚州旅舍，享年五十八歲。

李衡「長子靈鈞，前梁州南鄭尉。次子君求，前蘇州吴縣尉。皆稟公之遺風焉」。兩子曾任從九品的小官，和父親一樣文德出衆，爲官清廉，一任縣尉，賦閑於家。

四、李洪鈞與外祖裴迥

李翼長子李洪鈞於天寶十四年（七五五）病夭於洛陽政平里外祖父河南尹裴公迥之私第，年僅五歲。政平里即正平坊：「定鼎門街東第二街，北隔洛水，當皇城之左掖門。從南第一曰樂和坊。……次北正平坊，正或作政，非。」〔二〇〕墓誌碑刻，或作「正平」，或作「政平」，同音無礙。

裴迥，散見於兩唐書等文獻與出土墓誌。如《新唐書》云：「河南尹裴迥以八遞傷牛，乃爲交場兩遞，濱水處爲宿場，分官總之，自龍門東山抵天津橋爲石堰以遏水。」〔二一〕又云：「始，河南尹韓朝宗、裴迥嘗委訊覆檢句，而處事平，剖斷精允，群寮莫能望也。」〔二二〕《新唐書》記載，紀王李慎的孝女東光縣主，「長適太子司議郎裴仲將」[二三]。《資治通鑒》亦云：李慎「女東光縣主楚媛，幼以孝謹稱，適司議郎裴仲將，相敬如賓」[二四]。知名文士李華撰《唐故東光縣主神道碑銘并序》云：東光縣主是太宗第十子紀王的第三女，紀王擇聞喜公以妻之。産「男十人，女十人。四子至大夫，曰遇，曰邁，曰邁；邁仁則踐修，孝惟明發。少子德位兼盛曰迴，今河南尹兼東都留守上柱國。」[二五]這個「聞喜公」就是裴仲將。

以往偃師出土《唐中散大夫守太子賓客薛丹夫人李饒墓誌》云：「皇唐高祖神堯皇帝之從父子、河北道行台、尚書左僕射、淮安郡王諱神通；王生司農卿、貝冀等州刺史、膠西郡公諱孝義；公生易州刺史、贈平陽太守、襲膠西公諱璥；公生虞部郎中、贈鄭州刺史、襲膠西公諱孟犨；公生銀青光禄大夫、陝虢觀察使、宗正卿、隴西縣開國子諡曰敬，諱翼；敬公娶東都留守兼河南尹裴公迴之女，寔生女子，子是爲夫人。夫人諱饒，字萬德。」[二六]裴氏家族與宗室互通婚姻，關係非常。裴迴是李饒（薛丹妻）和李洪鈞的外祖父。《唐揚州參軍蘇公妻河東裴氏墓誌》云：裴氏之「曾祖丞嗣，皇懷州武德縣令。祖仲將，皇貝州刺史。父迴，皇殿中監，贈工部尚書。夫人即故尚書之季女也。」[二七]裴氏三代先人名諱清楚，裴迴兩女歸於士人。

五、李衡與李洪鈞的葬地

據《李孟犨碑》，碑主出牧泗州，以疾辭官，回歸途中，於開元十九年（七三一）十一月十九日終於大梁旅館，所謂「權厝大行山」，應當是到家後，家人將其就近淺葬於太行山的塋地。其子李衡「卒於覃懷之居」，也説明了家的所在地。淺葬太行山三十六年之後，大曆元年（七六六）家人遷葬孟犨遺骸於京兆萬年縣畢原之舊塋。

一九八七年七月，沁陽縣山王莊鄉張莊村農民在磚瓦窯場起土時發現了一座小型土洞墓，出土了《李洪鈞墓誌》[二八]。張莊村位於太行山南原，這與墓誌所云「葬于太行山南原」一致。而《李衡墓誌》爲二十世紀九十年代徵集，發現地點不詳。李衡去世時，其父還未遷葬長安。於是，子隨父葬在一起。後來其夫婦「合祔於河内縣萬善鄉之北原」，約今河南省沁陽市山王莊鎮萬善村一帶。李氏伯侄，家於覃懷，葬於同一大塋。地名「萬善」，傳承千古。

六、結　語

唐代《李衡墓誌》和《李洪鈞墓誌》的出土，爲了解、研究李衡及李洪鈞的生平、家世等提供了可靠的實物資料。通過對兩墓誌的研究，進一步印證了史書關於李唐王朝宗室世系大鄭王房世系的記載；糾正了《舊唐書》「孝義，膠西王」記載之誤和《李洪鈞墓誌》「巨唐孝景皇帝」撰、書之誤；填補了新舊《唐書》等史書關於李衡之父李孟犨亦襲封膠西公及李衡長子靈鈞、次子君求、李洪鈞爲李翼長子等記載之缺。李衡、李洪鈞均爲李唐宗室後裔，對其生平及家世的考證，有助於唐代政治、經濟和社會的研究。

注釋

〔一〕（北宋）宋祁、歐陽修等《新唐書》第七〇卷《宗室世系上》，中華書局，一九七五年，一九五九～二〇〇九頁。

〔二〕（清）董誥《全唐文》第三七一卷，上海古籍出版社，一九九〇年。

〔三〕〔一四〕（北宋）宋祁、歐陽修等《新唐書》第七〇卷《宗室世系上》，中華書局，一九七五年，二〇〇七～二〇〇八頁。

〔四〕（唐）令狐德棻《周書》第一六卷《列傳第八》，中華書局，一九七一年，二七二頁。

〔五〕（五代）劉昫《舊唐書》第一卷《高祖》，中華書局，一九七五年，一頁。

〔六〕（北宋）宋祁、歐陽修等《新唐書》第一卷《高祖》，中華書局，一九七五年，一頁。

〔七〕（五代）劉昫《舊唐書》第六〇卷《宗室》，中華書局，一九七五年，二三四二頁。

〔八〕〔一一〕〔一二〕〔一五〕（北宋）宋祁，歐陽修等《新唐書》第七〇卷《宗室世系上》，中華書局，一九七五年，二〇〇五頁。

〔九〕（五代）劉昫《舊唐書》第四三卷《職官二》，中華書局，一九七五年，一八二一頁。

〔一〇〕（五代）劉昫《舊唐書》第四四卷《職官三》，中華書局，一九七五年，一九一八頁。

〔一三〕（五代）劉昫《舊唐書》第三一卷《德宗下》，中華書局，一九七五年，三六八頁。

〔一六〕（五代）劉昫《舊唐書》第一〇二卷《劉子玄傳》，中華書局，一九七五年，三一六八～三一七四頁。

〔一七〕（北宋）宋祁、歐陽修等《新唐書》第一三二卷《劉子玄傳》，中華書局，一九七五年，四五一九～四五二二頁。

〔一八〕（漢）司馬遷《史記》第三五卷，中華書局，一九八二年，一五六三頁。

〔一九〕（五代）劉昫《舊唐書》第一二〇卷《郭子儀傳》，中華書局，一九七五年，三四五七頁。

〔二〇〕（清）徐松《增訂唐兩京城坊考（修訂版）》，三秦出版社，二〇〇六年，一四八～一五〇頁。

〔二一〕（北宋）宋祁、歐陽修等《新唐書》第五三卷《食貨志三》，中華書局，一九七五年，一三六八頁。

〔二二〕（北宋）宋祁、歐陽修等《新唐書》第一一二卷《蔣欽緒傳》，中華書局，一九七五年，四一八〇頁。

〔二三〕（北宋）宋祁、歐陽修等《新唐書》第八〇卷《太宗子》，中華書局，一九七五年，三五七八頁。

〔二四〕（北宋）司馬光《資治通鑒》第二〇四卷，中華書局，一九七六年，六四五八頁。

〔二五〕（清）董誥《全唐文》第三一九卷，上海古籍出版社，一九九〇年。

〔二六〕趙振華《洛陽古代銘刻文獻研究》，三秦出版社，二〇〇九年，四七二頁。

〔二七〕 趙君平、趙文成《秦晉豫新出土墓誌搜佚》第三册，國家圖書館出版社，二〇一二年，七五三頁。

〔二八〕 中國文物研究所、河南省文物研究所《新中國出土墓誌》（河南壹·上册），文物出版社，一九九四年，一七四頁。

張紅軍　沁陽市博物館

（原載於《中原文物》二〇一三年第六期）

唐代顏元貞墓誌考

《顏元貞墓誌》爲二十世紀八十年代於河南省沁陽市城關鎮合作街徵集的一方唐代墓誌，具體出土時間和地點不詳，現藏於沁陽市博物館。該墓誌爲青石質，方形，邊長約三七・五厘米，厚約七厘米。誌文陰刻，楷書。竪行，滿行二五至二七字不等，共一九行，計四〇八字。後有清代題跋，亦陰刻，楷書，竪四行，滿行三八字，計一一二字。現録文標點并考證如下。

一、墓誌録文

唐故左内率府兵曹參軍顏府君墓誌銘并序

鄉貢進士吴繇撰

公諱元貞，字玢玉，琅琊人也。懿哉聖賢之後，代有所稱。爰自兗公至北齊黄門侍郎，盛列清風，輝焕史策。公則黄門五世孫也。夙蘊大志，負宏略，沉沉然有古人之風。意廓如也。承平之中，仕不謬入。以令望所推，一命于内率。雖居下位，而美名長稱于上列。秩滿東還。以天寶之初去世于任城私第，權厝於第之南陌。夫人廣平程氏，贈廣平太君。有子二人：長曰還期，早亡。次曰仙期，自弱冠從舉京師，爲宗叔魯公所留。旋遇羯胡逆乱，盜擾中原，荏苒歲時，未遂營舉。元和七載，終于河陽。以十三年四月廿三日改卜塋所，遂葬於河南府河陽縣安樂鄉地名洪保崗、號龍子涀梁之東，涗水之西。今次孫楷長懷罔極之心，每軫人子之思。痛先祖墳域漂泊時久，幸遇出守東海，逢年月日時皆利，遂自任城啓祖及妣，以開成三年九月五日葬於河陽。天地齊畢。既展礼於九原，實令孫之孝也。銘曰：源出高山，流之必清。族自聖賢，後之必榮。兗公之胄，黄門挺生。蟬聯弈葉，内率继聲。文武宏博，人誰与勍。徒負大志，位竟無成。孤墳寂寞，歲久漂零。令孫孝思，大事孔營。啓祖及妣，移葬上京。今慈一窆，永固佳城。

此誌於同治元年春南绛莊修寨出土。有本庄王君淮買棺旋□葬於寨西，竪碑表墓。誌係鄉貢吴先生撰文，筆致簡老高古，在唐諸大家中，亦屬傑作。書法老秀。惜不著姓氏，或亦吴先生自作，不欲兩美并見歟？噫，均可寶已。

邑人後學張肇坊跋

邑人後學王峯高書

大清同治二年二月之吉

誌文載：「公諱元貞，字玢玉，琅琊人也。懿哉聖賢之後，代有所稱。爰自兗公至北齊黃門侍郎，盛列清風，輝煥史策。公則黃門五世孫也。」琅邪，郡名，秦始建，治所在今山東諸城市一帶。兗公指孔子的得意弟子顏回。《史記》曰：「顏回者，魯人也，字子淵。少孔子三十歲。……孔子曰：『賢哉回也！一簞食，一瓢飲，在陋巷，人不堪其憂，回也不改其樂。』……回年二十九，髮盡白，蚤死。孔子哭之慟，曰：『自吾有回，門人益親。』魯哀公問：『弟子孰爲好學？』孔子對曰：『有顏回者好學，不遷怒，不貳過。不幸短命死矣，今也則亡。』」〔一〕二一八七~二一八八《舊唐書》載：（開元二十七年八月）「甲申，制追贈孔宣父爲文宣王，顏回爲兗國公，餘十哲皆爲侯，夾坐。」〔二〕二一一《舊唐書》又載：「顏子淵既云亞聖，須優其秩，可贈兗公。」〔二〕九二一《新唐書》載：「二十七年，詔夫子既稱先聖，可謚曰文宣王，遣三公持節册命，以其嗣爲文宣公，任州長史，代代勿絶。先時，孔廟以周公南面，而夫子坐西墉下。貞觀中，廢周公祭，而夫子位未改。至是，二京國子監、天下州縣夫子始皆南向，以顏淵配。贈諸弟子爵公侯：子淵兗公，子騫費侯，伯牛鄆侯，仲弓薛侯，子有徐侯，子路衛侯，子我齊侯，子貢黎侯，子游吴侯，子夏魏侯。」〔三〕三七五北齊黃門侍郎指南北朝文學家顏之推。《北齊書》載：「顏之推，字介，琅邪臨沂人也。……之推聰穎機悟，博識有才辯，工尺牘，應對閑明，大爲祖珽所重，令掌知館事，判署文書。尋遷通直散騎常侍，俄領中書舍人。……尋除黃門侍郎」〔四〕六一七~六二六。《北史》〔五〕二七九四~二七九六亦有列傳。由此可知，墓主顏元貞乃兗公顏回之胄，北齊黃門侍郎顏之推的五世孫。

誌文還記載了墓主顏元貞的子嗣情況：「有子二人：長曰還期，早亡。次曰仙期，自弱冠從舉京師，爲宗叔魯公所留。」宗叔，指家族里跟父親同輩而年紀較小的男子。魯公，即唐代書法家顏真卿。《舊唐書》載：「顏真卿，字清臣，琅邪臨沂人也。五代祖之推，北齊黃門侍郎。真卿少勤學業，有詞藻，尤工書。開元中，舉進士，登甲科。事親以孝聞。……代宗嗣位，拜利州刺史，還户部侍郎，除荆南節度使，未行而罷，除尚書左丞。旋改檢校刑部尚書知省事，累進封魯郡公。」〔二〕三五八九~三五九七《新唐書》載：「真卿立朝正色，剛而有禮，非公言直道，不萌於心。天下不以姓名稱，而獨曰魯公。」〔三〕四八六一說明墓主顏元貞和魯公顏真卿爲同族兄弟。

關於墓主顏元貞的家族世系，根據《新編陋巷誌》〔六〕第三篇《顏氏宗族》第一章「繁衍與遷徙」第一節「宗子世系」，兗公顏回至魏關內侯顏盛的世系應爲：顏回—顏歆—顏儉—顏威—顏芃—顏億—顏岵—顏卸—顏譽—顏産—顏異—顏愚—顏逵—顏□（一作顏肆）—顏衷—顏凱—顏邃—顏龠—顏綽—顏准—顏阮—顏亮—顏敫—顏盛。

根據清代董誥等主編的《全唐文》第三百三十九卷所録顏真卿撰寫的《晉侍中右光禄大夫本州島大中正西平靖侯顏公（含）大宗碑》和第三百四十卷所録顏真卿撰寫的《唐故通議大夫行薛王友柱國贈秘書少監國子祭酒太子少保顏君（惟貞）碑銘并序》記載可知：顏盛，字叔台，青、徐二州刺史、關內侯，始自魯居於琅琊臨沂孝悌里。生廣陵太守、給事中、葛繹貞子諱欽，字公若。生汝陰太守、護軍、襲葛繹子諱默，字靜伯。生晉侍中、右光禄大夫、西平靖侯諱含，字弘都。生侍中、光禄勳、西平定侯諱髦，字君道。生州西曹騎都尉、西平侯諱綝，字文和。生宣城太守、御史中丞諱靖之，字茂宗。生巴陵太守、度支校尉諱騰之，字弘道，善草隸書，有風格。生輔國江夏王參軍諱炳之，字叔豹，以能書稱。生齊持書御史兼中丞諱見遠，字見遠。生梁鎮西記室參軍諱協，字子和。生北齊給事黄門侍郎、待詔文林館、平原太守、隋東宫學士諱之推，字介。由此可將顏盛至北齊黄門侍郎顏之推的世系排列爲：顏盛—顏欽—顏默—顏含—顏髦—顏綝—顏靖之—顏騰之—顏炳之—顏見遠—顏協—顏之推。

至此，可將兖公顏回至北齊黄門侍郎顏之推共三十五代世系排列如下：

顏回—顏歆—顏儉—顏威—顏芃—顏億—顏岵—顏卬—顏譽—顏産—顏異—顏愚—顏逵—顏□（一作顏肆）—顏衷—顏凱—顏邃—顏龠—顏綽—顏准—顏阮—顏亮—顏敫—顏盛—顏欽—顏默—顏含—顏髦—顏綝—顏靖之—顏騰之—顏炳之—顏見遠—顏協—顏之推。

從北齊黄門侍郎顏之推至墓主顏元貞的世系，因顏元貞史書無載，而且墓誌對其父、祖、曾祖、高祖等祖上情況又無作記載，僅從《唐故通議大夫行薛王友柱國贈秘書少監國子祭酒太子少保顏君（惟貞）碑銘并序》載顏之推生思魯、滑楚、游秦，思魯生師古、相時、勤禮、育德，勤禮生昭甫、敬仲、殆庶、無恤、少連、務滋、辟强，昭甫生元孫、惟貞，惟貞生闕疑、允南、喬卿、真長、幼輿、真卿、允臧，即顏之推—顏思魯—顏勤禮—顏昭甫—顏惟貞—顏真卿，以及上面所推證的顏元貞和顏真卿爲同族兄弟可知，從北齊黄門侍郎顏之推至墓主顏元貞共有六代，顏元貞的高祖應爲思魯、滑楚、游秦三人中的其中一人。至於到底是誰，以及其曾祖、祖、父是誰，情況如何，均有待新的考古資料的發現。

在墓主顏元貞的祖輩中，除了上述兖公顏回、北齊黄門侍郎顏之推彪炳史册外，顏異、顏欽、顏默、顏含、顏髦、顏見遠、顏協等在史書中均有記載：「初，（顏）異爲濟南亭長，以廉直稍遷至九卿。」[〔一〕一四三]另據《晉書》記載：「顏含，字弘都，琅邪莘人也。祖欽，給事中。父默，汝陰太守。含少有操行，以孝聞。……本州島辟，不就。東海王越以爲太傅參軍，出補闔陽令。元帝初鎮下邳，復命爲參軍。過江，以含爲上虞令。轉王國郎中、丞相東閤祭酒，出爲東陽太守。東宫初建，含以儒素篤行補太子中庶子，遷黄門侍郎、本州島大中正，歷散騎常侍、大司農。豫討蘇峻功，封西平縣侯，拜侍中，除吴郡太守。……尋除國子祭酒，加散騎常侍，遷光禄勳，以年老遜位。成帝美其素行，就加右光禄大夫，門施行馬，賜床帳被褥，敕太官四時致膳，固辭不受。……致仕二十餘年，年九十三卒。遺命素棺薄斂。謚曰靖。喪在殯而鄰家失火，移棺紼斷，火將至而滅，僉以爲淳誠所感也。三子：髦、謙、約。髦歷黄門郎、侍中、光禄勳，謙至安成太守，約零陵太守，並有聲譽。」[〔七〕二二八五—二二八七]《梁書》記載：「顏協，字子和，琅邪臨沂人也。七代祖含，晉侍中、國子祭酒、西平靖侯。父見遠，博學有志行。初，齊和帝之鎮荆州也，以見遠爲録事參軍，及即位於江陵，以爲治書侍御史，俄兼中丞。高祖受禪，見遠乃不食，發憤數日而卒。……協幼孤，養於舅氏。少以器局見稱。博涉群書，工於草隸。釋褐湘東王國常侍，又兼府記室。世祖出鎮荆州，轉正記室。時吴郡顧協亦在蕃邸，與協同名，才學相亞，府中稱爲『二協』。舅陳郡謝暕卒，協以有鞠養恩，居喪如伯叔之禮，議者重焉。又感家門事義，不求顯達，恒辭征辟，游於蕃府而已。大同五年，卒，時年四十二。世祖甚嘆惜之，爲《懷舊詩》以傷之。其一章曰：『弘都多雅度，信乃含賓實。鴻漸殊未陞，上才淹下秩。』」[〔八〕七二七]故誌文有「爰自兖公至北齊黄門侍郎，盛列清風，輝焕史策」之説。

三、墓主生平及其子、孫情況

據誌文記載，墓主顔元貞乃聖賢兖公顔回之後代，係北齊黄門侍郎顔之推五世孫，志向遠大，謀略宏偉，頗有古人之風。「以令望所推，一命於内率。」「令望」指美好的名聲。「一命」在周代最低一級的官階，後用以泛指低微的官職。「内率」即太子左、右内率府。兵曹參軍一人，從八品下〔二〕一九二二~一九二三。結合誌文首行「唐故左内率府兵曹參軍顔府君墓誌銘并序」，可知，墓主顔元貞因好的聲譽被推薦爲小小的八品内率府兵曹參軍。具體任職時間誌文未載，不詳。顔元貞任左内率府兵曹參軍，雖然官位不高，但在任政績頗佳，所以誌文有「雖居下位，而美名長稱於上列」的讚譽。誌文載：「秩滿東還。以天寶之初去世于任城私第，權厝於第之南陌。」任城，漢縣。北齊於縣置高平郡。隋廢，縣屬兖州〔二〕一四四七。即今山東省濟寧市任城區。私第，指舊時官員私人所置的住所。厝，停柩，把棺材停放待葬，或淺埋以待改葬。就是説，顔元貞任左内率府兵曹參軍一職期滿後，回到山東任城自己的住所。於天寶之初（七四二）在任城住所中去世，暫時淺埋在住所南邊的田間路旁等待移葬。因墓主的出生年月不詳，故其享年亦不可知。

關於墓主顔元貞夫人的相關情況，誌文記載甚簡，僅有「夫人廣平程氏，贈廣平太君。」「洺州廣平郡，望。本武安郡，天寶元年更名。」〔三〕一〇一四「廣平，天寶元年，分蓟縣置。三載復廢。至德後，復分置。」〔二〕一五一六太君，封建時代官員母親的封號。至於程氏的具體生卒年月及生平事蹟，因誌文無記，方志、史書無載，故不可考。

關於墓主顔元貞的子孫情況，根據誌文記載可知，其「有子二人：長曰還期，早亡。次曰仙期，自弱冠從舉京師，爲宗叔魯公所留。」古代男子二十歲行冠禮，表示已經成人，因爲還没有達到壯年，叫做弱冠，後來泛指男子二十歲左右的年紀〔九〕一〇八二。宗叔魯公指墓主顔元貞的同族弟弟顔真卿。也就是説，顔元貞共有兩個兒子，長子名叫還期，早亡。次子名叫仙期，二十歲左右赴京參加科舉考試時，被宗叔魯公顔真卿留用。誌文載：「旋遇羯胡逆亂，盜擾中原，荏苒歲時，未遂營舉。」《魏書》（石勒傳）載：「羯胡石勒，字世龍，小字匐勒。其先匈奴别部，分散居於上党武鄉羯室，因號羯胡。」〔一〇〕二〇四七舊時用以泛稱來自北方的外族。誌文所提「羯胡逆亂」，指的是唐朝重要歷史事件安史之亂，即安禄山、史思明起兵反對唐朝的一次叛亂。安禄山和史思明，《舊唐書》〔二〕五三六七~五三八三、《新唐書》〔三〕六四一一~六四三五均有列傳。《舊唐書》載：「安禄山，營州柳城雜種胡人也，本無姓氏，名軋犖山。母阿史德氏，亦突厥巫師，以卜爲業。突厥呼鬥戰爲軋犖山，遂以名之〔二〕五三六七。史思明，本名窣幹。營州寧夷州突厥雜種胡人也」〔二〕五三七六。天寶十四載（七五五）「十一月，安禄山反，陷河北諸郡」〔三〕一五〇。安史之亂自唐玄宗天寶十四年（七五五）至唐代宗寶應元年（七六二）結束，前後達八年之久。其原因是多方面的，是各種社會矛盾的集中反映，是唐朝由盛而衰的轉折點。説明安史之亂爆發時顔仙期二十歲左右，他親歷了安史之亂整個過程。

根據誌文記載可知，元和七載（八一二），顔仙期在河陽去世。關於顔仙期的享年，雖誌文未載其生年，但從上述推證可知，天寶十四年（七五五）安史之亂爆發時，顔仙期二十多歲，故根據其去世年月元和七載（八一二）推算，顔仙期的享年至少在七十八歲以上。誌文載：「以十三年（八一八）四月廿三日改卜塋所，遂葬於河南府河陽縣安樂鄉、地名洪保崗，號龍子浿梁之東，溴水之西。」改卜塋所即重新卜葬，也就是重新占卜以選擇吉祥之葬日與葬地。河南府，隋河南郡。武德四年，置洛州總管府，領洛、鄭、熊、穀、嵩、管、伊、汝、魯九州島。洛州領河南、洛陽、偃師、鞏、陽城、緱氏、嵩陽、陸渾、伊闕等九縣。……開元元年，改洛州爲河南府〔二〕一四二二。河陽，隋縣。武德四年，於隋河陽宫置盟州，領河陽、集城、温三縣。八年，廢盟州，省集城入河陽縣，以河陽、温屬懷州。顯慶二年，以河陽、温屬洛州〔二〕一四二六。河陽縣的具體位置在今河南省孟州市。安樂鄉、洪保崗均屬古地名，惜方志、史書無載，具體位置不詳。浣水，即沇水，古河名，中國濟水的别稱。《河北採風録》載：「沇水自濟源西來，過河内縣西南界，上東南流經縣（孟縣）界，又屈而南流余濟北渠尾東入焉。又沇水南過沇河鎮東，又東南入温縣境，至温縣城入於河。」〔一一〕五七顔仙期元和七載（八一二）去世時葬於何處，誌文無載，不得而知。元和十三年（八一八）四月廿三日改葬於河南府河陽縣安樂鄉號龍子浿梁之東、浣水之西的洪保崗，説明安樂鄉洪保崗乃葬人之風水寶地。顔仙期在河陽去世，并葬於河陽，説明其已在河陽安家定居。至於顔仙期緣何定居河陽，誌文未載，有待進一步考證。

誌文載：「今次孫楷長懷罔極之心，每軫人子之思。痛先祖墳域漂泊時久，幸遇出守東海，逢年月日時皆利，遂自任城啓祖及妣，以開成三年九月五日葬於河陽。天地齊畢。既展禮於九原，實令孫之孝也。」罔極，指父母恩德無窮。《詩·小雅·蓼莪》：「父兮生我，母兮鞠我……欲報之德，昊天罔極。」〔一二〕六二七軫，悲痛。屈原《楚辭·九章·哀郢》有「出國門而軫懷兮」。出守，由京官出爲太守。東海，即海州，「隋東海郡。武德四年，置海州總管府，……天寶元年，以海州爲東海郡。」〔二〕一四四五其治所在今江蘇省連雲港市海州區。展禮，猶行禮、施禮。九原，這里指墓地。唐杜甫《哭長孫侍御》：「惟余舊台柏，蕭瑟九原中。」根據誌文記載可知，墓主顔元貞至少有兩個孫子，次孫名叫顔楷。顔楷對父母的恩德長懷在心，哀思無窮。爲祖父的墳域漂泊時久感到悲痛。正好趁自己出京任東海太守的機會，選擇吉日開成三年（八三八）九月五日，將祖父顔元貞及祖母程氏的棺槨從任城啓運至河陽下葬。《懷慶府志》載：孟縣，「殷畿内地」〔一三〕。説明河陽縣在商、周即爲畿内地，唐時又爲東都洛陽的畿内地，故墓誌銘文有「啓祖及妣，移葬上京。今慈一窆，永固佳城」之記載。誌文雖未載明其祖父、祖母安葬的具體地點，但依照古代傳統的埋葬風俗，爲便於後人祭奠，所葬地點亦應爲其父顔仙期葬地安樂鄉洪保崗。這充分體現了墓主顔元貞子孫作爲聖賢兗公顔回之後，繼承和弘揚仁孝慈愛的傳統美德和高尚情操。

四、誌文的撰文、書丹人情况

關於誌文的撰文人和書丹人情况，誌文僅有「鄉貢進士吴繇撰」之記載。《新唐書》載：「唐制，取士之科，多因隋舊，然其大要有三。由學館者曰生徒，由州縣者曰鄉貢，皆陞於有司而進退之。其科之目，有秀才，有明經，有俊士，有進士，有明法，有明字，有明算，有一史，有三史，有開元禮，有道舉，有童子。」〔三〕一一五九鄉貢進士即指地方的州縣官吏依據私學養成的士人，經鄉試、府試兩級的選拔，合格者被舉薦參加禮部貢院所舉行的進士科考試，而未能擢第者則稱爲鄉貢進士。墓誌的撰文人吴繇即爲鄉貢進士。方志、史書對鄉貢進士吴繇均無記載，故不可考。

墓志書丹人姓名，誌文未載。但不外乎兩種可能：一是鄉貢進士吴繇撰文，他人書丹，在書丹時只記撰文人，不記自己。一是鄉貢進士吴繇撰文并書丹，自己在書丹時只記其撰文，未計其書丹。正如誌文後題跋所言：「誌係鄉貢吴先生撰文，筆致簡老高古。在唐諸大家中，亦屬傑作。書法老秀，惜不著姓氏，或亦吴先生自作，不欲兩美並見歟。噫，均可寶已。」

五、墓誌題跋

墓誌題跋：「此誌於同治元年春南絳莊修寨出土。有本庄王君淮買棺旋□葬於寨西，竪碑表墓。誌係鄉貢吴先生撰文，筆致簡老高古，在唐諸大家中，亦屬傑作。書法老秀，惜不著姓氏，或亦吴先生自作，不欲兩美並見歟。噫，均可寶已。邑人後學張肇坊跋，邑人後學王峯高書。大清同治二年二月之吉。」題跋記載了顔元貞墓誌首次出土的時間、地點和緣由：同治元年（一八六二）春南絳莊修寨出土。再葬的情況爲大清同治二年（一八六三）二月，本庄（南絳莊）王淮買棺葬於寨西，竪碑表墓。同時，跋還記述了對墓誌撰文、書丹的盛評：誌文「筆致簡老高古」，在唐諸大家中，亦屬傑作，且「書法老秀」。對誌文書丹人的推測認爲：誌文在書丹時未著自己的姓名，或許是鄉貢進士吴繇撰文並書丹，不想讓自己的名字同時出現在墓誌上罷了。題跋撰文人邑人後學張肇坊、書丹人邑人後學王峯高，以及題跋中所提到的買棺人王淮，方志、史書均無記載，暫不可考。

六、結　語

《顔元貞墓誌》不同於一般的唐代墓誌，屬二次出土墓誌。誌文除了一般墓誌前誌後銘兩部分外，銘文後還題刻了該墓誌在清代首次出土時的題跋。《顔元貞墓誌》的發現，爲了解、研究墓主顔元貞的家世、生平及其妻、子情況提供了可靠的實物資料。誌文所載「遇羯胡逆亂，盜擾中原，荏苒歲時，未遂營舉」，進一步印證了史書關於唐代「安史之亂」這一重大歷史事件之記載，有助於進一步了解和研究安史之亂給唐朝社會、政治、經濟所造成的影響。誌後清代題跋不僅簡要記述了該墓誌首次出土的時間、地點、緣由和再葬情況，同時對誌文的撰、書進行了點評，爲後人研究唐代墓誌的撰書特點提供了參考。

參考文獻

〔一〕（西漢）司馬遷《史記》，中華書局，一九八二年。
〔二〕（後晉）劉昫《舊唐書》，中華書局，一九七五年。
〔三〕（宋）歐陽修等《新唐書》，中華書局，一九七五年。
〔四〕（唐）李百藥《北齊書》，中華書局，一九七二年。
〔五〕（唐）李延壽《北史》，中華書局，一九七四年。

〔六〕新編陋巷志編委會《新編陋巷志》，齊魯書社，二〇〇二年。

〔七〕（唐）房玄齡、褚遂良等《晉書》，中華書局，一九七四年。

〔八〕（唐）姚思廉《梁書》，中華書局，一九七三年。

〔九〕中國社會科學院語言研究所詞典編輯室《現代漢語詞典（二〇〇二年增補本）》，商務印書館，二〇〇二年。

〔一〇〕（北齊）魏收《魏書》，中華書局，一九七四年。

〔一一〕（清）王鳳生《河北採風録》，道光六年刻本。

〔一二〕程俊英、蔣見元《詩經注析》，中華書局，一九九一年。

〔一三〕（清）唐侍陛《懷慶府志》，乾隆五十四年刻本。

張紅軍　沁陽市博物館；李志軍　沁陽市文物工作隊

（原載於《焦作師範高等專科學校學報》二〇一三年第一期）

明故武略將軍陳興墓誌考釋

一九九六年，河南省沁陽市文物部門在該市山王莊鎮萬善村東北發現一方明代墓誌，現藏於沁陽市博物館。該碑爲青石質地，圓首，碑身長方形，首身一體，通高一三三厘米，寬八九厘米，厚二六厘米。碑額字體爲篆書，五行一〇字：「故武略將軍陳公墓誌銘」。碑身字體爲楷書，計一六行，足行四二字，共四九五字，文辭懇切，書體勁健。碑刻左右兩邊和底部邊沿綫刻纏枝花卉圖案。現録文并考釋如下。

一、墓誌録文

大明故武略將軍懷慶衛副千户陳公墓誌銘

公諱興，字伯起，姓陳氏，襄陽□□人，家世素富裕。父、祖俱隱處不仕。公幼有氣節，挺然拔萃。及長，勇略過人。元季襄陽兵起，公時年二十□，爲衆所推，聚義徒保閭里，閭里德之。及襄陽歸附，天子聞其材名，選入宿衛，以謹飭稱□，從都督馮公征取山東、河北、淛江，又從平章李公征取北平、應昌、馬邑等處，所至輒舉旗斬將，克捷有功，□錫數四，比等輩功居多。洪武三年，授昭信校尉濠梁衛百户。四年，陞授武略將軍金吾左衛副千户。六年，從宣武將軍僉事紀公守鎮懷慶。紀公以玆城寔河北重地，而城池歲久堙圮，宜重脩理，公罄竭心力，日夜弗遑寧處，慰勉勤苦士卒，雖勞不怨，紀公甚愛之。七年十一月十六日以病卒，年四十有五。以是月二十三日葬于河内萬善里之北原。公娶前元房陵縣令黄文通之女。子男一人，曰定住，始二歲。女一人，未嫁。公之溺病，紀公親造其家爲視醫藥。病亟，日造問焉。及卒，親臨哭之，爲之經理喪事，執紼送至墓所。尤慮其妻弱子幼，身後名遂泯，買石求天台鄭士原爲之銘。銘曰：桓桓將軍，乘時之艱。除暴立功，四方以安。爵錫既崇，天子明璽。身名俱全，公家餘慶。太行之陽，萬善之原。于以不朽，貞珉是鐫。

洪武八年歲在乙卯二月丁巳宣武將軍僉懷慶衛指揮使司事紀志方立

奉訓大夫同知懷慶府事鄭士原譔

將仕郎懷慶衛指揮使司知事鍾英書

將仕郎河内縣丞廖敬先篆額　河内縣王道祥刻

二、墓主生平

墓主陳興，史書無載。根據墓誌記載，陳興，字伯起，襄陽人，出身富裕人家。至於陳興是襄陽什么地方人，由於碑刻斷裂受損，襄陽後二字各剩一半，僅就碑文難以確定。襄陽在元朝爲襄陽路，屬河南江北行省。明太祖甲辰年（元朝至正二十四年，即公元一三六四年）爲府，屬湖廣行省。下轄一州六縣，一州爲均州，六縣爲襄陽、宜城、南漳、棗陽、穀城和光化[一]。根據碑文襄陽後受損二字前一字留「均」字的上半部，後一字留「州」字的下半部，故襄陽後二字應爲「均州」。這説明陳興爲襄陽均州人，即今湖北省丹江口市人。《明代河南懷慶衛軍户對地方社會的認同與塑造》一文在記叙陳興墓誌銘文時寫道：「公諱興……襄陽蘄州人。」[二]誤將陳興寫成是襄陽蘄州人。蘄州，太祖甲辰年爲府，洪武九年（一三七六）方改爲州[三]，陳興病逝時，還爲蘄州府，與襄陽根本没有隸屬關係。

元朝末年，各地農民起義蜂擁而起，戰火連綿。二十多歲的陳興受鄉里衆人推舉，「聚義徒保閭里」，召集鄉里正義之士保衛家鄉（古代二十五家爲一閭）。

「（元至正十二年春正月戊申）竹山縣賊陷襄陽路，總管柴肅死之。……（閏三月）詔四川行省平章政事咬住以兵東討荆襄賊……參知政事也先帖木兒與陝西行省平章政事月魯帖木兒討南陽、襄陽賊。五月，答失八都魯至荆門，增募兵，趨襄陽，與賊戰，大敗克之。十二月壬寅，答失八都魯復襄陽。」[四]這説明，元至正十二年即公元一三五二年襄陽開始燃起戰火。

根據碑文「七年十一月十六日以病卒，年四十有五」可推知陳興生於公元一三二九年，也就是元文宗天曆二年。從而可知一三五二年襄陽起兵時陳興才二十三歲，可補因墓誌斷裂所致碑文「公時年二十□」殘損之缺。

「（二十五年五月己卯）大明兵破襄陽路。」[五]

《明史》載：「（二十五年）夏四月庚寅，常遇春徇襄、漢諸路。五月乙亥，克安陸。己卯，下襄陽。」[六]説明朱元璋大軍攻下襄陽是在元至正二十五年，即公元一三六五年。

朱元璋大軍占領襄陽後，陳興因其才能和名望，被「選入宿衛」。宿衛，原指夜間值守保衛，後指護衛宫廷、守衛京畿的軍隊。這里應是特指護衛朱元璋的親兵。

根據墓誌記載可知：陳興入選宿衛後，先跟隨都督馮公征取山東、河北和淛江等地。淛江，即浙江。後又從平章李公征取北平、應昌、馬邑等處。北平，即今北京。應昌，元代蒙古地區重要城市，故址在今内蒙古克什克騰旗西北達里諾爾西。馬邑，即今山西省朔州市。

陳興跟随都督馮公、平章李公南征北戰，所向披靡，戰功卓著，曾四次受到馮公和李公的獎賞。

洪武三年，即公元一三七〇年，陳興被授予昭信校尉濠梁衛百户。洪武四年，又陞授武略將軍金吾左衛副千户。據《明史》載：「明以武功定天下，革元舊制，自京師達於郡縣，皆立衛所。外統之都司，內統於五軍都督府，而上十二衛爲天子親軍者不與焉。征伐則命將充總兵官，調衛所軍領之，既旋則將上所佩印，官軍各回衛所。」〔七〕「天下既定，度要害地，係一郡者設所，連郡者設衛。大率五千六百人爲衛，千一百二十人爲千户所，百十有二人爲百户所。所設總旗二，小旗十，大小聯比以成軍。」〔八〕衛所制爲明朝最主要的軍事制度，洪武元年（一三六八）明太祖採納開國元勳劉基劉伯温的建議，在全國實行衛所兵制，每府設一所，數府或要害之地設一衛。衛所軍官多世襲。士兵皆有軍籍，父子相繼爲兵，平時駐防或屯田，遇有戰事，朝廷命將掛帥，領兵征戰。戰爭結束後，將交帥印，兵回衛、所。衛所軍隊耕田自養，國家免收賦税，整個軍隊基本上是一個兵農結合、自給自足的武裝集團。因此，朱元璋曾自豪地説：「吾養兵百萬，要不費百姓一粒米。」〔九〕

濠梁，元之濠州，即今安徽省鳳陽縣。

金吾左衛，屬南京衛所親軍衛〔一〇〕。

昭信校尉和武略將軍均爲武散官名，昭信校尉，正六品；武略將軍，從五品〔一一〕。百户，爲百户所的長官，正六品。千户，爲千户所的長官，正五品，副千户，從五品。《明史》載：「明初，置千户所，設正千户，正五品。副千户，從五品。鎮撫，百户，正六品。」〔一二〕

洪武六年，陳興跟從宣武將軍僉事紀公守鎮懷慶。據碑文落款「洪武八年歲在乙卯二月丁巳宣武將軍僉懷慶衛指揮使司事紀志方立」可知，紀公爲紀志方，懷慶衛指揮僉事。

懷慶府，元爲懷慶路，直隸中書省。「（洪武元年九月）右副將軍馮宗異、偏將軍湯和兵至武陟，遇懷慶邏騎百餘人，獲之。明日，兵抵懷慶，故元平章白瑣住等已棄城，遁入澤州。官軍遂入城，獲將士八百人，馬五十匹，以指揮紀斌等守之。」〔一三〕同年十月，改懷慶路爲懷慶府，屬河南分省〔一四〕。

洪武六年，即公元一三七三年，懷慶府因其地處要衝而設立衛所。「明懷慶衛洪武六年建，以指揮領之……其轄左右前後千户四，百户所四十。」〔一五〕懷慶衛設立後，陳興由南京衛金吾左衛調至懷慶衛，跟隨紀志方鎮守懷慶。由於懷慶府城池年久堵塞損毀，亟需重新脩整。爲此，陳興「罄竭心力，日夜弗遑寧處，慰勉勤苦士卒，雖勞不怨」，深得上司紀志方的欣賞和關愛。而據《河內縣志》和《懷慶府志》記載，懷慶府城池即古野王城，重建於元至正二十年，明洪武元年重築，成化、正德年間知府倪顒、周舉重脩，崇禎十四年知縣王漢重脩〔一六〕，對洪武六年陳興脩理城池未作記載，故此誌可補方志之缺。

洪武七年十一月十六日，即公元一三七四年十一月十六日，陳興因病去世，享年四十五歲。當月二十三日葬於河內萬善的北邊，即今天的河南省沁陽市山王莊鎮萬善村北。這與墓誌發現的位置相吻合。由於未進行考古發掘，墓葬具體情況不詳。

陳興妻爲元朝末年房陵縣令黃文通之女，所生一男一女在陳興病逝時均尚未成年。

三、都督馮公與平章李公

都督馮公：指的是明朝開國名將馮勝。都督，軍事首長的官名，明初左右都督爲正一品。《明史》載：「吴元年（即公元一三六七年），更定官制，

罷大都督不設，以左、右都督爲長官，正一品。」[一七]

據《明史》《皇明開國臣傳》等相關史書記載，明初馮姓封爲都督的僅馮勝一人，且馮勝遷右都督後，率部隨大將軍徐達北征，攻下了山東諸州郡。「馮勝，定遠人。初名國勝，又名宗異，最後名勝。……功次平章常遇春，再遷右都督。從大將軍達北征，下山東諸州郡。」[一八]再根據碑文「從都督馮公征取山東、河北、淛江」的記載，可知馮公指的就是馮勝。

平章李公：指的是明朝開國名將李文忠。

平章即平章政事。明初沿襲元制，設各行中書省，每省内有平章政事、左右丞、參知政事等官。平章政事爲從一品[一九]。

《明史》載：「李文忠，字思本，小字保兒，盱眙人，太祖姊子也。……洪武二年春，以偏將軍從右副將軍常遇春出塞，……行次太原，聞大同圍急，……遂出雁門，次馬邑，敗元遊兵，擒平章劉帖木，進至白楊門。……文忠諜知之，兼程趨應昌。……獻捷京師，帝御奉天門受朝賀。」[二〇]「三年春正月癸巳，徐達爲征虜大將軍，李文忠、馮勝、鄧愈、湯和副之，分道北征。……甲辰，李文忠克應昌。」[二一]「三年春帝復以達爲大將軍，平章李文忠爲副將軍，分道出兵。……而副將軍文忠亦克應昌，獲元嫡孫妃主將相。」[二二]

根據碑文「又從平章李公征取北平、應昌、馬邑等處」的記載，相互對照可知，洪武二年至三年率領陳興攻克應昌、馬邑等地的將帥，應爲明朝開國名將、朱元璋的外甥李文忠。

四、墓誌立石、撰文、書丹、篆額、刻石等人

立石人：紀志方，《明史》和《懷慶府志》均無載。據碑文載，洪武六年其任宣武將軍、懷慶衛指揮使司僉事。

宣武將軍，散官名，從四品[二三]。

衛指揮僉事，正四品[二四]。

從碑文可知，紀志方與陳興關係相當密切。在陳興患病期間，紀志方多次到其家爲其尋醫問藥。陳興病情危急之時，每日必去看望。陳興去世後，親自爲其辦理喪事。與此同時，紀志方還十分擔心陳興妻弱子幼，怕其生平事蹟隨之泯滅，特買石請天臺鄭士原爲其撰寫銘文。天臺，這里指對知府、縣令等地方行政官員的尊稱。

撰文人：鄭士原，字好仁，寧海人，曾任奉訓大夫、懷慶府同知、湖廣按察司僉事，後因空印案入獄。

奉訓大夫，文散官名，從五品[二五]。

府同知，正五品。「府。知府一人，正四品。同知，正五品。」[二六]

鄭士原，《懷慶府志》未載。《明史》《皇明開國臣傳》《明分省人物考》等史書在對鄭士利列傳時，均對鄭士原作了簡單的介紹。

《明分省人物考》載：「鄭士利，字好義，寧海人。嘗爲縣諸生，其兄士原以儒薦爲河南懷慶府同知，遷湖廣按察司僉事。」[二七]

《明史》載：「鄭士利，字好義，寧海人。兄士元，剛直有才學，由進士歷官湖廣按察司僉事。荆、襄卒乘亂掠婦女，吏不敢問，士元立言於將領，還所掠。安陸有冤獄，御史台已讞上，士元奏其冤，得白。會考校錢穀册書，空印事覺。凡主印者論死，佐貳以下榜一百，戍遠方。士元亦坐是繫獄。」[二八]

《皇明開國臣傳》載：「鄭公，公名士利，字好義，寧海人。父邦彦，字國昌，好學强記文章。四子：士元、士利、士亨、士貞。士元，字好仁，剛直有才學。洪武四年同知懷慶府時，方役民運鹽給軍，獨革之，令軍自運，有挾重臣勢來撓者，卒不爲動，人至今便之。陞湖廣僉事，盡出軍中所掠婦女歸其家。洪武九年，天下考較錢穀策書，空印事起，凡主印吏及署字有名者，皆逮繫御史獄，獄凡數百人。士元以事忤御史臺，卒吏以此陷之繫獄。」[二九]

誌文和《明分省人物考》均記載爲鄭士「原」，而《明史》和《皇明開國臣傳》記載爲鄭士「元」。至於是鄭士原，還是鄭士元，因銘文爲鄭士原本人所撰，故應以誌文上的記載爲是。

書丹人：鍾英，《明史》和《懷慶府志》無載。根據誌文記載，洪武八年，鍾英任將仕郎、懷慶衛指揮使司知事。

將仕郎，文散官名，正九品[三〇]。

衛指揮使司知事，正八品官[三一]。

篆額人：廖敬先。根據誌文記載，洪武八年，廖敬先任將侍郎河内縣丞。河内，懷慶府的府治，即今河南省沁陽市。縣丞，正八品[三二]。

《明史》《皇明開國臣傳》《明分省人物考》《懷慶府志》《河内縣志》《吉水縣人物志》等均有記載。

其中《明史》載：「是時河内丞廖欽并以廉能稱。居八年，調吴江，後坐事謫戍。久之，以老病放歸。道河内，河内民競持羊酒爲壽，且遺之縑，須臾裒數百匹。欽固辭不得，一夕遁去。」[三三]

《皇明開國臣傳》《明分省人物考》載：「廖欽，字敬先，吉陽人。洪武三年，國家設科取士，與弟敬存俱薦與有司。第二年例取至京試，才學優等，授懷慶府河内縣丞。八年秩滿，調蘇之吴江丞。秩滿既去，適河内舊虧課錢三千五百文，典守者指以誣，欽亦不辯，遂受謫，役作鳳陽，河内、吴江之民聞者來爲欽助役，既而釋歸。後遭鄉里無賴誣陷，與敬存兄弟争相承擔責任，最後被謫富峪（今河北省平泉縣境内）。數年以老病還，經河内休於途，民見之，競持酒肴相慰藉，持縑以遺之，須臾裒數百匹，欽辭不受。民曰：『父有德於我，我欲報無所，今父幸涉我境，持之以報父，願卒受之。』欽揣知其意牢不可卻，一夕不告而去。」[三四]

清乾隆五十四年《懷慶府志》載：「廖欽，吉水人。洪武初爲河内丞。以忠信導民，民有侵課逃匿者，欽列姓名，榜於市招之。民素信欽，皆還，未及期而課足。後坐事謫戍，以老病放還。道經河内，河内民競持羊酒爲壽，且遺之縑。欽固辭不獲，遁去。」[三五]

《河内縣志》載：「廖欽，洪武初任。」[三六]

《中國人名大辭典》載：「廖欽，明，官河内丞。」[三七]

《吉水縣人物志》載：「廖欽（一三四一～一四〇四），字敬先，號納庵，江西吉水縣金灘鎮荷塘村人。」[三八]

根據誌文和史籍記載，廖敬先名欽，字敬先，號納庵，吉陽人，即今江西省吉水縣人。生於公元一三四一年，卒於一四〇四年，享年六十三歲。洪武四年任懷慶府河内縣丞（正八品官）。洪武十二年，調任吴江。後被誣謫戍，以老病還。廖欽雖爲八品小官，但他清正廉潔，勤政爲民，深受百姓的擁護和愛戴，以致在他後來受謫役作鳳陽時，河内、吴江百姓争相助役，以老放歸途經河内時百姓持酒肴相慰藉，持縑以遺之。

刻石人：王道祥，史料無載。根據誌文，僅知王道祥爲河内縣人。

五、結　語

陳興墓誌銘爲常規的墓誌寫法。誌文簡要地概括了墓主陳興的生平事蹟，不僅爲我們了解墓主陳興提供了可靠的依據，而且爲我們進一步了解、研究明初的兵制、官制和軍事形勢等提供了更加充實的實物資料。同時，誌文所記與墓主陳興一起在懷慶府爲官的懷慶衛指揮使司僉事紀志方、同知懷慶府事鄭士原、懷慶衛指揮使司知事鍾英等，可補方志之缺。

注　釋

〔一〕〔三〕　（清）張廷玉等《明史》卷四四《志第二十・地理五》，中華書局，一九七四年。

〔二〕　宋永志《明代河南懷慶衛軍户對地方社會的認同與塑造》，《歷史教學（高校版）》二〇〇九第五期，天津古籍出版社、歷史教學社。

〔四〕　（明）宋濂等《元史》卷四二《本紀第四十二・順帝五》，中華書局，一九七六年。

〔五〕　（明）宋濂等《元史》卷四六《本紀第四十六・順帝九》，中華書局，一九七六年。

〔六〕　（清）張廷玉等《明史》卷一《本紀第一・太祖一》，中華書局，一九七四年。

〔七〕　（清）張廷玉等《明史》卷八九《志第六十五・兵一》，中華書局，一九七四年。

〔八〕〔一〇〕　（清）張廷玉等《明史》卷九〇《志第六十六・兵二衛所・班軍》，中華書局，一九七四年。

〔九〕　（明）王圻《續文獻通考》卷一二二，商務印書館萬有文庫本。

〔一一〕〔二三〕　（清）張廷玉等《明史》卷七二《志第四十八・職官一》：「散階三十。……從四品，初授宣武將軍，陞授顯武將軍，加授信武將軍。正五品，初授武德將軍，陞授武節將軍。從五品，初授武略將軍，陞授武毅將軍。正六品，初授昭信校尉，陞授承信校尉。」

〔一二〕〔一七〕　（清）張廷玉等《明史》卷七六《志第五十二・職官五》，中華書局，一九七四年。

〔一三〕　《明太祖實録》卷三五，洪武元年九月。

〔一四〕　（清）張廷玉等《明史》卷四二《志第十八・地理三》，中華書局，一九七四年。

〔一五〕《河内縣志》卷一七《兵防志》，道光五年。
〔一六〕《河内縣志》卷一，康熙三十二年。《懷慶府志》卷五，《建置制》，乾隆五十四年。
〔一八〕（清）張廷玉等《明史》卷一二九《列傳第十七》，中華書局，一九七四年。
〔一九〕〔二六〕〔三二〕（清）張廷玉等《明史》卷七五《志第五十一・職官四》，中華書局，一九七四年。
〔二〇〕（清）張廷玉等《明史》卷一二六《列傳第十四》，中華書局，一九七四年。
〔二一〕（清）張廷玉等《明史》卷二《本紀第二・太祖二》，中華書局，一九七四年。
〔二二〕（清）張廷玉等《明史》卷一二五《列傳第十三》，中華書局，一九七四年。
〔二四〕〔三一〕（清）張廷玉等《明史》卷七六《志第五十二・職官五》：「京衛指揮使司，指揮使一人，正三品。指揮同知二人，從三品。指揮僉事四人，正四品。……知事，正八品……衛指揮使司，設官如京衛，品秩并同。」
〔二五〕〔三〇〕（清）張廷玉等《明史》卷七二《志第四十八・職官一》：「文之散階四十有二，……從五品，初授奉訓大夫，陞授奉直大夫。……正九品，初授將仕郎，陞授登仕郎。」
〔二七〕（明）過庭訓纂集《明分省人物考》卷五四，明文書局。
〔二八〕（清）張廷玉等《明史》卷一三九《列傳第二十七》，中華書局，一九七四年。
〔二九〕（明）朱國楨輯《皇明開國臣傳》卷八，明文書局。
〔三三〕（清）張廷玉等《明史》卷二八一《列傳第一百六十九・循吏》，中華書局，一九七四年。
〔三四〕（明）朱國楨輯《皇明開國臣傳》卷八，明文書局；（明）過庭訓纂集《明分省人物考》卷六三，明文書局。
〔三五〕《懷慶府志》卷一六《職官志》，乾隆五十四年。
〔三六〕《河内縣志》卷六《職官志》，道光五年。
〔三七〕《中國人名大辭典》商務印書館，一九二一年。
〔三八〕江西省吉水縣政協文史資料編纂委員會《吉水縣人物志》，二〇〇六年。

張紅軍　沁陽市博物館

（原載於《中原文物》二〇一二年第二期）

明代李孜、宋氏墓誌考

李孜、宋氏墓誌爲一九八三年河南省沁陽市王召鄉李大人莊出土，現藏於沁陽市博物館。兩墓誌均爲青石質，由誌蓋與誌石兩部分組成。《李孜墓誌》誌蓋和誌石均略呈方形，縱五六厘米，横五五厘米，厚一三厘米。蓋正面陰刻篆書「大明封兵部員外郎李公之墓」一二字。誌文陰刻，楷書。豎行，滿行三五字，共三四行，計九一八字。《宋氏墓誌》誌蓋和誌石均呈方形，邊長五四厘米，厚八厘米。蓋正面陰刻篆書「大明封宜人李母宋氏之墓」一一字。誌文陰刻，楷書。豎行，滿行三三字，共二八行，計六九三字。現録文標點并考釋如下。

一、墓誌録文

《李孜墓誌》

明故封奉直大夫兵部武庫員外郎李公墓誌銘

賜進士出身工部試政南通州邵棠撰文

賜進士出身户部試政武陟李端澄書丹

賜進士出身文林郎雲南道監察御史吴道寧篆蓋

兵部郎中李君，將襄父事，持山西按察使楊公舜美所述行狀來請予誌其墓。予嘉其居喪不飲酒食肉，喪禮久廢於天下，今見復於大君子之門。且楊公剛介不阿，所狀必不浮其實，遂樂爲之。誌曰：公諱孜，字公勉，先世山西沁水縣。公之曾大父曰川甫。大父曰玉。玉嘗徙居懷之河内，遂占籍焉。悉隱德弗耀。公父曰祥，以公貴，贈錦衣經歷。公蚤游郡庠，博學强記，累舉不利。景泰辛未，以太學生授錦衣衛經歷。厥職司儲，於出納盈縮務求允當。時名人碩輔，如大司徒張公睿，少司徒沈公固，嘗禮貌焉。天順己卯，擢爲山西馬邑令。益矢心服事，民皆稱便。既而有内艱，即日上道。自丞以下知其少積，賻之頗厚。公以禮拂之。素尚侃直，不能曲意阿時，畢竟以求全致毁。服闋，□吏部左遷公安縣丞，相知者乃爲之惜。公慨然曰：士君子出而守官，求其盡民事耳。階資之崇卑，不足計也。居之無難色。且公安當水陸之衝，公車官舫，日臨如雨。其民常困於供需，官每疲於迎送。公僉謀於長吏，裁省百費，與民休息。况其野處之民，蔀屋臨江，傷於泛溢。公因其堤之舊址，而脩築之，高堅倍昔。迄今以往，水不爲暴者，誰之力也？公之所行多類乎此。□段不以寵利之得喪爲其身之輕重者。成化戊子，遂勇於求退，隱居鄉里。日課童僕，種蔬樹黍。足迹未嘗輕詣城府。郡守優其齒德，歲舉鄉飲禮，爲大賓。懷之民情土俗，守有未諳者，間以就計於公。而公於何者去害，何者興利，言無不忠。鄉里之民亦得被其仁言之利也。厥配同邑宋氏，先公三年卒。子男二人：長曰凡恩及公，初封爵如其子之所授官，再封爵如其子之所遷官。且於誥辭，表彰往行，有除弊惠民之懿，甚盛恩也。女一人，適張欽。孫男三人：長曰宏，府學生，長子春之所出。次曰宸，次曰宇。女二人：長適國子生楊汝賢，次在室，皆次子鑑所出。曾孫男二：曰淶，曰漳。女一，孫宏所出。公生於永樂丁亥七月初八日，卒於弘治戊申閏正月十七日。是歲四月十六日，葬於先塋之次、太行之原。

銘曰：貪官暴客，據案作威。剝民膏血，醉醇飽肥。積禍稔惡，不恤謗誹。一息殄絶，子孫湮微。猗歟哲人，惟能知幾。守道持正，靡事因依。仕途蹭蹬，攘袂來歸。囊橐空匱，不易布韋。有水可釣，且以忘機。有田可耕，聊以慰飢。天監不遠，仲子雄飛。貤恩報德，申自彤闈。嘉言孔彰，表異前徽。朝露方晞，九原之下，浩然無譩。

《宋氏墓誌》

李母宜人宋氏墓誌銘

賜進士出身翰林院侍講學士奉訓大夫經筵講官同修國史兼太子講讀官南陽焦芳撰文

奉議大夫吏部郎中直内閣永嘉姜立綱書丹

賜進士出身翰林院侍講學士奉訓大夫經筵官兼修國史長沙李東陽篆蓋

封兵部武庫司員外郎李公勉之配宜人宋氏，於成化乙巳九月二十四日以疾終于家。其子鑑，方進武庫郎中，得訃，號痛幾絶。既而輟哭，以主事戴君師文所爲狀徵余銘墓。余義在鄉曲，不可辭。按狀：宜人姓宋氏。宋與李俱爲懷慶河内望族。宜人幼温惠莊静，爲父母所愛。暨嬪員外君，執婦道，事舅姑，至一食飲必躬視以進。舅好客，客往來無虚日。凡酒肴類，不假追呼而辦。姑性嚴，諸婦少惬意者。每先意事之，得其歡心。恒親事紡織。或曰：汝家業儒，將有官守，胡至自爲是？曰：此女婦之職也。又嘗服垢敝，或疑其矯。曰：此吾僻性，少所安也。逮員外君以貢士授錦衣經曆，遷馬邑知縣，再調公安，悉與偕。雖有禄，勤儉不少替。及去，橐中無長物。員外君自處廉潔，常自喜曰：吾有内助。人聞之，亦無間言。宜人初以夫貴，封孺人。繼以子貴，封安人，再進爲宜人。與員外君同享貴富壽考，里閈中莫之或加焉。初，鑑嘗欲迎養京師，以老不就。成化己亥夏，鑑奉使歸省。宜人喜且悲。居月餘，宜人曰：兒宜趣行。君命至重，無以吾爲念。脱遲緩得罪，反以貽吾憂。又每教鑑宜守法慎刑。君子曰：此賢母也。自去年以來，懷慶地大凶，民多徙死。今歲尤劇，至有家無孑遺者。宜人之族亦僅存無幾。因感悼得疾，竟不起。嗚呼哀哉！距生永樂甲申三月初十日，得年八十有二。子男二：長曰春，習舉子業，蚤卒。次即鑑，己丑進士，累今官，以清謹著稱。女一，適張欽。孫男三：長宏，府學生。次宸，次宇。孫女二：長適國子生楊汝賢，次在室。曾孫男二：長淶，次漳。曾孫女一。將以二十二年三月廿五日祔葬于先塋之次、太行之原。

銘曰：勤儉孝敬，婦之懿德。今鮮舉子，宜人斯得。榮貴壽考，人之至願。我儀圖之，宜人孔□。在人者盡，在天者有。來孰其先，往孰其後。有崇者封，形魄是宅。猶有存者，千古之則。

二、李孜生平

根據《李孜墓誌》（以下簡稱「《李誌》」）記載，李孜，字公勉。生於永樂丁亥（一四〇七）七月初八日。祖籍山西省沁水縣。曾大父即曾祖父李川甫。大父即祖父李玉。父李祥。即：李川甫→李玉→李祥→李孜。《李誌》云：「玉嘗徙居懷之河内，遂占籍焉。」説明從李孜祖父李玉起就遷居河内。根據《李誌》和《宋氏墓誌》（以下簡稱「《宋誌》」）均載卒後「葬於先塋之次」，結合兩墓誌的出土地點，可推斷李玉遷居河内的具體地點爲今河南省沁陽市王召鄉李大人莊。具體遷居時間不詳，有待進一步考證。《李誌》云：「公早遊郡庠，博學强記，累舉不利。景泰辛未（一四五一），以太學生授錦衣衛經歷。」朱元璋建立明朝，需要大量人才，以充實官僚隊伍。搜羅人才的途徑有三：一是薦舉，二是科舉取士，三是由太學生選官。李孜便是由太學生選官而授錦衣衛經歷的。錦衣衛，掌侍衛、緝捕、刑獄之事。錦衣衛經歷司，掌文移出入。經歷，正七品〔一〕。根據《李誌》記載，李孜的職責是掌管儲存事宜，對於出納盈縮，務求平允適當。當時的賢良輔弼之臣，像大司徒張公睿、少司徒沈公固，對他都很尊重。大司徒即明代户部尚書，正二品。少司徒即户部侍郎，正三品〔二〕。張睿，《明史》無載。《明憲宗實録》卷九一載：成化七年（一四七一）五月戊子，「致仕户部尚書張睿，卒。睿，字志通。河南鄢陵縣人。宣德庚戌（一四三〇）進士，授吏科給事中（從七品）。陞都給事中（正七品）。未幾，拜户部右侍郎，提督内外倉場糧草……景泰庚午（一四五〇），丁内艱，命奔喪。復任轉本部左侍郎，仍理前事。天順中，陞本部尚書。蒞任七載，引年致仕，至是卒。賜祭，命有司營葬。」〔三〕沈固，丹陽人。永樂中，起家鄉舉，積官至尚書。《明史》有傳〔四〕。由此可見，李孜辦事之公平合理、認真負責。天順己卯（一四五九），擢爲山西馬邑令。馬邑即今山西省朔州市。李孜任馬邑知縣後，辦事更加認真負責，受到全縣百姓的稱讚。《李誌》云：「既而有内艱，即日上道。自丞以下知其少積，賻之頗厚。公以禮拂之。」内艱，古代稱遭母喪爲内艱。賻，拿錢財幫助别人辦理喪事。上任不久，母親去世，李孜當日啓程回家奔喪。自縣丞以下官員都知道李孜平常少有積蓄，紛紛拿出錢財幫他辦理母親喪事，但均被李孜婉言謝絶。可見李孜爲官之清廉。《李誌》云：「素尚侃直，不能曲意阿時，畢竟以求全致毁。服闋，□吏部左遷公安縣丞，相知者乃爲之惜。」公安縣即今湖北省荆州市公安縣。「縣，知縣一人，正七品。縣丞一人，正八品。」〔五〕李孜因平時剛毅梗直，不會曲意阿時，遭人誹謗，在守喪期滿除服後，朝廷把他從七品知縣降到了八品縣丞，了解他的人都爲他感到惋惜。李孜慨然曰：「士君子出而守官，求其盡民事耳。階資之崇卑，不足計也。」《懷慶府志》「李孜，公安知縣」〔六〕屬記載之誤。根據《李誌》記載，李孜任公安縣丞期間，裁省百費，與民休息；修築堤壩，杜絶水災，從不把恩寵與利禄的得失作爲衡量自身價值的標準，充分體現了清正廉潔、一心爲民、從不考慮個人得失的爲官理念。這種爲官理念，在當今社會仍不失爲爲官之楷模。成化戊子（一四六八），六十二歲的李孜主動辭官，隱居鄉里。日課童僕，種蔬樹黍，輕易不到縣城和府衙去。郡守嘉獎其年高德劭，「歲舉鄉飲禮，爲大賓。」鄉飲禮是中國古代地方政府的一種重要官方禮儀活動，旨在弘揚宣傳封建社會爲臣盡忠、爲子盡孝、兄弟相親、鄰里和睦、朋友有信、長幼有序等道德倫理規範。《明史》載：「洪武五年，詔禮部奏定鄉飲禮儀，命有司與學官率士大夫之老者，行於學校，民間里社亦行之。十六年，詔班《鄉飲酒禮圖式》於天下，每歲正月十五日、十月初一日，於儒學行之。其儀，以府州縣長吏爲主，以鄉之致仕官有德行者一人爲賓。擇年高有德者爲僎賓，其次爲介，又其次爲三賓，又其次爲衆賓，教職爲司正。贊禮、贊引、讀律，皆使能者。」[七]由此可見李孜在鄉里德行聲望之高。根據《李誌》記載，懷慶地區的風情民俗，爲官者有不了解的，經常請教於李孜，李孜就如何興利除害，皆忠言相告。懷慶之民也因他的忠言而獲利匪淺。後李孜因子李鑑爲官兵部武選主事，被朝廷封爵兵部武選主事。李鑑陞遷武庫員外郎後，李孜又封爵武庫員外郎。《河内縣志》有「李孜，知縣。以子鑑封兵部員外郎」[八]之記載。同時朝廷頒發文告，表彰其除弊惠民的德行。弘治戊申（一四八八）閏正月十七日，李孜在家中去世，享年八十二歲。四月十六日，葬於先塋之次，即今河南省沁陽市王召鄉李大人莊李家祖塋。

三、宋氏生平

根據《宋誌》記載，宋氏永樂甲申（一四〇四）三月初十日出生於懷慶河内，即今河南省沁陽市。宋氏自幼温惠莊静，爲父母所愛。待嫁與同爲河内望族的李氏家族李孜爲妻後，謹守婦道，孝敬公婆，勤儉持家，任勞任怨，深得公婆的喜愛。及李孜「以貢士授錦衣經歷，遷馬邑知縣，再調公安」，宋氏時刻陪伴而行。雖然李孜爲官有禄，但宋氏依然不忘勤儉，每離開一個地方，行李中没有一様值錢的東西。李孜自處廉潔，常自喜自已有個宋氏這樣的賢内助。宋氏起初因夫君李孜爲官，被封爲孺人。接着因子李鑑爲官，被封爲安人，後又進封爲宜人。孺人、安人、宜人，皆古代命婦封號。《明史》載：「外命婦之號九：公曰某國夫人，侯曰某侯夫人，伯曰某伯夫人。一品曰夫人，後稱一品夫人。二品曰夫人，三品曰淑人，四品曰恭人，五品曰宜人，六品曰安人，七品曰孺人。」[九]宋氏與夫君李孜同爲富貴長壽之人，鄉里無人能比。當初，其子李鑑曾想將宋氏與李孜接到京城奉養，但宋氏夫婦因年齡大未去。成化己亥（一四七九）夏天，李鑑奉旨回家探親，宋氏既喜又憂。李鑑在家住月余，宋氏就催促兒子趕快走。叮囑兒子，應以君命爲重，不要掛念父母。遲到獲罪，反讓父母擔心。并教育李鑑應守法慎刑，足見宋氏教子有方。

《宋誌》云：「自去年以來，懷慶地大凶，民多徙死。今歲尤劇，至有家無孑遺者。宜人之族亦僅存無幾。」從誌文開頭可知，《宋誌》撰文時間應爲成化乙巳，也就是成化二十一年（一四八五），去年即指成化二十年（一四八四）。就是説，一四八四年，懷慶地區出現大災荒，很多百姓死在逃荒途中。一四八五年，災荒更加嚴重，有的人家全被餓死。宋氏家族生存下來的也寥寥無幾。《明史》載：成化十九年五月，河南蝗[一〇]。成化二十年，河南大旱[一一]。二十一年，河南饑[一二]。《懷慶府志》載：「成化十七年，大旱（温縣志）。十九年，蝗（温縣志）。二十年，大饑（陽武志）。」[一三]《宋誌》所載「大凶」情況，正是連年自然災害的結果。根據《宋誌》記載，宋氏因過度傷感一病不起，於成化乙巳（一四八五）九月二十四日終於家中，享年八十有二。成化二十二年（一四八六）三月廿五日祔葬於先塋之次，亦即今河南省沁陽市王召鄉李大人莊李家祖塋。巧合的是，宋氏長夫君李孜三歲，又正好早李孜三年而去，夫妻二人享年均爲八十二歲。

四、李孜子孫情況

根據《李誌》和《宋誌》記載可知，李孜夫婦有兩個兒子：長子李春，次子李鑑。一個女兒，嫁於張欽。三個孫子：長孫李宏，長子李春所生；次孫李宸、李宇，次子李鑑所生。兩個孫女：長孫女嫁於國子生楊汝賢，次孫女尚未出嫁，皆爲次子李鑑所生。曾孫子二：李淶、李漳。曾孫女一，皆長孫李宏所生。

關於李鑑的爲官情況，《李誌》云：「次曰鑑，即請銘者。領河南壬午鄉薦，登張昇榜進士第，授兵部武選主事，遷武庫員外郎。今官郎中，其再遷也。」李鑑壬午（一四六二）鄉試中舉，己丑（一四六九）進士及第，先授兵部武選主事，正六品[一四]。後陞遷武庫員外郎，從五品[一五]。成化乙巳（一四八五），陞任武庫郎中，正五品[一六]。關於李鑑中舉的時間，《李誌》和《懷慶府志》[一七]均載爲壬午科（舉人），而《河内縣志》卻載爲天順己卯科（舉人）[一八]。故李鑑中舉時間應以《李誌》和《懷慶府志》所載壬午年（一四六二）爲准。關於李鑑進士及第時間，《懷慶府志》載：「己丑科張昇榜，李鑑，河内人，太僕少卿。」[一九]《河内縣志》載：「李鑑，太僕寺少卿，己丑科。」[二〇]《懷慶府志》和《河内縣志》所載李鑑及第進士時間與《李誌》「登張昇榜進士第」和《宋誌》「次即鑑，己丑進士」記載相一致。由此斷定李鑑進士及第時間爲己丑年（一四六九）。同時，根據《懷慶府志》和《河内縣志》記載可知，李鑑在其父李孜去世後，又陞遷爲太僕寺少卿，正四品[二一]。《河南省沁陽市地名志》載：「李大人莊，在市區東南六公里，原名北李莊。相傳，明成化十八年（一四八二）兵部員外郎李鑑私訪到此，暴病身亡，爲紀念其人，將村名改成李大人莊。」[二二]根據上述對李鑑仕途的考證，李大人莊因李鑑爲官而名有其可能。但「相傳明成化十八年（一四八二）兵部員外郎李鑑私訪到此，暴病身亡」顯然純屬誤傳。

五、墓誌撰文、書丹及篆蓋人情況

根據《李誌》和《宋誌》記載可知，《李誌》的撰文人爲賜進士出身、工部試政、南通州邵棠。書丹人爲賜進士出身、户部試政、武陟李端澄。篆蓋人爲賜進士出身、文林郎、雲南道監察御史吴道寧。《宋誌》的撰文人爲賜進士出身、翰林院侍講學士、奉訓大夫、經筵講官、同修國史、兼太子講讀官、南陽人焦芳。書丹人爲奉議大夫、吏部郎中、直内閣、永嘉人姜立綱。篆蓋人爲賜進士出身、翰林院侍講學士、奉訓大夫、經筵官、兼修國史、長沙人李東陽。《明史》載：「三年大比，以諸生試之直省，曰鄉試。中式者爲舉人。次年，以舉人試之京師，曰會試。中式者，天子親策於廷，曰廷試，亦曰殿試。分一、二、三甲以爲名第之次。一甲止三人，曰狀元、榜眼、探花，賜進士及第。二甲若干人，賜進士出身。三甲若干人，賜同進士出身。」[二三]說明邵棠、李端澄、吴道寧、焦芳和李東陽均爲二甲進士。

邵棠，《明史》無載。據《李誌》記載，邵棠爲南通州人，即今天的江蘇省南通市人。應邀爲李孜撰寫銘文時（一四八八年），在工部試政。試政即從

政。《明史》有「王鑾，字汝和。正德六年進士。試政吏部，爲尚書楊一清所知，擢文選主事。」[二四]

李端澄，字學溥，武陟人，即今河南省武陟縣人。成化丁未（一四八七）進士，官御史，正七品。主察糾內外百司之官邪，或露章面劾，或封章奏劾[二五]。劾宦官蔣宗，除遷甘肅兵備道。時西陲多事，端澄同威寧伯王越進討，俘斬甚衆，陞雲南按察使。按察使，正三品，掌一省刑名按劾之事。糾官邪，戢奸暴，平獄訟，雪冤抑，以振揚風紀，而澄清其吏治[二六]。後因觸犯劉瑾，致仕，卒，祀鄉賢。《懷慶府志》有傳[二七]。根據《李誌》記載，李端澄爲李孜書丹誌文時（一四八八年），剛剛踏入仕途，在户部試政。

吳道寧，字世安，別號繼公。生於正統八年（一四四三）。祖籍浙温州之潭頭人，即今浙江省温州市樂清市淡溪鎮潭頭村人。成化十四年（一四七八），登進士第，授鹽山縣知縣。成化十七年（一四八一），因政績卓著，陞任監察御史。監察御史雖和知縣同爲正七品，但權力遠遠大於知縣。弘治初年（一四八八），爲河內百姓開挖廣濟渠。也就是在這一年，李孜去世，吳道寧爲其墓誌篆寫了誌蓋。弘治十一年（一四九八），陞山西按察司副使。按察司副使，正四品[二八]。奉敕整飭雁門等三關兵備，創築寧武新城，設寧武所及沿邊堡寨。弘治十四年（一五〇一）以疾辭歸。嘉靖十年（一五三一）十一月二十五日壽終於正寢，享年八十有九。《河內縣志》有載[二九]。《明山西按察司副使進階亞中大夫吳公墓誌銘》[三〇]對其生平作了詳細的記載。

焦芳（一四三四～一五一七），字孟陽，泌陽人，即今河南省駐馬店市泌陽縣城南草店人。《宋誌》載其爲南陽人，因明代泌陽屬南陽府[三一]。天順八年（一四六四）進士，由大學士李賢引爲庶吉士，授編修，進侍講。滿九年考，進侍講學士。詔纂《文華大訓》，進講東宮。弘治初年（一四八八）移霍州知府，擢四川提學副使，調湖廣。不久，遷南京右通政，後授太常少卿兼侍講學士，擢禮部右侍郎。俄改吏部，轉左侍郎。正德初（一五〇六），擢爲吏部尚書，兼文淵閣大學士，入閣輔政，累加少師、華蓋殿大學士，從一品[三二]。是明代一位權傾朝野的高官。《明史》有傳[三三]。根據《宋誌》記載，焦芳應邀爲宋氏撰寫銘文時（一四八五），任翰林院侍講學士，從五品[三四]，和剛剛陞任正五品武庫郎中的請銘者李鑑算是同一級別的官員。

姜立綱（一四四四～一四九八），字廷憲，號東溪，温州府瑞安縣人，即今浙江省温州市甌海區海城辦事處（前瑞安市梅頭鎮）東溪村人。明代書法家。《明孝宗實録》卷一三九載：弘治十一年（一四九八）七月辛酉「內閣書辦、太僕寺少卿姜立綱，卒。立綱，字廷憲，浙江瑞安人。七歲，以能書命爲翰林院秀才。天順七年（一四六三），授中書舍人、內閣制敕房辦事。成化二十一年（一四八五），陞吏部郎中。弘治四年（一四九一），陞太僕寺少卿，并仍舊辦事，至是卒。立綱書法爲一時所重。而小楷尤精，凡進御諸書及大製詔，多其手録。其卒得賜祭葬，亦特恩也。」[三五]明代淩迪知《萬姓統譜》卷五〇載：「姜立綱，字廷憲，永嘉人。歷官太僕少卿。天下稱『善書』曰『姜字』，即立綱也。其所書點畫雅健，體度圓活。初學黃養正書，繼法鍾王（鍾繇、王羲之），後自成一家。」[三六]姜立綱墓位於温州市甌海區南白象街道金竹村，墓碑上鐫「明中書舍人太僕寺少卿立綱姜公之墓」十六字。一九九〇年被公佈爲甌海縣第一批文物保護單位。姜立綱爲明温州瑞安人，而《宋誌》和《萬姓統譜》載姜立綱爲永嘉人，是因爲明代永嘉和瑞安同屬温州府，即元代温州路。永嘉爲府治所在地[三七]。同時温州路「唐初爲東嘉州，又改永嘉郡，又爲温州。宋陞瑞安府。元至元十三年，置温州路」[三八]。即温州府在歷史上曾名爲永嘉郡、瑞安府，故姜立綱或稱永嘉人，或稱瑞安人，都不爲錯。根據《宋誌》記載，姜立綱應邀爲宋氏書丹銘文時（一四八五年），任吏部郎中，正五品官[三九]，和剛剛陞任正五品武庫郎中的請銘者李鑑爲同一級別的官員。

李東陽，字賓之，茶陵（今湖南省茶陵縣）人，以戍籍居京師。天順八年（一四六四），年十八，成進士，選庶吉士，授編修。累遷侍講學士，充東宫講官。弘治四年（一四九一），《明憲宗實録》成，由左庶子兼侍講學士，進太常少卿，兼官如故。五年（一四九二），擢東陽禮部右侍郎兼侍讀學士，入内閣專典誥敕。八年（一四九五），以本官直文淵閣參預機務，與謝遷同日登用。久之，進太子少保、禮部尚書兼文淵閣大學士。十八年（一五〇五），與劉健、謝遷同受顧命。武宗立，屢加少傅兼太子太傅，從一品[四〇]。正德十一年（一五一六）卒，年七十。贈太師，正一品[四一]。謚文正。《明史》有傳[四二]。據《宋誌》記載，李東陽在爲宋氏篆寫誌蓋時（一四八五年）任翰林院侍講學士，從五品，也和剛剛陞任正五品武庫郎中的請銘者李鑑算是同一級别的官員。

六、結　語

李孜、宋氏墓誌的出土，爲研究李孜夫婦生平、子孫情況提供了可靠的實物資料。同時可補方志、史書記載之缺。《李誌》所載「（李孜）左遷公安縣丞」，糾正了《懷慶府志》「李孜，公安知縣」的記載之誤；通過對《宋誌》的研究，糾正了《河内縣志》關於李孜次子兵部武庫郎中李鑑中舉時間的記載之誤；《宋誌》所載「自去歲（成化二十一年）以來，懷慶地大凶，民多徙死。今歲尤劇，至有家無孑遺者。宜人之族亦僅存無幾」，印證了《懷慶府志》《明史》等方志、史書關於成化十七年至成化二十一年自然災害的記載；《李誌》所涉張睿、沈固，以及《宋誌》的撰文者焦芳、篆蓋者李東陽，均爲明代中期重臣，對研究明代中期的社會、政治和經濟具有一定的價值。尤其是《宋誌》的書丹者爲被譽爲「一代書宗」的明代書法家姜立綱，他的墨蹟留傳下來的寥寥無幾。《宋誌》誌文用筆莊重渾厚，字體清勁方正，點畫精到，勻稱工整，是不可多得的書法珍品，對研究姜立綱的書法彌足珍貴。《李誌》所載李孜「士君子出而守官，求其盡民事耳。階資之崇卑，不足計也」的爲官理念，在當今社會仍具有一定的借鑒意義。

注　釋

〔一〕《明史》卷七六《職官五》，中華書局，一九七四年，一八六一～一八六三頁。

〔二〕《明史》卷七二《職官一》，一七三九頁。

〔三〕《明憲宗實録》卷九一，「中央」研究院歷史語言研究所，一九六二年，一七六三～一七六四頁。

〔四〕《明史》卷一七一《沈固傳》，四五七〇頁。

〔五〕《明史》卷七五《職官四》，一八五〇頁。

〔六〕（清）唐侍陛修、洪亮吉等纂、焦作市地方史志編纂委員會點校：乾隆五十四年《懷慶府志》卷一八《選舉志》，二〇〇五年，八一四頁。

〔七〕《明史》卷五六《禮十》，一四一九頁。

〔八〕（清）袁通修、方履錢、吴育纂《河内縣志》卷七《選舉表·贈封》，道光五年刻本，第一頁，沁陽市博物館藏。

〔九〕同〔二〕，一七三七頁。

〔一〇〕《明史》卷二八《五行一》，四三八頁。

〔一一〕《明史》卷三〇《五行三》，四八三頁。

〔一二〕同〔一一〕，五〇九頁。

〔一三〕《懷慶府志》卷三二《雜記》，一五五三頁。

〔一四〕〔一五〕〔一六〕同〔二〕，一七五〇頁。

〔一七〕《懷慶府志》卷一七《選舉志》，七七九頁。

〔一八〕《河内縣志》卷七《選舉表》，九頁。

〔一九〕同〔一七〕，七六〇頁。

〔二〇〕同〔一八〕，五頁。

〔二一〕《明史》卷七四《職官三》，一八〇〇頁。

〔二二〕《河南省沁陽市地名志》，中州古籍出版社，一九九一年，一三五頁。

〔二三〕《明史》卷七〇《選舉二》，一六九三頁。

〔二四〕《明史》卷一八九《王鑾傳》，五〇二七頁。

〔二五〕〔二八〕《明史》卷七三《職官二》，一七六七頁。

〔二六〕同〔五〕，一八四〇頁。

〔二七〕《懷慶府志》卷二一《人物志》，一〇〇〇頁。

〔二九〕同〔一八〕，五、九頁。

〔三〇〕（明）何瑭《明山西按察司副使進階亞中大夫吴公墓誌銘》，嘉靖十一年，沁陽市博物館藏。

〔三一〕《明史》卷四二《地理三》，九八八頁。

〔三二〕〔四〇〕〔四一〕同〔二〕，一七三一頁。

〔三三〕《明史》卷三〇六《閹黨》。七八三四～七八三七頁。

〔三四〕同〔二五〕，一七八五頁。

〔三五〕《明孝宗實録》卷一三九，二四一六~二四一七頁。

〔三六〕張海瀛等主編《中華族譜集成》第一册，巴蜀書社，一九九五年，七六九頁。

〔三七〕《明史》卷四四《地理五》，一一一五頁。

〔三八〕《元史》卷六二《地理五》，中華書局，一九七六年，一四九八頁。

〔三九〕同〔二〕，一七三四頁。

〔四二〕《明史》卷一八一《李東陽傳》，四八二〇~四八二五頁。

張紅軍　沁陽市博物館

（原載於《中國國家博物館館刊》二〇一四年第八期）

明吴道寧墓誌考

《吴道寧墓誌》爲一九八二年原河南省沁陽縣西關汽車隊院内出土，現藏於沁陽市博物館。該墓誌爲青石質，由誌蓋與誌石兩部分組成。蓋和誌石均略呈方形，長約五七厘米，寬約五四厘米，厚約九厘米。蓋正面陰刻篆書「明山西按察副使進階亞中大夫吴公墓」一六字。誌文陰刻，楷書。竪行，滿行四〇字，共三五行，計一三一六字。現録文標點并考證如下。

一、墓誌録文標點

明山西按察司副使進階亞中大夫吴公墓誌銘

賜進士出身嘉議大夫禮部右侍郎郡人何瑭撰

嘉靖十年十一月二十五日，致仕山西按察司副使吴公以壽終於正寢。子守誠等卜以十二年春二月」二十九日葬公於祖塋之次。先期以狀請瑭銘公壙中之石。瑭於公爲後進。公以名德爵齒爲鄉達尊，乃」折輩行與交，閒居相見，教愛備至。瑭雖疏懶，不能日侍杖履，然心實歸仰焉。今公不可見矣，銘又安忍辭」邪。公諱道寧，字世安，别號繼公。按狀：公之先爲浙温州之潭頭人，國初徙居南京晚市。父維，成化初，」任温縣教諭。嘗夢於黄河中流盖楼，因曰：吾當於河内起家。遂占籍河内焉。公自幼篤實，無妄言，與弟道」隆同受學。惟務窮理，不尚詞章枝葉。教諭公嘗曰：道寧爲學，如錐鑽」毡，遲透終不迷也。道隆爲學，如錐鑽」毡，即透即迷也。成化丁酉，中河南鄉試禮魁。戊戌，登進士第。授鹽山縣知縣。迎教諭公以養，政暇定省。教」諭公每舉古語以訓曰：但存方寸地，留與子孫耕。故公居官，恒以慈愛爲本，節民財力爲先。至於徭役一」事，尤加用意。故復業者接踵而至，百姓愛過父母。三載，以政績卓異，陞監察御史。彈劾激揚，風裁凛凛。弘」治初年，河内民奏開廣濟渠，不果行。是時公巡鹽河東，適勘鹽引十萬，應否充給河南官軍俸糧。公曰：俸」糧吾省利，廣濟渠吾府利，均爲國家利，吾兩成之。達諸河南撫按。後渠成，溉民田甚溥。巡按真定等四府，」貪酷望風解綬。先是開州有巨寇，爲一方深害，交結權姦，莫敢誰何。公設法捕獲，戮諸市曹，人心大快。弘」治十一年，陞山西按察司副使。奉敕整飭雁門等三關兵備，創築寧武新城，設寧武所及沿邊堡寨。」俱募軍充實，武備一新，邊人有賴。後以疾辭歸，惟以耕讀爲事。每訓子曰：汝祖三十以後始奮發讀書。或」夜無油，就月色讀。尚能明禮經，中式刊文。汝俱年富，燈火不須營幹，正宜努力。諸子或不能背書，即掩卷」朗誦一遍，曰：我年六七十，尚能背誦，汝後生反不能邪？諸子感奮力學，守中遂登進士第。正德初，廣濟渠」通塞不時，公因泝流窮源，相度地勢，直抵五龍口。嘆曰：使渠由此而行，數世之利也。今不二十年而塞，盖」創始者失地利耳。遂達諸當道，達廣濟舊渠三四里許，另開利人渠。曰：舊渠如此故失利，新渠如此乃得」利。刁民百計沮撓，往返五年而後渠成。水利至今賴之。濟水，國初遶府城東流入河。公因開利人河，見」其南流，遂曰：此古蹟也，豈可與今利而忘古利哉。達諸當道，脩架橋六座。新流從上，濟流自下，二利並行」而不悖。林下優游三十餘年，身體康强，未嘗有疾。年八十五六時，每遇别墅花卉春佳，秋禾告成，不杖觀翫，往返步行數里。臨終不及他事，第謂諸子曰：汝等不須憂貧，但教子孫讀書爲上策耳。公生正統癸亥」十一月二十日巳時，享年八十有九。配金氏，累封恭人，先公四年卒。側室三：職氏、黄氏、戚氏。戚先於正」德九年卒。子男五：守誠，引禮舍人。守敬，生員。守中，廣平知府。守和，早卒。守經，儀賓，今更名模。女四：淑清，適」生員董志學，卒。淑浄，適指揮劉傑，卒。淑淵，適指揮沈隆，卒。淑貞，適散官蕭拱暘。男孫七：大夏，生員。大韶、大」讓、大徵、大英、大福、大節，俱幼。女孫十：善琮，適百户宋學。善璜，適生員張思齊。善環，適典仗焦繼芳。善佩，適」生員孟永增。善瓊，聘指揮薛守直長子。善琅，聘守備顔齡長子。善玕、善珎、善珠，俱幼。瑭竊聞，有大德者，必」得禄位名壽。而徵之於世，或不盡然。故君子或疑於天道之難信。今觀公居官則名實加於上下，居家則」惠利及於鄉黨，人固已愛而敬之矣。而忠信謙抑，不以尊貴驕人，雖閭里童稚，亦以禮待之。故無遠近大」小，皆稱公爲大賢君子。位至方面，年至耄耋，禄位名壽盖兼而有之矣。而子孫多賢，又有出五福之外者。」天道豈真不可信邪？是可以傳不朽矣。是宜有銘。銘曰：」大德獲福，自古所傳。徵之於世，或不盡然。嗟嗟吴公，盛德君子。名在憲臺，惠留閭里。」有爵有禄，亦既顯融。百年康健，壽考令終。玄堂孔堅，不震不圮。公其永寧，貽慶無□。

二、墓主吴道寧生平

墓主吴道寧，《明史》無載。《河内縣志》載：「吴道寧，山西副使，通志作光山人，戊戌科。」[一]「吴道寧，山西按察司副使，以子守中進中憲大夫。」[二]據誌文載，吴道寧生於正統癸亥（一四四三）十一月二十日，諱道寧，字世安，别號繼公。祖籍「浙温州之潭頭」，即今浙江省温州市樂清市淡溪鎮潭頭村人。「通志作光山人」應爲《通志》或《河内縣志》記載之誤。國初徙居南京晚市。由此可知，吴道寧出生地爲南京晚市。成化初，其父吴維任温縣教諭。《河内縣志》載：「吴維，教諭，以子道寧贈監察御史。」[三]吴維曾做夢在黄河中流盖楼，認爲自己當在河内起家，遂在河内安家落户。吴道寧自然也隨父和家人定居河内，即今河南省沁陽市。道寧自幼忠誠老實，學習上「惟務窮理，不尚詞章枝葉」。其父吴維曾喻其學習「如錘鑽毡，遲透終不迷也」。成化丁酉（一四七七），中河南鄉試禮魁。《河内縣志》有「吴道寧，丁酉科」[四]記載。戊戌（一四七八），登進士第，授鹽山縣知縣。鹽山縣即今河北省滄州市鹽山縣。在父吴維「但存方寸地，留與子孫耕」的教誨下，道寧做官始終以愛爲本，把節民財力放在第一。對於徭役一事，更加用心注意。因此人們接連不斷地回來恢復常業。百姓愛戴道寧勝過愛自己的父母。知縣三年，政績卓越，陞任監察御史。監察御史，正七品。主察糾内外百司之官邪，或露章面劾，或封章奏劾[五]。雖与知縣同爲正七品，但權利遠遠大於正七品。道寧在監察御史任上，彈劾貪官污吏，激濁揚清。弘治初年（一四八八），河内百姓奏請開挖廣濟渠，没有實現。當時道寧巡鹽河東，正好勘查鹽鈔十萬，一部分用來補充河南官軍俸糧，一部分用於開挖廣濟渠。後將渠修成，灌溉農田很多。「廣濟渠即古枋口，秦渠。酈道元所謂朱溝水是也。乾隆府廳州縣圖誌云：廣濟河沁水支流，其在濟源河内者，即古朱溝水。其至温縣入河者，即古沙溝水也。」[六]《明史》[七]對廣濟渠亦有簡單記載。道寧巡按真定（在今河北正定縣以南）等四府時，貪官污吏聞風辭官，開州

（即今濮陽縣）一巨寇被捕斬首示衆，爲地方除一大害。誌文載：「弘治十一年，陞山西按察司副使。奉敕整飭雁門等三關兵備，創築寧武新城，設寧武所及沿邊堡寨。俱募軍充實，武備一新，邊人有賴。」按察司副使，正四品〔八〕。《明實録》載：弘治十年二月癸未，「陞山東按察司僉事馮鎬、監察御史王槐、吴道寧，俱爲按察司副使。鎬，湖廣。槐，雲南。道寧，山西」〔九〕。根據誌文和《明實録》記載吴道寧陞任山西按察司副使時間判斷，《明實録》上記載的弘治十年爲任命時間，誌文上記載的弘治十一年爲到任時間。三關，這里指偏頭關、寧武關和雁門關〔一〇〕。寧武即今山西省忻州市寧武縣。明代，爲了抵御蒙古族的進攻，在北方不斷設卡置關，修築防線，形成了外長城和内長城。寧武關爲内長城上的重要關隘，因其地處「三關」中路，素有「北屏大同，南扼太原，西應偏關，東援雁門」的戰略作用。故《邊防考》云：「以重兵駐此，東可以衛雁門，西可以援偏關，北可以應雲朔，蓋地利得世。」〔一一〕根據誌文記載，創築寧武新城、設寧武所及沿邊堡寨爲吴道寧所爲。而《寧武府志》卻載：「弘治十一年，巡撫魏紳拓廣之，周七里一百二十步……」〔一二〕《山西寧武守禦所誌》載：「弘治十一年，都御史侯公恂議請如雁門、偏頭例，置守禦千户所，掌印巡捕、理刑、城操、把總、吏目各一員，原額官軍八百名，隸山西都司。」〔一三〕至於寧武新城及寧武守御千户所是由吴道寧築設，還是由魏紳、侯恂築設，有待進一步考證。

誌文載：吴道寧「後以疾辭歸」。《明實録》載：弘治十四年（一五〇一）三月「丙辰，山西按察司副使吴道寧坐家人誆騙事發，爲巡按監察御史謝綬所劾，命冠帶閑住」〔一四〕。再結合誌文「林下優遊三十餘年，身體康强，未嘗有疾」，推斷吴道寧辭官的原因，很可能是因「家人誆騙事發」。誌文作者出於對道寧的敬重，將家人「誆騙事發」稱之爲「疾」，即家庭之疾。道寧辭官回家後，致力於耕讀之事，經常教育、鞭策諸子發奮讀書，子守中考中進士。正德初，廣濟渠不時出現堵塞現象，道寧就溯流窮源，勘察地勢，直達五龍口。經現場勘查，發現廣濟渠之所以不到二十年就堵塞，是因爲當初修建廣濟渠的人没有選擇好地勢。於是就在離廣濟舊渠三四里的地方，另開挖一條利人渠。由於受到地方刁民的阻撓，利人渠歷經五年才修成。「利人渠，舊誌云：自五龍口開渠，引沁水入河内境，經城西北至東關閘口，復入於沁。初鄉官吴道寧倡衆創開此河，准免本身夫役，碑文可考。」〔一五〕在修利人渠時，爲不損毁古濟水河道，修架橋六座，使利人渠在上流，古濟水在下流，二者并行互不影響。「濟水，古水名，發源於今河南，流經山東入渤海。現在黄河下游的河道就是原來濟水的河道。今河南濟源，山東濟南、濟寧、濟陽，都從濟水得名。」〔一六〕

道寧退隱後過着閒適的生活。誌文載：「年八十五六時，每遇别墅花卉春佳，秋禾告成，不杖觀翫，往返步行數里。」由此可見吴道寧身體之康健。嘉靖十年（一五三一）十一月二十五日壽終正寢，享年八十有九。十二年（一五三三）春二月二十九日，葬道寧於祖塋之次。

墓主吴道寧一生先後歷官鹽山縣知縣、監察御史、山西按察司副使。道寧「居官則名實加於上下，居家則惠利及於鄉黨」，忠信謙抑，禮貌待人，故遠近大人小孩，都稱道寧爲大賢君子。

三、墓主道寧妻、子、孫情況

誌文載：「配金氏，累封恭人，先公四年卒。側室三：職氏、黄氏、戚氏。」由此可知，墓主吴道寧妻金氏，妾職氏、黄氏和戚氏。恭人，古代命婦的封號。《明史》載：「外命婦之號九：公曰某國夫人，侯曰某侯夫人，伯曰某伯夫人。一品曰夫人，後稱一品夫人。二品曰夫人，三品曰淑人，四品曰恭人，五品曰宜人，六品曰安人，七品曰孺人。」[一七]據《明金妙秀墓誌銘》[一八]記載，吴道寧妻姓金名妙秀，係南京水軍百户金旺之女。妙秀自幼聰慧，知書達理，尤精女工。十五歲嫁於道寧後，克修婦道，孝敬公婆，盡職盡責。道寧任鹽山知縣時，尚未有子。妙秀勸之説：「君當壯年，人生青春不再，當以後嗣爲重，勿以我爲嫌。當廣娶賢淑，以求多子。」於是道寧又娶妾職氏、黄氏、戚氏共三人，妻妾之間始終和睦，毫無嫉妬之意。後果然子女繁盛衆多，妙秀都十分關愛，視同己出。後妙秀亦生一子，取名守經。妙秀管教諸子奮發讀書，諸女知事刺繡，使諸子學各有成，諸女知守婦職。弘治五年（一四九二），道寧任御史，妙秀被封爲孺人。正德十三年（一五一八），又因子守中任知府，被封爲恭人。嘉靖戊子（一五二八），因子守中被囚禁入獄，驚憂感疾，終於正寢。至於其享年問題，根據《明金妙秀墓誌銘》載「距生□□□□九月初四日子時，享年□□」[一九]，僅知其生月、日爲九月初四，不知其生年，故享年未知。

關於吴道寧子女情況，誌文載道寧子男有五：守誠，引禮舍人。「引禮，掌接對賓客，贊相威儀。」[二〇]守敬，生員。《河内縣志》有「吴守敬，道寧子，博平訓導」[二一]之記載。守中，廣平知府。廣平府，元廣平路，直隸中書省。洪武元年爲府。領永年、廣平、邯鄲等九縣[二二]。知府，正四品[二三]。《廣平府志》載：「吴守中，進士，河内人，元年任。」[二四]《河内縣志》有「吴守中，道寧子，廣平知府，正德甲戌科（進士）」和「吴守中，正德庚午科（舉人）」[二五]等記載。《杜孺人墓誌》有「賜進士出身中順大夫廣平知府郡人吴守中」[二六]之記載。守和，早卒。守經，儀賓，今更名模。儀賓，明代對宗室親王、郡王之婿，孫女婿，曾孫女婿，玄孫女婿的統稱。「親王女曰郡主，郡王女曰縣主，孫女曰郡君，曾孫女曰縣君，玄孫女曰鄉君，婿皆儀賓。」[二七]《明金妙秀墓誌銘》記載較誌文稍詳：長子守誠，黄氏生，引禮舍人。次子守敬，職氏生，郡庠生。三子守中，職氏生，由進士歷官知府。四子守和，職氏生，早卒。五子守經，更名模，爲盧江王女蘭縣縣主儀賓[二八]。誌文載道寧女四：淑清，適（嫁）生員董志學，卒。淑浄，適指揮劉傑，卒。淑淵，適指揮沈隆，卒。淑貞，適散官蕭拱暘。而《明金妙秀墓誌銘》卻載道寧有女五：淑清，恭人生，適庠生董志學。淑浄，職氏生，適指揮劉傑。淑淵，黄氏生，適指揮沈隆。淑深，職氏生，適散官蕭拱暘。淑潔，戚氏生，早卒[二九]。可能是淑潔早卒，在爲墓主道寧撰銘時未提。「中、東、西、南、北五城兵馬指揮司。各指揮一人，正六品。副指揮四人，正七品。」[三〇]

關於墓主道寧孫子情況，誌文載道寧有男孫七：大夏，生員。大韶、大讓、大征、大英、大福、大節，俱幼。女孫十：善琮，適百户宋學。百户，正六品[三一]。善璜，適生員張思齊。善環，適典仗焦繼芳。「王府儀衛司。儀衛正一人，正五品。儀衛副二人，從五品。典仗六人，正六品。」[三二]善佩，適生員孟永增。善瓊，聘指揮薛守直長子。善琅，聘守備顔齡長子。「凡鎮戍將校五等：曰鎮守，曰協守，曰分守，曰守備，曰備倭。」[三三]各守一城一堡者爲守備，無品級，無定員[三四]。善玕、善珎、善珠，俱幼。而《明金妙秀墓誌銘》卻載道寧有男孫五：大夏、大韶、大讓、大征、大英[三五]。説明男孫大福、大節是在恭人金氏妙秀去世到墓主去世的四年間所生。誌文所載吴道寧子女的婚嫁情況，充分體現了古代「門當户對」這一婚姻等級標準。

四、誌文作者及其與墓主的關係

據誌文「賜進士出身嘉議大夫禮部右侍郎郡人何瑭撰」知，誌文作者爲賜進士出身、嘉議大夫、禮部右侍郎、郡人何瑭。《明史》載：「三年大比，以諸生試之直省，曰鄉試。中式者爲舉人。次年，以舉人試之京師，曰會試。中式者，天子親策於廷，曰廷試，亦曰殿試。分一、二、三甲以爲名第之次。一甲止三人，曰狀元、榜眼、探花，賜進士及第。二甲若干人，賜進士出身。三甲若干人，賜同進士出身。」[三六]由此可見，何瑭爲二甲進士。嘉議大夫，文散官名，正三品[三七]。禮部右侍郎，正三品[三八]。何瑭，字粹夫，號柏齋，武陟（今河南省武陟縣）人。生於明憲宗成化十年（一四七四）。明弘治十四年（一五〇一）中河南鄉試第一名，次年進京參加會試和殿試，進士及第，選庶吉士。弘治十七年（一五〇四）入翰林院編修。正德四年（一五〇九）陞任修撰。因不屈劉瑾而辭官。後瑾誅，復官。正德六年（一五一一），以經筵觸忌諱，謫開州同知。正德十年（一五一五），擢東昌府同知，乞歸。嘉靖元年（一五二二），起山西提學副使，以父憂不赴。嘉靖二年（一五二三），起提學浙江。嘉靖三年（一五二四），晉南京太常少卿。後歷工、户、禮三部侍郎，晉南京右都御史。嘉靖十年（一五三一）告老還鄉。成立「景賢書院」，設館講學，著書立說。嘉靖二十二年（一五四三）九月十三日，何瑭病故，享年七十歲。葬於懷慶府城南門外，即現在的沁陽市南關村何瑭墓園。明穆宗隆慶二年（一五六八）六月初十，追封何瑭爲禮部尚書，謚「文定」。何瑭一生著作有《樂律管見》一卷[三九]、《懷慶府志》十二卷[四〇]、《陰陽管窺》一卷[四一]、《兵論》一卷[四二]、《何瑭文集》十一卷[四三]等。《明史》[四四]《懷慶府志》[四五]《河内縣志》[四六]《沁陽市志》[四七]等史書、志書均有列傳。

關於何瑭與墓主吴道寧的關係，從上述考證知，墓主吴道寧生於公元一四四三年，而何瑭生於公元一四七四年，小吴道寧三十一歲，當屬晚輩。誌文載：「瑭於公爲後進。公以名德爵齒爲鄉達尊，乃折輩行與交，閒居相見，教愛備至。瑭雖疏懶，不能日侍杖履，然心實歸仰焉。」《明金妙秀墓誌銘》載：「明封恭人憲副吴先生之配金氏墓誌銘，賜進士嘉議大夫禮部右侍郎前國史脩撰郡人何瑭撰……嘉靖七年（一五二八）閏十月三十日戌時，憲副吴老先生之配金恭人，以壽終於正寢。瑭聞訃往吊之。」[四八]這一方面反映了何瑭作爲晚輩對吴道寧老先生的敬仰之情；另一方面説明了何瑭與墓主吴道寧關係之密切，以致在墓主吴道寧妻子金妙秀去世時，親往吊唁，并爲其撰寫誌文。在墓主吴道寧離世後，悲痛萬分，爲其撰寫誌文以表哀思。

五、結　語

明代吴道寧墓誌的出土，爲了解吴道寧的生平及其家族成員提供了重要的實物資料；誌文所載懷慶府開廣濟渠及利人渠事，印證了《河内縣志》關於吴道寧創開利人河的記載，較《明史》記載較詳，對研究明代河南水利事業頗有裨益；誌文載弘治十一年吴道寧創築寧武新城、設寧武所及沿邊堡寨之事，史書無載，不僅有助於了解明代邊防建設情況，亦可補方志、史書之缺。

注釋

〔一〕〔四〕〔二一〕〔二五〕 道光五年《河内縣志》第七卷《選舉表》。

〔二〕〔三〕 道光五年《河内縣志》第七卷《贈封》。

〔五〕 《明史》第七三卷《職官二》。

〔七〕 《明史》第八八卷《河渠六》。

〔六〕〔一五〕 道光五年《河内縣志》第一三卷《水利志》。

〔八〕〔二〇〕〔二三〕 《明史》第七五卷《職官四》。

〔九〕 《大明孝宗敬皇帝實録》第一二二卷。

〔一〇〕 《明史》第四一卷《地理二》。

〔一一〕 王國亮《三晉關隘》，《太行日報》二〇〇八年六月二十九日。

〔一二〕 乾隆十五年《寧武府志》。

〔一三〕 王鎬《山西寧武守禦所志》。

〔一四〕 《大明孝宗敬皇帝實録》第一七二卷。

〔一六〕 中國社會科學院語言研究所《現代漢語詞典》（修訂本），北京，商務印書館，第五九五頁。

〔一七〕〔三二〕〔三三〕〔三七〕〔三八〕 《明史》第七二卷《職官一》。

〔一八〕〔一九〕〔二八〕〔二九〕〔三五〕〔四八〕 何瑭《明金妙秀墓誌銘》，現藏於沁陽市博物館。

〔二二〕 《明史》第四〇卷《地理一》。

〔二四〕 明嘉靖四十四年《廣平府志》第九卷《古今府秩官表》。

〔二六〕 何瑭《明賈室杜孺人墓誌銘》，現藏於沁陽市博物館。

〔二七〕 《明史》第一二一卷《列傳第九》。

〔三〇〕 《明史》第七四卷《職官三》。

〔三一〕〔三四〕 《明史》第七六卷《職官五》。

〔三六〕 《明史》第七〇卷《選舉二》。

〔三九〕 《明史》第九六卷《藝文一》。

〔四〇〕《明史》第九七卷《藝文二》。

〔四一〕〔四二〕《明史》第九八卷《藝文三》。

〔四三〕《明史》第九九卷《藝文四》。

〔四四〕《明史》第二八二卷《儒林》。

〔四五〕乾隆五十四年《懷慶府志》第二〇卷《人物志·先儒》。

〔四六〕道光五年《河内縣志》第二六卷《先賢傳下》。

〔四七〕沁陽市地方史志編纂委員會《沁陽市志》，紅旗出版社，一九九三年。

張紅軍　沁陽市博物館

（原載於《文物世界》二〇一二年第三期）

一、墓誌録文

明賈室杜孺人墓誌銘

賜進士出身嘉議大夫禮部右侍郎郡人何瑭撰文

賜進士出身中順大夫廣平府知府郡人吴守中書

嘉靖癸巳六月十九日，友人賈文洪先生之配杜孺人以疾終於正寢。文洪卜以歲十月」二十五日葬孺人於先塋之次。先期令子應奎具狀來請銘其墓中之石。按狀：賈氏之先」世爲揚州府通州人。高祖諱斌，生四子：曰政，曰德，曰信，曰俊。」太祖高皇帝起義兵募壯士，政昆弟四人預焉。洪武初，徙懷慶，故今爲懷慶衛人。信生整。整」生三子：曰海，曰寬，曰深。寬卽文洪也。孺人爲河内處士表之女。表讀書通大義，鄉黨稱其」有識。與整友善，時相與奕棋爲樂。文洪侍側，表愛其卓異，遂以孺人歸焉。賈故殷富。昆弟」之間不私貨財，誓不異爨，怡怡如也。天順戊寅歲大荒，家道蕭然空矣。文洪雖業儒，有餘」力，則經紀于外。孺人復贊相於内，綜理家務，辛苦百端，紡績以夜繼日，由是家道復興。性」至孝，服事舅姑，問安視膳，罔不竭其心。雖隆冬盛暑不辭勞焉。姑左氏嘗染病卧床，湯藥」飲食，極盡心力。晝則焚香，夜則拜斗。姑疾尋愈。常以孝婦稱之。内外無間言焉。文洪以才」智爲上下所宗，人有事多來諮訪。孺人勸文洪獎成其善，而沮其不可爲者。曰：是亦陰德」也，可以福子孫。文洪從之，故令名益彰。文洪以家累，不得專力於儒，乃棄而就武舉。復令」子應奎業儒，曰：汝繼吾志。應奎初試場屋，不捷。孺人戒之曰：所以不捷秋試者，非命也，大」抵讀書少耳。汝當益自奮勵，務期光前裕後可也。應奎感奮，學遂大進，有名。至待奴僕，則」曰：人之子女，猶我之子女也。撫之以恩，不肯淩虐。故奴僕仰慕，歿時咸哀慟不已。性好施」予，鄰里親識有不及者，嘗貽以飲食，借貸錢穀，一無所吝，故人咸感德。貧人王鉞之婦見」今持孝，蓋終身哀慕焉。鄰里親戚咸稱孺人至誠可貫金石。自幼至老，不出虛語，不苟言」笑，綽有古人風度。至是乃卒。迺孺人生成化乙酉二月初一日，享年六十有九。生子三：長」曰若魯，聘絳縣丞甯鉞女。次曰若愚，聘廣安州判張霦女。俱蚤卒。季曰應奎，府儒學廩膳」生，娶魯齋七代孫武功知縣許泰和女。女一，曰復用，適監生張能子良醫張修己。孫男二：」長曰一元，聘庠生宋莊女。次曰一貫，聘庠生陳孝女。孫女一，曰小枝兒，聘庠生張洧子。竊」嘗謂婦女之行，不出閨門。然相夫教子，如樂羊之妻，孟子之母，亦流芳簡策，蓋實之不可」掩也。孺人事舅姑以孝，相夫子以義，教子以勤，而待奴僕以恩，是可以方駕古人矣。應奎」學方大進，未可量也。孺人之名，安知不與古賢母同傳乎？是宜有銘。銘曰：」

人有善行，鮮有不傳。孰云婦女，而不其然。樂妻孟母，名流簡編。」嗟嗟孺人，令德媲賢。玄堂幽幽，既吉且堅。勒銘貞珉，噫千萬年。

從誌文可知，墓主杜孺人生於成化乙酉（一四六五）二月初一日，「爲河内處士表之女」。孺人，古時大夫妻子的稱號，明清時爲七品官的母親或妻子的封號，也用於對婦人的尊稱。河内，即今河南省沁陽市。處士，古時候稱有德才却隱居不願做官的人，後來泛指没有做過官的讀書人。就是説，杜孺人係河内人，其父爲處士杜表。其夫君爲賈整次子賈文洪。誌文載：「表讀書通大義，鄉黨稱其有識。與整友善，時相與奕棋爲樂。文洪侍側，表愛其卓異，遂以孺人歸焉。」由此可知杜孺人嫁與賈文洪的緣由。杜孺人嫁與賈文洪爲妻後，「綜理家務，辛苦百端，紡績以夜繼日」，可見杜氏吃苦耐勞，任勞任怨。對待公婆，誌文有「性至孝，服侍舅姑，問安視膳，罔不竭其心。雖隆冬盛暑不辭勞焉。姑左氏嘗染病卧床，湯藥飲食，極盡心力。晝則焚香，夜則拜鬥。姑疾尋愈。常以孝婦稱之。内外無間言焉」。舅姑，指公婆，説明杜孺人孝敬公婆，盡心盡責。對待夫君，誌文有「孺人勸文洪獎成其善，而沮其不可爲者。曰：是亦陰德也，可以福子孫。文洪從之，故令名益彰。」她勸夫君賈文洪勉勵、助成人們好的行爲，阻止人們不好的行爲，多積陰德，可以造福子孫。對待子女，誌文有「應奎初試場屋，不捷。孺人戒之曰：所以不捷秋試者，非命也，大抵讀書少耳。汝當益自奮勵，務期光前裕後可也。應奎感奮，學遂大進，有名。」場屋，科舉考試的場所。光前裕後，意爲光大前業，遺惠後代。即爲祖先增光，爲後代造福。《三字經》有「揚名聲，顯父母，光於前，裕於後。」〔二〕二五在子應奎第一次參加科舉考試失利後，杜孺人告誡應奎，秋試失利的原因，不是天命，而是讀書少的緣故。勉勵應奎要更加發奮努力，一定要光前裕後。應奎感奮，遂學業大進，考取廪生。説明杜孺人教子有方。對待奴僕，像對待自己的子女一樣，誌文有「至待奴僕，則曰：人之子女，猶我之子女也。撫之以恩，不肯淩虐。故奴僕仰慕，殁時咸哀慟不已。」對待鄰里，誌文有「性好施予，鄰里親識有不及者，嘗貽以飲食，借貸錢穀，一無所吝，故人咸感德。貧人王鉞之婦見今持孝，蓋終身哀慕焉。鄰里親戚咸稱孺人至誠可貫金石。」充分體現了杜孺人慈愛憐憫、好善樂施的高尚品德。嘉靖癸巳（一五三三）六月十九日，杜孺人因病終於正寢，享年六十九歲。同年十月二十五日夫君賈文洪葬杜孺人於先塋之次。現墓葬具體位置不詳。

誌文載：「竊嘗謂婦女之行，不出閨門。然相夫教子，如樂羊之妻，孟子之母，亦流芳簡策，蓋實之不可掩也。孺人事舅姑以孝，相夫子以義，教子以勤，而待奴僕以恩，是可以方駕古人矣。應奎學方大進，未可量也。孺人之名，安知不與古賢母同傳乎？是宜有銘。」樂羊之妻即樂羊子的妻子，她不但不收丈夫拾來的金子，而且用「志士不飲盜泉之水，廉者不受嗟來之食」的典故説服丈夫，進一步指出因貪小利而失大節的危害，使樂羊子非常慚愧，知錯就改，并遠尋師學。後又「引刀趨機」，以自己織布必須日積月累「遂成丈匹」的切身體會，説明求學必須專心致志、持之以恒的道理，最後歸結到「若中道而歸，何異斷斯織乎！」使樂羊子深受感動，最後讓他重新回去修完了自己的學業。《後漢書·列女傳》〔二〕二七九二有傳。孟子之母，即戰國時期著名教育家孟軻的母親仉氏，她以教子有方著稱。孟軻三歲喪父，靠母親教養長大成人，并成爲後世儒家追慕嚮往的亞聖，孟母也留下了「孟母三遷」、「斷機教子」等教子佳話。西漢劉向《列女傳·母儀傳》〔三〕二五~二八有傳。杜孺人孝敬公婆、相夫教子、恩待奴僕的高尚品德使誌文作者深受感動，認爲杜孺人應與樂羊之妻、孟子之母一樣名留簡册，應該銘石以記。作者在銘文中將杜孺人與「樂妻孟母」相提并論，充分體現了作者對杜孺人的敬仰之情。

三、杜孺人夫君賈文洪家世、生平

根據誌文記載可知，賈文洪之先世爲揚州府通州人。揚州府，元揚州路，屬淮東道宣慰司。太祖丁酉年（一三五七）十月稱淮海府。辛丑年（一三六一）十二月稱維揚府。丙午年（一三六六）正月稱揚州府。領州三（高郵州、通州、泰州），縣七（江都、泰興、儀真、如皋、海門、寶應、興化）[四]九一七。通州，即現在江蘇省南通市崇川區、港閘區和通州區一帶。「高祖諱斌，生四子：曰政，曰德，曰信，曰俊。太祖高皇帝起義兵募壯士，政昆弟四人預焉。洪武初，徙懷慶，故今爲懷慶衛人。信生整。整生三子：曰海，曰寬，曰深。寬即文洪也。」由此可知，賈文洪父爲賈整，祖爲賈信，高祖爲賈斌，即有賈斌→賈信→賈整→賈寬（文洪）。同時可知文洪祖父賈信弟兄四人因隨朱元璋起兵，於洪武初徙居懷慶，成爲懷慶衛人。「明以武功定天下，革元舊制，自京師達於郡縣，皆立衛所。外統之都司，內統於五軍都督府，而上十二衛爲天子親軍者不與焉。征伐則命將充總兵官，調衛所軍領之，既旋，則將上所佩印，官軍各回衛所。」[四]二二七五「天下既定，度要害地，係一郡者設所，連郡者設衛。大率五千六百人爲衛，千一百二十人爲千户所，百十有二人爲百户所。所設總旗二，小旗十，大小聯比以成軍。其取兵，有從征，有歸附，有謫發。從征者，諸將所部兵，既定其地，因以留戍。歸附，則勝國及僭僞諸降卒。謫發，以罪遷隸爲兵者。其軍皆世籍。此其大略也。」[四]二一九三衛所制爲明朝最主要的軍事制度，洪武元年（一三六八）明太祖採納開國元勳劉基的建議，在全國實行衛所兵制，每府設一所，數府或要害之地設一衛。衛所軍官多世襲。士兵皆有軍籍，父子相繼爲兵，平時駐防或屯田，遇有戰事，朝廷命將掛帥，領兵征戰。戰爭結束後，將交帥印，兵回衛、所。衛所軍隊耕田自養，國家免收賦稅，整個軍隊基本上是一個兵農結合、自給自足的武裝集團。衛所兵的來源有從征者，有歸附者，有謫發者。賈信弟兄四人當屬從征留戍者。

文洪因卓異受到其父賈整好友杜表的喜愛，杜表遂將女兒許配文洪。「賈故殷富。昆弟之間不私貨財，誓不異爨，怡怡如也。」異爨，指分家各起爐灶。説明文洪弟兄和睦相處，親密無間。然天有不測風雲，「天順戊寅歲大荒，家道蕭然空矣。」大荒即大災。清乾隆五十四年《懷慶府志》卷三二雜記載：「天順元年夏，懷慶大水。河決。」[五]《明史》載：「天順元年夏，淮安、徐州、懷慶、衛輝俱大水，河決。」[四]四四九説明天順元年即一四五七年夏懷慶地區遭特大洪澇災害，這場水災很可能導致糧食絶收，從而導致一四五八年懷慶地區出現大荒，大荒導致賈文洪家業蕭條，資産殆盡。誌文「天順戊寅歲大荒」間接地印證了方志、史書關於懷慶天順元年（一四五七）遭水災的記載。誌文載：「文洪雖業儒，有餘力，則經紀於外。孺人復贊相於內，綜理家務，辛苦百端，紡績以夜繼日，由是家道復興。」面對水災給家庭帶來的災難，以儒學爲業的文洪擠出時間外出經商、做生意，妻子杜孺人在家操持家務，辛勤紡績，終使家業重新興旺起來。「文洪以才智爲上下所宗，人有事多來諮訪。」可見文洪之聰明才智和崇高威望。後文洪因家業所累，不能專心於儒學，於是便棄文從武。至於文洪的具體生平事蹟、尤其是其生、卒年月，因誌文無記，方志、史書無載，暫不可考，有待新的地下考古資料的發現。

四、杜孺人子、孫情況

根據誌文記載可知，杜孺人共生三子一女。長子賈若魯，娶絳縣縣丞甯鉞之女爲妻。絳縣，即今山西省運城市絳縣。縣丞，正八品。甯鉞，史書無載。清乾隆五十四年（一七八九）《懷慶府志》卷一八《選舉志》有「甯鉞，絳縣縣丞」[五]之記載。次子賈若愚，娶廣安州判官張霦之女爲妻。「廣安州，元廣安府，屬順慶路。洪武四年降爲州，來屬。」[四]一〇二九州判官，從七品。張霦，史書、方志均無載。杜孺人病逝時，若魯和若愚均早已離世。三子賈應奎，府儒學廩膳生，娶魯齋七代孫武功知縣許泰和之女爲妻。「成化中，……初設食廩者謂之廩膳生員，增廣者謂之增廣生員。」[四]一六八七魯齋指的是元代大儒學家許衡。延佑元年五月「戊寅，京兆爲故儒臣許衡立魯齋書院，降璽書旌之。」[六]五六五「延佑初，又詔立書院京兆以祀衡，給田奉祠事，名魯齋書院。魯，衡居魏時所署齋名也。」[六]三七二九清道光五年（一八二五）《河内縣志》卷二六《先賢傳下》[七]、清乾隆五十四年（一七八九）《懷慶府志》卷二〇《人物志》[五]及《元史》[六]三七一六~三七三〇均有傳。武功縣，明時屬西安府乾州管轄[四]九九七，即今陝西省咸陽市武功縣。知縣，正七品，掌一縣之政。清道光五年（一八二五）《河内縣志》卷七《選舉表》載：「許泰和，魯齋七世孫，武功知縣。」[七]清乾隆五十四年（一七八九）《懷慶府志》卷一八《選舉志》載：「許泰和，武功知縣。」[五]誌文記載印證了方志關於許泰和之記載。女名賈復用，嫁與監生張能的兒子良醫張修己爲妻。

孫男有二：長孫名賈一元，娶庠生宋莊之女爲妻。次孫名一貫，娶庠生陳孝之女爲妻。孫女一，名小枝兒，嫁與庠生張洧之子爲妻。

關於杜孺人三子賈應奎與其妻許氏的生平，根據《明故庠生賈公（應奎）暨孺人許氏合葬墓誌銘》[八]記載可知，賈應奎「生於弘治庚申（一五〇〇），卒於嘉靖壬子（一五五二）三月二十九日，享年五十有三。」其妻許氏係「魯齋許文正公七代孫武功令泰和之次女，」生於弘治丁巳（一四九七），卒於嘉靖辛酉（一五六一）五月二十日，享年六十有五。應奎「爲人性質穎拔，器宇恢如。」許氏「事舅姑以孝謹，相公以端順。」勤儉持家，寸帛不遺。「紡績之勤，至老不倦。」應奎夫婦生二男一女：長子名一元，庠生，娶庠生宋莊之女爲妻。次子名一貫，庠生，娶庠生陳孝女，先卒；繼娶處士瞿樊女，又卒；繼娶處士張爲己女。一女嫁庠生張鳳翀，早卒。結合誌文「孫女一，曰小枝兒，聘庠生張洧子」可知，庠生張鳳翀即庠生張洧之子。孫男暨女一十三人。其中賈一元生四男二女。男「曰如麟，庠生，娶處士張九疇女。曰如鳳，聘處士張炳女。曰閏秀，曰英秀，尚幼。」女「曰美貞，適處士寧宏子繼愚。曰安貞，未字。」一貫生三男四女。男「曰如芝，聘庠生秦有土女。曰如蘭，曰如松，尚幼。」女「曰巽貞，適舉人蕭守身子永言。曰永貞，字庠生王養氣子就善。曰春貞，字處士寧笈子守安。曰秋貞，未字。」蕭守身，字尚本，懷慶衛人。少問業於何文定。嘉靖壬戌（一五六二）進士，授襄垣令。後陞户部主事，歷郎中。會馮璫驕恣觸忌，出守臨洮，調保寧，陞鹽運使。乞休。家居二十餘年，卒。著有《經書辨疑》《醫學管見》及《詩文集》各若干卷。《明河内處士賈公（鳳）暨孺人馬氏合葬墓誌銘》[九]有「賜進士、中順大夫、陝西臨洮府知府、前户部山西司郎中、進階修正庶尹、郡人蕭守身」之記載。清道光五年（一八二五）《河内縣志》卷二六《先賢傳下》[七]、清乾隆五十四年（一七八九）《懷慶府志》卷二一《人物志》[五]均有列傳。由此可見賈氏家族人丁興旺。同時，誌文所載杜孺人及其子孫的婚嫁情況，充分體現了古代「門當户對」這一婚姻等級標準。

五、墓誌撰、書人情況

根據誌文「賜進士出身嘉議大夫禮部右侍郎郡人何瑭撰文」可知，誌文作者爲賜進士出身、嘉議大夫、禮部右侍郎、郡人何瑭。《明史》載：「三年大比，以諸生試之直省，曰鄉試。中式者爲舉人。次年，以舉人試之京師，曰會試。中式者，天子親策於廷，曰廷試，亦曰殿試。分一、二、三甲以爲名第之次。一甲止三人，曰狀元、榜眼、探花，賜進士及第。二甲若干人，賜進士出身。三甲若干人，賜同進士出身。」[四]一六九三由此可知，何瑭爲二甲進士。嘉議大夫，文散官名，正三品。禮部右侍郎，正三品。何瑭，字粹夫，號柏齋，武陟（今河南省武陟縣）人。生於明憲宗成化十年（一四七四）。明弘治十四年（一五〇一）中河南鄉試第一名，次年進京參加會試和殿試，進士及第，選庶吉士。弘治十七年（一五〇四）入翰林院編修。正德四年（一五〇九）陞任修撰。因不屈宦官劉瑾而辭官。後劉瑾誅，復官。正德六年（一五一一），以經筵觸忌諱，謫開州同知。正德十年（一五一五），擢東昌府同知，乞歸。嘉靖元年（一五二二），起山西提學副使，以父憂不赴。嘉靖二年（一五二三），起提學浙江。嘉靖三年（一五二四），晉南京太常少卿。與湛若水等修明古太學之法。後歷工、户、禮三部侍郎，晉南京右都御史。嘉靖十年（一五三一）告老還鄉。成立「景賢書院」，設館講學，著書立説。嘉靖二十二年（一五四三）九月十三日，何瑭病故，享年七十歲。葬於懷慶府城南門外，即現在的沁陽市南關村何瑭墓園。明穆宗隆慶二年（一五六八）六月初十，追封何瑭爲禮部尚書，謚「文定」。何瑭一生先後著有《樂律管見》一卷、《懷慶府志》十二卷、《陰陽管窺》一卷、《兵論》一卷、《何瑭文集》十一卷等。清張廷玉等《明史》[四]七二五六、清乾隆五十四年（一七八九）《懷慶府志》[五]、清道光五年（一八二五）《河内縣志》[七]等史書、志書均有列傳。

再根據誌文「賜進士出身中順大夫廣平府知府郡人吴守中書」可知，誌文書丹人爲賜進士出身、中順大夫、廣平府知府、郡人吴守中。「賜進士出身」，説明吴守中亦爲二甲進士。中順大夫，文散官名，正四品。廣平府，元爲廣平路，直隸中書省。洪武元年（一三六八）爲廣平府。領永年、廣平、邯鄲等九縣[四]八九七。知府，正四品。嘉靖四十四年（一五六五）《廣平府志》第九卷載：「吴守中，進士，河内人，元年任。」[一〇]清道光五年（一八二五）《河内縣志》卷七《選舉表》有「吴守中，道寧子，廣平知府，正德甲戌科（進士）」和「吴守中，正德庚午科（舉人）」[七]等記載。乾隆五十四年（一七八九）《懷慶府志》卷一七《選舉志》[五]亦有記載。

六、價值與意義

（一）《賈室杜孺人墓誌》的出土，爲了解、研究杜孺人的生平和其夫君賈文洪及其家世提供了可靠的實物資料。

（二）誌文載賈氏原籍揚州府通州，因其祖輩兄弟四人隨朱元璋起兵，於洪武初徙居懷慶，成爲懷慶衛人，反映了明代衛所制度的創建。誌文所載其家族成員及其生活，對研究明代衛所制度具有一定的參考價值。

（三）誌文所載「天順戊寅歲大荒，家道蕭然空矣」，間接地印證了《河内縣志》《懷慶府志》《明史》關於天順元年（一四五七）懷慶大水、河決的記載。

（四）誌文所載杜孺人及其子孫的婚嫁情況，充分體現了古代「門當户對」這一婚姻觀念。

（五）誌文所載許衡七代孫武功知縣許泰和、臨洮知府蕭守身及墓誌撰文人禮部右侍郎何瑭、書丹人廣平知府吴守中等，均爲明懷慶府人，可對方志、史書起到印證、補充作用。

參考文獻

〔一〕（南宋）王應麟《三字經》，同心出版社，二〇〇六年。
〔二〕（宋）范曄《後漢書》，中華書局，一九六五年。
〔三〕（西漢）劉向《古列女傳》，哈爾濱出版社，二〇〇九年。
〔四〕（清）張廷玉《明史》，中華書局，一九七四年。
〔五〕（清）唐侍陛《懷慶府志》，乾隆五十四年刻本。
〔六〕（明）宋濂等《元史》，中華書局，一九七六年。
〔七〕（清）袁通《河内縣志》，道光五年刻本。
〔八〕（明）許世道《明故庠生賈公（應奎）暨孺人許氏合葬墓誌銘》，藏於沁陽市博物館。
〔九〕（明）婁樞《明河内處士賈公（鳳）暨孺人馬氏合葬墓誌銘》，藏於沁陽市博物館。
〔一〇〕（明）陳棐《廣平府志》，一五六五年。

張紅軍　沁陽市博物館

（原載於《焦作師範高等專科學校學報》二〇一二年第二期）

回回民族基本上是由以阿拉伯（大食）人爲主的中亞移民與其他民族融合、發展而形成的民族。據研究，大食人入華，始於唐代，其先驅主要是從事民間貿易活動的商人。唐代阿拉伯與中國的交通道路主要有二：一爲陸路，即所謂絲綢之路。該路經波斯及阿富汗到達我國新疆天山南北，然後經甘肅、青海直到長安。一爲海路，即所謂香料之路。該路由波斯灣和阿拉伯海出發，經孟加拉，過馬六甲海峽，到達我國廣州、泉州、杭州、揚州等地。經此二路來華的商人，大都客居長安及沿海各交通口岸，被稱爲「蕃客」。中國有回回，以此爲濫觴。但這些人主要世居今陝西西安附近，以及沿海地區，并未到達中原河南。回回大規模入華，始於十三世紀初葉成吉思汗西征。當時，蒙古鐵騎横掃中亞及西亞，中西交通没有阻礙，絲綢之路再度繁榮。這時來中國的回回，除商人外，更多的是軍人、工匠，還有其他不同職業的人[二]。他們分佈在内地各大城市及沿海城市，尤以西北陝、甘、寧爲多。元朝建立，人分四等，回回居第二位，高於漢人，更高於南人。如此優厚的待遇，使回回更加快入華步伐。《明史》卷三三二《西域傳》稱「元時，回回遍天下」，便是指這種情況而言。至此，中原河南才有了回回。

然而，關於元代河南回回，史籍記載不多。僅《元史》卷一一《世祖紀》明確記載：至元十八年（一二八一），「括回回炮手散居他郡者，悉令赴南京屯田」。此處「南京」，指當時的南京路，即今河南開封一帶。錢大昕《潛研堂金石文跋尾》卷一九《敕賜伊川書院碑跋》記元代河南伊川鳴皋鎮有「回回炮手軍總督」勖實戴，捐資建書院，十年始成，仁宗延祐年間（一三一四～一三二〇），蒙御賜院名。此捐資建書院的回回炮手軍總督勖實戴，應屬元世祖至元十八年令赴南京屯田的衆回回炮手中的一員。元代以後，尤其明代，情況亦同。僅《明憲宗實録》卷一四一明確記載：成化十一年（一四七五），兵部奏稱，擬將甘肅一帶久住及避難的「夷人」（主要爲回回）分别「遷徙河南、陝西地方」，或「暫送腹内陝西，河南地方」。但這些均屬官方强迫移民，自由移民幾乎未見。關於當時河南回回的生活情況，史籍更少涉及。就此而言，河南新近出土的明代回回買鳳墓誌，給我們提供了研究河南回回生活情況的絶好材料。

按明代回回買鳳墓誌一合，一九八三年在河南省沁陽市山王莊鄉張莊村磚廠出土。蓋文篆書，爲「明故處士買公暨孺人馬氏合葬墓誌銘」。誌文首題「明河内（今河南沁陽）處士買公暨孺人馬氏合葬墓誌銘」，次刻「鄉進士文林郎前知順德府廣宗縣事郡人婁樞撰文」，「賜進士中順大夫陝西臨洮府知府前户部山西司郎中進階修正庶尹郡人蕭守身書篆」。誌高五九・五厘米，寬六〇厘米，厚一〇厘米。誌文三〇行，每行三〇字，正書。該墓誌現藏沁陽市博物館，誌文如下：

嘉靖十五年四月二十日，處士買君朝陽以疾正終。其子顯祖方三歲。孺人馬氏從其俗，葬於沁河南岸祖塋。極力營辦家務，課農桑，勤紡績，先業賴以不墜。當蕭太守家食時，門下傳經者衆。乃遣其子就學，而與兩庠閔希閔、王伯宗爲友。母嘗誨之曰：「恐家業妨汝學業，我當其勞，遺汝以專。」顯祖苦學，三試棘闈，有聲場屋。而□弟宗族鄉里，無不歎其母之賢爲有徵，子必顯親揚名，以成闕志也。抵今萬曆三年十月九日，孺人壽八十有四而正終。顯祖卜地於居宅之北三里許太行之麓建新塋。筮用是年十二月二十一日啓其父之窆而合葬之。痛父歿，己尚幼，衣衾棺槨未豐也。乃導其櫬于家，衣衾棺槨皆如母喪。且與母氏之柩并列合葬。祭三日而後納穴。預持其二友之狀，拜泣請銘。按狀：買氏其先世山西太原人。國初有海得里者，避兵占籍河內，而河內有買氏自此始。曾祖諱大，祖諱謙，父諱秀。妣母氏。奕世明農，爲鄉邦所推讓。於弘治四年六月二十有六日而處士生。諱鳳，字朝陽。善事父母，和宗族。從叔聰乏嗣。既歿，族人欲析其產。處士曰：「尚有女，安忍奪之。」族人素信處士之廉直，遂唯唯，盡讓産於其婿丁奉。由是鄉族益重其行。有不平者，咸就直之。及卒，鄉里遠迩無不痛悼，至有對泣者。配即孺人，郡名家馬公亮之女，行二。生於弘治五年十有二月九日。孝恭勤儉，克相君子。與側室郝氏孀居四十餘年，未嘗笑嬉於姊姒間。故鄉族推重，家以之立，子以之成也。子一，即顯祖。娶處士馬堯鴻女，側室宋氏。女三：長適馬周，次適陳□，次適馬時兆。孫男一，廣祚。孫女二：長字庠生馬學禮仲子；次幼，未字。憶當處士臨終之期，所憂者百畝荒田，孰與謹守？三歲孤兒，孰與成立？豈知望守者克大其家，出於己之所望。望立者屢試省闈，爲邦人族人之所望乎。自今以始，處士得瞑目於地下。孺人有靦面得見夫子於地下，熙先襄大事建兆域，亦可以無遺憾矣。余素愛熙先之學，今又敬其孝，且異其變俗之果，如此宜爲之銘曰：

荻畫出遠，斷織風徽；懷有□母，令德與畿。士出於農，族大於子；因夏變夷，名由此起。父既目瞑，母亦心安；太行之陽，歸然新仟。□□孔嘉，曾孫克類；尔壽尔臧，尔昌尔熾。

這方明回回買鳳墓誌，雖然不到一千字，但可以探討的問題卻甚多。現歸納爲五條，分別考釋如下。

一、關於河南買氏回回的姓氏

誌稱買氏的先世「有海得里者」，說明回回海、買本爲一姓。我們知道，回回本無姓，名上冠姓，是移居中國後受漢族影響的結果。關於回回姓氏的來源，研究者意見基本一致。如：白壽彝先生認爲，回回中的許多姓，都是他們原名「首音、尾音或中間音的譯寫」[二]。金吉堂先生將其來源分爲「取原名之首音」「稱號之首音」「任取原名之一音」「原名之尾音」四類，觀點實際與上相同[三]。但具體分析，卻出現了問題。如金吉堂先生列舉回回獨有之姓，其中海、買作爲獨立的二姓，并云：「海魯丁之後裔姓海，買述丁之後裔姓買。」[四]這種將海、買作爲獨立二姓的觀點，現在比較流行。但是，盡管歷史上，海姓回回曾產生著名清官海瑞[五]，買姓回回曾產生著名詩人買閭[六]，海、買最初卻非獨立二姓。買鳳遠祖名海得里，可證海、買本爲一姓。這種情況，與回回丁、馬原爲一家十分相似。按元末明初有回回詩人、孝子丁鶴年。據同時代戴良《九靈山房集》卷一九《高士傳》記載：鶴年曾祖阿老丁爲元初巨商，祖苫思丁仕元官至臨川路達魯花赤，父職馬祿丁仕元官至武昌縣達魯花赤。明楊士奇《東里集》卷一〇《跋丁鶴年詩》云：「西域人多名丁，既入中國，因以爲姓，故鶴年亦丁姓。」但《丁鶴年集》有《題族兄馬子英進士梅花詩》[七]。鶴年族兄姓馬，證明丁、馬原爲一家。又，同時有回回吉雅謨丁，改姓名爲馬元德。元劉仁本《羽庭集》卷五有《送馬侯元德任奉化州序》。前引《九靈山房集》卷二二有《題馬元德伯仲詩後》，伯指馬元德，仲指丁鶴年。丁鶴年與馬元德爲伯仲，亦證明丁、馬原爲一家。又，前舉回回詩人買閭，元末明初王逢《梧溪詩集》卷四有《贈買閭教授》詩，序謂：「元初，（閭）祖哈只仕江南，遂家上虞。」按前引金吉堂先生觀點，「哈散之後裔姓哈」，與此哈只之後裔姓買又不合[八]。筆者以爲，哈、海同聲，海、買同韻，均一音之轉，最初恐怕均爲一姓。

二、關於河南買氏回回的遷徙

誌文「買氏其先世山西太原人」至「河內有買氏自此始」一段，說明以下三個問題：

（一）山西太原早有回回居住。我們知道，中國內陸之回回主要是由絲綢之路遷入。買氏先世本爲山西太原人，當是由絲綢之路遷入的。只是何時遷入，誌中未曾提及。清道光六年刊本《太原縣志》亦無相關記載。史籍亦無太原曾有中亞移民之記録[九]。據誌可知，至遲在元代，山西太原已有回回居住。

（二）買氏於明初避兵亂始遷河南沁陽。按誌中「避兵」，應指明將徐達攻打太原事。據清錢謙益《國初群雄事略》：洪武元年（一三六八）八月癸未，朱元璋命大將軍徐達、副將軍常遇春率師取山西。不久，又命偏將軍湯和、右副將軍馮宗異率師前往協助。十一月丁卯，徐達克太原，元將擴廓帖木兒狼狽夜遁，山西爲明所有。買氏先人當在此前，爲避兵火，南遷到河南之河內，即今河南沁陽。

（三）該地區有回回自此始。按誌雖僅稱「河內有買氏自此始」，但據我們推測，該地區的買姓回回實際都來自這次大遷徙。河內，明屬懷慶府。據《明史》卷四二《地理志》，懷慶府下領温、孟、河內、濟源、修武、武陟六縣。清時情況與明略同。近年濟源市出土清道光十四年（一八三四）劉大觀墓誌，載：「（大觀）晚居懷慶，……愛懷慶山水竹物之勝。有買姓者，空其宅數年矣，君（指大觀）願得之。既立券，又召其人來，謂我乘人之急而獲産，不祥，復與金若干。買姓者羅拜去。」據此可知，至清後期，懷慶府之濟源縣亦有買氏回回。此買氏回回，無疑原居河內。一九三一年刊《修武縣志》卷四《氏族表》記該縣北位村亦有買氏，雖云由輝縣遷入，但恐怕最早亦原居河內。另外，據一九三二年刊《孟縣志》卷八記載，該縣「有回族一千零三十一户，分住城內及東、西桑坡村」，「城內有清真寺一，阿衡（即阿訇）掌一切教務」。孟縣與河內緊鄰，這批回回如果其中亦有買姓，則亦應原居河內。

三、關於河南買氏回回的婚姻

誌文「曾祖諱大」至「側室郝氏」一段，說明以下三個問題：

（一）河南買氏回回係聚族而居。文中屢見「宗族」「族人」「鄉族」等詞，可以證明。

（二）河南賈氏回回係以農爲業。文中提到賈氏曾祖、祖、父三代「奕世明農」亦可證明。另外，賈鳳從叔有可析讓之「産」，此「産」亦應指田産。

（三）河南賈氏回回自賈鳳以上，婚姻均爲同族。我們知道，聚族而居，以農爲業，婚姻的範圍不會很大。文中的外姓人：一爲鳳妣母氏。此處「母」指母親，非姓氏。鳳母無姓，應爲回回。二爲鳳從叔之婿丁奉。「丁」爲回姓，已見前述。三爲鳳配馬氏。「馬」爲回姓。四爲鳳側室郝氏。按：「郝」本爲漢姓。據《元和姓纂》卷一〇，始於殷商帝乙時的子期，封太原郝鄉，因以爲姓。但如所周知，回回之遷徙，往往數族同時進行。賈氏既由太原遷來，則同時亦應有從太原遷來的其他姓氏回回。太原爲郝姓發源地，回回常冒漢姓，則河内回回有郝姓亦不足爲奇。因此我們認爲鳳側室郝氏也應爲回回。這説明賈氏回回至賈鳳一代尚未與漢族通婚。

四、關於河南賈氏回回的喪葬

誌文「嘉靖十五年四月二十日」至「葬於沁河南岸祖塋」一段，又「今萬曆三年十月九日」至「拜泣請銘」一段，説明以下兩個問題：

（一）河内賈氏回回，至賈鳳這一代，喪葬仍從舊俗。此處舊俗，指伊斯蘭教有關喪葬的規定。伊斯蘭教主張土葬、速葬、薄葬。人死爲「歸真」。先爲死者「浄身」，再爲死者舉行「殯禮」。儀式結束，然後安葬。土葬即「入土爲安」，符合伊斯蘭教以土造人、入土回歸的教義。速葬指葬期不得超過三天。一般是當天歸真，第二天即葬。薄葬指僅以白布裹體，不用棺槨，不立碑誌[一〇]。誌記賈鳳第一次被葬係「從其俗」，「衣衾棺槨未豐」，亦未刻碑立志，顯然採用的是伊斯蘭教的喪葬規定。

（二）河内賈氏回回，至賈顯祖這一代，喪葬始改新制。此處新制，指中國傳統的喪葬方式。這種喪葬方式規定人死之後，須着衣衾，納棺槨，停家祭拜，請人誌銘，諸事完備，才能安葬。誌稱賈鳳卒後四十年，元配孺人馬氏亦卒。其子顯祖先導其櫬於家，使「衣衾棺槨皆如母喪」，祭拜誌銘，然後合葬，顯然採用的是中國傳統的喪葬方式。

按賈顯祖重新葬父，與元末明初回回詩人、孝子丁鶴年重新葬母情況相似。明烏斯道《春草齋集》卷七《丁孝子傳》記載：丁鶴年，武昌人。避兵亂二十餘年，還武昌，訪生母葬地。因「聞母葬時無棺槨，上覆敗舟板」，見「平陸土有陷下者」，意謂「人與板腐盡乃爾」，遂「陳酒肉以祭，祭畢斸其土，骨果見」，最後「收骨棺斂」而「葬是鄉」。丁氏一族，自曾祖阿老丁入華，至鶴年已經四代。鶴年精詩文，諳儒學，後又學佛，爲受漢族影響很深的回回。前引戴良《九靈山房集》卷一九《高士傳》記載：丁鶴年父死，鶴年年僅十二，已屹然如成人。「其俗素短喪，鶴年以爲非古制，乃服斬衰三年。」賈顯祖之漢化，年齡雖没有鶴年早，但在賈氏一族，畢竟還是没有先例的。賈鳳墓誌稱「異其變俗之果」，又稱「因夏變夷，名由此起」，實際均指賈顯祖而言。然則賈顯祖是如何漢化的呢？

誌文「當蕭太守家食時」至「有聲場屋」一段，又「（鳳）子一，即顯祖」至「次幼，未字」一段，説明以下四個問題：

（一）買顯祖之漢化，係從正宗經學入手。文中「蕭太守」即墓志書篆「蕭守身」。此人出身進士，曾任知府、户部郎中等官，應爲飽學之士。他在未出仕之前，曾在家中開學館「傳經」〔二〕。顯祖就在此時從其學習正宗經學。

（二）買顯祖之漢化，曾受漢化回回的影響。文中「閃希閔」之「閃」爲回姓，明顯是回回。此人出身「兩庠」，也就是郡庠（府學）和邑庠（縣學），明顯較剛入學館讀書的買顯祖漢化程度高。顯祖與他爲友，後來漢化，應曾受到他的影響。

（三）買顯祖之漢化，已到有資格參加科舉考試的程度。文中「棘圍」「場屋」，均指科舉考場。顯祖雖然三試不中，但從「有聲場屋」四字看，成績應該還是不錯的。而買顯祖之漢化，對其家族必然有所影響。

（四）由於買顯祖的漢化，河内買氏自顯祖以下，婚姻已不限於同族。文中提到的外姓人：一爲顯祖側室宋氏。「宋」爲漢姓，應爲漢人。二爲顯祖次婿陳氏。「陳」爲漢姓，亦應爲漢人。三爲顯祖正配馬氏。四爲顯祖長婿馬周。五爲顯祖三婿馬時兆。六爲顯祖孫婿馬氏。「馬」均爲回姓。外姓六人，二漢四回。雖然婚姻仍以同族爲主，但并不排斥不信伊斯蘭教的漢族。

綜上考釋，可作如下小結：過去研究回回，主要根據傳世文獻。然而傳世文獻材料零散，據此僅能對回回歷史進行粗略的宏觀概括。很多學者想對回回家族進行精細的個案研究，卻均因回回不立碑誌（考古雖曾發現少量回回墓碑，但很少發現回回墓誌）而未能如願〔三〕。至於買鳳墓誌，則不僅是河南河内買氏回回家族歷史的記録，也是明代中國回回歷史的一個縮寫。它披露了明代河南河内買氏回回海、買本爲一姓，先輩係於明初由山西太原遷來的事實，揭示了入明後這支回回在河南河内的婚姻、喪葬的情況，以及逐漸漢化的過程，爲中國回回家族的個案研究和整個回回歷史的研究提供了新的材料，值得有關方面高度重視。

注釋

〔一〕 參閲馮承鈞譯《多桑蒙古史》上册，中華書局，一九六二年，七頁。

〔二〕 白壽彝《回回民族的形成和初步發展》，《回族史論文集》，寧夏人民出版社，一九八三年，一六頁。

〔三〕〔四〕 金吉堂《中國回教史研究》，珪庭出版社，一九七一年，二七～三〇頁。

〔五〕 如（明）梁雲龍《海忠介公行狀》云：「公諱瑞，字汝賢，其上世以來未詳。在國初，以軍功仕廣州衛指揮某者，隸籍番禺人。洪武十六年，荅兒從軍海南，著姓於瓊，遂爲瓊山人。」知海瑞爲回回。

〔六〕按元賴良《大雅集》曾選收買閭詩。元末明初王逢《梧溪詩集》卷四有《贈買閭教授》詩，序云：「買閭字兼善，西域人。」知買閭爲回回。

〔七〕按此據琳琅秘室叢書四卷本。又有《丁孝子詩集》，爲藝海珠塵叢書三卷本，內容基本相同。

〔八〕一説「哈只」爲穆斯林巡禮人之官稱。見前引《多桑蒙古史》上册，九八頁注〔三〕。

〔九〕唯《舊唐書》卷一一二《李暠傳》記載：「太原舊俗，有僧徒以習禪爲業，及死不殮，以屍棄郊食鳥獸。」《新唐書》卷七八《李暠傳》略同。岑仲勉先生以爲「此實祆教之習俗」，見《隋唐史》（中華書局，一九八二年）三一九頁。林悟殊先生認爲：「這群『僧徒』很可能是移居中國內地的西域瑣羅亞斯德（即祆教）教徒」，見《論高昌「俗事天神」》，《歷史研究》一九八七年第四期。但均無確據。

〔一〇〕參閲沙秋真《伊斯蘭教的喪葬儀式有何特點》，中國社會科學院世界宗教研究所編《伊斯蘭教文化面面觀》，齊魯書社，一九九一年，二二三～二二五頁。

〔一一〕或以爲，此處「傳經」也許與伊斯蘭教的「經堂教育」有關。按伊斯蘭教的「經堂教育」傳入中國甚晚。「經堂教育」始於明後期陝西咸陽渭城的胡登洲（一五二二～一五九七）。「經堂教育」指在回回中普及伊斯蘭教基本知識，雖分小、中、大學，但課堂最初均在家中，後來才移到清真寺內的經堂。等形成學派，傳到河南，大約已到明末。胡登洲本人出生雖較買顯祖早十二年，但在蕭太守「傳經」時，胡登洲也不過是個青年，蕭太守自不可能爲胡登洲推廣「經堂教育」。蕭太守爲漢人，所「傳」之「經」只能是儒經。關於「經堂教育」及其流傳，參閲任繼愈、金宜久《伊斯蘭教史》，中國社會科學出版社，一九九〇年，四四四～四四六頁；又李興華：《試論穆斯林商人在回族伊斯蘭教發生、發展中的某種關鍵作用》，《西北民族研究》一九九四年第一期。

〔一二〕筆者孤陋寡聞，尚未見過明確的回回墓誌。僅知泉州曾發現一些元代伊斯蘭教信衆（包括回回）碑。甘、陝、中原曾出土不少北朝隋唐時期中亞昭武九姓（如康、安、曹、史等）墓誌，但昭武九姓信仰火祆教，與回回無涉。陝西西安曾出土晚唐波斯人蘇諒妻馬氏墓誌，但蘇、馬夫婦也都是火祆教徒，也均與回回無涉。以上參閲福建省泉州海外交通史博物館編《泉州伊斯蘭教石刻》，寧夏人民出版社、福建人民出版社，一九八四年，一五～三一頁；向達《唐代長安與西域文明》，生活·讀書·新知三聯書店，一九五七年，一二一～一二四頁；陝西省文物管理委員會《西安發現晚唐祆教徒的漢、婆羅鉢文合璧墓誌——唐蘇諒妻馬氏墓》，《考古》一九六四年第九期。

任昉　故宫博物院

（原載於《民族研究》一九九七年第二期）

明鄭藩儀衛正馮世昌墓誌考

馮世昌墓誌係二〇一五年十一月三日在河南省沁陽市太行辦事處沁園路北段河南晉煤天慶煤化工有限責任公司生活區建設工地出土，現藏於沁陽市博物館。該墓誌刻於明萬曆九年（一五八一），青石質地，由誌蓋和誌石兩部分組成。誌蓋高六六·五、寬六七、厚一〇·五厘米。蓋正面陰刻篆書四行二十四字：「大明武德將軍」進階武節將軍」驍騎尉儀衛正」清庵馮公誌銘」」。誌石高六七、寬六六、厚一〇·五厘米。誌文陰刻，楷書，豎三五行，足行四二至四四字不等，計一〇〇五字。現録文并考釋如下。

一、墓誌録文

大明鄭藩武德將軍進階武節將軍驍騎尉儀衛司儀衛正清庵馮公配宜人蕭氏合葬墓誌銘」

賜進士第中憲大夫通政使司右通政何永慶撰」

賜同進士出身中憲大夫四川保寧府知府眷生蕭守身書」

鄉進士進階奉政大夫商州知州眷生張應時篆」

萬曆八年三月二日，清庵馮公以疾終於正寢。子祚等卜以九年十一月二十四日，啓母蕭宜人之墓而合葬」焉。先期持廩生李從諒狀乞銘。按狀，馮氏，山東巨野人。永樂間，始祖琺以武功歷陞南京豹韜衛水軍所正千」户。二世祖勝襲。正統八年，改授」鄭藩儀衛司儀衛正，從」王之懷，遂家焉。高祖宣，曾祖忠，祖繼祖，官悉如初。父汝遷，敦朴周慎，莅政簡明，有古君子風，被」恩進階，已蒙清庵公託詳前誌矣。其配宜人張氏，阜平郡主儀賓張公永善女，無子。宜人劉氏，耆老劉公鐸女。清庵」公，其首出也，諱世昌，字若魯，生而聰穎，耽閲古籍，即能通大義，而忠孝尤加詳焉。嘉靖乙巳，承祖職事」國主，精白乃心，凡」命下，必兢業爲之，務敦大體，其聽訟公恕，惟求平安，由是」國主嘉其賢，屬人蒙其惠。嘉靖庚戌，」國主以建言南徙，公亦因調邊衛，例回十八年，披艱歷險，竟未改厥初志。隆慶改元，」國主奉」詔還國，公亦復前職，仍掌司事，而官箴愈嚴。萬曆改元，以公恬退，奉」詔進階武節將軍、驍騎尉。公事親，先意承志，凡日所爲家國事，必取憑而行，不敢專美於己。會父叔析分，公言於父」曰，吾父子叨享世禄，亦云足矣，諸叔泊淡無資，當以增置田産悉入均分，蓋惟知一體之當篤，罔計其外物之」爲重爾。叔汝達早逝，遺孀張氏苦節四十餘年，竟成其志。弟世榮、世華當幼年，正父傷目之際，公念其同胞，凡」事與共，遂各成立。宜人蕭氏，」鄭藩禮官蕭拱璋女，少有奇譽，及歸公，不以富族自驕，内外皆頌其賢，迄今言婦道者，必擬諸蕭宜人云。宜人生」於正德甲戌八月六日，萬曆癸酉六月二十二日先公卒也，享年六十。公生於正德戊寅六月二日，據卒之日」享年六十有三。公生子四，長胤，心行淳實，承祖職方五載，四十六歲而卒。娶懷慶衛千户傅應麒女，有子鯨，三」歲亦殤。次即祚，以例代襲，振振有聲，人謂能繼清庵公之志。初娶處士張顯祖女，繼娶庠生張渶女。次祉，娶指」揮舍人劉儀女。次稔，生員，負沖霄之志，其進未可量也。娶處士韓範女。女二，一適肥鄉主簿孟永增子生員知」言，一適懷慶衛指揮武守節子應襲綏國。孫四，曰學京，祉出，聘處士張一貫女。曰啓京，祚出，應襲，聘百户舍人」周煥女。曰念京，祉出。曰延年，稔出。孫女六，一適懷慶衛千户葛言志子應襲芬，胤出。一聘於庠生李賁子鶴齡，」一聘於散官姚尚友子承祖，俱稔出。餘尚幼。於戲！世爵武裔類，多未事詩書，識大義、敦大節者，蓋指不一二屈」爾。清庵公雅志圖籍，通達國體，感」主恩如覆載順逆無貳，守官箴如金石始終不渝，可謂有精忠之志、清介之節者也。使非限於」王家，當脱穎而出矣。是宜銘。」銘曰：」美彼馮公，志節弗群。危不忘主，衰猶思親。退霑勳階，」完名之臣。永綏雙璧，世禄幾人。式銘於石，以示後昆。

二、墓主家世

據墓誌記載，墓主馮世昌祖籍山東巨野，即今天的山東省菏澤市巨野縣。誌云：「永樂間始祖珏以武功歷陞南京豹韜衛水軍所正千户。」《明史·兵志一》載：「明以武功定天下，革元舊制，自京師達於郡縣，皆立衛所。外統之都司，內統於五軍都督府。」[一]南京豹韜衛隸屬前軍都督府[二]。水軍所正千户，正五品[三]。永樂年間，馮世昌的始祖馮珏因武功陞任南京豹韜衛水軍所正千户，即水軍所的長官。誌云：「二世祖勝襲。正統八年（一四四三），改授鄭藩儀衛司儀衛正，從王之懷，遂家焉。」《明史·職官志五》載：「王府儀衛司，儀衛正一人，正五品。儀衛副二人，從五品。典仗六人，正六品。儀衛，掌侍衛儀仗。護衛，掌防禦非常，護衛王邸。有徵調，則聽命於朝。明初，諸王府置護軍府。洪武三年，置儀衛司，司設正、副各一人，秩比正、副千户；司仗六人，秩比百户。」[四]從中可以看出，二世祖馮勝襲位正千户後，於正統八年平調至鄭藩王府任儀衛司儀衛正，跟從鄭藩王來到懷慶府，并在此安家落户。根據誌文記載，墓主高祖馮宣、曾祖馮忠、祖父馮繼祖，均襲職鄭藩王府儀衛司儀衛正。誌云：「父汝遷，敦朴周慎，莅政簡明，有古君子風，被恩進階，已蒙清庵公託詳前誌矣。」前誌即指《鄭藩儀衛司儀衛正玉峰馮公（汝遷）暨宜人張氏合葬誌銘》[五]。根據《鄭藩儀衛司儀衛正玉峰馮公（汝遷）暨宜人張氏合葬誌銘》記載可知，馮汝遷生於弘治乙卯（一四九五）二月初六日午時，卒於隆慶六年（一五七二）五月二十七日，享年七十有八。嘉靖五年（一五二六）襲官鄭藩王府儀衛司儀衛正。歷官二十年，永樂自守法紀，自持不妄行一事，不輕虐一人，雖所屬旗校有重情難決者，亦惟多方勸解，而不務察察之明。隆慶元年（一五六七）「恩詔進階武節將軍、驍騎尉。」誌文云：馮汝遷「配宜人張氏，阜平郡主儀賓張公永善女，無子。宜人劉氏，耆老劉公鐸女。」儀賓，明代對宗室親王、郡王之婿，孫女婿，曾孫女婿，玄孫女婿的統稱。「明制，皇姑曰大長公主，皇姊妹曰長公主，皇女曰公主，俱授金册，禄二千石，婿曰駙馬都尉。親王女曰郡主，郡王女曰縣主，孫女曰郡君，曾孫女曰縣君，玄孫女曰鄉君，婿皆儀賓。」[六]根據《明孝宗實録》「弘治六年十二月庚辰，賜楚府沿山縣君并儀賓鍾鎮、南部縣君并儀賓陳璋，鄭府連成縣主并儀賓王璣、阜平縣主并儀賓張永善、成安縣主并儀賓喬相，……誥命冠服如制」[七]及「弘治十四年十一月辛巳，鄭王祐枔以其父鄭世子已追謚爲鄭僖王，請如例加封其姊連城縣主、妹阜平縣主，俱爲郡主。從之」[八]的記載，可知阜平郡主即鄭王朱祐枔的妹妹。馮汝遷妻阜平郡主儀賓張永善女，亦可謂皇親國戚。根據誌文記載，馮汝遷生子三，長即墓主馮世昌，次馮世榮，三子馮世華。至此，可將墓主馮世昌家族世系排列如下：始祖馮珏—馮勝—馮宣—馮忠—馮繼祖—馮汝遷—馮世昌、馮世榮、馮世華。

三、墓主生平

根據誌文記載，墓主馮世昌諱世昌，字若魯，號清庵。生於正德戊寅（一五一八）六月二日，卒於萬曆八年（一五八〇）三月二日，享年六十有三。馮世昌天生聰明敏鋭，博覽群書，識大體，通大義，忠於君國，孝於父母。嘉靖乙巳，即嘉靖二十四年（一五四五），二十八歲的馮世昌襲官鄭藩王府儀衛司儀衛正。誌云：「嘉靖庚戌，國主以建言南徙，公亦因調邊衛，例回十八年，披艱歷險，竟未改厥初志。隆慶改元，國主奉詔還國，公亦復前職，仍掌司事，而官箴愈嚴。」嘉靖庚戌，即嘉靖二十九年（一五五〇），國主鄭恭王朱厚烷因向世宗朱厚熜上書建言被削爵禁錮鳳陽，馮世昌也因此被發配邊境地區的衛所充軍。前後十八年，經歷艱難險阻，效忠君國的志向始終没有改變。隆慶元年，穆宗朱載垕即位，國主朱厚烷復爵還國，馮世昌也恢復儀衛正之職。此時，他做官的戒規更加嚴格。正如誌文作者感慨：「清庵公雅志圖籍，通達國體，感主恩如覆載順逆無貳，守官箴如金石始終不渝，可謂有精忠之志，清介之節者也。」萬曆元年（一五七三），五十六歲的馮世昌安然退隱，奉詔進階武節將軍、驍騎尉。武節將軍，武散階名，正五品，初授武德將軍，陞授武節將軍。驍騎尉，武勳官名，正五品[九]。

根據誌文記載，墓主馮世昌對待雙親，先意承志。對待叔叔、孀子、兄弟等，敬老愛幼，仁義厚道。誌文記載「叔汝達早逝，遺孀張氏苦節四十餘年」與《河内縣志》載「馮汝達妻張氏、靳慕妻許氏，俱夫亡守節」[一〇]相吻合。

墓主馮世昌娶妻一人，「宜人蕭氏，鄭藩禮官蕭拱璋女。」宜人，封建時代婦女因丈夫或子孫爲官而得的一種封號。《明史·職官志一》云：「外命婦之號九。公曰某國夫人。侯曰某侯夫人。伯曰某伯夫人。一品曰夫人，後稱一品夫人。二品曰夫人。三品曰淑人。四品曰恭人。五品曰宜人。六品曰安人。七品曰孺人。」[一一]墓主馮世昌生前官正五品儀衛司儀衛正，故其妻蕭氏獲封「宜人」。誌云蕭氏「不以富族自驕，内外皆頌其賢，迄今言婦道者，必擬諸蕭宜人云。」蕭氏賢惠可見一斑。蕭氏生於正德甲戌（一五一四）八月六日，長夫君馮世昌四歲，卒於萬曆癸酉（一五七三）六月二十二日，享年六十。

墓主馮世昌生子四：長子馮胤，娶懷慶衛千户傅應麒女，襲職儀衛司儀衛正五年卒。結合誌文「萬曆改元，以公恬退，奉詔進階武節將軍、驍騎尉」可知，馮胤襲職鄭藩儀衛司儀衛正時間爲萬曆元年，從而知其卒年爲萬曆五年（一五七七），早其父馮世昌三年。次子馮祚，在長兄馮胤卒後襲職儀衛正，初娶處士張顯祖女，繼娶庠生張漢女。三子馮祉，娶指揮舍人劉儀女。四子馮禬，生員，娶處士韓範女。生女二：一嫁肥鄉主簿孟永增子生員知言；一嫁懷慶衛指揮武守節子應襲綏國。孫男五：馮鯨，胤出，三歲殤；馮學京，祉出，娶處士張一貫女；馮啓京，祚出，應襲，娶百户舍人周焕女；馮念京，祉出；馮延年，禬出。孫女六：一嫁懷慶衛千户葛言志子應襲芬，胤出；一嫁庠生李賁子鶴齡，一嫁散官姚尚友子承祖，俱禬出。餘尚幼。馮世昌及其子、孫的婚嫁情況，可以反映出馮氏家族在懷慶府地方社會中的婚姻網絡關係。

四、誌文所涉相關事件

（一）明朝分藩制及鄭藩移懷

誌云：「正統八年，改授鄭藩儀衛司儀衛正，從王之懷，遂家焉。」一三六八年，明太祖朱元璋推翻了元朝的統治，建立了明王朝，爲了加強對各地人民的統治，有力地監督地方官吏效忠於朝廷，同時防止發生爭權奪位的爭鬥，維繫并鞏固朱家王朝的統治，「編《祖訓録》，定封建諸王之制」[一二]，將訓練有素的子孫陸續分封於邊塞重鎮及內地各重要城市，使衆子據名藩、控要害，以分制海內。明制規定「皇子封親王，授金册金寶，歲禄萬石，府置官屬。護衛甲士少者三千人，多者至萬九千人，隸籍兵部。冕服車旗邸第，下天子一等。公侯大臣伏而拜謁，無敢鈞禮。親王嫡長子，年及十歲，則授金册金寶，立爲王世子，長孫立爲世孫，冠服視一品。諸子年十歲，則授塗金銀册銀寶，封爲郡王。嫡長子爲郡王世子，嫡長孫則授長孫，冠服視二品。諸子授鎮國將軍，孫輔國將軍，曾孫奉國將軍，四世孫鎮國中尉，五世孫輔國中尉，六世以下皆奉國中尉。其生也請名，其長也請婚，禄之終身，喪葬予費，親親之誼篤矣」[一三]。僅明太祖朱元璋分封到各地的親王就達二十多個。

明仁宗朱高熾，除了將長子朱瞻基立爲太子和四子朱瞻垠早卒未封外，其餘八個兒子均封爲王。《明史》載：「永樂二十二年七月，成祖崩於榆木川。八月丁巳，（太子朱高熾）即皇帝位。冬十月己酉，册妃張氏爲皇后。壬子，立長子瞻基爲皇太子。封子瞻埈爲鄭王，瞻墉越王，瞻墡襄王，瞻堈荊王，瞻墺淮王，瞻塏滕王，瞻垍梁王，瞻埏衛王。」[一四]鄭靖王朱瞻埈，「四年就藩鳳翔。正統八年詔遷懷慶，留京邸，明年之國」[一五]。朱瞻埈作爲仁宗朱高熾的次子，永樂二十二年（一四二四）十月封爲鄭王。宣德四年（一四二九）就藩鳳翔，即今陝西省鳳翔縣。正統八年移國懷慶，即今河南省沁陽市。《懷慶府志》亦有「鄭靖王瞻埈，仁宗第二子，初就藩鳳翔，後遷懷慶」[一六]之記載。

關於鄭藩由鳳翔移國懷慶的原因，《明史》未載。《明英宗實録》載：「正統八年二月癸丑，致書鄭王瞻埈曰：近聞叔有疾及子女宮眷亦多不安，此必水土不相宜也。叔往年欲移國懷慶，今命有司於懷慶建立王府，待其完日奉報移居。府中所缺軍校，已令河南有司僉補。叔其善加調攝早遂痊安，以副親親之心。」[一七]「正統八年十一月甲戌，致書鄭王瞻埈曰：今河南三司官奏所修王府已完書至，叔可自擇便利月日移國於懷慶，仍先奏來，令有司預備脚力。」[一八]《明憲宗實録》載：「成化二年五月乙酉，鄭王瞻埈薨。王，仁廟之第二子也。母妃李氏。永樂甲申生，甲辰册封，宣德四年之國鳳翔。後以隴地人多生癭，請改建國於懷慶。至是薨年六十三。訃聞，上輟朝三日，遣官致祭，命有司營葬事。謚曰靖。」[一九]癭，頸瘤，俗稱大脖子。指生長在脖子上的一種囊狀的瘤子，包括甲狀腺腫大等。根據上述記載，鄭王朱瞻埈之所以由鳳翔移國懷慶，是因爲鳳翔地人多得大脖子病。

（二）鄭王朱厚烷削爵、復爵

誌云：「嘉靖庚戌，國主以建言南徙，公亦因調邊衛，例回十八年，披艱歷險，竟未改厥初志。隆慶改元，國主奉詔還國，公亦復前職，仍掌司事，而官箴愈嚴。」嘉靖帝統治後期，由於國家承平日久，逐步喪失進取精神，日益腐化，濫用民力大事興建，而且迷信方士、尊崇道教，好長生不老之術，嘉靖二十一年後更是移居西苑修玄。方士、道士們利用嘉靖帝夢想長生不死和靈瑞現象的迷信，屢行詐騙之術，愚弄嘉靖帝，使每年不斷修設齋醮，造成巨大的靡費。嘉靖二十七年（一五四八），鄭王朱厚烷上書勸諫嘉靖帝，希望他不要服用丹藥以求長生，不要過於崇信道教，結果被降爲庶人，發宗人府，禁錮在高牆內。《明史·世宗二》有「（二十九年九月）壬子，廢鄭王厚烷爲庶人」之記載[二〇]。嘉靖四十五年（一五六六）十二月，嘉靖帝駕崩，裕王朱載垕繼位，改元隆慶。按照歷代慣例，隆慶帝即位之日，大赦天下，「先朝政令不便者，皆以遺詔改之。」[二一]至此，朱厚烷才得以赦免還國。對於鄭王朱厚烷削爵、復爵的緣由，《明史·諸王四·鄭王》作了詳細記載：「帝修齋醮，諸王争遣使進香，厚烷獨不遣。嘉靖二十七年七月上書，請帝修德講學，進《居敬》《窮理》《克己》《存誠》四箴，《演連珠》十章，以神仙、土木爲規諫。語切直。帝怒，下其使者於獄。詔曰：『前宗室有謗訕者置不治，兹復效尤。王，今之西伯也，欲爲爲之。』後二年而有祐橏之事，厚烷遂獲罪。初，祁鍈有子十人，世子見滋，次盟津王見潨，次東垣王見濆。見潨母有寵於祁鍈，規奪嫡，不得，竊世子金册以去。祁鍈索之急，因怨不復朝，所爲益不法。祁鍈言之憲宗，革爲庶人。及康王祐橏，無子，見潨子祐橏應及，以前罪廢，乃立東垣王子祐檡。至是祐橏求復郡王爵，怨厚烷不爲奏，乘帝怒，摭厚烷四十罪，以叛逆告。詔駙馬中官即訊。還報反無驗，治宫室名號擬乘輿則有之。帝怒曰：『厚烷訕朕躬，在國驕傲無禮，大不道。』削爵，錮之鳳陽。隆慶元年復王爵，增禄四百石。」[二二]《明世宗實録》[二三]《國朝獻徵録》[二四]等亦均有詳細記載。

五、墓誌撰文与書丹者

墓誌撰文者爲賜進士第、中憲大夫、通政使司右通政何永慶。進士第，是科舉時代考選進士，録取時按成績排列的等第。《明史·选举誌二》云：「三年大比，以諸生試之直省，曰鄉試。中式者爲舉人。次年，以舉人試之京師，曰會試。中式者，天子親策於廷，曰廷試，亦曰殿試。分一、二、三甲以爲名第之次。一甲止三人，曰狀元、榜眼、探花，賜進士及第。二甲若干人，賜進士出身。三甲若干人，賜同進士出身。」[二五]誌文載何永慶「賜進士第」，無法判斷其廷試等第。查《明清進士題名碑録索引》有「何永慶，河南懷慶府儀衛司旗手所，明嘉靖三十八年三甲第一二五名[二六]，按此，何永慶應爲嘉靖三十八年廷試三甲第一百二十五名，賜同進士出身。中憲大夫，文散官名，正四品[二七]。通政使司右通政，正四品[二八]。何永慶，字善夫，河内人。嘉靖進士，授壺關令，建城修學。補固安令，治如壺關，兩地俱祀名宦。陞刑部主事，調兵部，陞通政司參議。時上諭近臣曰：「何參議舉動不凡，朕宫中每學之。」其爲上所重如此。歷右通政。致仕，祀鄉賢。《明神宗實録》載：隆慶六年七月癸巳，「吏部覆通政使司右通政何永慶、韓楫，鴻臚寺卿王之垣，……各自陳不職。之垣等照舊供職，永慶閑住，楫、涄降調外任。」[二九]《壺關縣志》有「何永慶，懷慶儀衛司進士。三十八年任。陞兵部主事。官至通政。繼輯邑誌。」[三〇]《固安縣志》有「何永慶，字善夫，河南人。嘉靖四十三年由進士令固安。始纂邑志，修文廟。」[三一]《懷慶府志》[三二]《河内縣志》[三三]《固安人物志》[三四]等均專列其傳。

墓志書丹者爲賜同進士出身、中憲大夫、四川保寧府知府蕭守身。知府，正四品。掌一府之政，宣風化，平獄訟，均賦役，以教養百姓[三五]。眷生，舊時兩家通婚後，尊長對姻親晚輩的自稱，意即誌文書丹者蕭守身與墓主馮世昌爲姻親關係。結合誌文載馮世昌妻蕭宜人爲鄭藩禮官蕭拱璋女，可以推斷蕭守身與墓主馮世昌岳父蕭拱璋爲同一家族。蕭守身，字尚本，懷慶衛人。少授業於外祖何瑭，嘉靖壬戌進士，授襄垣令。後歷官户部郎中，出守臨洮，調保寧，陞鹽運使。乞歸，家居二十年，卒。著作有《經書辨疑録》《醫學管見》及《詩文集》等。《明神宗實録》載：萬曆十一年二月丁亥，「陞青州知府王世能於河東，保寧知府蕭守身於山東，各運使」[三六]。《保寧府志》有「蕭守身，萬曆中任保寧府知府」[三七]之記載。《河内縣志》[三八]《懷慶府志》[三九]均有列傳。誌文載蕭守身「賜同進士出身」，而刻於明萬曆十一年（一五八三）的《大明敕封孺人劉母戈氏合葬墓誌銘》[四〇]卻有「賜進士出身亞中大夫山東都轉運使司運使前户部山陝二司郎中進階修正庶尹姻家蕭守身撰文」，載蕭守身「賜進士出身」。不難看出，兩誌所載蕭守身科舉等第不同，一爲三甲賜同進士出身，一爲二甲賜進士出身。查《明清進士題名碑録索引》有「蕭守身，河南懷慶衛，明嘉靖四十一年三甲第三十四名」[四一]，按此，蕭守身應爲嘉靖四十一年廷試三甲第三十四名，賜同進士出身。故疑《大明敕封孺人劉母戈氏合葬墓誌銘》所載蕭守身「賜進士出身」爲書丹者在「賜」字後漏書了一個「同」字，或爲書丹者有意刪去「同」字，以提高撰文人蕭守身的廷試等次。

墓誌篆蓋者爲鄉進士、進階奉政大夫、商州知州、眷生張應時，説明篆蓋人張應時與墓主馮世昌亦爲姻親關係。鄉進士，明清稱舉人，指鄉試中式的人。奉政大夫，文散官名，正五品[四二]。知州，掌一州之政。從五品[四三]。張應時爲墓主馮世昌篆寫誌蓋時，官奉政大夫、商州知州。《懷慶府志》有「嘉靖辛卯科舉人張應時，河内人，知州」[四四]。《河内縣志》有「張應時，知州，（嘉靖）辛卯科（舉人）」[四五]。《乾隆直隸商州志》有「張應時，河南懷慶舉人，嘉靖任商州知州」[四六]。

根據誌文記載，墓主馮世昌的銘文是由何永慶依據「廪生李從諒狀」而撰寫的。廪生：明清兩代稱由公家給以膳食的生員。又稱廪膳生。「狀」即「行狀」「行述」，敘述死者世系、生平、生卒年月、籍貫、事蹟的文章，常由死者門生故吏或親友撰述，留作撰寫墓誌或史官提供立傳的依據。《河内縣志》有「李從諒，字信甫，歲貢生，任鍾離訓導，陞輝縣教諭。自少至老無謾語，多士式焉。以子政修贈奉直大夫，祀鄉賢」[四七]和「李從諒，教諭，以子政修封禮部員外郎」[四八]。《懷慶府志》有「李從諒，字信甫，懷慶衛人。少不好嬉，日誦千言，以歲貢分訓鍾離，陞輝縣教諭。自少至老無謾語，多士式焉。以子政修贈奉直大夫，祀鄉賢」[四九]。

本文通過對鄭藩儀衛司儀衛正馮世昌墓誌的研究，考證了馮世昌的家世、生平及妻、子情況。誌文中記載了馮氏軍户家族的世系、歷史以及明代諸多重要事件，如鄭藩移懷等，爲研究明代宗藩制度以及河南鄭藩王的歷史提供了歷史訊息。同時，誌文所載何永慶、蕭守身、張應時、李從諒等人的背景資料，不僅可與《明實録》《懷慶府志》《河内縣志》《保寧府志》《固安縣志》《壺關縣志》等史書、方志相互印證和補充，且有助於進一步挖掘馮氏軍户家族在懷慶府的社會關係網絡，對於加深沁陽地方社會史的研究有較大幫助。

注釋

〔一〕《明史》卷八九《兵志一》，中華書局，一九七四年，二一七五頁。

〔二〕〔四〕《明史》卷七六《職官志五》，一八六五頁。

〔三〕同〔二〕，一八七三頁。

〔五〕（明）何永慶撰《鄭藩儀衛司儀衛正玉峰馮公暨宜人張氏合葬誌銘》，萬曆元年，現藏河南省沁陽市博物館。

〔六〕《明史》卷一二一《公主传》，三六六一頁。

〔七〕《明孝宗實録》卷八三，「弘治六年十二月庚辰」條，「中央」研究院歷史語言研究所校印本，一九六二年，一五六二~一五六三頁。

〔八〕《明孝宗實録》卷一八一「弘治十四年十一月辛巳」條，三三三二~三三三三頁。

〔九〕《明史》卷七二《職官志一》，一七五一頁。

〔一〇〕（清）袁通修，方履籛，吴育纂《河内縣志》卷三二《列女傳（上）》，清道光五年，六頁。

〔一一〕同〔九〕，一七三七頁。

〔一二〕《明史》卷二《太祖紀二》，二二頁。

〔一三〕《明史》卷一一六《諸王傳》，三五五七頁。

〔一四〕《明史》卷八《仁宗紀》，一〇八~一〇九頁。

〔一五〕《明史》卷一一九《諸王傳四》，三六二六頁。

〔一六〕（清）唐侍陛修，洪亮吉等纂《懷慶府志》卷一九《選舉志·封建》，清乾隆五十四年，一七頁。

〔一七〕《明英宗實録》卷一〇一「正統八年二月癸丑」條，二〇四八頁。

〔一八〕《明英宗實録》卷一一〇「正統八年十一月甲戌」條，二二二五頁。

〔一九〕《明憲宗實録》卷三〇「成化二年五月乙酉」條，六〇〇頁。

〔二〇〕《明史》卷一八《世宗紀二》，二四〇頁。

〔二一〕《明史》卷一九《穆宗紀》，二五三頁。

〔二二〕同〔一五〕，三六二七頁。

〔二三〕《明世宗實録》卷三六五「嘉靖二十九年九月壬子」條：「嘉靖二十九年九月壬子，降鄭王厚烷爲庶人，禁住高牆。褫管理盟津王府事庶人祐橏冠帶，閑住。奪東垣王厚炯、繁昌王祐梣禄米三之一。厚烷讀書能文，折節下士，好爲詭故不情之事，欲以釣奇取譽，以是大爲諸宗所忌。盟津王子祐橏以請復父爵不行，尤恨之。會進《萬壽表》，厚烷失稱臣，陶仲文建醮天壇，祐橏獨遣使進香，而厚烷不與，反作《四箴》《連珠》以諷。上怒，下其使者於獄。祐橏乘間遂訐奏厚烷招集亡命，私造兵甲，及與妖人宋剛等通謀爲不軌。厚烷亦訐祐橏擅稱長子、僭繫玉帶及逼殺良民等事，詞連厚炯、祐楞。有詔遣官會勘，至是覆言厚烷謀反無驗，然信惑群小，多爲不法，所創有二仙廟、育才等館，皆上僭無狀，而方掉弄章句、規切至尊，法當首論。祐橏縱惡殃民，厚炯等偏黨亂法，宜以差治罪。上命法司再勘，乃降詔數厚烷驕淫、欺慢、不臣、無親等罪，降發高牆，仍暴其罪惡於各王府。祐橏等各削罪有差。」六五三二～六五三三頁。

〔二四〕（明）焦竑：《國朝獻徵録》，上海書店，一九八六年，七〇頁。

〔二五〕《明史》卷七〇《選舉志二》，一六九三頁。

〔二六〕朱寳炯、謝沛霖：《明清進士題名碑録索引（上）》，上海古籍出版社，一九七九年，六七四頁。

〔二七〕同［九］，一七三六頁。

〔二八〕《明史》卷七三《職官志二》，一七八〇頁。

〔二九〕《明神宗實録》卷三「隆慶六年七月癸巳」條，八二頁。

〔三〇〕（清）茹金，申瑤等：《壺關縣志》卷五《官師志》，清道光十四年刻本，四頁。

〔三一〕錢仲仁、王尚義：《固安縣志》卷三《文獻志·官師》，一九四二年鉛印本，二七頁。

〔三二〕《懷慶府志》卷二一《人物志》，七頁。

〔三三〕《河內縣志》卷二六《先賢傳下》，一九～二〇頁。

〔三四〕《固安人物志》編纂委員會編《固安人物志》，中國文史出版社，二〇一五年，三〇頁。

〔三五〕《明史》卷七五《職官志四》，一八四九頁。

〔三六〕《明神宗實録》卷一三三「萬曆十一年二月丁亥」條，二四七四頁。

〔三七〕（清）黎學錦等修，史觀等纂《保寧府志》卷三二《職官》，清道光元年，二二頁。

〔三八〕［四七］《河內縣志》卷二六《先賢傳下》，二〇頁。

〔三九〕同［三二］，八頁。

〔四〇〕（明）蕭守身撰《大明敕封孺人劉母戈氏合葬墓誌銘》，明萬曆十一年，現藏河南省沁陽市博物館。

〔四一〕同［二六］，一四四四頁。

〔四二〕同［九］，一七三六頁。

〔四三〕同［三五］，一八五〇頁。

〔四四〕《懷慶府志》卷一七《選舉志》，二六頁。

〔四五〕《河内縣志》卷七《選舉表》，一一頁。

〔四六〕（清）王如玖纂修《直隸商州志》卷九《職官》，清乾隆九年，八頁。

〔四八〕《河内縣志》卷七《贈封》，二頁。

〔四九〕同〔三二〕，十頁。

張紅軍　沁陽市博物館

（原載於《中國國家博物館館刊》二〇一七年第六期）

戈氏墓誌係二十世紀八十年代河南省沁陽縣出土，具體出土時間和地點不詳，現存沁陽市博物館中。該墓誌爲青石質，由誌蓋和誌石兩部分組成。誌蓋和誌石均高七一厘米，寬六七厘米，厚一五厘米。誌蓋正面四周陰刻卷雲紋，中間陰刻篆書「大明敕封孺人劉母戈氏合葬墓誌銘」一五字。誌石四周亦陰刻卷雲紋。誌文陰刻，楷書，豎行，共二七行，滿行二九字，計六七四字。現録文標點并考證如下。

一、墓誌録文

大明敕封孺人劉母戈氏合葬墓誌銘

賜進士出身亞中大夫山東都轉運使司運使前户部山陝二司郎中進階脩正庶尹姻家蕭守身撰文

賜進士第中憲大夫通政使司右通政何永慶書丹

鄉進士奉政大夫户部山東清吏司郎中韓三接篆額

歲萬曆壬午二月二十日戈孺人卒。以癸未三月二十七日啓次山劉公之窆而合葬焉。先期子楷緘哀詞將幣持節推楊初東狀丐予銘，用垂不朽。嗟夫！婦德不外見，余何以銘母耶？顧誼屬姻婭，居聯閈井，則有可以知母者。寧可已於銘母耶？請者不得辭。按狀：孺人姓戈氏，世爲懷慶衛人。父正，府庠生。母朱氏。以正德己巳正月十四日生。孺人幼而篤實，事父母以孝稱。性安静，精於女紅。方笄，歸次山公。公方做秀才時，不暇治生計。祭養服食，取諸孺人之針指組紃者多，而孺人無倦色。故公得以潛心於問學。内政嚴肅，雖與公燕處如賓客。朝夕事舅姑，定省上膳，不必殺俎，雖藜羹，必精潔。蓋孝悃天性然也。洎嘉靖丁酉，公領鄉薦。丁未，上春官釋褐。由内翰曆烏臺，兩任府太守，擢憲副，所至赫赫有聲。説者謂有出於孺人之默助。以公考績，榮封孺人，載在公誌。孺人嘗曰：吾家世寒素，一旦通仕籍，子孫少涉驕逸，非所以永□業也。督諸子以學，俱補爲博士弟子員，不負家訓。及舅姑相繼没，孺人哀毁骨立，贊脩喪葬，無不罄誠。公兄弟藉以充需，親識賴以舉火者衆。□妯娌，逮臧獲，悉得其懽心。恩不至瀆，嚴不至疏也。後公十餘年終，享壽七十有三。男四，女二，娶某氏，適某生，公誌載矣。植、森、榑先孺人卒，營葬事悉次子楷。孫男五：曰燦，娶蕭守志女，早卒。曰煥，娶庠生唐一本女。曰炌，□□出。曰焜，聘韓淮胤女。曰烇，聘節推楊初東女。孫女三：植一，許聘庠生□□子。楷二，一適庠生徐養厚□，卒。一幼。嗚呼！女德□名，人世難全。孺人□□□□，壽逾古稀，命斯振振，福德若爾，世亦罕其儔哉。宜爲之銘。銘曰：□□之陽，舟□之涯。淑人儲英，天篤其生。壽考康寧，□□以終。歸然大儒，惟氣鬱葱。於百千年有令名。

二、墓主人戈氏生平

根據誌文記載可知，墓主戈氏，「世爲懷慶衛人」。也就是今天的河南省沁陽市人。《明史》載：「明以武功定天下，革元舊制，自京師達於郡縣，皆立衛所。」[一]「天下既定，度要害地，係一郡者設所，連郡者設衛。大率五千六百人爲衛，千一百二十人爲千户所，百十有二人爲百户所。所設總旗二，小旗十，大小聯比以成軍。」[二]洪武六年（一三七三），懷慶府因其地處要衝而得以設立衛所。《河内縣志》載：「明懷慶衛洪武六年建，以指揮領之……其轄左右前後千户四，百户所四十。」[三]懷慶衛隸屬河南都司。戈氏「世爲懷慶衛人」，説明其祖上是在洪武六年懷慶衛設立時被編入衛的。「父正，府庠生。母朱氏。」庠生即秀才，戈氏父親爲秀才戈正，母親爲朱氏。戈氏生於正德己巳（一五〇九）正月十四日，自幼篤實敦厚，孝敬父母。「性安静，精於女紅。」女紅，舊指婦女所作的紡織、刺繡、縫紉等事[四]。「方笄，歸次山公。」《禮·内則》十有五年而笄[五]。明代焦竑《國朝獻徵録》（山西）第九十七卷《山西按察司副使劉公涇墓表》（以下簡稱《劉涇墓表》）載：「公諱涇，字某，别號次山。」就是説，劉次山即劉涇。戈氏剛剛十五歲，就許配劉涇爲妻。根據誌文記載，劉涇剛考取秀才時，没有時間料理生活，日常瑣事多由戈氏操辦，戈氏始終毫無懈怠厭倦之神色。因此，劉涇才得以專心求學。誌文載：「内政嚴肅，雖與公燕處如賓客。」内政，這里借指妻子。嚴肅：這里意爲莊敬、莊重，使人感到敬畏。燕處，相處。就是説戈氏神情莊重，即使與夫君相處也像賓客一樣。戈氏朝夕侍奉公婆，無微不至。「蓋孝悃天性然也。」誌文將戈氏的孝順和誠實認爲是其先天具有的品質或性情。在戈氏默默無聞的幫助下，劉涇由中舉到進士及第，再由翰林到御史台，再到兩任知府，陞按察司副使，仕途通達且政績卓著。故誌文有「説者謂有出於孺人之默助」。戈氏也因夫君劉涇考績突出，榮封孺人。《明史》載：「外命婦之號九：公曰某國夫人，侯曰某侯夫人，伯曰某伯夫人。一品曰夫人，後稱一品夫人。二品曰夫人，三品曰淑人，四品曰恭人，五品曰宜人，六品曰安人，七品曰孺人。」[六]説明七品官員的夫人封孺人，劉涇官至知府、按察副使，爲正四品官員[七]，戈氏作爲其妻理應封爲恭人，然而誌文卻載其爲孺人，概誌文撰書之誤。戈氏在劉涇進士及第授官後，經常教育子孫不能驕奢安逸，要刻苦學習，以致諸子不負家訓，皆補爲博士弟子員，即太學生。誌云：「及舅姑相繼没，孺人哀毁骨立，贊修喪葬，無不罄誠。」舅姑，指公婆。哀毁骨立，形容遭父母之喪，因非常悲痛而消瘦變樣[八]。公婆相繼去世時，戈氏極度哀痛操勞，骨瘦如柴。劉涇兄弟、親友依賴戈氏資助者很多，從妯娌到臧獲（古代對奴婢的賤稱），都敬重她。説明戈氏不僅孝順誠實，且樂善好施。在夫君劉涇離世十多年後去世，享年七十有三。至於戈氏的具體去世時間和下葬情況，誌文一開頭就有「歲萬曆壬午二月二十日戈孺人卒。以癸未三月二十七日啓次山劉公之窆而合葬焉」，開門見山地指出了戈氏去世的時間爲萬曆壬午（一五八二）二月二十日，癸未（一五八三）三月二十七日打開夫君劉涇的墓穴而與其合葬。

三、墓主戈氏夫君劉涇及子孫情況

墓主戈氏夫君劉涇，正史無載。

關於劉涇的祖籍，誌文未載。《劉涇墓表》有：「其先常州靖江人也。國初諱某者從征迤北，編伍懷慶衛，故今爲河南人。」「常州府，元常州路，屬江浙行省。太祖丁酉年三月丁亥曰長春府，己丑曰常州府。……靖江，府東北。成化七年閏九月以江陰縣馬馱沙置。」[九]説明劉涇祖籍爲常州靖江，即今天的江蘇省靖江市。因其祖上明初從征被編伍懷慶衛而成爲懷慶衛軍户。然而劉涇在嘉靖癸亥（一五六三）爲其兄長劉漢撰寫的墓誌銘文《明故邑庠士劉先生配高氏合葬墓誌銘》[一〇]中卻記載：「兄諱漢，字伯清，號一山。祖籍懷慶衛右所。」《明分省人物考》有「劉涇，别號次山，懷慶衛人。」[一一]《懷慶府志》載：「劉涇，字叔清，懷慶衛人。」[一二]這是因爲隨着時間的推移，到嘉靖年間，軍户後裔對其原籍已經淡忘，將所在的他鄉衛所作爲自己的故鄉。故劉涇在其兄劉漢墓誌銘中已不再提祖籍，而將懷慶衛右所作爲其籍貫。後人在撰寫地方志書時亦以其所在衛所稱籍。劉涇和戈氏均爲軍户後代，他們的婚姻正是封建社會「門當户對」婚姻觀念的具體體現。

關於劉涇祖上的情況，誌文無載。根據劉涇爲其兄長劉漢撰寫的墓誌銘文《明故邑庠士劉先生配高氏合葬墓誌銘》[一三]可知，劉涇的曾祖父爲劉通，祖父爲劉寬，父爲御史劉綱，母爲孺人何氏。劉涇弟兄四人，分别爲劉漢、劉渭、劉涇和劉溱。

關於劉涇的仕途，誌云：「洎嘉靖丁酉，公領鄉薦。」領鄉薦，指鄉試中舉。就是説，劉涇中舉時間爲嘉靖丁酉，也就是嘉靖十六年（一五三七）。這與《懷慶府志》「丁酉科（舉人），劉涇，河内人」[一四]記載相一致。「丁未，上春官釋褐。」上春官，意爲舉人進京殿試。《明史》有「歸有光，字熙甫，昆山人。九歲能屬文，弱冠盡通《五經》《三史》諸書，師事同邑魏校。嘉靖十九年舉鄉試，八上春官不第」[一五]之記載。釋褐，這里指進士及第授官。由此可知，劉涇進士及第授官時間爲嘉靖丁未，也就是嘉靖二十六年（一五四七）。印證了《懷慶府志》「丁未科李春芳榜（進士），劉涇，河内人」[一六]之記載。

誌云：劉涇「由内翰歷烏台，兩任府太守，擢憲副」。内翰即翰林。「狀元授修撰，榜眼、探花授編修，二、三甲考選庶吉士者，皆爲翰林官。」[一七]烏台，指御史台。「吴元年置御史台。」[一八]府太守即知府。憲副，指按察司副使。「明初，置提刑按察司。吴元年，置各道按察司，設按察使，正三品，副使，正四品。」[一九]《懷慶府志》載：「劉涇，……成進士，授庶吉士，改御史。……出守鳳翔……補登州知府，晉山西兵備。」[二〇]「庶吉士，自洪武初有六科庶吉士。十八年以進士在翰林院、承敕監等近侍者，俱稱庶吉士。永樂二年，始定爲翰林院庶吉士，選進士文學優等及善書者爲之。三年試之。其留者，二甲授編修，三甲授檢討；不得留者，則爲給事中、御史，或出爲州縣官。」[二一]劉涇便屬於不得留者，由翰林院庶吉士改爲御史。《明實録》載：嘉靖二十六年四月己酉，改進士張居正、劉涇等俱爲庶吉士，送翰林院讀書[二二]。由此可知劉涇任庶吉士時間爲嘉靖二十六年四月己酉。「嘉靖二十八年十月戊申，授庶吉士兀思謙、……張居正爲翰林院編修，孫世芳、……爲檢討，……劉涇貴州道，俱監察御史。」[二三]説明劉涇任貴州道監察御史時間爲嘉靖二十八年（一五四九）十月戊申。兩任府太守即先後任鳳翔知府和登州知府。《重修鳳翔府志》載：「劉涇，鳳翔知府，河南懷慶人……嘉靖年任。」〔二四〕根據《劉涇墓表》「乃擢知鳳翔府，涇念地震之後，民多蕩析，乃加意拊循事，稍煩民者，悉爲破除」和《明史》「（嘉靖）三十四年十二月壬寅，山西、陝西、河南同時地震，聲如雷。……官吏、軍民壓死八十三萬有奇。」〔二五〕再根據劉涇任貴州道監察御史時間爲嘉靖二十八年十月戊申，以及《劉涇墓表》「以父憂，去。……服闋，補任登州」和《登州府志》「（嘉靖）四十年，知府，劉涇（懷慶人，進士，陞副使）」〔二六〕等記載可知，劉涇任鳳翔知府時間當爲嘉靖三十五年（一五五六）初，任登州知府時間爲嘉靖四十年（一五六一）。劉涇任登州知府期間，在田横山前對齊王田横及其五百義士的壯舉肅然起敬，感慨之餘，題詩爲念：「相從五百盡同心，千載猶憐義氣深。誰道漢高能大度，潛身海島也追尋。」〔二七〕《劉涇墓表》載：「在登三年，晋山西按察副使，整飭潞安兵備，分巡冀南。」《山西通志》載：「劉涇，進士，嘉靖時任副使。」〔二八〕《潞安府志》載：「（劉涇）整飭潞安兵備，分巡冀南道，山西按察使司副使僉事。間亦以藩司兼憲職者。」〔二九〕可知劉涇擢山西按察司副使、潞安兵備的時間爲嘉靖四十二年（一五六三）。

劉涇陞任山西按察司副使不久，正當朝廷因其防秋〔三〇〕有功，打算再次提拔他時，不料受奸臣陷害，罷官而歸。對此《懷慶府志》有「秋，雲中八角堡遇警，涇躬擐甲胄，厲衆固守。朝議方擬大任，會忮者以蜚語中之，罷歸」〔三一〕之記載。《劉涇墓表》亦有「朝議方擬公可屬大事，言者不察，誤以公前保沐國公事疵之，公殊不辯，遂落職。」根據《明實録》「嘉靖四十二年十月丁巳，吏科都給事中趙灼等，奉旨糾劾貪肆藩臬有司，山西右布政耿隨朝、行太僕寺卿焦璉、副使劉涇、……各不職，宜罷」〔三二〕可知，劉涇是在嘉靖四十二年上任山西按察司副使當年受人誹謗而被罷官返鄉的。

關於劉涇的爲官政績，嘉靖二十八年，劉涇改任貴州道監察御史後，曾負責守城和清軍〔三三〕事宜。其間，面對突如其來的外來侵襲，他果斷命令屬下打開城門，收納城外百姓，使其免遭禍殃。對此，《河内縣志》有如下記載：「巡城值邊，警且旦夕逼城下，居民蹙蹙。涇守北城，開門收納，全活萬衆。」〔三四〕「涇職清戎時，胡虜寇掠，士伍空虛。計以寇方在近，且徵兵於遠，而畿輔之民顧使之，謫戍遠方，非所以實畿輔壯根本也。乃疏，請發戍遼薊邊益新軍，而民免遠行，疏入報可，迄今著爲令。時，上役未休，工部以順天所屬積欠料價數多，請兼委清戎，俾嚴督輸辦，公復奏，以民新被虜患，方急撫摩，顧以數十年之逋而責之一旦，人將不安，執政韙之，事遂寢。」〔三五〕嘉靖三十五年初，劉涇因政績卓著而擢陞爲陝西鳳翔知府。面對「關中大地震」震後民不聊生的狀況，劉涇下令破除一切擾民、煩民之事，以安撫百姓，讓百姓安心休養生息。嘉靖四十年，劉涇補任登州知府時，正值登州嚴重饑荒，他開倉放糧，賑濟災民，使不少百姓渡過災荒，得以活命。《登州府志》有「（嘉靖）四十年，大饑，郡守劉涇發粟分賑之，所全活甚衆」〔三六〕之記載。可見劉涇體恤民情，愛民如子。正因如此，以至《劉涇墓表》有「以父憂，去。民聞公去，如失父母，奔擁扶送者百里不絶」之記載。

劉涇爲官「朴茂清廉，一菜不妄受。」〔三七〕「任鳳翔知府，屬邑以羨金三千進，涇笑曰：『世豈有受金劉次山哉？』」〔三八〕「補登州知府，長吏聞風滌慮。」〔三九〕其清正廉潔由此可見。《劉涇墓表》載：「滇南適沐國，公保勘襲爵之後，時權奸構扇，人心皇皇，沐氏幾摇，公至則鎮以安静，廣綏懷釋疑貳，約束一新。故事，遠方選用，頗輕官不得人，易以階亂，公奏請視内地參用進士，又念遠方文教頗微，民不知禮，請增廣解額，以作士心，人遂悦服。……公治登如鳳翔，先時，遼東饑，賑濟爲難，建議者請寬海禁，聽民市糴於登萊，後遂聚衆商販，勢不可止，至有挺刃相戕者，公憂之，上書政府，恐以一時之權而啓異日之患，政府嘉其慮不在近，市糴遂止。」劉涇在登州推崇正氣，懲治邪惡，斷案公正，執法嚴明。遇到疑難案件，務必查明真相，認真審理，做到了不枉不縱，從不傷害無辜。《登州府志》有「政崇大體，尤切鋤强。遇疑獄，務爲剖决圜扉，無濫繫者」〔四〇〕之記載。

劉涇於嘉靖四十二年陞任山西按察司副使、潞安兵備，駐守雲中八角堡防秋時，面對西北遊牧部落的侵犯，他臨危不懼，身先士卒，從而調動了守邊將士的積極性，鼓舞了大家的鬥志，以血肉之軀築就了攻不動、打不破的堅固長城，使入侵之敵無機可乘，只好乖乖退卻。《明分省人物考》有「嘗與防秋，駐師雲中八角堡，時虜入犯，嚴兵固守，身爲長城，屹不可動，虜遂逡巡退去」〔四一〕之記載。可見劉涇爲官盡職盡責，政績卓著。綜上所述，劉涇「由史館授御史，所建白率，據經引理，可垂久遠。出補郡守，撫民必賑，其急計事，必防其微。既進臬司，籌邊事，尤能身捍虜冲。」〔四二〕故誌文有「所至赫赫有聲」。也正因如此，「劉涇位列名宦祠」〔四三〕。

關於劉涇的著述，誌文無載，具體多少不可而知。但根據有關史料記載，目前行世的有「《理學四先生言行録》《京華》《滇南》《晉陽三集》」〔四四〕及《按察箴》〔四五〕。《按察箴》曰：「惟皇御世，廣設民牧，日月雖明，覆盆不燭。用建是官，按察所屬。貴汝之爵，富汝之禄。職司風紀，任寄耳目。糾核官政，歷覽民俗。冠以鐵豸，見惡必觸。簪以白筆，聞善必録。法要奉公，刑戒用酷。毋玩國典，毋縱人欲。毋恃權要，毋作威福。勤敬處事，詳明讞獄。激濁揚清，發奸摘伏。若此而行，名光簡竹。口食一粟，君賜之穀。身被一縷，君賜之服。享以珍味，處以華屋。行則車馬，坐則茵縟。厚蒙恩遇，罔思報服。不尚德化，惟事慘毒。峻法沽名，假仁示育。滿巳之志，覆公之餗。混淆邪正，變亂曲直。死者飲恨，生者怨（讀言）。以若斯爲，罪殃迅速。人禍難免，天災莫贖。居斯職者，宜加玩讀，匪我言僭，敢竭忠告。」《按察箴》概括了作爲一名監察官應具備的職業道德和應遵守的行爲準則，相當於現在的紀檢委領導提出的與屬下幹部共勉的格言。另外，還與婁樞同修了《懷慶府志》〔四六〕。

至於劉涇的具體生、卒時間，誌文未載。根據《劉涇墓表》「隆慶元年冬，故山西按察司副使次山劉公卒。……以正德庚午生公」可知，劉涇生於正德庚午（一五一〇），卒於隆慶元年（一五六七），享年五十有八。

關於戈氏和劉涇夫婦子孫情况，誌云：「男四，女二，娶某氏，適某生，公誌載矣。植、森、楫先孺人卒，營葬事悉次子楷。孫男五：曰燦，娶蕭守志女，早卒。曰焕，娶庠生唐一本女。曰炌，□□出。曰焜，聘韓淮胤女。曰烇，聘節推楊初東女。孫女三：植一，許聘庠生□□子。楷二，一適庠生徐養厚□，卒。一幼。」可知劉涇有子男四，分别是劉植、劉楷、劉森和劉楫。有女二。子女的婚嫁情况誌文未載，但指出劉涇墓誌有載。由於劉涇墓誌尚未發現，故子女的婚嫁情况現不可知。孫男五，分别是劉燦、劉焕、劉炌、劉焜和劉烇。劉焜，貢生。《河内縣志》〔四七〕《懷慶府志》〔四八〕均有記載。孫女三。長孫劉燦娶蕭守志女爲妻，次孫劉焕娶庠生唐一本女爲妻，四孫劉焜娶韓淮胤女爲妻，五孫劉烇娶節推楊初東女爲妻。孫女一幼，一嫁於庠生徐養厚子爲妻，另一婚嫁情况因墓誌風化，字跡模糊不清，不可辨認。蕭守志、唐一本、韓淮胤和徐養厚，史書、方志均無記載。楊初東，字元夫，河内人。隆慶庚午舉人，授保寧推官，補兖州，陞户部主事，後遷四川參政。死後祀鄉賢。《河内縣志》〔四九〕《懷慶府志》〔五〇〕均有列傳。

四、墓誌撰、書人情況

根據誌文「賜進士出身亞中大夫山東都轉運使司運使前户部山陝二司郎中進階修正庶尹姻家蕭守身撰文」可知，誌文作者爲賜進士出身、亞中大夫、山東都轉運使司運使、前户部山陝二司郎中、進階修正庶尹、姻家蕭守身。賜進士出身爲二甲進士〔五一〕。亞中大夫，文散官名，從三品〔五二〕。山東都轉運使司運使，「都轉運使一人，從三品。……洪武二年置長蘆、河東二都轉運司，及廣東海北鹽課提舉司，尋又置山東、福建二都轉運司」〔五三〕。户部山陝二司郎中，正五品〔五四〕。修正庶尹，正五品〔五五〕。蕭守身，字尚本，懷慶衛人。少授業於外祖何瑭，嘉靖壬戌進士，授襄垣令。後歷官户部郎中，出守臨洮，調保寧，陞鹽運使。乞歸，家居二十年，卒。著作有《經書辨疑録》《醫學管見》及《詩文集》等。《河内縣志》〔五六〕《懷慶府志》〔五七〕均有列傳。誌文所載蕭守身所歷官職，印證了《河内縣志》《懷慶府志》等方志的相关記載。

又據誌文「賜進士第中憲大夫通政使司右通政何永慶書丹」可知，誌文的書丹人爲賜進士第、中憲大夫、通政使司右通政何永慶。賜進士第，説明何永慶也爲二甲進士。中憲大夫，文散官名，正四品〔五八〕。通政使司右通政，正四品〔五九〕。何永慶，字善夫，河内人。嘉靖進士，授壺關令，建城修學。補固安令，治如壺關，兩地俱祀名宦。陞刑部主事，調兵部，陞通政司參議。時上諭近臣曰：「何參議舉動不凡，朕宫中每學之。」其爲上所重如此。歷右通政。致仕，祀鄉賢〔六〇〕。《河内縣志》〔六一〕《懷慶府志》〔六二〕均有列傳。

再根據誌文「鄉進士奉政大夫户部山東清吏司郎中韓三接篆額」可知，誌蓋篆額人爲鄉進士、奉政大夫、户部山東清吏司郎中韓三接。鄉進士，明清稱舉人，指鄉試中式的人。奉政大夫，文散官名，正五品〔六三〕。户部山東清吏司郎中，正五品〔六四〕。《河内縣志》載：「韓三接，郎中，舊府志云户部主事。」〔六五〕户部主事比户部郎中低兩個官階。誌文記載和《河内縣志》記載相一致，説明舊府志云户部主事爲誤。

五、結　語

《戈氏墓誌》的出土，爲了解和研究戈氏及其夫君劉涇的生平、家世提供了可靠的實物資料；誌文所載劉涇科舉及爲官經歷，與《明實録》《明分省人物考》《河内縣志》《懷慶府志》《鳳翔府志》《登州府志》等史籍可相互補充、相互印證。同時，有助於研究明代的科舉制度和職官制度；誌文所載戈氏的家庭日常生活狀況，是明代中後期軍户家庭生活的真實寫照，爲研究明代的衛所制度及軍户生活提供了參考。

注　釋

〔一〕（清）張廷玉等《明史》卷八九《兵一》，中華書局，一九七四年，二一七五頁。

〔二〕（清）張廷玉等《明史》卷九〇《兵二》，中華書局，一九七四年，二一九三頁。

〔三〕（清）袁通修，方履籛、吴育纂《河内縣志》卷一七《兵防志》，道光五年（一八二五）。

〔四〕辭海編輯委員會《辭海》，上海辭書出版社，一九七九年，二五〇七頁。

〔五〕《康熙字典》，《竹部》，中華書局，一九五八年。

〔六〕〔五五〕（清）張廷玉等《明史》卷七二《職官一》，中華書局，一九七四年，一七三七頁。

〔七〕〔一九〕（清）張廷玉等《明史》卷七五《職官四》，中華書局，一九七四年，一八四一頁。

〔八〕中國社會科學院語言研究所詞典編輯室《現代漢語詞典》（二〇〇二年增補本），商務印書館，二〇〇二年，三頁。

〔九〕（清）張廷玉等《明史》卷四〇《地理一》，中華書局，一九七四年，九二一～九二二頁。

〔一〇〕〔一三〕（明）劉涇《明故邑庠士劉先生配高氏合葬墓誌銘》嘉靖四十二年，現藏河南省沁陽市博物館。

〔一一〕〔三五〕〔四一〕〔四二〕（明）過庭訓編纂《明分省人物考》卷八九《河南懷慶府》，明文書局。

〔一二〕〔二〇〕〔三一〕〔五〇〕〔五七〕〔六〇〕〔六二〕（清）唐侍陛修，洪亮吉等纂《懷慶府志》卷二一《人物志》，乾隆五十四年。

〔一四〕〔一六〕（清）唐侍陛修，洪亮吉等纂《懷慶府志》卷一七《選舉志》，乾隆五十四年。

〔一五〕（清）張廷玉等《明史》卷二八七《文苑三》，中華書局，一九七四年，七三八二頁。

〔一七〕（清）張廷玉等《明史》卷七〇《選舉二》，中華書局，一九七四年，一六九五頁。

〔一八〕（清）張廷玉等《明史》卷七三《職官二》，中華書局，一九七四年，一七七一頁。

〔二一〕（清）張廷玉等《明史》卷七三《職官二》，中華書局，一九七四年，一七八八頁。

〔二二〕《明世宗肅皇帝實録》卷三三二。

〔二三〕《明世宗肅皇帝實録》卷三五三。

〔二四〕（清）達靈阿《重修鳳翔府志》卷五《職官》，乾隆三十一年。

〔二五〕（清）張廷玉等《明史》卷三〇《五行三》，中華書局，一九七四年，五〇〇頁。

〔二六〕（明）徐應元纂修《登州府志》卷二《職官表》，明·泰昌版。

〔二七〕（明）徐應元纂修《登州府志》卷六《地理志二》，明·泰昌版。

〔二八〕（清）覺羅石麟修、儲大文纂《山西通志》卷七九《職官七》。

〔二九〕〔三七〕〔四五〕《潞安府志》卷三《節鎮》，明·萬曆版，六六頁。該書原藏日本，二〇〇六年由長治市地方志辦公室整理，由山西古籍出版社出版。

〔三〇〕防秋：古代，西北各遊牧部落往往趁秋高馬肥時南侵。届時，邊軍特加警衛，調兵防守，稱爲「防秋」。

〔三二〕《明世宗肅皇帝實録》卷五二六。

〔三三〕清軍：亦稱清戎，是明朝統治者爲鞏固封建統治基礎，維護建立在世襲軍籍上的衛所兵制，防範、解決軍伍空虚和軍籍管理混亂，對軍伍實行清理、勾補，旨在確保有兵可用的一項大政要務。

〔三四〕〔三九〕〔四四〕〔四六〕〔四九〕〔五六〕〔六一〕（清）袁通修，方履籛、吴育纂《河内縣志》卷二六《先賢傳下》，道光五年。

〔三六〕（明）徐應元纂修《登州府志》卷四《天文誌》，明·泰昌版。

〔三八〕（清）達靈阿《重修鳳翔府志》卷五《名宦》，乾隆三十一年。

〔四〇〕（明）徐應元纂修《登州府志》卷九《人物志一》，明·泰昌版。

〔四三〕（明）徐應元纂修《登州府志》卷一〇《人物志二》，明·泰昌版。

〔四七〕〔六五〕（清）袁通修，方履籛、吴育纂《河内縣志》卷七《選舉表》，道光五年。

〔四八〕（清）唐侍陛修，洪亮吉等纂《懷慶府志》卷一八《選舉志》，乾隆五十四年。

〔五一〕（清）張廷玉等《明史》卷七〇《選舉二》，中華書局，一九七四年，一六九三頁。

〔五二〕〔五八〕〔六三〕（清）張廷玉等《明史》卷七二《職官一》，中華書局，一九七四年，一七三六頁。

〔五三〕（清）張廷玉等《明史》卷七五《職官四》，中華書局，一九七四年，一八四七頁。

〔五四〕〔六四〕（清）張廷玉等《明史》卷七二《職官一》，中華書局，一九七四年，一七三九頁。

〔五九〕（清）張廷玉等《明史》卷七三《職官二》，中華書局，一九七四年，一七八〇頁。

張紅軍　沁陽市博物館

（原載於《中原文物》二〇一五年第三期）

《劉梅墓誌》爲二十世紀八十年代河南省沁陽縣出土，具體出土時間和地點不詳，現藏於沁陽市博物館。該墓誌爲青石質，由誌蓋與誌石兩部分組成。誌蓋和誌石均略呈方形，縱六二厘米，橫六四厘米，厚一三厘米。蓋正面陰刻篆書「明故邑庠生胤吾劉公墓誌銘」一二字，誌文陰刻，楷書。竪行，滿行四五字，共三一行，計一二〇八字。現録文標點并考釋如下。

一、墓誌録文

明邑庠生胤吾劉公墓誌銘

奉政大夫户部雲南清吏司郎中眷生楊初東頓首拜撰

奉政大夫湖廣永州府同知眷生許宗曾頓首拜書

直隸真定府獲鹿縣儒學訓導眷生崔尚志頓首拜篆

劉公諱梅，字以魁，胤吾其別號云。以萬曆丙午歲逅疾，越歲而捐館。是時余方淹留京邸，聞之嗟噫。歲冬，余以餉差還裡。而公之二子過焉。余不勝爲公悲，且不勝爲公喜。曰：公其可以瞑目也已。今年戊申，其子之顯等於十一月十九日葬公於祖塋之次，乃不以余爲不文，乞誌而銘焉。且曰：不肖先人，忝附姻末，儻其不吝珠玉，以光窀穸，寧惟不肖之不敢忘，先人其亦終啣於地下矣。余曰：嗚呼，公之碩德重望，其心識於閭巷者。寧其有間存没而余誌之乎？然余與公姻婭之好幾三十載，其家世顛末，心德隱微，印證最久。非余誌之而誰誌之乎。按：公之始祖，直隸靖江人。國初，從天兵北定，編伍我懷。迄今子姓蕃衍，稱巨族焉。逮次山公以名進士起家，由館臺歷憲二，而劉氏之族益顯。公蓋其仲派也。公之祖諱宣。宣生冕。冕生公。公生而穎異。操鑑者已卜聲於提抱中。甫齠年，能讀書，識大義。知天人上下之問或不多過焉。且口無誕語，行無欹步，誠實英敏，其天性也。弱冠補弟子員，一時英發者，莫不嘖嘖劉公云。每試輒當特鑑。公亦信青雲可自致者，乃益肆力于學。於經史百家，靡所不窺。或至會心有得，則擊節歎賞，若身游古昔焉。以□孜孜矻矻，殆無虛晷。每至夜分輒掩卷歎曰：吾父既無庶子，乃一切不以家務累吾。而不能拾青紫，躋通要，以爲先世光，何以爲人。雖聖賢德業實不在是，而姑爲世俗之觀，以上慰乃心耳。於是爲制舉業者數年，累戰秋闈，竟以不偶。已而勞瘁成疾，嘔血幾殆。乃皤然念宗祧承繼，寔唯余一人是賴。奈何不惜，以爲吾父憂。而志稍隳焉。嗣後稍稍較出入，督耕作，貽其父以安，而朝夕事之唯謹。父所欲爲，輒先志承之。新第數十楹，皆其經營也。且性慈仁，好施予。族人之失怙恃者撫育之，罄朝夕者賙恤之。而助奩助賻，咸賴以濟。歲歉則煮粥，溽暑則施茶。即朝暮丐門者，無不虛往□寔歸也。公年逾四十而嗣尚未立，乃更以爲憂。於是頗爲祈祝之事。我懷大小祠宇，殆將遍焉。以至於北之行，南之衡，東之岱，皆其所數遊也。迄今才子二人，皆咄咄吐奇，行將爲門户光，而公已不禄矣。嗚呼！天道其不可知耶。天道其尤有可知耶。萍試剥刈，驥走羊腸，棲風翮以棘木，涸雲鱗于渠塘。故才高倚焉，技擅屠龍，而終身鬱鬱，困於蓬窗者，此天道之不可知者也。波溯清泉，陰繁深蔕，清白兆乎授環，侯封卜於奕世。故德重鄉評，仁施衆庶，而公子振振，綿於麟趾者，此天道之尤有可知者也。然士之宏抱于身，而終老岩穴者，不可勝數。或才具揮霍，而識□高於通方；德存忠質，而器有虧於大受。以才以識，以德以器，如公者而不偶若是，儻所謂天道非耶。天道每示人以不可知，而與人以無不報。史氏言：天道無親，常與善人。而尤然抱恨於商周也。世不知忠臣義士之名，垂日月不朽，則所謂天道之徵者耶。知天道，則知公之得全於天者，固自有在也。語云：得全全昌，道固不爽，奚必目前哉。公生於嘉靖丙午七月十八日，以去年二月十五日卒，得壽六十有二。配李氏，隱士欽女。側室史氏、賀氏。子二：長之顯，娶永州府二守許公宗曾女，史出。次之昌，聘獲鹿訓崔公尚志女，賀出。女三：長適府庠生張公理子于庭，次適余仲子舉人之瑋，俱李出。三適余猶子之珺，亦史出。外孫俱幼，法不備書云。銘曰：行山之陽，沁水之旁。有隱君子，斯其徜徉。學求儒宗，行敦太古。圭組幣帛，皆其土苴。所遺惟安，所誨非諂。惠此嗣人，福祉永延。

二、墓主劉梅家世

據誌文「公之始祖，直隸靖江人。國初，從天兵北定，編伍我懷。迄今子姓蕃衍，稱巨族焉」可知，墓主劉梅祖籍爲直隸靖江，即今天的江蘇省靖江市。《新中國出土墓誌》（河南·壹·下册）在對墓誌録文時，誤將「靖江」録爲「清江」[一]一七七。洪武元年（一三六八）正月，朱元璋在定鼎應天府後便派兵北伐。《太祖高皇帝實録》載：「洪武元年九月，右副將軍馮宗異（馮勝）、偏將軍湯和兵至武陟，遇懷慶邏騎百餘人，獲之。明日兵抵懷慶，故元平章白瑣住等已棄城遁入澤州，官軍遂入城，獲將士八百人，馬五十匹，以指揮紀斌等守之。」[二]卷三五《明史》載：「（洪武元年）冬十月庚午，馮勝、湯和下懷慶，澤、潞相繼下。」[三]二二墓主劉梅祖上就是在洪武元年隨軍出征北伐，攻占懷慶府城并留守懷慶，後被編伍懷慶衛而成爲懷慶衛軍户，子孫蕃衍爲懷慶巨族。衛所制度是明朝的一種軍制，「自京師達於郡縣，皆立衛所」[三]二一七五。「度要害地，係一郡者設所，連郡者設衛。大率五千六百人爲衛，千一百二十人爲千户所，百十有二人爲百户所。所設總旗二，小旗十，大小聯比以成軍。」[三]二一九三洪武六年（一三七三），懷慶府因其地處要衝而設立衛所。清道光五年（一八二五）《河内縣志》有「明懷慶衛洪武六年建，以指揮領之……其轄左右前後千户四，百户所四十」[四]卷一七《兵防志》之記載。

誌云：「逮次山公以名進士起家，由館臺歷憲二，而劉氏之族益顯。」憲二即憲副，指按察司副使。「明初，置提刑按察司。吴元年，置各道按察司，設按察使，正三品，副使，正四品。」[三]一七八八因族人名叫次山的進士及第，由館臺歷按察司副使，劉氏家族更加顯赫。次山即劉涇，字叔清，號次山，懷慶衛人。嘉靖丁酉科（一五三七）舉人，嘉靖丁未科（一五四七）進士[五]卷一七《選舉志》。歷官庶吉士、御史、鳳翔知府、登州知府、山西按察副使等。劉涇妻戈氏墓誌《大明敕封孺人劉母戈氏合葬墓誌銘》云：「洎嘉靖丁酉，公領鄉薦。丁未，上春官釋褐。由内翰歷烏台，兩任府太守，擢憲副。」[六]《重修鳳翔府志》載：「劉涇，鳳翔知府，河南懷慶人……嘉靖年任。」[七]卷五《職官》《登州府志》載：「（嘉靖）四十年，知府，劉涇（懷慶人，進士，陞副使）。」[八]卷二《職官表》《山西通志》載：「劉涇，進士，嘉靖時任副使。」[九]卷七九《職官七》《潞安府志》載：「（劉涇）整飭潞安兵備，分巡冀南道，山西按察使司副使僉事。間亦以藩司兼憲職者。」[一〇]卷三《節鎮》清乾隆五十四年（一七八九）《懷慶府志》[五]卷二二《人物志》和清道光五年《河内縣志》[四]卷二六《先賢傳下》均專列其傳。《明分省人物考》[一一]卷八九對其生平亦有考證。關於劉涇的生卒年月，根據《山西按察司副使劉公涇墓表》「隆慶元年冬，故山西按察司副使次山劉公卒。……以正德庚午生公」[一二]卷九七可知，劉涇生於正德庚午（一五一〇），卒於隆慶元年（一五六七），享年五十有八。

誌云：「公之祖諱宣。宣生冕。冕生公。」即有劉宣——劉冕——劉梅。《劉冕墓誌》載：「公諱冕，字宗周，西田其別號云。……公父諱宣，配盛氏，暨郭、朱二氏。生四子：孟曰耕，仲曰武，叔曰冠，公其季也。迨萬曆陸年，恩例詔授壽官冠帶。萬曆拾伍年（一五八七）四月廿七日，西田劉公配金氏卒。業已卜葬祖塋次之新阡矣。越拾捌年正月二日，而西田公亦已疾逝。其子胤吾君將以今年十一月二十二日合葬焉。距生年享壽七十有六。金氏，距生年享壽六十有七。子一，曰梅，邑庠生，娶李欽女暨史氏。」[一三]由此可知，劉宣生子四：劉耕、劉武、劉冠和劉冕。劉冕生於正德乙亥年（一五一五），卒於萬曆十八年（一五九〇），享年七十六歲。

關於墓主劉梅與按察使司副使劉涇的輩分關係，據劉涇兄長劉漢墓誌《明故邑庠士劉先生配高氏合葬墓誌銘》[一四]知，劉漢有子男五：模、樸、櫝、柧、欜。再據劉涇妻戈氏墓誌《大明敕封孺人劉母戈氏合葬墓誌銘》知，劉涇有子男四：植、楷、森和楫。説明劉漢、劉涇子男與墓主劉梅的名諱均爲「木」字旁。結合劉涇的生卒年月和墓主劉梅父親劉冕的生卒年月，可以判斷，劉涇與劉冕應爲同族兄弟，墓主劉梅應爲劉涇的族侄。

三、墓主劉梅生平

根據誌文記載，劉梅生於嘉靖丙午（一五四六）七月十八日，卒於萬曆丁未（一六〇七）二月十五日，享年六十有二。劉梅生而穎異。甫齠年，也就是剛剛童年，能讀書，識大義。且口無誕語，行無欹步，誠實英敏。弱冠（二十歲）補弟子員（秀才的一種）。爲了能夠高官顯爵，光宗耀祖，更加盡力讀書學習，經史百家，靡所不窺。「於是爲制舉業者數年，累戰秋闈，竟以不偶。已而勞瘁成疾，嘔血幾殆。」秋闈，科舉制度中秋季舉行的考試。因明、清在各省省城舉行的鄉試在秋季舉行，故稱[一五]一五二六。劉梅制舉業數年，多次參加鄉試，最終未能考取，身心勞瘁，吐血病危。誌云：「乃幡然念宗祧承繼，寔唯余一人是賴。奈何不惜，以爲吾父憂。而志稍瘳焉。」宗祧承繼，即宗祧繼承，是以嫡長繼承爲中心的繼承制度。宗，指祖廟，祧，指遠祖的廟。宗祧繼承原意是繼承宗廟的祭祀[一五]二五五八。爲考取功名而勞瘁成疾的劉梅，忽然想到自己是家中唯一的宗廟祭祀繼承人，怎麼可以不愛惜身體，讓父親擔憂呢？於是慢慢放棄了考取功名的願望。誌文「以爲吾父憂」，僅提父親，未提母親，説明此時劉梅母親金氏已經去世。時間應在萬曆十五年（一五八七）之後，劉梅年齡已在四二歲以上。爲讓父親心情愉快，喜樂無憂，劉梅「朝夕事之唯謹，父所欲爲，輒先志承之」。并按照父親的意願，親自籌畫營造新第宅數十楹。正如曾子曰：「孝子之養老也，樂其心，不違其志，樂其耳目，安其寢處，以其飲食忠養之。」[一六]卷二八《禮記·内則》墓主劉梅對父之孝可見一斑。誌文還記載了墓主慈善仁愛、樂於施捨：「族人之失怙恃者撫育之，罄朝夕者賙恤之。而助奩助賻，咸賴以濟。歲歉則煮粥，溽暑則施茶。即朝暮丐門者，無不虛往□寔歸也。」誌載墓主年過四十而尚未得子，求神拜佛，無時無處不將此事掛在念頭上。懷慶府大小祠堂廟宇，幾乎跑遍。以至於北之太行山，南之衡山，東之岱山，他都多次前往。可見墓主求子心切。誌云：「迄今才子二人，皆咄咄吐奇，行將爲門户光，而公已不禄矣。」而正當二子異采驚人，即將光耀門户的時候，自己卻離世而去。萬曆戊申（一六〇八）十一月十九日，其子之顯等葬公於祖塋之次。因未作考古調查，劉氏祖塋具體地點今不詳。

四、墓主妻、子情況

根據誌文記載，墓主劉梅娶妻有三：元配李氏，側室史氏和賀氏。李氏係隱士欽女。李氏家族世爲懷之望族。根據《明孺人劉母李氏合葬墓誌銘》[一七]可知，李氏生於嘉靖乙巳（一五四五）四月二十二日戌時，卒於崇禎己巳（一六二九）六月初八日午時，享壽八十有五。李氏生而端凝婉娩，不苟言笑。剛剛十五歲就嫁於劉梅爲妻。李氏出嫁後，不僅恪守婦道，孝敬公婆，相夫教子，且勤儉持家，樂善好施，深得公婆的喜愛和鄰里鄉親的稱讚。

關於劉梅子女情況，根據誌文記載，劉梅有子二：長子劉之顯，娶永州府二守許宗曾女爲妻，史氏生。據《明故封太孺人謝母王氏合葬墓誌銘》[一八]載謝恩孫男「文蘭聘舉人許宗曾女」可知，劉梅長子劉之顯與謝恩孫男謝文蘭爲連襟關係。次子劉之昌，娶獲鹿縣儒學訓導崔尚志女爲妻，賀氏生。有女三：長女嫁於府庠生張理子張于庭爲妻。次女嫁於誌文撰文人楊初東次子楊之瑋爲妻。長女和次女都爲李氏生。三女嫁於誌文撰文人楊初東侄子楊之玿爲妻，史氏生。楊之瑋，萬曆庚子科舉人[四]卷七《選舉表》。

關於劉梅孫輩情況，因劉梅去世時均年幼，墓誌未載。根據其妻墓誌《明孺人劉母李氏合葬墓誌銘》記載可知，孫男二人：「長塤，聘邑庠生蕭公永圖女，殤。次超，聘府庠生許公忠君女。之顯出。孫女五人：一字余胞弟邑廩生之玠男隨元。一幼，未字。之顯出。一字邑庠生宋公承光男文炳。一字府廩生張公爾見男鎔。一幼，未字。之昌出。」許忠君，許宗曾長子，庠生[一九]。楊之玠，貢生[四]卷七《選舉表》。

五、墓誌撰、書人情況

根據誌文記載可知，墓誌撰文人爲奉政大夫、户部雲南清吏司郎中、眷生楊初東，墓志書丹人爲奉政大夫、湖廣永州府同知、眷生許宗曾，墓誌篆額人爲直隸真定府獲鹿縣儒學訓導、眷生崔尚志。奉政大夫，文散階，正五品[三]一七三六。户部雲南清吏司郎中，正五品。掌雲南省户口、田賦之政令。兼領所分兩京、直隸貢賦，及諸司、衛所禄俸，邊鎮糧餉，并各倉場鹽課、鈔關[三]一七三九。府同知，正五品。同知、通判分掌清軍、巡捕、管糧、治農、水利、屯田、牧馬等事[三]一八四九。儒學訓導，學官名。明清府、州、縣儒學的輔助教職。《明史》載：「儒學：府，教授一人，訓導四人。州，學正一人，訓導三人。縣，教諭一人，訓導二人。教授、學正、教諭，掌教誨所屬生員，訓導佐之。」[三]一八五一眷生，舊時兩家通婚後，尊長對姻親晚輩的自稱。說明撰文人楊初東、書丹人許宗曾、篆額人崔尚志，與墓主劉梅家均爲姻親，這從上述劉梅子女婚嫁情況便可得知。

楊初東，河内人，也就是今河南省沁陽市人。隆慶庚午科舉人[四]卷七《選舉表》。歷官保寧、兗州推官，户部主事，郎中。遷四川參政，以老乞歸。後「以子之璋，晉（正四品）中憲大夫。」〔五〕卷一九《選舉志》《明神宗顯皇帝實録》有「萬曆二十七年（一五九九）三月癸未，補户部郎中楊初東」〔二〇〕卷三三二和「萬曆三十八年（一六一〇）閏三月丁巳，陞户部郎中楊初東爲四川右參政兼僉事」〔二〇〕卷四六九之記載。清乾隆五十四年《懷慶府志》〔五〕卷二一《人物志》和清道光五年《河内縣志》〔四〕卷二六《先賢傳下》均有列傳。

許宗曾，元代集賢大學士兼國子祭酒許衡九世孫。根據《許文正公世家譜》〔一九〕可將許氏家族世系排列如下：許衡（中書左丞，集賢大學士，國子祭酒，魏國公）—許師敬（吏部尚書，中書左、右丞，御史中丞，光禄大夫，文穆公）—許從宣（師敬次子。福建按察使，工部尚書，河南、湖廣參政，陝西左丞）—許繩祖（從宣四子）—許志剛（常德知事）——許驥（志剛三子。常德知事）—許偉（驥三子。魯府審理）—許泰和（偉長子。武功知縣）—許世俊（泰和五子。敕贈奉政大夫）—許宗曾。誌載許宗曾官封「奉政大夫、湖廣永州府同知」，這與《許文正公世家譜》〔一九〕載「許宗曾，字思約，明乙酉科舉人。任直隸慶都縣知縣，轉陞湖廣永州府同知」相吻合。康熙三十三年《河内縣志》有「乙酉科（舉人）許宗曾，魯齋九世孫」〔二一〕卷二《科貢》之記載。而清乾隆五十四年《懷慶府志》〔五〕卷一七《選舉志》和清道光五年《河内縣志》〔四〕卷七《選舉表》均載「許宗魯，魯齋九世孫。萬曆乙酉科舉人。」錯將許宗曾的「曾」字誤寫成「魯」字。誌載許宗曾任「湖廣永州府（今湖南省永州市）同知」一職，查清康熙九年《永州府志》（清劉道著、劉作霖等修）、清道光八年《永州府志》（清·吕恩湛等修）等地方史志，均未發現對其記載，故可補方志記載之缺。

崔尚志，誌載其「直隸真定府獲鹿縣（今河北省石家莊市鹿泉區）儒學訓導」，而墓主劉梅之妻李氏墓誌《明孺人劉母李氏合葬墓誌銘》卻載「次子昌，邑庠生，娶南和（今河北省邢臺市南和縣）教諭崔公尚志女」，説明崔尚志在萬曆丙午年（一六〇六）爲墓主劉梅墓誌銘篆額時任獲鹿縣訓導，在崇禎己巳年（一六二九）墓主之妻李氏去世時已陞任南和縣教諭。然查清光緒七年《獲鹿縣志》（清·俞錫綱等修）及清乾隆十四年《南和縣志》（清·周章焕等修）等地方史志，均未發現對其記載，亦可補方志記載之缺。

六、結　語

《劉梅墓誌》的出土，爲瞭解和研究劉梅的生平、家世及妻、子情況提供了可靠的實物資料；誌文所載墓主劉梅祖上「國初，從天兵北定，編伍我懷」，有助於明初北伐戰爭和衛所制度的研究；墓主劉梅「制舉業者數年，累戰秋闈，竟以不偶。已而勞瘁成疾，嘔血幾殆」，再現了古代衆多學子科考落榜的情形，有助於對古代科舉制度的瞭解和研究。誌文所載墓主劉梅及其子孫的婚嫁情況，反映了封建時代「門當户對」的婚姻價值觀，有助於古代婚姻制度的瞭解和研究。墓主劉梅族伯劉涇及墓誌撰書人楊初東、許宗曾、崔尚志等所任憲二、奉政大夫、郎中、同知、儒學訓導等官職，不僅與《明實録》《明分省人物考》《河内縣志》《懷慶府志》《鳳翔府志》《登州府志》等史籍可相互補充、相互印證，且有助於明代職官制度的瞭解和研究。誌載許宗曾任「湖廣永州府同知」、崔尚志任「直隸真定府獲鹿縣儒學訓導」等，可補《永州府志》《獲鹿縣志》等方志記載之缺；通過對「永州府二府（同知）許宗曾」的考證，糾正了乾隆五十四年《懷慶府志》和道光五年《河内縣志》將「許宗曾」誤寫爲「許宗魯」的編纂之誤。

參考文獻

〔一〕中國文物研究所、河南省文物研究所編《新中國出土墓誌》（河南·壹·下册），文物出版社，一九九四年。
〔二〕《大明太祖高皇帝實録》，《明實録》，「中央」研究院歷史語言研究所，一九六二年。
〔三〕（清）張廷玉等《明史》，中華書局，一九七四年。
〔四〕（清）袁通修，方履籛、吴育纂《河内縣志》，道光五年刊本。
〔五〕（清）唐侍陛《懷慶府志》，乾隆四十五年刊本。
〔六〕（明）蕭守身《大明敕封孺人劉母戈氏合葬墓誌銘》，萬曆十一年，藏於河南省沁陽市博物館。
〔七〕（清）達靈阿《重修鳳翔府志》，乾隆三十一年刊本。
〔八〕（明）徐應元《登州府志》，泰昌版。
〔九〕（清）覺羅石麟修、儲大文纂《山西通志》，雍正十二年刊本。
〔一〇〕長治市地方志辦公室《明萬曆版潞安府志》，山西古籍出版社，二〇〇六年。
〔一一〕（明）過庭訓《明分省人物考》，《明代傳記叢刊》，明文書局，一九九一年。
〔一二〕（明）焦竑《國朝獻徵録》。
〔一三〕（明）楊初東《明故恩榮壽官西田劉公暨配金氏合葬墓誌銘》，萬曆十八年，藏於河南省沁陽市博物館。
〔一四〕（明）劉涇《明故邑庠士劉先生配高氏合葬墓誌銘》，嘉靖四十二年，藏於河南省沁陽市博物館。
〔一五〕辭海編輯委員會《辭海》（第六版縮印本），上海辭書出版社，二〇〇九年。
〔一六〕方銘《十三經注疏》，商務印書館國際有限公司，二〇〇四年。
〔一七〕（明）楊之璋《明孺人劉母李氏合葬墓誌銘》，崇禎二年，藏於河南省沁陽市博物館。
〔一八〕（明）趙用賢《明故封太孺人謝母王氏合葬墓誌銘》，萬曆十四年，藏於河南省沁陽市博物館。
〔一九〕《許文正公世家譜》，河南省焦作市中站區許迎春家存。
〔二〇〕《明神宗顯皇帝實録》，《明實録》，「中央」研究院歷史語言研究所，一九六二年。
〔二一〕（清）蕭家蕙、史璉等《河内縣志》，清康熙三十三年刊本。

張紅軍　沁陽市博物館

（原載於《焦作師範高等專科學校學報》二〇一五年第三期）

清代馬可教墓誌銘考釋

清代馬可教墓誌銘出土於河南省沁陽市，具體出土時間和地點不詳，現藏於沁陽市博物館。該墓誌爲青石質，由誌蓋與誌石兩部分組成。誌、蓋均高五八厘米，寬五八厘米，厚一〇厘米。誌文陰刻楷書，豎二八行，滿行四〇字，計一〇〇〇字。誌蓋陰刻篆書四行一六字：「待封馬公暨元配孺人趙氏合葬墓誌銘」。現録文標點并考釋如下。

一、墓誌銘録文

清故待詔贈恩賜醫官恒齋馬公墓誌銘

賜進士出身户部江南司郎中加二級楊蕃生頓首拜撰

鄉進士江南江寧府句容縣知縣王玉汝頓首拜書

公諱可教，號恒齋，三世儒醫。迺懷之巨族。代序遠，譜牒不可考。余按狀而知公之世□□□□□□□□其先世諱二十，始自洪洞遷居覃懷郡城之西鄭村城子，遂家焉。二十傳任庵□□□□□□□□□□治仁術。菊泉配何氏，生小泉，諱守澤，仁術繼之。小泉配黄氏，生子二。公居長，仁術精妙，凡視疾，洞見□□，起死回生，全活甚衆，即古之盧扁、孫、董莫過也。乙酉奉旨召用，恩賜官帶，寵榮又豈尋常所可擬哉。公性至孝，事二親克盡子職，友愛弟侄，未嘗有間言忤色。子姓延師敦友，更多義方，内外親之貧乏無告者，必曲意周恤之，且念祭掃無備，則置地若干畝而追遠有賴。念族軍久累，則置地若干畝而供億不若。念廟焚無人，則置地若干畝而養膳有資，是公之爲深有合乎。仁親之道，睦族之義，享祀之誠，在昔范仲淹義田高風千古，侈爲美談。抑以公較之，寧多讓歟。東陽館創建白衣、文昌二閣，過廳、行廊三十六間，三皇廟一所，歲施藥餌。并土地拜殿、元君行宫，皆竭力捐貲，略無吝色。何慷慨好施、樂善不倦有如此也。庚辰歲大饑，盜寇蜂起，貧民作亂，公則散貲財，輸廪粟，賑恤閭里。約鄉勇，嚴守備，互保身家。至橋梁有斷者，則修之。道路有壞者，則葺之。俾利濟免病涉之嗟，車騎無崎嶇之嘆。其功德之種種在人耳目者，彰明較著，無俟多贅然而□可異者。甲申之變，流寇肆虐，防河兵丁利二行客財，竟誣以奸細，當事者將决之，公廉知其冤，於是惻然動念，曰：人命關天，奈何明知其冤，而可坐視不救乎？遂詣當事者，力解之，而利害忌諱不顧也。迨釋之，而公亦不問其爲何許人。嗟嗟！天下之擁富厚，私財利安享一己，而宗族無所霑其餘，窮乏無所竊其潤，悖祖逆宗，慢神褻祀，見顛連而不救，視死亡若罔聞，豈少若人哉。而公獨仁親睦族，敬神喜捨，扶危救急，若此，則公之德可謂大矣！公之德可以傳矣！余于公交最渥，佩服深，且仲子子文誼至厚，因其請銘，無容辭而僅述其生平大略云爾。公生于明萬曆二十一年癸巳十一月初二日寅時，卒于康熙四年六月十五日未時，享壽七十有三。元配趙氏，先公卒。繼配李氏，庶配劉氏。子四。長良，郡庠生，娶處士張公一龍女，繼娶柴公應舉女。次璋，候選州同知，娶郡庠生趙公起女。趙氏出。三驛，娶辛公武女。四騮，娶郡庠生王公秉乾女。劉氏出。孫萬里，良出。千里，璋出。俱未聘。女二。長適李公揚芬男奇品。次適衛公正倫男應魁。趙氏出。孫女六。長適張公鳴謙男景昇。次適郡庠生何公獻瑞男浩。俱良出。三、四、六，俱未字，璋出。五未字，騮出。今卜于康熙五年十一月二十六日合葬于祖塋之次，勒銘而納于壙。

銘曰：大河環南，行山峙北。深莫與倫，高莫與埒。云誰之似，馬公之德。□□□芳，書香增色。子姓繁衍，孫枝奇特。彼蒼報施，善人必□。公之靈爽，妥矣何惑。

不孝男良、璋、驛、騮，泣血勒石

二、墓主家世

根據誌文「其先世諱二十，始自洪洞遷居覃懷郡城之西鄭村城子，遂家焉」可知，墓主馬可教祖籍山西洪洞。其祖先馬二十時，才從洪洞遷居覃懷郡城之西鄭村城子，就在此安家落户。鄭村，即今河南省沁陽市柏香鎮鄭村。《河内縣志》載：鄭村，宋村名，見天聖八年（一〇三〇）經幢〔一〕。「佛頂尊勝陀羅尼經，天聖八年庚午歲七月壬子朔十六日建。……鄭村會首劉信、李炳……」〔二〕由此可知，鄭村作爲古地名延續至今，至少已有九百八十多年的歷史。城子即今沁陽市柏香鎮後城，位於鄭村正南，兩村相距五百多米。據當地村民講，城子（村）改名後城（村）約在民國七年（一九一八）。傳説城子村村民迫于生計，前往山西偷盜，逃跑時將一杆火銃掉在了山西。因火銃上有「城子」標記，於是山西人便帶著火銃追尋到了城子。城子一名叫馬百川的長者怕有損村子名聲，讓參與偷盜者和其他村民都躲藏起來，并對追來的山西人説該村不叫「城子」，而是叫「後城」。山西人只好離開村子到别處尋找去了。從此，人們便將「城子」改叫成了「後城」。查《河内縣志·疆域志》〔三〕，後城（城子）周邊村莊鄭村、辛村、高村、覆背村、葛村等均隸屬於清下鄉四圖，單未見城子（村），故疑城子在當時爲鄭村的一自然村。

關於墓主馬可教祖先馬二十遷居鄭村城子的時間，《明太祖實録》卷之二百二十三載：洪武二十五年（一三九二）十二月，朝廷命後軍都督府僉事李恪、徐禮去山西招募移民共五百九十八户，分别遷至彰德、衛輝、懷慶等地。《沁陽市志》載：「元末明初，由於戰亂災荒，沁陽縣民死亡流離，境内人煙稀少，土地荒蕪。明洪武年間，遷徙山西洪洞等縣大批移民於沁安家落户。今沁陽姓氏結構中，以洪洞遷民後裔之姓爲主體，約占全縣總户數的百分之八十以上。」〔四〕據二十世紀八十年代沁陽市各鄉鎮行政村姓氏統計情況，在葛村鄉鄭村馬、王、張、李等二十一個姓氏中，馬姓户數最多，位居各姓之首〔五〕。在柏香鎮後城（城子）何、馬、魏、趙等十九個姓氏中，馬姓户數僅次於何姓，位居第二〔六〕。由此推斷，墓主馬可教的祖先馬二十，可能就是明洪武、永樂年間洪洞移民時遷居懷慶府河内縣鄭村城子的，具體時間有待進一步考證。

關於馬可教的祖上情況，誌云：「代序遠，譜牒不可考。」誌文僅從遷居鄭村的馬二十排起，「二十傳任庵□□□□□□□□□□治仁術。菊泉配何氏，生小泉，諱守澤，仁術繼之。小泉配黄氏，生子二。公居長，仁術精妙，凡視疾，洞見□□，起死回生，全活甚衆，即古之盧扁、孫、董莫過也。」

二十傳任菴，從任菴到菊泉，由於誌石風化損毀，有十字無法辨認，中間是否隔代不得而知。後有菊泉配何氏，生小泉；小泉配黄氏，生子二，可教爲長。故有馬二十—馬任菴—？—馬菊泉—馬小泉—馬可教。同時根據誌文記載可知，至少從馬可教的祖父菊泉開始行醫，經父親小泉，到其本人，已傳承三代，亦可謂行醫世家。

三、墓主生平

根據誌文記載可知，墓主馬可教，號恒齋，生於明萬曆二十一年（一五九三）癸巳十一月初二日寅時。誌云：「仁術精妙，凡視疾，洞見□□，起死回生，全活甚衆，即古之盧扁、孫、董莫過也。」盧扁指春秋戰國時期名醫扁鵲，姬姓，秦氏，名越人，因其出生地在盧國，又號盧醫、盧扁。《史記》[七]有傳。「孫」即唐代著名的醫師與道士孫思邈，京兆華原（現陝西耀縣）人，中國乃至世界史上偉大的醫學家和藥物學家，被後人譽爲「藥王」。《舊唐書》[八]有傳。「董」指三國時期名醫董奉，字君異，侯官（今福建長樂）人。少時治醫學，醫術高明，與南陽張機、譙郡華佗齊名，并稱「建安三神醫」。《三國誌》載：「葛洪神仙傳曰：燮嘗病死，已三日，仙人董奉以一丸藥與服，以水含之，捧其頭摇（捎）［消］之，食頃，即開目動手，顔色漸復，半日能起坐，四日復能語，遂復常。奉字君異，侯官人也。」[九]誌文將墓主馬可教「起死回生，全活甚衆」的醫術與古代名醫盧扁、孫思邈、董奉相比，認爲他們的醫術也莫過於此，雖有誇張，但也足見馬可教醫術之高明。誌云：「乙酉奉旨召用，恩賜官帶，寵榮又豈尋常所可擬哉。」順治二年（一六四五），馬可教因醫術高明、醫德高尚而奉旨召用，恩賜醫官。至於所賜官職品級及任職地方，誌文不載。但現存河南省沁陽市柏香鎮後城村刻立於「康熙歲次戊子（一七〇八）三月丙辰十四日辛酉清明穀旦」的馬可教墓碑有「皇清欽召太醫院左院判馬公諱可教」之記載，據此可知，墓主馬可教奉旨召用後任職太醫院左院判，官居正六品[一〇]。

墓主馬可教爲人至孝，侍奉父母克盡子職，對待兄弟子侄友好親愛，從未有閒言碎語和怨怒之色。誌云：「子姓延師敦友，更多義方，内外親之貧之無告者，必曲意周恤之，且念祭掃無備，則置地若干畝而追遠有賴；念族軍久累，則置地若干畝而供億不若；念廟焚無人，則置地若干畝而養膳有資，是公有爲深有合乎。仁親之道，睦族之義，享祀之誠，在昔范仲淹義田高風千古，侈爲美談。以公較之，寧多讓歟。」范仲淹，字希文，北宋著名的政治家、思想家、軍事家和文學家。世稱「范文正公」。《宋史》[一一]有傳。義田：爲贍養族人或貧困者而置的田産。宋代錢公輔《義田記》載：「范文正公，蘇人也，平生好施與，擇其親而貧，疏而賢者，咸施之。方貴顯時，置負郭常稔之田千畝，號曰義田，以養濟群族之人。」[一二]誌文引用「范仲淹義田」這一典故，將墓主馬可教「仁親之道，睦族之義，享祀之誠」與范文正公自奉儉約，購置義田，以養濟群族之人的高風義行相比，認爲不比范仲淹差。足見馬可教品德之高尚。誌文還通過具體事例説明馬可教樂善好施，在東陽館創建白衣、文昌二閣，過廳行廊三十六間，三皇廟一所，每年都在這里施捨藥餌。同時還盡力捐資修建土地拜殿、元君行宫，毫不吝嗇。

誌云：「庚辰歲大饑，盜寇蜂起，貧民作亂。」《明史》載：「崇禎十三年五月，兩京、山東、河南、山西、陝西大旱蝗。」[一三]又載：「十三年，北饑、山東、河南、陝西、山西、浙江、三吴皆饑。自淮而北至畿南，樹皮食盡，發瘞胔以食。」[一四]《懷慶府志》載：崇禎「十三年，大旱，五穀種不入土。大饑，民疫，亂屍横野。粟門二千，人相食，亂民蜂起」[一五]。《河内縣志》載：「崇禎十三年，連年大旱，盜賊蜂起，王漢討平之。」[一六]誌文記載和史書記載可相互印證。面對旱、蝗、瘟疫等自然災害所造成的人饑相食、亂屍横野、盜寇蜂起、民不聊生的局面，馬可教則「散貲財，輸廩粟，賑恤閭里。約鄉勇，嚴守備，互保身家。」橋斷修橋，路壞鋪路，「俾利濟免病涉之嗟，車騎無崎嶇之嘆。」病涉，苦於涉水渡川。《孟子·離婁章句下》：「歲十一月徒杠成，十二月輿梁成，民未病涉也。（漢·趙岐）注：當以時修橋樑，民何由病苦涉水乎。」[一七]使過往人們得到救濟而免遭涉水渡河之苦，過往車輛未因道路崎嶇而顛簸，功德無量。

誌云：「甲申之變，流寇肆虐。」甲申之變，指的是公元一六四四年甲申之年李自成的農民起義軍攻占北京，崇禎帝自殺，大明王朝滅亡。僅過了四十天，清兵南下，并迅速摧毀了起義軍的大順政權以及江南的明朝殘餘勢力，從此開始了滿清對全國的統治。受封建統治思想的影響，誌文作者將農民起義軍稱爲流寇。誌文記載防河兵丁想占有二行客的財物，便誣告他倆爲農民起義軍奸細，官府即將處決他倆時，馬可教經過訪查得知他倆是冤枉的，於是惻然動念，説：「人命關天，奈何明知其冤，而可坐視不救乎？」於是前往官府，竭盡全力解救他们，而一點也不考慮給自己帶來的利害忌諱，終使二行客獲釋。誌云：「嗟嗟！天下之擁富厚，私財利安享一己，而宗族無所霑其餘，窮之無所竊其潤，悖祖逆宗，慢神褻祀，見顛連而不救，視死亡若罔聞，豈少若人哉。而公獨仁，親睦族，敬神喜捨，扶危救急，若此則公之德可謂大矣！公之德可以傳矣！」這是誌文作者發自内心的感慨，也是對墓主馬可教的高度評價：唉！天下擁有雄厚的物質財富，將它占爲己有一人享用，而宗親同族没有沾他光的地方，窮苦之人没也有竊取他利益的地方，悖祖逆宗，慢神褻祀，見到困苦不堪的人而不救濟，看到面臨死亡的人不予理睬，像這樣的人難道還少嗎？而馬可教特别的仁愛，與族人和睦友好相處，敬奉神明，樂於施捨，扶危救急，像這樣，他的品德可謂高尚矣！他的品德可以傳矣！

康熙四年（一六六五）六月十五日未時，馬可教卒，享壽七十有三。康熙五年（一六六六）十一月二十六日，其子馬良、馬璋、馬驊、馬騮將他與先期去世的元配趙氏合葬於祖塋之次。

四、墓主妻、子情況

根據誌文記載可知，墓主馬可教先後娶三個妻子，元配趙氏，先公卒。繼配李氏，庶配劉氏。趙氏、李氏、劉氏家世、生平誌文未載，不得而知。

墓主一生共生子四：長子馬良，趙氏出，郡庠生，娶處士張一龍女爲妻。次子馬璋，亦趙氏出，「候選州同知」，娶郡庠生趙起女爲妻。候選：清制，内自郎中，外自道員以下官員，凡初由考試或捐納出身，及原官因故開缺依例起復，皆須赴吏部報到，開具履歷，呈送保結。吏部查驗屬實，允許登記後，聽候依法選用，稱候選。州同知，即州同，從六品官職[一八]。至於其候選州同知的途徑，誌文未載，不得而知。疑爲捐納出身。而《河内縣志》有「（國朝）馬璋，邵陽縣丞」[一九]。此馬璋和誌文所載馬璋是否爲同一個人，有待進一步考證。三子馬驊，劉氏出，娶辛武女爲妻。四子馬騮，劉氏出，娶郡庠生王秉乾女爲妻。生女二：長女嫁與李楊芬的兒子李奇品爲妻。次女嫁與衛正倫的兒子衛應魁爲妻。

墓主去世時，有孫子二：馬萬里，馬良生。馬千里，馬璋生。均未娶妻。孫女六：長孫女嫁與張鳴謙的兒子張景昇爲妻。次孫女嫁與郡庠生何獻瑞的兒子何浩爲妻。以上二孫女均爲馬良生。三孫女、四孫女、六孫女，爲馬璋生，均未嫁人。五孫女爲馬騮生，也未出嫁。

五、墓誌撰書人情況

據誌文記載可知，墓誌撰文人爲賜進士出身、户部江南司郎中加二級楊蕃生。户部郎中，正五品〔二〇〕。書丹人爲鄉進士、江南江寧府句容縣知縣王玉汝。知縣，正七品〔二一〕。誌云：「余於公交最渥，佩服深，且仲子子文誼至厚，因其請銘，無容辭而僅述其生平大略云爾。」説明楊蕃生不僅與墓主交情深厚，對墓主佩服至深，且與墓主次子子文（馬璋）交情亦深厚。誌文記載印證了《懷慶府志》「（進士）楊蕃生，河内人，户部郎中」〔二二〕，「（拔貢）王玉汝，句容知縣」〔二三〕之記載。

六、結　語

清代馬可教墓誌銘的出土，爲了解墓主馬可教的家世、生平及妻、子情況提供了可靠的實物資料。墓主「起死回生，全活甚衆」的高超醫術，堪與古代名醫盧扁、孫思邈、董奉相比。散財賑災、鋪路修橋、解救蒙冤二行客等事例，體現了墓主馬可教仁親睦族、樂善好施、扶危救急的高尚品德。同時，誌文還反映了明初洪洞移民、明末甲申之變等重大歷史事件；印證了《明史》《懷慶府志》《河内縣志》等史料關於崇禎十三年河南等地旱、蝗、瘟疫等自然災害造成人饑相食、亂屍横野、盗寇蜂起、民不聊生的記載；墓主因醫術高明而「奉旨召用，恩賜官帶」，有助於清代醫官制度的研究，具有一定的史料價值和文物價值。

注　釋

〔一〕〔三〕　（清）袁通修，方履籛、吴育纂《河内縣志》卷八《疆域志》，清道光五年。

〔二〕　（清）袁通修，方履籛、吴育纂《河内縣志》卷二十《金石志》，清道光五年。

〔四〕　沁陽市地方史志編纂委員會《沁陽市志》第三篇《人口民族》，紅旗出版社，一九九三年，八五頁。

〔五〕　沁陽市地方史志編纂委員會《沁陽市志》第三篇《人口民族》，紅旗出版社，一九九三年，九四頁。

〔六〕　沁陽市地方史志編纂委員會《沁陽市志》第三篇《人口民族》，紅旗出版社，一九九三年，九七頁。

〔七〕（漢代）司馬遷《史記》卷一〇五《扁鵲傳》，中華書局，一九八二年，二七八五～二七九四頁。

〔八〕（五代）劉昫《舊唐書》卷一九一《方伎》，中華書局，一九七五年，五〇九四～五〇九六頁。

〔九〕（晉）陳壽《三國志》卷四九《吴書》（四），中華書局，一九八二年，一一九二頁。

〔一〇〕趙爾巽等《清史稿》卷一一五《職官二》，中華書局，一九七六年，三三二五頁。

〔一一〕（元）脱脱等《宋史》卷三一四《范仲淹傳》，中華書局，一九七七年，一〇二六七～一〇二七六頁。

〔一二〕（清）吴楚材、吴調侯選《古文觀止》卷九《唐宋文》，中華書局，一九五九年，四二二頁。

〔一三〕（清）張廷玉等《明史》卷二八《五行一》，中華書局，一九七四年，四三八頁。

〔一四〕（清）張廷玉等《明史》卷三〇《五行三》，中華書局，一九七四年，五一一頁。

〔一五〕（清）唐侍陛修，洪亮吉等纂，焦作市地方史志編纂委員會點校《懷慶府志》卷三二《雜記》，二〇〇五年，一五五七頁。

〔一六〕（清）袁通修，方履籛、吴育纂《河内縣志》卷四《紀事沿革表》，清道光五年。

〔一七〕〔二一〕　李學勤主編《十三經注疏·孟子注疏》卷八上《離婁章句下》，北京大學出版社，一九九九年，二一四頁。

〔一八〕趙爾巽等《清史稿》卷一一六《職官三》，中華書局，一九七六年，三三五七頁。

〔一九〕（清）袁通修，方履籛、吴育纂《河内縣志》卷七《附例》，清道光五年。

〔二〇〕趙爾巽等《清史稿》卷一一四《職官一》，中華書局，一九七六年，三二七二頁。

〔二二〕（清）唐侍陛修，洪亮吉等纂，焦作市地方史志編纂委員會點校《懷慶府志》卷一七《選舉志》，二〇〇五年，七六四頁。

〔二三〕（清）唐侍陛修，洪亮吉等纂，焦作市地方史志編纂委員會點校《懷慶府志》卷一八《選舉志》，二〇〇五年，八七八頁。

張紅軍　沁陽市博物館

（原載於《文物世界》二〇一五年第二期）

丁氏墓誌係一九八五年在河南省沁陽市城關鄉東關村發現，現藏於沁陽市博物館。該墓誌爲青石質，由誌蓋和誌石兩部分組成。誌、蓋均高七二厘米，寬七二厘米，厚一四厘米。誌文楷書，豎三七行，滿行四八字，計一四四六字。誌蓋陰刻篆書四行一六字：「皇清待贈太安人劉母丁氏祔葬墓誌銘」。現録文標點并考釋如下。

一、墓誌録文

皇清待贈太安人劉母丁氏祔葬墓誌銘

賜進士出身日講官起居注左春坊左贊善兼翰林院檢討前右春坊右贊善兼翰林院檢討甲子科欽差雲南正主考翰林院編修充纂修大一統志官翰林院庶吉士眷姻弟王化鶴頓首拜撰

河內劉母丁太安人，以康熙丁丑秋厭棄人間。又二年，將祔葬于文學君子騰之墓。子竹孫發使走千八百里請銘京邸。余承乏史職，固宜述以彤管，又忝婚媾之後，謂庶幾能知太安人之梗概。用是澄戢志慮而爲之誌。按狀：太安人鴻臚寺序班丁公諱燧女也。少寡言笑，孝謹識大體。父母絶愛憐之，不肯妄字人。適文學君喪其元配邗邰郡主，父母爲擇耦，聞太安人有女德，遂委幣焉。崇禎辛巳歲大疫，文學君病困床褥間，家人惶遽甚，謀禱於神。太安人正色呵之曰：止。淫祀何爲，神弗福也。乃長跽請于翁姑曰：鄉黨稱貸吾家者不下數千緡。寠人子窮窘。可念其券具在也，請付諸火，或者其有濟乎？翁姑同辭對曰：新婦能之，我顧不能。令司券者立焚之。焚未半而文學君淫淫汗下，病旋瘳。翁姑喜甚，酌酒私相賀曰：丁新婦竟可也。當是時，翁姑垂白之年老矣。飲食衣服，家人罕當其意。太安人左右色養無方，食非手調不敢進，衣非手紉不敢爲父母着體。其他事事皆如翁姑意中所欲出。翁姑愈益喜。無何，翁姑相繼即世，生孝死孝。兩俱無憾。太安人與有力焉。文學君性俶儻，與伯兄御六以雄姿爽氣名一時。性好客，客至呼酒劇飲，窮日落月以爲常。或讀書諸別墅講□之暇，作爲亭榭，蒔花竹，吟嘯自喜。不問門以內事。太安人持家政，具有條貫，井井繩繩也。與文學君相莊如嚴賓。□□劉氏家視冀缺，何曾足相先後矣。文學君育子稍遲，强仕以往，娶副室數人。太安人皆愛之，待衆子如己出。樛木之□，鳲鳩之均，二者咸有其風規焉。伯氏御六，與文學君同居至老，終身無間言。文學君之事兄，殆猶劉璡之于瓛，楊津之於椿也。娣姒間相得歡甚。伯氏亡後，所遺兩女出閣時，裝遣甚盈，己所生女不能過。雖文學君篤昆弟之誼，亦太安人從應之力爲多。壬申、癸酉間，歲洊饑，耕子負租千石不能償。太安人顧謂竹孫曰：昔日之券，姑爲政。今日之租，我爲政。此啼饑號寒之家，何忍復向其門督責有無耶。竹孫遵其言悉爲蠲除。於是里閈間欣欣歌舞，或嗟嘆有泣下者。咸曰：吾儕今而後□保其家室矣。未幾，連舉數孫。人以爲積善之報云。狀又稱馭下最有恩，統僕婢輩，有役使終其身未遭笞朴者。諸子幼，或時加呵責，太安人必諄諄教戒曰：此亦人子也。夫婦人之道，固不可以繁稱。如太安人事夫子以莊，處妯娌以和，馭下以寬，待閭里戚族以惠。雖古賢媛何以加焉。子竹孫昆弟，清遠雅正，可謂有太安人之遺化者乎。嗚呼，是皆可紀也。文學公諱一蛟，字子騰，號乘六，郡庠增廣生員，明封中奉大夫，皇清待贈承務郎。其家世暨生平言行，備載前志銘中。太安人生於明天啓六年正月十一日申時，卒於皇清康熙三十六年九月十三日亥時，享壽七十有二。以子貴待膺六品之敕贈云。子三：長曰世篁，即字竹孫者，候選州同知，娶庠生賈公諱光祖女。太安人出。曰世經，歲貢生，娶庠生鄒公諱思□女。曰世田，歲貢生，先卒，娶陽武縣儒學訓導蕭公諱原馥女。王太孺人出。女七：一適庠生徐公諱允捷男庠生行建，先卒。一適庠生許公諱勳君男拔貢生釗。太安人出。一適庠生史公諱燦男候選縣丞廷諧，先卒。一適庠生賈公諱爾明男大德。一適庠生王公諱溥男明，先卒。王太孺人出。一許聘庠生李公諱雕龍男愈振。一許聘庠生董公諱御龍男文□。黄氏出。孫男四。世篁出者二：曰保，聘廪膳生范公諱九錫女。曰俠，幼，未聘。世田出者二：曰文華，聘庠生賈公諱輔選女。曰文煥，聘庠生范公諱元瑛女。孫女七。世篁出者六：一適國學生楊公諱奕綬男道溥。一許字余長兒歲貢生肅之男庠生學曾。一許字副榜貢鹿邑縣儒學訓導許公諱靖男慶岳。一未字。一許字候選州同知羅公諱宏略男垂遠。一許字國學生馬公諱若衡男萬椿。世田出者一，未字。將以康熙三十八年十二月初九日啓文學公之壙而祔葬焉。爲之銘曰：翁姑爲政，券可焚也。起持家棟，昭令聞也。夫子儁上，實軼群也。兩美合德，共此墳也。福蔭後嗣，氣氤氲也。有子競爽，秀而文也。既貴且賢，宜振振也。

不孝男世篁、世經，孫文煥、文華、保、俠，泣血上石

二、丁氏生平

根據誌文記載，丁氏生於明天啓六年（一六二六）正月十一日申時，爲鴻臚寺序班丁燧之女。鴻臚寺，掌朝會、賓客、吉凶儀禮之事。鴻臚寺序班，從九品[一]一八〇二。丁燧因官小職微，史書、方志均無記載。丁氏年輕時很少説笑，對父母孝順恭謹且識大體，父母特别疼愛她，不肯輕易將她嫁人。此時剛巧文學君劉一蛟失去其元配邗部郡主，其父母正在爲其選擇妻子。聞聽丁氏有女德，就致送財禮，聘丁氏爲一蛟妻子。

墓誌云：「崇禎辛巳歲大疫。」此與《河内縣志》載「（崇禎）十四年，蝗蝻生，瘟疫大作，亂屍横野，地荒過半」[二]以及《懷慶府志》載「十四年，大饑，民疫」[三]可相互印證。據《明史紀事本末》載，崇禎十四年（一六四一）春正月，李自成陷河南府，士民被殺數十萬。河南方大饑，通判白尚文墜城死，其屍爲饑民所食，頃刻盡。自成發藩邸及巨室米數萬石、金錢數十萬賑饑民。二月，李自成搜掘河南富室窖藏，席卷子女玉帛，捆載入山[四]一三四〇~一三四一。《河内縣志》亦載：「崇禎十四年，賊陷河南府，德昌王入河内。」[二]劉、丁二氏作爲當地富紳，對李自成攻陷河南府、殺富濟貧的情形，不可能無所畏懼。「文學君病困床褥間」表面爲瘟疫感染，實則可能是憂慮李自成義軍和當地饑民所致。此時，丁氏審時度勢，在出面制止家人求神拜佛爲夫君一蛟治病的同時，跪請公婆火燒鄉里窮苦人家所有借貸契據，以毁券免債，消除一蛟心頭之憂。債券未燒一半，一蛟便渾身冒汗，如釋重負，病遂痊癒。公婆私下酌酒相互祝賀道：丁新婦真可以呀！公婆稱丁氏新婦，説明丁氏剛嫁與一蛟不久，時間應爲明崇禎十三年（一六四〇）或十四年（一六四一），丁氏十五六歲。當時，公婆已到垂白之年，穿衣吃飯，家人很少合乎其心意。丁氏承順公婆顔色，照顧得無微不至，食非手調不敢進，衣非手紉不敢爲父母着體。所有事情好像都是按照公婆的心意所爲，公婆對丁氏更加喜歡。所以墓誌云：「無何，翁姑相繼即世，生孝死孝。兩俱無憾。太安人

與有力焉。」生孝，謂孝子丁憂哀不滅性。死孝，謂居父母之喪，哀毁幾至於死。《晉書·王戎傳》載：「戎在職雖無殊能，而庶績修理。後遷光禄勳、吏部尚書，以母憂去職。性至孝，不拘禮制，飲酒食肉，或觀弈棋，而容貌毁悴，杖然後起。裴頠往吊之，謂人曰：『若使一慟能傷人，濬沖不免滅性之譏也。』時和嶠亦居父喪，以禮法自持，量米而食，哀毁不逾於戎。帝謂劉毅曰：『和嶠毁頓過禮，便人憂之。』毅曰：『嶠雖寢苫食粥，乃生孝耳。至於王戎，所謂死孝，陛下當先憂之。』」[五]一二三三南朝宋劉義慶《世説新語·德行》載：「王戎、和嶠同時遭大喪，俱以孝稱……仲雄曰：『和嶠雖備禮，神氣不損；王戎雖不備禮，而哀毁骨立。臣以和嶠生孝，王戎死孝。』」[六]一二不久，公婆相繼去世，生孝死孝，兩俱無憾，丁氏參與其中并且出了一份力。

夫君一蛟豪爽灑脱，與長兄御六以雄姿爽氣而聞名一時。性好客，客至呼酒劇飲，窮日落月（白天連着晚上）以爲常。或讀書，搭建亭閣台榭，種植花草，吟詠歌唱，自以爲樂。從不過問家内之事。丁氏操持家務，并將家庭瑣事打理得井井有條。與夫君一蛟相處如待賓客，互相尊敬。

墓誌云：「文學君育子稍遲，强仕以往，娶副室數人。太安人皆愛之，待衆子如己出。樛木之□（時），鳲鳩之均，二者咸有其風規焉。」强仕，亦作「彊仕」，四十歲的代稱。《禮記·曲禮》：「四十曰强，而仕。」[七]七三樛木，即指攀缘植物的纏繞累贅而向下彎曲的樹木。出自《詩經·國風·周南·樛木》：「南有樛木，葛藟累之。樂只君子，福履綏之。南有樛木，葛藟荒之。樂只君子，福履將之。南有樛木，葛藟縈之。樂只君子，福履成之。」[八]二二詩人先以葛藟纏繞樛木，比喻女子嫁給丈夫。然後爲新郎祝福，希望他能有幸福、美滿的生活。鳲鳩，古書上指布穀鳥。出自《詩經·國風·曹風·鳲鳩》：「鳲鳩在桑，其子七兮。」《毛詩正義》：「鳲鳩，秸鞠也。鳲鳩之養七子，朝從上下，莫從下上，平均如一。」[九]四七六因一蛟育子稍遲，過了四十歲，娶側室數人，丁氏都非常喜愛她們，對待她們的子女如同自己所生。樛木的合時，鳲鳩的均一，兩者的風度品格在丁氏身上都得到了體現。夫君一蛟與長兄御六生活在一起，一直到老，始終没有閒言碎語。

墓誌云：「文學君之事兄，殆猶劉璡之於瓛，楊津之於椿也。」劉璡，字子敬，瓛之弟也，方毅正直。宋泰豫中，爲明帝挽郎。其兄嘗於夜間隔壁呼之，不答，至下床着衣正立，然後應。瓛怪其遲，璡曰：「向因束帶未完，故不敢應耳。」[一〇]楊津，字羅漢，本字延祚，孝文賜改焉。少端謹，以器度見稱。官至司空，加侍中，兼尚書令、北道大行台、都督、并州刺史。楊津兄弟五人，長楊播，次楊椿、楊穎、楊順，楊津最小。《北史》載：「播家世純厚，并敦議讓，昆季相事，有如父子。……椿年老，曾他處醉歸，津扶侍還室，仍假寢閣前，承候安否。椿、津年過六十，并登臺鼎，而津常旦暮參問，子侄羅列階下，椿不命坐，津不敢坐。椿每近出，或日斜不至，津不先飯；椿還，然後共食。食則津親授匙箸，味皆先嘗，椿命食，然後食。」[一一]一四八三～一四九九誌文引用「劉璡束帶」和「楊津敬長」兩個典故，將一蛟對待長兄御六比作劉璡對待劉瓛、楊津對待楊椿，由此可見一蛟尊敬兄長的程度。兄長御六去世後，所留兩女出嫁時，一蛟爲她們置備了厚重的嫁妝，就連自己親生女兒出嫁時的嫁妝也不能與之相比。所有這些雖有一蛟兄弟間的深厚情誼，但大多離不開丁氏的默契配合和鼎力支持。

墓誌云：「壬申、癸酉間，歲洊饑，耕子負租千石不能償。太安人顧謂竹孫曰：『昔日之券，姑爲政。今日之租，我爲政。此啼饑號寒之家，何忍復向其門督責有無耶？』竹孫遵其言悉爲蠲除。於是里閈間欣欣歌舞，或嗟歎有泣下者。咸曰：『吾儕今而後□保其家室矣。』」洊饑即連年饑荒。《明史》有「歲洊饑，民淘馬糞以食。」[一]《河内縣志》載：康熙二十九年春夏大旱，沁水竭。三十年大旱，沁水竭。六月蝗。三十一年旱，大瘟疫[二]。《懷慶府志》載：「康熙三十年，河内、濟源、孟縣、修武、武陟、陽武俱旱，沁水竭。三十一年，河内、修武、陽武旱疫。」[三]正是連年的自然災害導致了河內、乃至整個懷慶府在康熙壬申（三十一年，一六九二年）、癸酉（三十二年，一六九三年）年間出現連年饑荒。誌文「壬申、癸酉間，歲洊饑」印證了《河內縣志》《懷慶府志》的相關記載。然《清史稿》對如此嚴重的自然災害及農民生活困窘的狀況，并未記載，故可補史之缺。面對自然災害造成農民欠租千石無力償還的局面，丁氏對兒子竹孫説：以前的債券，婆婆當家。現在的租税，我做主。對這些因爲饑餓寒冷而哭叫的人家，怎麽忍心再向他們催還欠債呢？竹孫遵照母親丁氏的話將所有債券統統銷毀，免除窮人所欠債物。鄉里百姓知道後，高興得載歌載舞，有的激動得流下了眼淚。他們都説：我們這些人從今往後一定要保護其家室不受侵害。没多久，丁氏多個孫子接連中舉，人們認爲這是對丁氏積善的回報。

丁氏對下人最有恩德，那些僕人和丫鬟，有的被差遣使用一輩子從未受過笞朴（古代的一種刑罰）。由於諸子年齡小，有時出現過分呵斥下人的現象，丁氏一定諄諄教導和制止他們，并告訴他們，他們和你們一樣，亦人子也。墓誌作者認爲，爲婦之道，本來不可以多説。但像丁氏侍奉夫君莊重，妯娌相處和睦，管制下人寬厚，對待鄉人及親戚仁惠，即使是古代有德、有才、有美貌的女子，又怎麽能超過她呢。竹孫兄弟，清遠雅正，可以説是有丁氏留下的教化。所有這些，都是值得記載的。

康熙三十六年（一六九七）九月十三日亥時，丁氏卒，享年七十有二。誌云：「以子貴待膺六品之敕贈。」《清史稿》載：命婦之號九：一曰一品夫人，二品亦曰夫人，三品曰淑人，四品曰恭人，五品曰宜人，六品曰安人，七品曰孺人，八品曰八品孺人，九品曰九品孺人，不分正從。因其子孫封者加「太」字，夫在則否〔一二〕三三七三。因子竹孫「候選州同知」，丁氏待受太安人之敕贈。州同知，從六品〔一二〕三三五七。故誌文對丁氏有「太安人」之稱謂。

三、丁氏夫君劉一蛟及其子女情況

關於丁氏夫君劉一蛟的情況，誌云：「文學公諱一蛟，字子騰，號乘六，郡庠增廣生員，明封中奉大夫，皇清待贈承務郎。」《明史》載：「文之散階四十有二，以歷考爲差。正一品，初授特進榮禄大夫，陞授特進光禄大夫。從一品，初授榮禄大夫，陞授光禄大夫。正二品，初授資善大夫，陞授資政大夫，加授資德大夫。從二品，初授中奉大夫，陞授通奉大夫，加授正奉大夫。……正六品，初授承直郎，陞授承德郎。從六品，初授承務郎，陞授儒林郎，吏材幹出身授宣德郎。」〔一〕一七三六説明大明朝封一蛟爲從二品官職。一個府學增廣生員，何以得封如此高官，應緣于「其元配邗部郡主」。《大明鄭敬王壙誌》載：「王諱載壐，乃鄭順王之子。隆慶四年七月十三日，母妃趙氏嫡生。萬曆三十四年六月二十日册封爲鄭王。崇禎十三年四月初十日申時薨世，享年七十一歲。妃劉氏，子一人，以罪廢；王氏，子一人，倓襲爵；闞氏，女一人，封邗部郡主。」〔一三〕由此可知，邗部郡主爲大明鄭敬王朱載壐之女。也就是説，劉一蛟因被招爲大明鄭敬王朱載壐之女邗部郡主的儀賓（丈夫），獲封從二品中奉大夫。去世後，又因其子竹孫候選大清從六品州同知，待贈承務郎。《清史稿》載：「封贈、階十有八：正一品授光禄大夫，從一品授榮禄大夫，正二品授資政大夫，從二品授奉政大夫，正三品授通議大夫，從三品授中議大夫，正四品授中憲大夫，從四品授朝議大夫，正五品授奉政大夫，從五品授奉直大夫，俱授誥命。正六品授承德郎，從六品授儒林郎，吏員出身者宣德郎，正七品授文林郎，吏員出身者宣義郎，從七品授徵仕郎，正八品授修職郎，從八品授修職佐郎，正九品授登仕郎，從九品授登仕佐郎，俱授敕命。」〔二〕三二七二~三二七三未有「承務郎」這一封贈官階，說明明代的從六品承務郎在清代已經廢除。故待贈官階疑爲從六品儒林郎。至於劉一蛟的生平家世，誌載「其家世暨生平言行，備載前誌銘中」，前誌銘應指劉一蛟墓誌銘，可惜該墓誌銘尚未發現，故其生平家世具體情況不得而知。

關於劉一蛟子孫情況，根據誌文記載可知，有子三人。丁氏生一，即長子世篁，字竹孫，候選州同知，娶庠生賈光祖女爲妻。《河内縣志》有「劉世篁，考州同知」〔二〕之記載。王氏生二：即次子世經，歲貢生，娶庠生鄒思□女爲妻；三子世田，歲貢生，先卒，娶陽武縣儒學訓導蕭原馥女爲妻。有女七人。丁氏生二：一嫁庠生徐允捷子庠生徐行建爲妻，先卒；一嫁庠生許勷君子拔貢生許釗爲妻。王氏生三：一嫁庠生史燦子候選縣丞史廷諧爲妻，先卒；一嫁庠生賈爾明子賈大德爲妻；一嫁庠生王溥子王明爲妻，先卒。黄氏生二：一許聘庠生李雕龍子李愈振爲妻；一許聘庠生董御龍子董文□爲妻。孫男四。世篁所生二：曰保，娶廪膳生範九錫女爲妻；曰僎，幼，未聘。世田所生二：曰文華，娶庠生賈輔選女爲妻；曰文焕，娶庠生範元瑛女爲妻。孫女七。世篁所生六：一嫁國學生楊奕綬子楊道溥爲妻；一許配誌文作者王化鶴長子歲貢生王肅之子庠生王學曾爲妻；一許配副榜貢鹿邑縣儒學訓導許靖子許慶岳爲妻；一未出嫁；一許配候選州同知羅宏略子羅垂遠爲妻；一許配國學生馬若衡子馬萬椿爲妻。世田所生一，尚未出嫁。

從劉一蛟子孫情況來看，未有邢部郡主所生子女，說明劉一蛟與邢部郡主尚未育子，邢部郡主便早早離開人世。《明史》及《懷慶府志》等史料對邢部郡主和郡馬劉一蛟均未記載，故可補史籍之缺。

四、關於誌文的作者

據誌文記載知，丁氏墓誌撰文人爲賜進士出身、日講官起居注、左春坊左贊善兼翰林院檢討、前右春坊右贊善兼翰林院檢討、甲子科欽差雲南正主考、翰林院編修充纂修大一統志官、翰林院庶吉士、眷姻弟王化鶴。《清史稿》載：「有清科目取士，承明制用八股文。取四子書及《易》《書》《詩》《春秋》《禮記》五經命題，謂之制義。三年大比，試諸生於直省，曰鄉試，中式者爲舉人。次年試舉人於京師，曰會試，中式者爲貢士。天子親策于廷，曰殿試，名第分一、二、三甲。一甲三人，曰狀元、榜眼、探花，賜進士及第。二甲若干人，賜進士出身。三甲若干人，賜同進士出身。」〔二〕三一四七由此可知，撰文人王化鶴爲二甲進士。日講官掌侍直起居，記言記動。天聰二年（一六二八），命儒臣分兩直，巴克什達海等譯漢字書，即日講所繇始，巴克什庫爾纏等記注政事，即起居注官所繇始。順治十二年（一六五五），始置日講官。康熙九年（一六七〇），始設起居注館，在太和門西廡。置滿洲記注官四人，漢八人，以日講官兼攝。十二年（一六七三）增滿洲一人，漢二人。十六年（一六七七）復增滿洲一人。二十年（一六八一）增漢八人。三十年（一六九一）定漢員十有二人。時日講與起居注各自爲職〔二〕三三二三。左春坊左贊善，右春坊右贊善，俱從六品，掌記注撰文〔二〕三三二三。翰林院編修，初制正七品。檢討，初制從七品。翰林院庶吉士，由新進士改用。試博學鴻詞入式，或奉特旨改館職者，間得除授〔二〕三三〇九。王化鶴，字六翰，武陟人。康熙己酉科舉人〔三〕。丙辰科進士〔三〕。任翰林院編修。甲子典試雲南，有得人之譽。《聖祖仁皇帝實録》卷一百十五有「以翰林院編修王化鶴爲雲南鄉試正考官」之記載。王化鶴生性孝順，母病，湯藥必親嘗，衣不解帶者累月。居喪，哀毀骨立。歲饑，傾資捐賑。卒，祀鄉賢。《懷慶府志》有傳〔三〕。

五、結　語

丁氏墓誌較爲詳細地叙述了丁氏的生平事蹟，同時對其夫君劉一蛟及其子孫作了簡要介紹。誌文所載丁氏焚券免債爲夫治病事件，折射出李自成起義對地方富紳的震懾和影響，有助於對明末農民起義的研究；誌文所載劉一蛟原配邗部郡主，係大明鄭敬王朱載壐之女，爲《明史》《河内縣志》《懷慶府志》等所未載，可補史書、方志記載之缺；「崇禎辛巳歲大疫」「康熙壬申、癸酉間，歲洊饑」，與《河内縣志》《懷慶府志》的記載可相互印證；劉一蛟子孫的婚嫁情況，體現了我國封建社會「門當户對」的婚姻傳統習俗；丁氏及其家族成員的生活狀況，是明末清初富紳階層家族生活的真實寫照，對研究明末清初社會、政治和經濟具有一定的參考價值。

參考文獻

〔一〕（清）張廷玉等《明史》，中華書局，一九七四年。
〔二〕（清）袁通等《河内縣志》，清道光五年刊本。
〔三〕（清）唐侍陛《懷慶府志》，清乾隆五十四年刊本。
〔四〕（清）谷應泰《明史紀事本末·李自成之亂》，中華書局，一九七七年。
〔五〕（唐）房玄齡，褚遂良等《晉書》，中華書局，一九七四年。
〔六〕（南朝·宋）劉義慶《世説新語·德行》，中州古籍出版社，二〇〇八年。
〔七〕曾亦等《禮記·曲禮》，中國國際廣播出版社，二〇一一年。
〔八〕劉毓慶《詩經》，中華書局，二〇一一年。
〔九〕李學勤主編《十三經注疏·毛詩正義》，北京大學出版社，一九九九年。
〔一〇〕蔡振紳輯《德育課本》第一集，中國華僑出版社，二〇一二年。
〔一一〕（唐）李延壽《北史》，中華書局，一九七四年。
〔一二〕趙爾巽等《清史稿》，中華書局，一九七六年。
〔一三〕明崇禎十四年《大明鄭敬王壙誌》，現藏河南省沁陽市博物館。

張紅軍　沁陽市博物館

（原載於《焦作師範高等專科學校學報》二〇一四年第三期）

楊奮生墓誌爲河南省沁陽市博物館舊藏，具體出土時間和地點不詳。該墓誌爲青石質地，由誌蓋和誌石兩部分組成，惜誌蓋軼失，僅存誌石。誌石高六一厘米，寬六一厘米，厚一一厘米。誌文楷書，竪行三二行，足行四六字，約一三〇三字。現録文并略考如下。

一、墓誌録文

皇清敕封登仕佐郎吏部司務廳司務衛如楊公墓誌銘

誥授通議大夫巡撫甘肅寧夏等處地方贊理軍務兼理茶馬兵部右侍郎兼都察院右副都御史加二級年眷侄許容撰文

賜進士通議大夫内庭供奉經筵講官吏部左侍郎仍兼管户部侍郎事加二級年家眷弟史貽直書丹

賜進士光禄大夫太子太保保和殿大學士户部尚書兼理吏部尚書事加三級年通家眷侍生張廷玉篆蓋

余同選銓部司務子玉楊公，將以歲庚戌嘉平之廿日祔葬封翁於新阡□□，丐余誌其墓。余與楊公爲同里，而又交久，知之悉最，按狀而爲之誌。封翁諱奮生，字衛如，世居河朔之柏香鎮。其先伯僑裔始自洪洞來遷者諱茂，九葉至望吾公，生丈夫子三，長皋生，少崧生，封翁，其仲也。生而有異質，及長，聲如洪鍾，日者見而異之，以爲宏音亮節，非廟堂大貴，必富甲一方。望吾公伉爽豪邁，每謂班定遠投筆封侯，人生奚必搦管求名，以故不責封翁以鉛槧業。而封翁亦知指精綜覈，兼賴天幸，時獲奇羨，家務鉅細，惟所擘畫。當一弟一兄相繼而逝，於弟則以子爲侄，於兄則撫侄如子。越歲，而望吾公捐館舍，祇竭力盡子職，苫塊中或有睥睨者，第事之謹，又折節自約，大抵奉勤、儉、慎三字以周旋，而家道卒相維於不墜。一日同畢孺人居堂上，進長郎子玉、侄開三、出継次郎月庵公，而教之曰：吾族馳□□紫者□不勝屈，汝祖父母未嘗一飡天家禄，吾終□爲憾。隙駒易過，汝等奈何終安田舍？受命，月庵公疾馳大同，代兄援例出仕，子玉公送需次長安。歲辛丑，偕余謁選，子玉公獲膺天曹首領矣，封翁聞之喜。抵任，以教孝者教忠諄諄於清慎勤之訓。余時通籍冬官，携諸薦紳候封翁起居，望之若仙，翛然塵外，群嘆行當以子顯也。今上御極之元年，果以□恩貤封登仕佐郎，如子貴。而封翁則終以太翁未獲，身□□□益以盡忠者盡孝□長郎，惟封翁至性純篤，故孝友爲政推之，仁民愛物，皆其言之莫罄者也。封翁素矍鑠，凡百供養不奕□□恒欲留有餘以□□真深有契於仁者，壽之理□。旋里，延師課諸孫，間復與父老課桑麻，不作嘻嘻態，亦□□□□相，鄉人幾忘其爲封□□□□之祝，雖老乃陽九。既遘白雲莫挽賴長郎子玉公歸侍，盡哀盡禮，情文備至也。□□友有志，里黨不相杵，是又其□之在人之動於不容已也。嗚呼，其生也人仰，其卒也人思，順事歿寧，封翁殆兩無憾□。封□□□也。以雍正六年三月三十日巳時，距生順治十四年十二月十四日子時，享壽七十有二。配畢氏，敕封孺人，同邑丁酉舉人福建壽寧縣知縣諱九皋公女。子二：長環昌，仕吏部司務廳司務，娶同邑丁酉舉人福建永定縣知縣顔公諱佐孫女、貢監生諱復女，側室王氏。次恒昌，□選教諭，娶孟縣甲戌進士貴州貴築縣知縣姚公諱隨女。出繼胞弟諱崧生。女四：長適同邑丙戌進士陝西關南道僉□範□諱發愚孫候選知縣□□□子貢監生諱□。次受胞弟諱崧生撫，適同邑丙戌進士浙江慈溪縣知縣樊公諱琳子邑庠生諱廷□。次適同邑己卯舉人南陽府舞陽縣教諭郭公諱泰來子諱敏。次適孟縣廕生湖南長沙府知府薛公諱琳聲子貢監□諱清擢。孫二：長奕震，郡庠生，娶孟津貢監生李公諱𢒼女，顔孺人出。次奕霦，聘順天歲貢生□□□□知府劉公諱登庸女，王氏出。孫女四：長適修武歲貢生候選教諭路公諱天衢子諱由正。次適濟源壬辰進士直隸東光縣知縣改□歸德府教授璩公諱廷慶子諱士元。次適孟縣貢監生薛公諱清擢子諱維樞。次幼未許字。曾孫二：長曰瑚，次曰璉，俱□未聘，奕震出。余出撫西夏，越在數千里外，而子玉公爲之請文其封翁墓石，余感其純誠，故誌之如右而繫之以銘曰：富者多驕公和平，貴者多挾公忘榮；積德昌後産豪英，有子顯親播□名；評高月旦鄉先生，俎豆千秋孰與并；西章左畔□□哀，沁水行山永相縈。

不孝男環昌泣血勒石

二、誌文所涉問題

（一）墓主家世

根據誌文記載，墓主姓楊諱奮生，字衛如。誌云：「其先伯僑裔始自洪洞來遷者諱茂，九葉至望吾公。」望吾即墓主楊奮生之父。也就是説，楊奮生祖籍山西洪洞。從始祖楊茂從洪洞遷至柏鄉鎮安家落户，到其父望吾已歷九世，墓主楊奮生係居住在柏鄉鎮的楊氏第十代。故誌文云「世居河朔之柏香鎮」。河朔，古代泛指黄河以北的地區。至於從楊茂到其父楊望吾中間七代名諱，誌文未載。現藏於河南省沁陽市柏鄉鎮柏鄉村楊帆家的《楊氏家乘》對楊茂至墓主楊奮生的世系作了詳細記載。根據《楊氏家乘》記載，可將墓主家族世系排列如下：楊茂—仲良—克成—興—山—瑀—應雲—守洛—鼎熙—奮生。從楊茂到墓主楊奮生一共十代，這不僅和誌文「其先伯僑裔始自洪洞來遷者諱茂，九葉至望吾公」相互印證，且告知了從楊茂到墓主父親楊望吾中間七代的名諱。根據誌文和《楊氏家乘》記載，墓主楊奮生父諱鼎熙，號望吾。生子三：長皋生，少崧生，次即墓主奮生。沁陽市博物館舊藏有楊鼎熙墓誌蓋一方，上陰刻篆書「皇清待贈儒林郎邑庠生望吾楊公元配安人齊氏繼配安人鄧氏合葬墓誌銘」六行三一字。

（二）墓主生平

根據誌文「以雍正六年三月三十日巳時，距生順治十四年十二月十四日子時，享壽七十有二」可知，墓主楊奮生生於順治十四年（一六五七）十二月十四日子時，卒於雍正六年（一七二八）三月三十日巳時，享年七十有二。

誌云：「生而有異質，及長，聲如洪鍾，日者見而異之，以爲宏音亮節，非廟堂大貴，必富甲一方。」可見墓主楊奮生天生才能出衆，相貌非凡。

然由於父親望吾公「伉爽豪邁，每謂班定遠投筆封侯，人生奚必搦管求名，以故不責封翁以鉛槧業」，奮生放棄科考，致力於管理家務。奮生持家生活「勤、儉、慎」，精打細算，積少成多，以致「家道卒相維於不墜」。班定遠，即東漢著名的軍事家和外交家班超。投筆，典故名，典出《後漢書》班超傳〔一〕一五七一～一五八六：班超家貧，常爲官傭書以供養。久勞苦，嘗輟業投筆歎曰：「大丈夫無它志略，猶當效傅介子、張騫立功異域，以取封侯，安能久事筆研閑乎？」後班超成就大業，被封爲定遠侯。後遂以「投筆」指棄文從武，投身疆場，爲國立功，施展抱負。搦管：握筆；執筆爲文。鉛槧：古人書寫文字的工具。

根據誌文記載，墓主楊奮生生前品性純樸篤實，孝敬父母，友愛兄弟，教子有方。在弟崧生、兄皋生相繼去世後，因崧生膝下無子，將自己的次子恒昌過繼給弟弟崧生，當做自己的侄子來看待。對於兄長皋生的兒子，則當做自己的兒子來撫養。對待父母，竭盡子職，養老送終。歲辛丑（一七二一），子子玉出任吏部司務廳司務，奮生諄諄教導他要嚴格遵守「清、慎、勤」爲官之道，盡忠盡孝。吏部司務廳司務，從九品〔二〕三三七二。

誌云：「今上御極之元年，果以□恩貤封登仕佐郎，如子貴。」御極，即位。登仕佐郎，從九品〔二〕三三七三。結合誌文所載墓主楊奮生卒年一七二八年和其子子玉出任吏部司務廳司務時間一七二一年，可以判斷此處「上御極之元年」應指雍正皇帝登基之元年一七二三年。也就是説，楊奮生在其子子玉出任吏部司務廳司務的第三年，適逢雍正皇帝登基，受皇恩貤封登仕佐郎。這與《楊氏家乘》載「奮生，敕封登仕郎」相吻合。

（三）墓主妻、子情況

誌云：奮生「配畢氏，敕封孺人，同邑丁酉舉人福建壽寧縣知縣諱九皋公女」，與《楊氏家乘》載「奮生，配畢氏，敕封孺人」相一致。根據誌文記載，奮生妻畢氏係河内縣丁酉舉人、福建壽寧縣知縣畢九皋之女。畢氏亦因子子玉爲官敕封孺人。畢九皋，誌載其任職福建壽寧縣知縣，與康熙《壽寧縣志》載「知縣，康熙年任，畢九皋，河南河内人，由舉人」〔三〕卷四《職官》相吻合。畢九皋任壽寧知縣期間，專爲康熙《壽寧縣志》作序，并落款「時康熙癸亥重九後一日，文林郎知壽寧縣事懷州畢九皋東谷氏題於鼇陽官署」〔三〕序一。《康熙壽寧縣志注輯》有「畢九皋，江南河内人，舉人，清康熙二十二年至二十三年（一六八三～一六八四）任壽寧知縣。任上，主持纂修清康熙《壽寧縣志》」〔四〕七，誤將「河南河内人」寫爲「江南河内人」。而《河内縣志》卻載「畢九皋，永壽知縣，丁酉科《舉人》」〔五〕卷七《選舉表》，《懷慶府志》載「畢九皋，河内人，永壽知縣，丁酉科（舉人）」〔六〕卷一七《選舉志》。然查乾隆《永壽新誌》〔七〕，順治、康熙年間未有任知縣畢九皋。故有兩種可能，一是畢九皋曾先後任永壽縣和壽寧縣知縣，《永壽新誌》《懷慶府志》和《河内縣志》各有漏載，可互補缺；一是畢九皋任職福建壽寧縣知縣，後人在修《懷慶府志》和《河内縣志》時將壽寧縣誤載爲永壽縣，可糾誤。筆者傾向于後一種可能。

關於墓主楊奮生的子、孫情況，根據誌文記載可知，楊奮生有子二，長子楊環昌，亦即前文提到的請銘人楊子玉，仕吏部司務廳司務，娶同邑丁酉舉人福建永定縣知縣顔佐孫女，側室王氏，貢監生諱復女。顔佐，誌載其「同邑丁酉舉人福建永定縣知縣」，這與《永定縣志》「顔佐，河南河内縣武舉，康熙十六年任（永定知縣）」〔八〕卷八《職官志》記載相吻合。而《懷慶府志》〔六〕卷一九《選舉志》和《河内縣志》〔五〕卷七《選舉表》均載其「改官武定知縣。順治乙酉科武舉」。武定，元爲武定路。明洪武十五年三月爲武定府，領州二：和曲州、禄勸州，縣一：元謀縣〔九〕一一八二。清乾隆三十五年，降爲直隸州，領縣二：元謀縣和禄勸縣〔一〕二三五。也就是説，明清時期，根本就没有武定縣。故筆者認爲，顔佐科舉及出仕應以誌文爲准，方志在纂修時誤將丁酉記爲乙酉，將永定記爲武定。次子恒昌，即出繼胞弟崧生的月庵，候選教諭。娶孟縣甲戌進士貴州貴築縣知縣姚隨女爲妻。姚隨，誌載其「孟縣甲戌進士貴州貴築縣知縣」。而《貴陽府志》卻載「貴竹知縣，姚隨，歸德人，進士」〔一〇〕卷一〇《職官》，誤將姚隨記爲歸德人，可糾誤。《懷慶府志》〔六〕卷一七《選舉志》和《孟縣志》〔一一〕卷八《選舉》僅載其「康熙甲戌進士」，可補缺。

根據誌文記載，楊奮生有女四：長女嫁於河内丙戌進士、陝西關南道僉事范發愚曾孫爲妻。範發愚，誌載其「陝西關南道僉事」，而《河内縣志》〔五〕卷二六《先賢傳下》和《懷慶府志》〔六〕卷二一《人物志》均載其「順治丙戌進士，知廣靈縣」，未載其任「陝西關南道僉事」一職，亦可補缺。次女，嫁於河内丙戌進士、浙江慈溪縣知縣樊琳子邑庠生樊廷□爲妻。樊琳，《河内縣志》有「樊琳，知縣，康熙丙戌科（進士）」〔五〕卷七《選舉表》記載。《慈溪縣志》不僅有「樊琳，康熙五十二年九月任（知縣）」〔一二〕卷一六《職官上》，且專列其傳：「樊琳，字林玉，號月山，河南河内人，康熙丙戌進士，癸未秋來宰慈溪，爲政廉而不苛，勤而不擾，慈祥愷悌，一惟撫恤休養，外視之若柔，而其中剛毅不可犯，故人多不得遂其私。按雍正誌，琳嘗建慶安橋，又嘗於東鄉築閘蓄水，以溉民田，人名之曰樊公閘。在任九載，丁内艱歸，邑人爲之立去思碑。」〔一二〕卷三三《名宦傳》三女嫁於河内己卯舉人、南陽府舞陽縣教諭郭泰來子郭敏爲妻。郭泰來，河内人，誌文對其記載與《河内縣志》「郭泰來，舞陽教諭，己卯科舉人」〔五〕卷七《選舉表》記載完全一致。四女嫁於孟縣蔭生、湖南長沙府知府薛琳聲子貢監生薛清擢爲妻。薛琳聲，孟縣人，誌文對其記載與《清史稿》「長沙知府薛琳聲」〔一〕一〇〇九一及《孟縣志》「薛琳聲，清，湖南長沙府知府」〔一一〕卷八《選舉》記載吻合，可印證。

此外，誌文還記載了墓主楊奮生的孫子、孫女及曾孫名諱和婚嫁情況。

（四）墓誌撰、書人

根據誌文記載，墓誌撰文人係誥授通議大夫、巡撫甘肅寧夏等處地方贊理軍務兼理茶馬、兵部右侍郎兼都察院右副都御史加二級許容。墓志書丹人爲賜進士通議大夫、内庭供奉經筵講官、吏部左侍郎，仍兼管户部侍郎事加二級史貽直。墓誌篆蓋人爲賜進士光禄大夫、太子太保、保和殿大學士、户部尚書、兼理吏部尚書事加三級張廷玉。

許容，河南虞城人。康熙五十年舉人。歷任直隸口北道、陝西按察使兼管河東巡鹽御史、浙江布政使、甘肅巡撫、山西布政使、江蘇巡撫、湖南巡撫、湖北巡撫、内閣學士等職。《清史稿》有傳〔一〕一〇二九七～一〇二九九。值得一提的是，誌載許容「巡撫寧夏」，而《清史稿》未載，可補缺。許容在爲墓主人楊奮生撰寫誌文時官居通議大夫、巡撫甘肅、寧夏等處地方贊理軍務兼理茶馬、兵部右侍郎兼都察院右副都御史加二級。巡撫，從二品。掌宣佈德意，撫安齊民，修明政刑，興革利弊，考覈群吏，會總督以詔廢置〔一〕三三三六。雍正元年，定巡撫加銜制。由侍郎授者，改兵部右侍郎兼右副都御史銜〔一〕三三三六。

史貽直，字儆弦，江蘇溧陽人。康熙三十九年進士。歷任福建、兩江、湖廣、直隸總督，户、工、刑、兵、吏部尚書，文淵閣大學士等職。加太子太保銜。卒，贈太保，祀賢良祠，諡文靖。《清史稿》有傳〔一〕一〇四七四～一〇四七七。其爲墓主人楊奮生書寫墓誌時官居通議大夫、内庭供奉經筵講官、吏部左侍郎、仍兼管户部侍郎事加二級。吏部左侍郎，清康熙九年改正三品，雍正八年定從二品〔二〕三三七一。

張廷玉，字衡臣，號硯齋，安徽桐城人。康熙三十九年進士。歷任刑部左侍郎、禮部尚書、户部尚書、吏部尚書、文淵閣大學士、文華殿大學士、保和殿大學士、首席軍機大臣等職。加少保、太保銜，封三等伯爵位。先後任《親征平定朔北方略》纂修官，《省方盛典》《清聖祖實録》副總裁官，《明史》《四朝國史》《大清會典》《世宗實録》總裁官。死後謚號「文和」，配享太廟，是整個清朝唯一一個配享太廟的漢臣。《清史稿》有傳〔二〕一〇二三七～一〇二四〇。其爲墓主人楊奮生篆寫誌蓋時官居光禄大夫、太子太保、保和殿大學士、户部尚書、兼理吏部尚書事加三級。大學士，初制，漢員二品，雍正八年，并定正一品。大學士掌鈞國政，贊詔命，釐憲典，議大禮、大政，裁酌可否入告〔二〕三三六七。尚書，清康熙九年改正二品，雍正八年定從一品〔二〕三三七一。

從上述記載可以看出，許容、史貽直和張廷玉在爲楊奮生撰、書、篆墓誌時，已均爲三品以上大員，亦可謂當朝重臣，他們之所以聯手爲一個貤封從九品登仕佐郎的楊奮生撰、書、篆墓誌，主要緣於他們與楊奮生長子、也就是請銘者仕吏部司務廳司務楊子玉交情深厚，以及對楊奮生生前孝敬父母、友愛兄弟、教子有方等爲人處世的敬佩。正如撰文人許容在誌文開頭所寫：「余同選銓部司務子玉楊公，將以歲庚戌嘉平之廿日祔葬封翁於新阡□□，丐余誌其墓。余與楊公爲同里，而又交久，知之悉最，按狀而爲之誌。」

三、結　語

《楊奮生墓誌》簡要記述了墓主楊奮生的家世、生平及其妻、子情況，與柏鄉村楊帆家藏《楊氏家乘》相關記載可相互印證和補充。誌文通過具體事例，說明了楊奮生生前品性純樸篤實，孝敬父母，友愛兄弟，教子有方。尤其是其遵循的「勤、儉、慎」持家生活之道及教子嚴格遵守的「清、慎、勤」爲官理念，在當今社會仍具有重要的教育意義。

誌文所載墓主楊奮生及其子、孫婚嫁情況，反映了當時柏鄉楊氏家族的婚姻網絡關係及封建社會「門當户對」的婚姻觀念。

誌文所涉薛琳聲、顔佐、姚隨、範發愚、樊琳等人的科舉爲官情況，可與《清史稿》《懷慶府志》《河内縣志》《壽寧縣志》《孟縣志》《永定縣志》《貴陽府志》《慈溪縣志》等史書、方志相互印證和補充。

許容、史貽直、張廷玉作爲當朝三品以上大員，聯手爲一個貤封從九品登仕佐郎的楊奮生撰、書、篆墓誌，楊氏家族社會關係可見一斑。誌文所載撰文人許容、書丹人史貽直和篆蓋人張廷玉的官職、加銜、獎勵等資訊，不僅可與《清史稿》記載相互印證和補充，且對研究清代職官制度提供了可靠的實物資料。

参考文献

〔一〕（南朝宋）範曄《後漢書》，中華書局，一九六五年。
〔二〕趙爾巽等《清史稿》，中華書局，一九七七年。
〔三〕（清）趙廷璣《壽寧縣志》，清康熙二十五年刊本。
〔四〕黄立雲《康熙壽寧縣志注輯》，線裝書局，二〇一三年。
〔五〕（清）袁通《河內縣志》，清道光五年刊本。
〔六〕（清）唐侍陛《懷慶府志》，清乾隆五十四年刊本。
〔七〕（清）蔣基《永壽新志》，清乾隆五十八年刻本。
〔八〕（清）伍煒、賀世駿、許元善等《永定縣志》，清乾隆二十二年刊本。
〔九〕（清）張廷玉等《明史》，中華書局，一九七四年。
〔一〇〕（清）周作楫《貴陽府志》，咸豐二年朱德璲綬堂刻本。
〔一一〕阮藩濟等《孟縣志》，民國二十年刊本。
〔一二〕（清）馮可鏞《慈溪縣志》，清光緒二十五年刊本。

張紅軍　沁陽市博物館

（原載於《焦作師範高等專科學校學報》二〇一六年第四期）

清代郭奉欽墓誌考

郭奉欽墓誌銘現藏河南省沁陽市博物館，具體出土時間和地點不詳。該墓誌爲青石質，由誌蓋和誌石兩部分組成。誌、蓋均高七五厘米，寬八〇厘米，厚一二厘米。誌文楷書，豎三四行，滿行三〇字，計九三三字。誌蓋陰刻，篆書四行一五字：「皇清貤贈昭武都尉逸園郭公墓誌銘」。現録文標點并考釋如下。

一、墓誌録文

皇清例授奉直大夫候選布政司經歷　貤贈昭武都尉郭公逸園墓誌銘

誥授中憲大夫前分守山西河東平蒲解絳霍隰地方水利兵備道兼管山西陝西河南三省鹽法道署理山西布政使司山左邱縣劉大觀撰

誥授資政大夫兵部侍郎兼都察院右副都御史巡撫湖南提督軍務前署兩廣總督事太僕寺卿通政司參議山右興縣康紹鏞書丹并篆額

水北郭氏，結姻於平原張牧村觀察。余與觀察至戚也。遂因張氏論戚誼於郭氏需次通守字時齋者，殷勤余尤甚於其諸兄。以其季父昭武公行實，率其姪世極再拜乞墓銘。辭不獲已，乃按銘法，用述其生平大略焉。公諱奉欽，號逸園。受姓之始爲虢，蓋王季之穆。虢叔有懿德，文王咨焉，建國命氏。後以郭易虢。行誼功勳，代有偉人，不悉述。居河內以孝子稱者有郭巨焉。公始祖春，於洪武初造自洪洞遷河內。以丁蘭、郭巨同爲孝子，遂居於水北丁蘭巷。數傳至公祖之樑，讀書入成均。樑子訓，少遊太學，以煮字不能療饑，無以奉祭祀，竭供養，乃棄書習於貿遷。握算持籌，豐腴日用，是爲公之繼父也。公本生父諱誠，候選布政司理問，踐履端方，爲鄉閭推許。公事繼父，先意承志，恂恂稱子職。事本生父母，肫誠懇摯，亦復能得歡心。公兄弟三人，伯兄奉詔，仲兄奉恩，皆篤於友愛。公念其尊，甫不得已而棄書，非本志也。仰體先人意，取家藏舊書，刻苦研究，遂工舉子業。而數蹇，屢試不售。以明經需次布政司經歷。子維智，天姿疏朗，讀書有慧性，以體弱，先公兩年去世。公生於乾隆九年三月十五日辰時，卒於嘉慶九年六月初五日亥時，得壽六十有一。孫世極，納貲農部，例授都司。以國有慶典，貤贈公昭武都尉。公在時，嘗語人曰：吾郭氏以孝著名，所居丁蘭巷爲孝子故里。脫不講孝道，辱先人，并辱此土。念族黨無親疏遠近，皆出於一本一源，不敢忽視。其視猶子若己子，以養以教，本於慈懿。值歲歉，閭閻窮戚。曰：此父老子弟，吾先人之鄉鄰也。□鄉鄰，非先人意。日出粟數百斛，以生活之。嘉慶丁巳，懷慶修北城，發荒塚數十，累累見白骨。曰：此皆吾先人桑梓中人也。視暴骨不關心，吾何以對先人九泉之下。置楷器，斂骨瘞之。并諄諄屬從事：勿遺寸骸，勿男女錯雜，爲死者憾。其他濟人利物，諸盛德事，不可覼縷。凡此皆錫類之仁，以先人之志而繼於其身者也。維時築室落成，茁紫芝一莖，長尺許，熒然燦爛，數月不萎。郡中士大夫多有歌咏其事者。嗚呼！有君子之風矣。公配郝氏，慈孝勤儉，有賢德，貤贈恭人。側室馬氏、王氏。子一，維智，候選州同。孫一，世極，候選都司。曾孫守□□。以道光七年十一月十九日庚申，卜葬於郡城西北之祖塋，郝恭人祔焉。銘曰：□義若不及，是爲□也。勇以輔仁，下昌後之種也。太行之雲，時靉靆於其隴也。□穹柏翠，是爲逸園參軍之塚也。

二、墓主家世

誌云：「公諱奉欽，號逸園。受姓之始爲虢，蓋王季之穆。虢叔有懿德，文王咨焉，建國命氏。後以郭易虢。」王季，本名姬曆。是古公亶父的第三子、周文王姬昌的父親、周部族首領。穆，古代宗廟次序，父居左爲「昭」，子居右爲「穆」。《左傳・僖公五年》云：「大伯、虞仲，大王之昭也。大伯不從，是以不嗣。虢仲、虢叔，王季之穆也，爲文王卿士，勳在王室，藏於盟府。」[一]四七 虢叔，季曆第三子、周文王之弟、周武王之叔，封於西虢，虢叔被郭姓尊爲始祖。《新唐書・宰相世系表》記載：「郭氏出自姬姓。周武王封文王弟虢叔於西虢，封虢仲於東虢。西虢地在虞、鄭之間。平王東遷，奪虢叔之地與鄭武公，楚莊王起陸渾之師伐周，責王滅虢。於是平王求虢叔裔孫序，封於陽曲，號曰郭公。虢謂之郭，聲之轉也，因以爲氏。」[二]三一一四 由此可知，墓主名奉欽，號逸園，姓郭氏。誌云：「公始祖春，於洪武初造自洪洞遷河內。以丁蘭、郭巨同爲孝子，遂居於水北丁蘭巷。」洪洞，清时隸屬山西平陽府，位於府東北五十里[三]二〇三〇，即今山西省洪洞縣。河內，清隸屬河南懷慶府，爲府治所在地[三]二〇八二，即今河南省沁陽市。丁蘭，河內人，《二十四孝》中「刻木事親」的男主角。在沁陽市懷慶辦事處水北關村有丁蘭巷，內有「漢孝子丁蘭故里」碑一通。碑正面正中豎刻楷書「漢孝子丁蘭故里」七個大字，右側爲丁蘭刻木事親故事：「丁蘭少喪母，刻木爲像，事之，定省不怠。鄰人張叔從蘭妻稱貸，蘭□告□□，像□不悦，不以借之。叔醉罵木像，以杖扶其首。蘭還，見木像色不懌，□問故，妻具以告蘭，即木擊張叔。吏捕蘭，蘭辭木像去，木像爲垂涕。郡縣以聞，詔□其像。」左側爲立碑時間和刻石人：「大清乾隆五十二年季春穀旦，河北鎮方城王普勒石。」[四]一四九 郭巨，字文舉，《二十四孝》中「埋兒奉母」的男主角。《河內縣志》卷十八《古跡志》載：「郭巨墓在府城北沁水北岸。」[五]《勾漏山房詩》有詩云：「自從漢室推雙孝，誰向懷州繼兩公。聯語空存祠宇壞，遺基猶在泮宫東。」詩注：「漢丁蘭、郭巨，皆吾邑人。舊有二孝子祠，在河內縣學宫之左。乾隆辛巳没於沁水之災，今僅存大門一間。」[六]元朝末年，統治者橫徵暴斂，民不聊生，中原一帶群雄割據，戰亂頻繁，加之黄河決口，連年災荒，造成「生民百遺一，千里無雞鳴」的慘景。而這時候的山西，卻是另外一種景象，相對顯得安定，風調雨順，連年豐收，較之於相鄰諸省，山西經濟繁榮，人丁興旺。再者，外省也有大量難民流入山西，致使山西成了人口稠密的地區。朱元璋創建明朝後，爲了鞏固新的政權，發展經濟，增强國力，根據當時國家的現實狀況作出了一個大的決策——「移民屯田，開墾荒地」。明朝在洪武、永樂年間，曾數次從山西一帶向中原地區移民，恢復農業生産。由於洪洞縣位於晉南，靠近中原，便於遷徙，故多次組織當地「有丁無田」或「丁多田少」的農户遷籍。而懷慶府河內縣位於河南西北部，與山西交界，首當其衝成爲山西移民遷徙之地。《沁陽市志》第三篇「人口民族」第二章「姓氏」載：元末明初，由於戰亂災荒，沁陽縣民死亡流離，境內人煙稀少，土地荒蕪。明洪武年間，遷徙山西洪洞等縣大批移民於沁安家落户。今沁陽姓氏結構中，以洪洞遷民後裔之姓爲主體，約占全縣總户數的百分之八十以上[七]八五。墓主郭奉欽的祖先郭春作爲移民大軍中的一員，於明洪武初年從山西洪洞移居河南懷慶府河內縣，因丁蘭、郭巨同爲孝子，於是便在漢孝子丁蘭故里水北關丁蘭巷安家落户。

關於墓主祖上情況，史書、方志均無記載。根據誌文記載和河南省沁陽市博物館館藏墓主次兄郭奉恩墓誌銘《皇清誥贈昭武都尉候選州吏目榮昌郭君墓誌銘》「君諱奉恩，字榮昌，姓郭氏……君世居河內水北關丁蘭巷。曰永例，監生、贈承德郎者，君曾祖也。曰之棵，封奉直大夫者，君祖也。曰誠，候選布政司理問、贈中憲大夫者，君考也」〔八〕之記載可知，曾祖郭永例，監生，即國子監學生，死後獲贈承德郎，正六品〔三〕三二七三。祖父郭之棵，讀書入成均，獲封奉直大夫，從五品〔三〕三二七三。生父郭誠，候選布政司理問，即承宣布政使司理問所理問，掌推勘刑名，從六品〔三〕三三四六，死後獲贈中憲大夫，正四品〔三〕三二七二。墓主郭奉欽弟兄三人，上有長兄郭奉詔，次兄郭奉恩。可能是因爲其父郭誠的同胞兄弟郭訓膝下無子，墓主郭奉欽被過繼給郭訓爲子。繼父（即養父）郭訓，年輕時遊學於太學，因爲玩味文字不能解餓充饑，致使没有什麼可用來祭祀祖先和奉養父母，於是就放棄讀書而從事販運買賣。握算持籌，豐腴日用。至此可將墓主郭奉欽的家族世系排列如下：

郭春（始祖）……郭永例（曾祖）—郭之棵（祖）—郭誠（生父）郭訓（繼父）—郭奉欽。

三、墓主生平

墓主郭奉欽史書無載，志書記載甚簡，僅在《河内縣志》卷七《選舉表》（附例貢）有「（例貢）郭奉欽」〔五〕之記載。根據誌文記載可知，墓主郭奉欽生於乾隆九年（一七四四）三月十五日辰時。奉欽與奉詔、奉恩弟兄三人篤於友愛，起初出於對二位兄長尊敬的考慮，奉欽不得已放棄學業，但這不是他本來的意願。誌云：「仰體先人意，取家藏舊書，刻苦研究，遂工舉子業。而數蹇，屢試不售。以明經需次布政司經歷。」仰體，體察上情。工舉子業，即專攻於科舉。明經，漢朝選舉官員的科目，始於漢武帝時期，至宋神宗時期廢除。被推舉者須明習經學，故以「明經」爲名。明代以後，士大夫雅稱貢生爲明經。需次，舊時指官吏授職後，按照資歷依次補缺。布政司經歷，即承宣布政使司經歷司經歷，正六品，掌出納文移〔三〕三三四六。奉欽體察先人的意願，取出家中所收藏的舊書，刻苦研究，專攻於「舉子業」。然而事情總是不順利，多次參加考試都没有考中。最後，以貢生身份候補承宣布政使司經歷司經歷。奉欽侍奉繼父，先意承志，恂恂稱子職。侍奉親生父母，肫誠懇摯，亦復能得歡心。墓誌載他曾對人説：「吾郭氏以孝著名，所居丁蘭巷爲孝子故里。脱不講孝道，辱先人，并辱此土。」同族親屬在他心中没有親疏遠近，都出於同一祖先，對誰都不敢忽視。他對待兄弟之子就像對待自己的親生子女一樣，用慈愛和真心進行撫育和培養。遇到年景歉收，平民百姓生活窘迫。奉欽説：這些父老子弟都是我先人的同鄉鄰居，鄉鄰受饑餓，不是先人的意願。於是「日出粟數百斛」，使他們得以生活下去。誌云：「嘉慶丁巳（嘉慶二年，公元一七九七年），懷慶修北城，發荒塚數十，累累見白骨。」據《河内縣志》卷十六《營建志》記載，懷慶府城即古野王城，元至正二十年重建，明洪武元年重築……清順治十二年、康熙十七年、雍正七年、乾隆六年等均有修葺〔五〕。但對誌文所載「嘉慶丁巳懷慶修北城」事宜未作任何記載，其他志書亦未發現相關記載，故可補志書記載之缺。面對因修城被挖的數十座荒塚中暴露在外的累累白骨，奉欽説：這都是我先人家鄉的人，對他們暴露在外的屍骨漠不關心，怎麼對得起九泉之下的先人呢？於是便購買小棺材，收集他們的屍骨，重新埋葬。他還懇切地囑咐斂骨人員，不要遺留一寸骨頭，不要男女交錯混雜在一起，使死去的人失望。其他濟人利物，不能一一詳述。所有這些都是以善施及衆人的仁愛之舉，是先人遺志在墓主郭奉欽身上的繼承。當時墓主奉欽的房舍剛落成，上面便長出一莖靈芝，長一尺左右，螢光燦爛，數月不萎。懷慶府很多士大夫歌詠其事，都盛讚墓主奉欽有君子之風。嘉慶九年（一八〇四）六月初五日亥時，奉欽卒，享年六十有一。誌云：「孫世楹，納資農部，例授都司。以國有慶典，貤贈公昭武都尉。」例授，循例授官。清制封典，朝廷按照定例授予官爵：授給本身者爲例授；因推恩而授給本人曾祖父母、祖父母、父母及妻之存者爲例封，其歿者爲例贈。貤贈，謂將本身和妻室封誥呈請朝廷移贈給先人。墓主奉欽的孫子世楹，因納資農部，朝廷按照慣例授予他都司。後遇國家慶典，世楹將自己的封誥昭武都尉，呈請朝廷移贈給祖父——墓主郭奉欽。都司，正四品，所掌視參、游（掌防汛軍政），充副將中軍官〔三〕三三九九。昭武都尉，武散官名，正四品〔三〕三二八六。道光七年（一八二七）十一月十九日庚申，卜葬於懷慶府城西北之祖塋，與元配郝恭人合葬。

四、墓主妻、子情況

關於墓主郭奉欽妻、子的情況，誌文記載甚簡，僅有「公配郝氏，慈孝勤儉，有賢德，貤贈恭人。側室馬氏、王氏。子一，維智，候選州同。孫一，世楹，候選都司。曾孫守□□。」恭人，四品命婦封號〔三〕三三七三。根據誌文記載可知，墓主元配郝氏貤贈恭人，這與前文墓主貤贈昭武都尉相對應。孫子世楹在將自己的封誥移贈給祖父、也就是墓主郭奉欽的同時，懇請朝廷將給予妻子的封誥恭人移贈給祖母郝氏。元配郝氏及側室馬氏、王氏的具體家世、生平，誌文未載，不可而知。

根據誌文記載可知，墓主郭奉欽只有一子，名叫郭維智，候選州同知。候選，清制，內自郎中、外自道員以下官員，凡初由考試或捐納出身及原官因故開缺依例起復，皆須赴吏部報到，開具履歷，呈送保結。吏部查驗屬實，允許登記後，聽候依法選用，稱候選。州同知，從六品〔三〕三三五七。有孫一，名世楹，候選都司。曾孫的名字因墓誌風化難以辨認。

五、墓誌撰文、書丹人情況

根據誌文記載可知，郭奉欽墓誌銘由誥授中憲大夫，前分守山西河東、平蒲、解絳、霍隰地方水利兵備道，兼管山西、陝西、河南三省鹽法道，署理山西布政使司、山左邱縣劉大觀撰文；誥授資政大夫、兵部侍郎兼都察院右副都御史、巡撫湖南提督軍務、前署兩廣總督事、太僕寺卿、通政司參議、山右興縣康紹鏞書丹并篆額。《清史稿》載：「封贈，階十有八：正一品授光禄大夫，從一品授榮禄大夫，正二品授資政大夫，從二品授奉政大夫，正三品授通議大夫，從三品授中議大夫，正四品授中憲大夫，……俱授敕命。」〔三〕三三七二～三三七三由此可知，中憲大夫和資政大夫均爲封贈官階，分別爲正四品和正二品。道員，正四品〔三〕三三五二。兵部侍郎，同吏部侍郎，從二品〔三〕三三七一。太僕寺在清代爲中央政府管理馬政機構，其最高長官爲太僕寺卿，從三品〔九〕。通政司參議，正五品〔三〕三三〇七。山左，指山東。山右，指山西。邱縣，清时隸屬山東臨清直隸州，位於府西南八十里〔三〕二〇五三，即今河北省邯鄲市邱縣。興縣，清时隸屬山西太原府，位於府西北四百里〔三〕二〇三，即今山西省吕梁市興縣。劉大觀，字正孚，號松嵐，山東臨清州邱縣人。乾隆丁酉拔貢。初仕廣西永福縣令，署理馬平，調補天保。丁憂，服闋，先委治承德，旋補開原縣知縣，陞寧遠州知州，捐任山西河東兵備道，兼管山、陝、河南三省鹽務，署山西布政使。罷官後，寓居懷慶府，直至終老王屋山，得壽八十有二。《清史稿》有嘉慶十四年（一八〇九）「山西署布政使劉大觀劾前任巡撫初彭齡任性乖張，（托津）偕侍郎穆可登額往按，彭齡、大觀俱被嚴議」之記載〔三〕一一〇三。光緒丁亥（一八八七）版《山西通志名宦録》（四）載：「劉大觀，字正孚，號松嵐。山東邱縣人，由拔貢累官河東兵備。嘉慶十一年，鹽政改商運，與藩司金應琦悉心籌畫，招徠得宜，一時稱便。十四年，金陞巡撫，旋以疾乞假。侍郎初彭齡來攝撫事，性煩奇，以整飭吏治爲名，陰排金代其位。川北道劉清方以平賊功洊擢晉藩，甫兩月，即被劾去。州縣掛彈章者累累，有迫辱至自殺者。明年大觀調署布政，乃摭其任性妄爲，前後糾參不實諸款奏之。時初已改授陝撫矣，仍召歸。大觀亦被議落職。不以爲忤也，時論偉之。」〔一〇〕三八河南省濟源市博物館藏清代賜進士出身、誥授中憲大夫、晉封通議大夫、前翰林院編修、掌山東道監察御史、河南彰德知府、長洲八十八叟吴雲撰寫的劉大觀墓誌銘《皇清誥授中憲大夫、山西分守河東兵備道、兼管鹽法事劉使君墓誌銘》〔一一〕，對劉大觀的家世生平作了較爲詳細地記載。

康紹鏞，字蘭皋，山西興縣人。嘉慶進士。曆官鴻臚寺少卿，安徽、廣東、廣西、湖南巡撫，禮部侍郎。嘉慶十八年（一八一三）河南滑縣天理教起事，進呈畿輔、山東、河南地形險易、將帥賢否、各鎮兵籍册。後修築宿州、無爲州堤堰，密陳各省陋規雜税，道光十四年（一八三四）卒。《清史稿》有傳〔三〕一一六二九～一一六三一。

六、墓誌撰文人劉大觀與墓主郭奉欽的關係

誌云：「水北郭氏，結姻於平原張牧村觀察。余與觀察至戚也。」平原，即山東布政使濟南府平原縣，位居府西北百八十里〔三〕二〇四八。今縣名猶存，爲山東省德州市轄縣。觀察，爲清代對道員的尊稱。唐代中葉後，於未設節度使的各道設「觀察使」，爲州以上的長官。清分守道轄一省内若干府、縣，分巡道轄一省内某一專門項目，其地位類似唐之觀察使，後人因爲分守、分巡道員也管轄府州，就借用以尊稱道員。張牧村名張翶，字叔舉，號牧村，乾隆丁酉（一七七七）舉於鄉，甲辰（一七八四）進士，曆官懷慶府知府、河北兵備道、河南糧儲鹽法道、光禄寺少卿等。《續修平原縣志》卷十《人物》載：「張翶，字叔舉，號牧村。沉毅果敢，不苟言笑。以優行貢成均，乾隆丁酉舉於鄉，甲辰成進士。由庶起士歷任清要，三充同考，三主鄉闈，得人最盛。出守河南懷慶府，境故多盜，有殘殺七命，燒毁滅跡者，不一月而案成。境臨大河，沁黄爲患。外捍洪波，内安災黎，捐修捐賑，民賴以輯。擢糧儲鹽法道。值汴饑，滑匪滋事，通省之米，聚於楚旺，無城池兵役練勇，輯民人歸如市，賊不敢犯。滑界有大小鐵梁村，傳聞匪徒趙得隴匿跡其間，易服偵實，不擾一人。沿途難民多棄幼孩，使人收養，十人賃一嫗，撫之全活，幾兩千人。屢署臯篆，出入平反，多所矜全。押運九次，以勞致疾。内補光禄寺卿，以疾卒於家。」〔一二〕二七一現藏於山東省德州市平原縣翰林院工藝門市部張廣峰先生家的光緒年間刻本《張氏族譜》載：「張翶，字叔舉，號牧村，又號一村。乾隆乙酉（一七六五）優貢，丁酉舉人，甲辰進士，翰林院庶吉士，授檢討，兼辦院事，文淵閣校理，充武英殿校録，實録館提調，國使館纂修，上書房

行走。乾隆戊申（一七八八）陝甘副考官，壬子（一七九二）順天鄉試同考官，甲寅（一七九四）貴州副考官，乙卯（一七九五）雲南正考官，嘉慶丙辰（一七九六）恩科會試同考官，己未（一七九九）會試同考官，詹事府左春坊左贊善，右春坊右中允，河南懷慶府知府，署河北兵備道，欽加道銜，欽命河南糧儲鹽法道，署理按察使司按察使，光禄寺少卿，誥授中憲大夫，以次孫張敷贈通奉大夫。配宋氏，繼蕭氏，誥封恭人，晉贈夫人。」[一三]嘉慶壬申（一八一二），懷慶府河内縣天寧寺主持比丘道源對寺内天寧寺三聖塔進行修葺時，在基座入口上方鑲青石横額一塊，偏右横向陰刻楷書「中天一柱」四個大字。其左邊豎刻落款「欽加道銜知懷慶府事平原張翿題」。「翿」字，《康熙字典》注其音「增」[一四]九五九。而在《「『中天一柱』三聖塔」系列之三「三聖塔」緣何名曰「三聖」》一文中，卻有「清朝嘉慶年間重修三聖塔，『欽加道銜知懷慶府事平原張甑』在塔身最爲顯要的部位，鑲嵌了一塊青石，上刻『中天一柱』四個行書大字」之記述，誤將「翿」字記爲「甑」字[一五]。根據誌文記載可知，墓主郭奉欽家與平原張牧村爲姻親，墓誌撰文人劉大觀與平原張牧村爲最親近的親屬。關於郭家與張家的姻親關係，據墓主次兄郭奉恩墓誌《皇清誥贈昭武都尉、候選州吏目、榮昌郭君墓誌銘》「誥授朝議大夫、候選知府、外孫壻、平原張敷頓首拜篆盖」之記載可知，候選知府、平原縣張敷爲郭奉恩的外孫女婿，而張敷又爲張牧村的次孫，也就是説郭奉恩的外孫女嫁與張牧村的次孫張敷爲妻。關於劉大觀與張牧村的至親關係，在劉大觀撰寫的《候選直隸州同知、河内任君墓誌銘》中有「任君與河南督糧觀察張牧村先生爲姻親，余爲牧村妹婿」[一六]之記載，説明劉大觀爲張牧村的妹婿。這樣一來，通過平原張牧村，墓主郭奉欽家與劉大觀自然也成了親戚。於是誌文便有「遂因張氏論戚誼於郭氏需次通守字時齋者，殷勤余尤甚於其諸兄。以其季父昭武公行實，率其侄世楹再拜乞墓銘」。需次，舊時指官吏授職後，按照資歷依次補缺。通守，這里指清各府通判的俗稱。行實，猶行狀，記述死者生平事蹟的文章。《皇清誥贈昭武都尉、候選州吏目、榮昌郭君墓誌銘》載：「子二：維禮，候選都司。……維信，戊辰科副榜，候選通判。」[七]由此可知，誌文所載「郭氏需次通守」指的是墓主郭奉欽的侄兒郭維信，字時齋。《河内縣志》有「郭維信，戊辰科（副榜貢生）」[五]之記載。該墓誌銘正是墓主郭奉欽的侄兒候選府通判郭維信，通過與平原張牧村的姻親關係，率其侄兒、也就是墓主郭奉欽的孫子世楹，帶着記述墓主郭奉欽生平事蹟的文章，乞求劉大觀撰寫的。

七、結　語

郭奉欽墓誌銘的出土，爲了解和研究郭奉欽的家世、生平及妻、子情况提供了可靠的實物資料。誌文所載「公始祖春，於洪武初造自洪洞遷河内」，反映了明洪武年間洪洞移民這一重大歷史事件。誌文所涉資政大夫、中憲大夫、奉直大夫、兵部侍郎、兵備道、鹽法道、太僕寺卿等官職名稱，以及誥授、例授、候選、需次、貤贈等封贈官階專用詞語，有助於了解和研究清代的科舉制度和職官制度。誌文所載平原縣張牧村及墓誌撰文人劉大觀、書丹人康紹鏞所任官職，與史書、方志可相互印證和補充。誌載「嘉慶丁巳，懷慶修北城」一事，爲方志所未載，可補缺。誌文所載墓主郭奉欽與平原張牧村、邱縣劉大觀之間的姻親關係，有助於清代社會制度、尤其是婚姻制度的研究。

參考文獻

〔一〕（春秋）左丘明《左傳》，吉林大學出版社，二〇一一年。
〔二〕（宋）歐陽修等《新唐書》，中華書局，一九七五年。
〔三〕（民國）趙爾巽等《清史稿》，中華書局，一九七六年。
〔四〕沁陽文物編輯委員會《沁陽文物》，中州古籍出版社，二〇〇八年。
〔五〕（清）袁通《河内縣志》，道光五年刻本。
〔六〕（清）范照黎《勾漏山房詩》，嘉慶辛未年。
〔七〕沁陽市地方史志編纂委員會《沁陽市志》，紅旗出版社，一九九三年。
〔八〕（清）毛樹棠《皇清誥贈昭武都尉候選州吏目榮昌郭君墓誌銘》，道光十七年，現藏河南省沁陽市博物館。
〔九〕蘇亮《清代太僕寺述略》，文學界（理論版），二〇一一年第一期，九一～九三頁。
〔一〇〕（清）曾國荃等《山西通志》，光緒丁亥年刻本。
〔一一〕（清）吴雲《皇清誥授中憲大夫山西分守河東兵備道兼管鹽法事劉使君墓誌銘》，道光十五年（一八三五），現藏河南省濟源市博物館。
〔一二〕（民國）曹夢九、趙祥俊《續修平原縣志》，一九三五年。
〔一三〕《張氏族譜》，光緒十八年，現藏山東省德州市平原縣翰林院工藝門市部張廣峰先生處。
〔一四〕中華書局編輯部《康熙字典（檢索本）》，中華書局，二〇一〇年。
〔一五〕於茂世《中天一柱三聖塔系列之三三聖塔緣何名曰三聖》，《大河報》二〇〇九年十月二十一日。
〔一六〕（清）劉大觀《候選直隸州同知河内任君墓誌銘》，《玉磬山房文集》，劉大觀研究會影印，二〇〇八年。

張紅軍　沁陽市博物館

（原載於《焦作師範高等專科學校學報》二〇一四年第一期）

清臺灣淡水同知曹謹墓誌評介

康熙二十三年（一六八四），清在臺灣設臺灣府，下領臺灣、鳳山、諸羅三縣，隸於福建省，從大陸派遣官吏，對臺進行政治和經濟管理。不到二百年，臺灣便發展成一個比較先進的地區。然而，清朝官吏如何治理臺灣，卻因史籍缺乏記載，鮮爲人知。新出土的清臺灣淡水同知曹謹墓誌，給人們提供了一份瞭解清朝官吏如何治理臺灣的好材料。

曹謹，《清史稿》雖有專傳，但所記卻甚爲簡略。墓誌與此不同，它記録曹謹生平、仕宦甚詳。所記曹謹治理臺灣事迹，亦遠較史傳豐富。

據載：曹謹，字懷樸，號定菴，河南河内縣（今沁陽市）人。嘉慶丁卯年（一八〇七），以第一人舉於鄉，受到主試官的賞識。後因會試不第，以大挑第一分發直隸。歷任平山、曲陽、饒陽、寧津等縣縣令，皆得民心。道光五年（一八二五），補威縣。旋調豐潤，以被議落職。復官，發福建署將樂，又以失察邪教被劾。道光十六年（一八三六），署閩縣。不久，「制府以公（曹謹）廉能，補（臺灣）鳳山縣」。直到道光二十二年（一八四二）被免職離臺，前後在臺約六年。這六年，既是曹謹個人仕途的頂峰，也是臺灣本土求安定、思建設、抵抗外寇、保衛家園的關鍵時刻。曹謹爲臺灣所作貢獻，據誌記載，大致有三：

其一，安撫移民。曹謹以他過去治閩的經驗，穩妥處理淡水内外大陸漳、泉二州移民間的械鬥，既安撫了移民，又保證了地方的安定。淡水位於臺灣西部，「東接生番，南鄰彰化，北抵噶瑪蘭，西臨大洋」。明末清初，大陸東南各省人民遷臺，福建約占五分之四，其中又主要爲漳、泉二州人。他們多數分佈在彰化和淡水，由於鄰近，常爲一些利益爭鬥仇殺。然而以往的地方官又不努力調解，以致歲月流淌，結怨益深。乾隆年間，就曾激發有名的林爽文起義。曹謹痛感其弊。誌稱：「當公（曹謹）在淡水時，彰化械鬥，淡境之漳、泉人亦懷疑慮，結隊厲鋒刃，爲交鬥計。」曹謹極重視其事。他先「急捕其妖言惑衆者，置之法」。然後親率鄉勇巡察，又親「駐彰、淡界之大甲鎮，彈壓之」。等到局面可以控制，他再從實際情況出發，對械鬥雙方曉之以理，使雙方最終消除嫌隙。「彰化人相約不犯淡境，淡之漳、泉人亦各釋械去。」誌稱：「淡北七百餘里得安堵，公之力也。」并非過譽。

其二，興修水利。曹謹參與臺灣治理，深知興修水利是發展經濟的重要基礎。鳳山地處臺灣南部冲要，曹謹上任前，正值連年受災，米珠薪桂，民不聊生。而貪官污吏結黨營私，流氓地痞趁火打劫，人民雪上加霜，更爲困苦。曹謹上任後，先「巡行境内，問民疾苦」。然後「緝盜捕賊，剔弊除蠹，順民之欲」。等到秩序穩定，曹謹以爲：「弭盜莫如足食，足食莫如興水利。」鳳山東南舊有淡水溪。曹謹會同地方官員進行實地勘察，先擬定「啓、閉、蓄、泄之法」。計劃完成，誌稱：「於是度地鳩工，由九曲塘穿池以引溪流。築埤導圳，凡掘圳四萬三百六十丈有奇，可灌田三萬一千五百畝有奇，可收早稻十五萬六千六百餘石。」并「設圳長經理之」。後來，「郡守六安熊公親勘視，大喜，名之曰曹公圳」，且「爲文刊石紀其事」。曹謹以「治績尤異」，擢陞淡水同知，此爲其原因之一。

其三，抵抗外寇。清代以來，美麗富饒的臺灣島一直爲英、法、美、日等列强所覬覦。特别是在第一次鴉片戰争期間，英國侵略者曾多次侵犯臺灣的基隆、淡水等地。臺灣人民組織四萬多人的義勇隊配合清軍抗擊英國侵略者。曹謹身爲守島官員，不僅是這些戰役的參加者，而且是這些戰役的組織指揮者。他運用自己的聰明才智，把握機會，靈活出擊，爲抗擊英國侵略者，發揮了積極的作用。一八四一年八月，英軍攻陷廈門後，曹謹即在臺灣淡水積極「查保甲，練鄉勇，爲禦酉備」。九月，英國軍艦侵犯「雞籠（基隆）口」，曹謹先嚴令當地漁船進港聽用，以「絶其嚮導」。然後「懸重賞，擒夷鬼」。當地漁民深知曹謹「刑賞素信，踴躍争赴」。英艦見狀，驚慌躲避，結果「觸石船壞」。臺灣軍民趁機出擊，是役「擒夷鬼百二十四人」。九月，英國侵略者再次侵犯淡水，又被曹謹率領當地軍民擊退。一八四二年初，英國軍艦又至淡水南口外。曹謹組織鄉勇，設伏於土地公港口，命漁船誘英艦進港，然後「突出擊之」。英艦「復驚擾」，觸礁擱淺。曹謹又命兵勇趁機邀擊。是役「俘漢奸五，白夷四十九人」。至此，英國侵略者侵犯臺灣，均以失敗告終。而曹謹的威名，亦使侵略者聞風喪膽。

綜觀曹謹在臺灣的治績，可知曹謹不僅是個難得的能吏，也是個難得的良將。這樣的人才，在晚清可以説是不多見的。但在腐朽懦弱的晚清政府統治下，這樣的人才卻往往難逃厄運。一八四二年八月，鴉片戰争失敗，晚清政府與英國侵略者簽訂不平等的中英《南京條約》，被迫釋放被俘的英軍，懲辦抗英有功的將領。曹謹亦因英國「控訴」，被「奪花翎，注銷所陞官階」。返鄉後，鬱鬱而終。在他被迫害奪級時，亦表現出錚錚鐵骨、落落襟懷。誌記，總督怡公（良）奉命勘察其案，知曹謹剛直無他腸，謂曰：「事將若何？」曹謹答道：「但論國家事若何。某官可不做，人要做。若罪應任者，甘心當之。但百姓出死力捉賊，不宜有所負。」怡公嘆道：「好漢！好漢！」

曹謹生於乾隆五十二年（一七八七），卒於道光二十九年（一八四九）閏四月十八日，享年六十三歲。以咸豐二年（一八五二）六月二十四日葬於河内南郭外祖塋。卒後三年，正值鴉片戰争失敗十年之際才入土安葬，未嘗没有深意。一代能吏兼良將，爲國家，爲臺灣，如此死不瞑目，豈不令人感傷！

任昉　故宫博物院

（原載《團結報》一九九四年十二月十四日第二版）

清代李家駿墓誌考

二〇一二年三月，河南沁陽市文物局在進行文物調查時，於該市紫陵鎮王村徵集到一方清代墓誌，蓋佚。墓誌形制較大，呈長方形，青石質地，長一三〇厘米，寬四四厘米，厚一一厘米，誌石陰刻界格，誌文楷書六〇行，滿行二六字，計一四〇〇餘字，保存完好。現收藏於沁陽市博物館。本文就誌文所涉及的相關問題略作考述，以求教於各位方家。

一、墓誌録文

皇清例授奉直大夫誥贈朝議大夫晉贈通奉大夫太醫院御醫李公暨德配例贈宜人誥贈太恭人晉贈太夫人李夫人例封宜人誥贈太恭人晉贈太夫人許夫人誥封太恭人晉封太夫人孟夫人合葬墓誌銘

中憲大夫道銜江蘇候補知府衡山愚侄王香倬頓首拜撰并書丹篆蓋

公諱家駿，字金門，一字伯聲，號芝農，河南河内人。祖執中公，敦本尚實，不事浮華。父位西公，見義必爲，好行其德均以公暨，公仲子貴贈如其官。公生而穎異，讀書必求根柢，通經史諸子百家，年十七補博士弟子員，人皆以大器期之。先是公伯父位東公作宰江南，潔己愛民，常罄家財以濟官用，殁于任所，貧幾不能歸，葬泊析箸時，遂無以繼饘粥矣。又以屢蹶棘闈，禄養無期，喟然曰：「學以有益於人爲大。」範文正公言：「不爲良相，必爲良醫。」」陸宣公亦云：「醫爲活人之一術，苟有益於人而有以養吾親，何必科名哉？」」於是，潛心於《靈素内經》，參貫于漢唐宋金諸家，以醫病者輒隨劑□愈，轍跡所至，如豫之義川，晉之長平、陽邑，浙之吴寧、長山，有衆醫束手、得公一方而生者不可勝數。晚乃游京師，供奉於太醫院，由醫士薦陞御醫。總理尚書奕公紀深知公，奏請特開醫學館派充教習。公於醫本精博而又訓誨諄勤，數年之間，門徒深曉醫意者十餘人。方欲以公掌院事，而奕公以事罷，公亦旋卒。公之少也，聞同邑夏用九先生講濂洛之學，欣然負笈，家中落不能具束脯。先生飲食而教誨之，以爲誠篤可任道者，同門中惟公一人而已。先生之學以躬行實踐爲歸，絶不標榜理學之名，而懷州先儒許魯齋、何柏齋兩先生外罕有倫比。公深得力于先生之學，以誠爲禮，以恕爲用，事親處昆弟極懽盡愛，人無間言，嘗慕昔賢義田贍族之舉，有志未逮，家無餘資而性樂賑施，惟恐不及。所交多當時賢士大夫，如許魚泉，學士李春皋，閣學原霽山，水部功舫亭侍郎武豹，南程春嵐雨廉訪田湫芳、顧謁庭兩觀察，皆與訂莫逆交。待人胸無城府而坦直不阿，遇有急難無不赴者。嘗謂其子曰：「人當盛時何須於我，緩急可恃乃真友也，汝其志之。」蓋公之所存，嘗欲大設施於天下，大者既不得，試已試乃其小者耳。公耄而好學，年七十猶手不釋卷，書法得平原、襄陽之髓，臨池染翰，終日無倦容，故造詣尤深。公樸素性成，不飾外觀，嘗乘驢車詣病者家，不冀其謝至；鄉人在京師者，雖僕役賤人苟有疾，視之無間晨夜，非性情純篤而學有本原，曷能如斯之求仁不懈耶？公殁數年，而公之仲子炳濤與香倬同游于曾文正公門下者，殆逾十載，得熟悉公之行誼。炳濤承名父之余資，屢典大郡，循聲遍東南，其仕方曰進。而伯子炳軾，樸厚亦似古人，性恬，退泊于榮利，居鄉排難解紛，有陳太叩之風焉。孫曾輩頭角嶄然，科名繼起，所謂德門餘慶，食報固未有艾云。所著有《醫學困勉録》《説醫晬語》《崇志堂醫課》暨有《真意軒詩》存。公生於乾隆四十一年十一月三十日巳時，卒于道光二十六年十一月初三日申時，春秋七十有二。元配李夫人，夙嫻姆教，得舅姑歡，生於乾隆三十九年七月十五日午時，卒於乾隆五十九年八月十七日午時，春秋二十有一。繼配許夫人，柔順婉愉，持家有法，生於乾隆五十年八月初十日丑時，卒于咸豐四年正月二十七日酉時，春秋七十有一。孟夫人高明整肅，有慈有威，自炳濤攝令山桑，只奉板輿由蒙亳移守潁廬。十餘年間，所至與民休息，得之姆教居多；光緒三年十一月二十三日酉時以微疾終於廬州府署，距生於嘉慶元年十月二十九日辰時，春秋八十有二。子三人，長炳軾鹽提舉銜，湖北候補通判，前任太醫院吏目官。次炳濤，花翎鹽運使銜，安徽廬州府知府。三炳堃，幼慧早逝。女二，孫七人。恩礽五品藍翎，河北鎮標即補把總。恩福河内縣學生員。恩祥丙子科舉人，户部廣西司主事。恩祁、恩祜、恩祐、恩禧。孫女六。曾孫六人，國基、開基、元基、慶基、樹基、承基。曾孫女四。光緒四年正月，炳軾以聞訃哀毁遘疾遽卒。三月炳濤奉孟夫人柩歸，六月十三日合葬於安泉之北原。

銘曰：

行陽沁澳，氣盤簇重掩坱。軋待公下，宜爾子孫世式穀。

光緒四年歲次戊寅六月　建

二、李家駿生平家世

關於墓主家世情況，史書、方志均無記載。墓誌所載僅寥寥數語：「祖執中公，敦本尚實，不事浮華。父位西公，見義必爲，好行其德均以公暨。」沁陽《王范村李氏家譜》和李氏宗祠内清嘉慶五年（一八〇〇）「明故六世祖諱隆之墓」碑記載甚詳：「始祖天才，于明洪武二年由山西洪桐縣遷至河南河内王范村卜居。」河内，明、清时隸屬河南懷慶府，爲府治所在地，即今河南沁陽市。根據家譜和碑文記載可將墓主李家駿的家族世系排列如下：

李天才（始祖）……李瑸（曾祖）—李克允（祖）—李位西（父）—李家駿。

墓主李家駿不見於史籍。據誌文記載，「李家駿，字金門，又字伯聲，號芝農，河南河内人，即今河南沁陽人。生於乾隆四十一年（一七七六）十月三十日巳時，卒于道光二十六年（一八四六）十一月初三日，享年七十二歲。

據誌文言，李家駿「年十七補博士弟子員，人皆以大器期之」。根據古代科舉制度，弟子員跟着自己的博士學習，可住於教師住處，博士弟子員成績優秀者可授予官職，清代的弟子員是指生員。因此，鄉鄰都對其未來的仕途「寄以厚望」。

誌文提到其伯父李位東「作宰江南，潔己愛民，常罄家財以濟官用，歿于任所，貧幾不能歸，葬泊析箸時，遂無以繼饘粥矣。又以屢蹶棘闈，禄養無期」。清道光《河内縣志》（卷二十六）載：「李位東，字泰瞻。祖瑸。父克允，縣學生。位東乾隆乙酉選拔貢生，考取滿洲正紅旗官學教習，以知縣試用……歷宰宜興、昆山，署松江府同知，調丹徒縣，卒年五十七歲。」〔二〕墓誌文與地方志書記載不盡相同，兩者可以互校補闕。

因深受其伯父李位東「學以有益於人爲大」之教誨及范仲淹「不爲良相，必爲良醫」的影響，李家駿棄文從醫，致力於醫學研究，潛心鑽研《黄帝內經》《靈樞》《素問》等醫科著作，集諸家之長於一身。「公樸素性成，不飾外觀，常乘驢車詣病者家，不冀其謝至；鄉人在京師者，雖僕役賤人苟有疾，視之無間晨夜。」行醫轍跡所至，如河南的義川，山西的長平、陽邑，浙江的吴寧、長山等地，有衆醫束手，得其醫治而生還者不可勝數。墓誌言墓主李家駿醫術高明，懸壺濟世，實有溢美之意。

誌文言，「公耄而好學，年七十猶手不釋卷，書法得平原、襄陽之髓，臨池染翰，終日無倦容，故造詣尤深」。説明李家駿年逾古稀對待學習仍然孜孜以求。書法得平原、襄陽之髓，故造詣尤深。「平原」指唐代著名書法家顔真卿，唐開元進士，殿中御史，爲楊國忠所惡，出任平原太守，故世稱「顔平原」。「襄陽」指北宋書法家米芾，字元章，時人號「襄陽漫士」，祖籍襄陽。沁陽市紫陵鎮王村李氏祠堂內，清嘉慶五年（一八〇〇）「明故六世祖諱隆之墓」碑，撰文書丹者即爲十七世孫李家駿，其書法高逸，樸拙雄渾，頗具方家風範。

誌云：「晚乃游京師，供奉於太醫院，由醫士薦陞御醫。總理尚書奕公紀深知公，奏請特開醫學館派充教習。公於醫本精博而又訓誨，諄勤數年之間，門徒深曉醫意者十餘人。方欲以公掌院事，而奕公以事罷，公亦旋卒。」從誌文知，墓主李家駿晚年方到京城太醫院任御醫，深得禮部尚書奕紀賞識。奕紀即愛新覺羅・奕紀（一七九七～一八六四），乾隆帝曾孫，成哲親王永瑆次子綿懿的第三子。道光十七年（一八三七），任禮部尚書，後改户部尚書。道光二十年（一八四〇），緣事革退，同治三年（一八六四）卒，年六十八歲。謚「恭勤」〔二〕九一〇四。奕紀欲舉薦其掌管太醫院院事。清代太醫院的最高長官是太醫院院使，其官階爲正五品。奕紀因事被革退，李家駿數年之後便辭世。由此根據誌文和《清史稿》等相關資料來推測，李家駿在京城太醫院任職的時間應在道光二十一年（一八四一）之前、一八三五～一八四一年之間。在太醫院期間，李家駿先後編著了《醫學困勉録》《説醫晬語》《崇志堂醫課》等醫著。其一生大器晚成卻也有志未逮。

誌文載「合葬于安泉之北原」。「安泉」，清道光《河內縣志》（卷九）《山川志》載：「安泉水出陽洛山麓，縣西北第一泉也，連環五六泉，若貫珠然，土人名果泉，東南流至小王范村，屈南流穿村南，南流出沁，依堤東流，經長溝村南入于沁水。」〔二〕一九五八年村人曾對河道進行整治并易名爲「安全河」。另據王村群衆介紹，現安全河之北原爲李氏祖塋，當地群衆俗稱「官家墳」。現周邊村莊李氏後人仍常至此謁墓祭祖。二十世紀六十年代王村村民在此農耕時發現其墓誌銘。與「合葬於安泉之北原」一致，從而證實了誌文所述「安泉之北原」即今河南沁陽市紫陵鎮王村安全河北臺地便是李家駿的葬地所在。

李家駿去世後，朝廷例授其奉直大夫，誥贈朝議大夫，晉贈通奉大夫。奉直大夫和朝議大夫分别爲從五品和從四品文散官，通奉大夫，從二品文散官〔二〕一三四。按清律制，例授即循例授官。清制封典，朝廷按照定例授予官爵，授予本身者爲例授。針對曾祖父母、祖父母、父母及妻時，存者叫誥封，歿者叫誥贈。由此可見，奉直大夫是朝廷對墓主李家駿本身的封贈，而朝議大夫和通奉大夫，則因「子貴贈如其官」，是推恩而獲得的封贈。

三、墓主夫人及子嗣情況

關於墓主李家駿夫人及子嗣情況，誌文記載比較明確：即元配李夫人，生於乾隆三十九年（一七七四）七月十五日午時，卒於乾隆五十九年（一七九四）八月十七日午時，春秋二十有一。繼配許夫人，生於乾隆五十年（一七八五）八月初十日丑時，卒于咸豐四年（一八五四）正月二十七日酉時，春秋七十有一。孟夫人，生於嘉慶元年（一七九六）十月二十九日辰時，光緒三年（一八七七）十一月二十三日酉時以微疾終於廬州府署，春秋八十有二。三位夫人均以墓主李家駿和其次子炳濤的官階分別被例贈、例封、誥贈、誥封爲宜人、太恭人、太夫人。

根據墓誌記載，墓主李家駿有子嗣三人。長子炳軾，鹽提舉湖北候補通判，曾任太醫院吏目官。吏目官，清代醫官名，其職位在御醫之下，醫士、醫員之上。候補，按清制，未曾補授實缺官員，在吏部取得候選資格後，吏部再匯例呈請分發的官員名單，根據職位，資格，班次，聽候委用，稱爲候補。次子炳濤（一八二九～一八七九），花翎鹽運使銜，安徽廬州知府。據《清史稿》載：「李炳濤，字秋槎，河南河内人。咸豐中，就職州判，謁曾國藩於軍中，尋佐皖軍營務。能調和將士，積功晉同知，留安徽。同治十年，擢廬州知府。光緒三年，母憂去官，光緒五年卒于甯國。」〔二〕一三〇七六 甯國即今安徽省甯國市。《清史稿》專門爲其立傳，記述他的從軍、從政業績，標榜爲循吏。惜方志無載，故兹誌文記載可對史書、志書印證和補闕。三子炳堃幼慧早逝。女二，孫七人，孫女六。

四、墓誌涉及的幾位人物

李家駿墓誌銘提到了許魯齋、何柏齋等名賢。關於許衡，《元史》載：許衡，字仲平，號魯齋，祖籍懷州河内人，謚「文定」，封魏國公，著有《魯齋全書》〔三〕。而《明史》則對何瑭有記載：何瑭，字粹夫，號柏齋，懷慶府河内人，追封禮部尚書，謚「文定」，著有《柏齋文集》等〔四〕。兩位先儒均爲河内人，與墓主李家駿爲鄉鄰，他們所倡導的儒家思想和嚴謹的治學態度都在李家駿成長過程中起到了潛移默化的作用，以至於他能「以誠爲禮，以恕爲用，常仰慕賢哲義士慷慨佈施之義舉，樂善好施，濟世慈心，爲人醫疾不分貴賤，無論晨夜，求仁不懈」。其身體力行充分體現了「醫乃仁術」之説。

李家駿與許魚泉、原霽山等爲莫逆之交。「待人胸無城府而坦直不阿，遇有急難無不赴者。」此外，他常告誡子女：「人當盛時何須於我，緩急可恃乃真友也。」此説明墓主李家駿生性坦蕩率真，見義必爲，故至交很多。所交多當時賢士大夫，如許魚泉，史書不見其人，僅見《清詩匯》戴絅孫詩選有《抵江夏作呈許魚泉學使兄》；學士李春皋，清嘉慶時著名書畫鑒賞家。閣學原霽山，即原維禎，字霽山，清代蒲城人，乾隆、嘉慶年間書法家，由七品京官陞至工部主事。水部功舫亭侍郎武豹，史書不載，無從查考。

五、關於墓誌撰文、書丹人情况

根據誌文記載可知，李家駿墓誌銘由「中憲大夫道銜、江蘇候補知府、衡山王香倬頓首拜撰并書丹、篆蓋」。《清史稿》載：「封贈，階十有八：正一品授光禄大夫，從一品授榮禄大夫，正二品授資政大夫，從二品授奉政大夫，正三品授通議大夫，從三品授中議大夫，正四品授中憲大夫，……俱授敕命。」[二]三一九三清中憲大夫概爲正四品。《晚清文選》載：「王香倬，字子雲，湖南衡陽人，候補知府。」[五]誌文載「公之仲子炳濤與香倬同游于曾文正公門下者殆逾十載，得熟悉公之行誼」。行誼即品行和道義。由此可知墓誌撰文者王香倬與李家駿的次子炳濤爲同年拜謁於晚清重臣、湘軍統帥曾國藩麾下，輔助管理皖軍營務約十餘年之久，兩人應爲故交摯友。因此，王香倬在熟悉墓主李家駿的品行和道義後欣然爲其撰文書丹。

六、結　語

李家駿墓誌銘的發現，爲瞭解和研究李家駿的家世、生平及其夫人、子嗣等情况提供了可靠的實物資料。內容雖未涉及重大事件，但其誌文所載「次子炳濤，花翎鹽運使銜，安徽廬州知府」可對史書、方志印證和補闕。誌文所涉及通奉大夫、中憲大夫、候補知府、候補通判等官職名稱，以及例授、誥授、例贈、例封、誥贈、誥封等封贈官階名稱有助於瞭解和研究清代科舉制度和職官制度。同時李家駿墓誌爲研究清中、後期地方名人和李氏宗族等提供了重要的實物資料。

參考文獻

〔一〕（清）袁通《河内縣志》，道光五年刻本。
〔二〕（民國）趙爾巽等《清史稿》，中華書局，一九八六年。
〔三〕（明）宋濂等《元史》，中華書局，一九八六年，三七一六頁。
〔四〕（清）張廷玉等《明史》，中華書局，一九八六年，七二五六頁。
〔五〕鄭振鐸編《晚清文選》，生活書店，一九三七年，一四四頁。

李志軍　沁陽市文物工作隊

（原載於《焦作師範高等專科學校學報》二〇一五年第一期）

劉燮梅墓誌及所見清末民初學風

「墓誌」是中國古代記録墓葬主人生平業績的重要文獻。其形制肇始於東漢，至民國猶屢見行用。民國以前的墓誌，作爲歷史研究的輔助材料，一直受到學者的重視。而民國時期的墓誌，由於已到尾聲，學者認爲并無太大價值。其實并不盡然，此時的墓誌，仍能反映一個時代的新觀點、新思想。本文談及的河南沁陽出土的民國二十年（一九三一）《劉燮梅墓誌》（以下簡稱「墓誌」）即屬此類。

據墓誌介紹：劉燮梅，字汝和，號燮唐，河南沁陽人。生卒年不詳。但知：「先生卒年方屆古稀。配陳氏，清封恭人，先先生一年卒，享壽七十有一。（先生）將以民國二十年與夫人合葬。」則其卒年當在民國二十年（一九三一），或該年稍前。享年七十。逆推其生年大約在清同治元年（一八六二）。燮梅出身於文化世家。其曾祖以名孝廉知陝西宜川縣事，著有《□□□□去來山人□畹亭詩鈔》。父熙純，光緒九年（一八八三）進士，曾任甘肅□城縣知縣。燮梅「幼秉庭訓，髫年補博士弟子員」。宣統庚戌（一九一〇），保送舉貢生，經廷試授主事，任職郵傳部。民國初年，謝病歸。此後，「惟以整理舊著爲事」。據説「學無不窺。雖醫、卜、堪輿家言，皆有心得。《天玉》《寶照》諸經，能讀之者無幾人，先生獨得千餘年不傳之秘」。所著《養拙齋訓語》，屬於「家訓」。不僅重傳統，也重現代，著有《中外倫理合參》反映了清末民初的開放學風。但燮梅用功最深的，還是明清史的研究。

據墓誌記載：

> 先生本以文學著，對明清兩朝歷史用功最深。明史雖有官書，然於建文遜國，梃擊、紅丸、移宫三案，記載殊未詳實。清史尚未成書。先生於明史博采諸家記載，以攻《明史》之失，而建文遜國一事，尤爲詳贍。讀之覺成祖之殘刻，建文君臣之慄慄懼禍，躍然紙上。遜清以異族入主中國三百年，其武功之盛，遠駕漢、唐、宋、明而上。先生於其藏衛苗疆準回各部，大小金川諸役，譏其用羈縻之術，不思根本解决，以致降而復叛，安而復危，遺數世無疆之憂。遜清歷代傳統政策，率以箝制漢人，束縛士林爲能事。文字之獄尤爲漢人所痛心。先生於文網密時，搜羅康熙、雍、乾間關於文字獄之記載，彙爲一篇。如《明史》獄、《南山集》獄、試題獄、論史獄、史評獄、經注獄、詩鈔獄、字書獄，其殺人之多、之慘，無異讀《嘉定屠城記》也。清代外交，亡國之外交也。先生於所定不平等諸條約等，一一詳記其始末，著其得失，不啻一部亡國痛史。先生於所著之《明史》，題曰『補遺』。其序言曰：『《明史》成於徐健菴氏，一以萬氏《明史稿》爲主。季野昆仲均生於明季，不脱東林餘習，故其記三大案仍東林之言，而未能持平，後人攻擊非無故也。』先生之於清史，僅成武功、文字獄、外交三篇。餘則東鱗西爪，尚未綜纂，亦未題名。於文字獄後附言：「此乃備遺亡，課子弟之作，不敢問世也。」

從這段記載可以看出，燮梅研究歷史的重點有二：一是明史，尤其關心建文遜國和明季三案。二是清史，尤其關心武功、文字獄和外交條約。然則燮梅爲何要研究明清史呢？據墓誌介紹，燮梅研究明史似乎是爲了辨證史實，研究清史似乎是爲了批判清政府好大喜功、箝制漢人、賣國求榮的國策。但事實并非如此簡單。筆者認爲，至少還與兩點有關：

其一，與個人忠君思想有關。劉燮梅的父祖均仕清。自己雖於宣統庚戌才出仕，任官郵傳部主事，實際仕清僅一年，但民國二十年與夫人合葬，墓誌首題卻仍稱「清授中憲大夫郵傳部主事劉公羹唐暨德配陳恭人合葬墓誌銘」。顯然，燮梅是一個具有强烈忠君思想的人。他在清末，親眼看到清王朝因內憂外患而行將崩潰。他實際是想通過對明清史的研究，爲清王朝的末代統治者提供借鑒，并非僅爲了辨證和批判。他研究清王朝的武功、文字獄、外交條約，批判清王朝好大喜功、箝制漢人、賣國求榮，是有其深刻用意的。只是墓誌撰成於民國二十年，時清王朝滅亡已久，追述燮梅研究明清史，故只提其辨正和批判之表像，不提其爲清統治者提供借鑒的真正用意。

其二，與清末民初的學風有關。清末民初，朝野均重歷史研究，尤其是對明清史的研究。本來，自清前期莊廷鑨《明史》案以來，學者已不敢研究明史。至於清史，也就是當代史，則更是自司馬遷以下，各朝學者均不敢問津，不獨清人爲然。但鴉片戰争以後，國家、民族面臨嚴重危機，不少有識之士開始把眼光轉向現實，在改革時弊、救亡圖存的浪潮中，結合時勢究當務之急的史學研究，自然駸駸大盛。如朱懷新《佩弦齋雜存·跋》提出「治經不如治史之尤要」。梁啓超在《西政叢書》及《西學書目表》中提出「從政治學首先要讀史志」。改良派所辦《湘學報》亦把「史學」列在諸學之首。以致一八九八年戊戌變法，特改科舉新章程，規定鄉試、會試的首場，試中國史事和國朝政治。這裏的「國朝政治」指清史，也就是當代史。説明必須研究清史即當代史，正如朱一新《無邪堂答問》所説：「史愈近愈切實用。」離「國朝」最近的是明朝。那麽，研究明史就是重要的了。故該書在强調「國朝掌故必須講求」後，又接云：「明史亦須熟讀。」加上革命排滿之論興起，學者又想恢復被清人篡改了的明史的原貌，就從批判的角度來研究清史。因此，研究明清史的風氣自然愈吹愈勁，至民國初年不衰。這一時代，有關明清史的著作汗牛充棟，數不勝數。重要的明史著作有陳鶴的《明紀》、夏燮的《明通鑒》、温睿臨的《南疆逸史》、錢綺的《南明書》、徐鼒的《小腆紀年附考》《小腆紀傳附補遺》等。重要的清史著作有魏源的《聖武記》、王先謙的《東華録》、朱壽朋的《光緒朝東華録》、王之春的《國朝柔遠記》、李元度的《國朝先正事略》等。劉燮梅研究明清史，無疑是受這種學風的影響。

綜上所述，我認爲，忠君思想屬於個人，學術風氣屬於社會。若談影響，後者明顯比前者更爲重要。而劉燮梅研究明清史，雖受清末民初學風的影響，但劉氏之研究，亦反映了這一時代的學風。

任昉　故宫博物院

（原載《團結報》一九九三年六月十二日第二版）

後記

《沁陽市博物館藏墓誌》的編輯出版工作，二〇一五年八月正式啓動，歷時三年，經沁陽市博物館全體員工的共同努力，至二〇一八年八月定稿。

本書由張紅軍同志全面負責，并親自承擔完成了本書第一編墓誌圖録中墓誌的描述説明及第二編墓誌釋文工作，完成了整個書稿的審校、定稿工作。賈紅霞、任静雯、龐紅琳、左莉、陳新苗、李志軍、楊麗霞、宋婷等參與了本書的編輯工作。

本書墓誌拓片由洛陽非物質文化遺産金石傳拓技藝代表性傳人裴建平和拓工陳文學拓印完成，拓片照片由中國攝影家協會會員張大明拍攝，在此深表感謝。

本書在編輯和出版過程中，得到了故宫博物院研究館員任昉、洛陽師範學院河洛文化研究中心研究員趙振華和焦作市文物工作隊研究館員羅火金的熱情指導和幫助。趙振華先生除對釋文部分進行審閲外，還不辭辛勞爲該書作序，在此謹對各位專家表示衷心的感謝。

本書的編輯出版，得到了沁陽市文化廣電新聞出版局和沁陽市文物保護管理中心領導的高度重視；得到了沁陽市文物工作隊、沁陽市朱載堉紀念館和沁陽市懷樸園的大力支持；所收墓誌研究文章得到了作者的首肯與支持；科學出版社也爲本書的出版給予了具體的指導、付出了辛勤的勞動，在此一并感謝。

由於編者水平有限，書中問題在所難免，敬請業界專家不吝指正。

編　者

二〇一八年八月

(K-2877.01)
www.sciencep.com
ISBN 978-7-03-058612-4
定價：498.00元